本书的出版受到中以学术交流促进协会(SIGNAL)和四川外国语大学校级 2020 年度教改项目(编号:JY2062251)的资助,特此致谢!

陈广猛 主编
以色列研究经典译丛

以色列外交史

星与权杖

The Star and the Scepter

A Diplomatic History of Israel

［以］伊曼纽尔·纳冯 著　关媛 李兰兰 译

南京大学出版社

The Star and the Scepter: A Diplomatic History of Israel
Copyright © 2020 by Emmanuel Navon
Simplified Chinese Edition Copyright © 2023 by NJUP
All rights reserved.

江苏省版权局著作权合同登记　图字：10-2021-59号

图书在版编目(CIP)数据

以色列外交史：星与权杖 /（以）伊曼纽尔·纳冯著；关媛，李兰兰译. — 南京：南京大学出版社，2023.8
（以色列研究经典译丛 / 陈广猛主编）
书名原文：The Star and Scepter：A Diplomatic History of Israel
ISBN 978-7-305-26183-1

Ⅰ. ①以… Ⅱ. ①伊… ②关… ③李… Ⅲ. ①外交史—以色列 Ⅳ. ①D838.29

中国版本图书馆 CIP 数据核字(2022)第 178972 号

地图审图号：GS(2023)1071 号

出版发行	南京大学出版社
社　　址	南京市汉口路22号　　邮　编　210093
出 版 人	王文军

丛 书 名	以色列研究经典译丛
丛书主编	陈广猛
书　　名	**以色列外交史：星与权杖**
著　者	［以］伊曼纽尔·纳冯
译　者	关　媛　李兰兰
责任编辑	官欣欣

照　　排	南京南琳图文制作有限公司
印　　刷	南京爱德印刷有限公司
开　　本	635 mm×965 mm　1/16　印张 33　字数 433 千
版　　次	2023年8月第1版　2023年8月第1次印刷
ISBN	978-7-305-26183-1
定　　价	90.00元

网　址：http://www.njupco.com
官方微博：http://weibo.com/njupco
官方微信号：njupress
销售咨询热线：(025) 83594756

* 版权所有，侵权必究

* 凡购买南大版图书，如有印装质量问题，请与所购图书销售部门联系调换

总　序

近年来，国内掀起了一股"国别和区域"类图书出版的潮流，尤其是2013年"一带一路"倡议推出后，相关著作的需求快速增长，图书市场也呈现出一片繁荣的景象。但现有的"国别与区域"类书籍，在研究对象的分布上存在着明显的"冷热不均"：关于传统大国和地区如美国、俄罗斯、日本、欧洲等书籍较多，而中小国家如瑞士、肯尼亚、以色列等图书较少。同时，已有的"国别和区域"类图书，多是对相关国家和地区的简单介绍，缺乏较有深度的研究成果。虽然也出版了一些国外学者的学术译著，但较为零散，不成体系，难以构成对研究对象国和地区的全面深入了解。

"以色列研究经典译丛"聚焦当今世界最神秘的国家之一——以色列，通过译介有关该国最新、最权威的研究成果，包括以色列政治、经济、外交、军事、法律、语言、电影、音乐、教育、文化等各方面著作，以加强国内对以色列和中东地区的认知，提高该领域的研究水平。此类译著丛书的出版，目前在国内还是首创，也是中国的国别和区域研究发展到一定阶段的产物。虽然关于美国、俄罗斯、日本、欧盟等国家和地区的全方位译丛已有先例，但对于像以色列这样的规模不大、具有鲜明特色和战略重要性国家的系统性研究译丛尚不多见，这也是本套丛书的特色和亮点。

在译介对象的选择上，译丛的选择标准是最新、最权威。与历史研究和文学研究不同，国别和区域研究的时效性较强。一个国家和地区的形势，每隔几年就会有较大的变化，因而在译介对象的选择上，我们尽量选择目前这个领域最新的研究成果。但"新"不是唯一标准，同时还要讲求权威性，我们力求在全球范围内选择相关领域最具权威性学者的著作。如果两者不可兼得，我们也试图寻求一种平衡，争取做到，"凡我所选，皆为精品"。最终，第一批入选的著作有巴里·鲁宾的《以色列导论》（Barry Rubin, *Israel: An Introduction*）；格利高里·马勒尔的《以色列政府与政治》（Gregory S. Mahler, *Politics and Government in Israel*）；保罗·里夫林的《以色列经济：从建国到21世纪》（Paul Rivlin, *The Israeli Economy from the Foundation of the State through the 21st Century*）；伊曼纽尔·纳文的《以色列外交史》（Emmanuel Navon, *The Star and the Scepter: A Diplomatic History of Israel*, Jewish Publication Society）；耶胡达·沙洛姆的《以色列教育：多元文化社会中的创业精神》（Yehuda Bar Shalom, *Educating Israel: Educational Entrepreneurship in Israel's Multicultural Society*）；伯纳德·斯波斯基和艾拉娜·肖哈米的《以色列语言》（Bernard Spolsky & Elana Shohamy, *The Languages of Israel: Policy, Ideology and Practice*）；莫蒂·雷格夫和埃德温·赛罗西的《以色列流行音乐》（Motti Regev & Edwin Seroussi, *Popular Music and National Culture in Israel*）；伊兰·卡普兰的《以色列电影：历史与思想》（Eran Kaplan, *Projecting the Nation: History and Ideology on the Israeli Screen*）；纳拉·阿布多的《以色列女性》（Nahla Abdo, *Women in Israel: Race, Gender and Citizenship*）等研究力作。

译事难哉。高水平的译著，除了对于翻译对象的高标准选择之外，对于译者的选择，也是决定最终译作水准的关键因素。幸运的是，译丛的译者多来自四川外国语大学以色列研究科研创新团队。由于外语院校本身的特点，我们的译者多数是英语专业出身，具有较高的语言能力。同时，由于团队长期从事以色列相关的研究活动，成员多具有去以色列或中东国家访学调研的经历。我们力图在专业水平、英语水平之间寻找到一个最佳的结合点，为每本著作找到最合适的译者。

这里还要特别提及译丛的策划者和组织者——教育部国别与区域研究（备案）四川外国语大学以色列研究中心。川外以色列研究中心成立于 2011 年 6 月，是国内大学中首家从事"以色列研究"的专门机构，宗旨是整合校内外各种资源和力量，积极开展对以色列政治、经济、社会等问题的深入研究，争取以有特色的科研成果为社会服务，发展成为西南地区乃至全国知名的高校智库。自成立以来，中心在学术研究和对外交流方面发展迅速，2017 年 5 月，中心获批成为教育部国别与区域研究备案中心。"以色列研究经典译丛"正是中心的标志性成果之一。

感谢南京大学出版社有这样的眼光和魄力，愿意支持对以色列这样一个小国研究成果的全方位译介。2022 年，是中国和以色列建交 30 周年，希望译丛的出版，能够为中以两国的文化交流做出些微的贡献。

陈广猛
2021 年 12 月 20 日于重庆

序 言[①]

尽管犹太复国主义是一个相对现代的政治理念,但在以色列建国之前,犹太外交就以不同方式存在了数千年。这种外交的根源在于,犹太人既不能完全依赖上帝的恩典,也不能依赖各国的善意来生存、发展和繁荣。正如伊曼纽尔·纳冯博士在他的《以色列外交史:星与权杖》一书中以一种引人入胜的方式所展示的:从流亡巴比伦开始,犹太人就知道如何发展和建立与世界各国的外交关系,达到目标和保护自己。

在我看来,没有人比伊曼纽尔·纳冯更适合讲述犹太外交从开端直至今日的演变过程。纳冯原籍法国,他自己做"阿利亚"移民到以色列,在行动和精神上表达了对以色列的爱。他逐渐发展出对以色列外交政策的研究热情,特别是对以色列和散居侨民关系的研究;他在以色列完成了学业,并成为世界著名的国际关系专家。

纳冯博士在他的书中以一种引人入胜的方式,用了许多故事和轶事,展示出外交一直是犹太人生活的一部分。他极具洞察力地追溯了早期犹太人之间的联系,从圣经时代到流亡时期,以及主权国家的民族复兴之日。

犹太人的外交基于《圣经》人物的独特特征:睿智,对社会和

[①] 本书序言由以色列总统艾萨克·赫尔佐格(Isaac Herzog)在担任犹太代办处主席时撰写。

政治变化的快速适应能力，以及涵盖千年的历史视角。犹太人民回到了自己的土地上，并建立了一个稳定和成功的国家，这不仅得益于军事力量，还得益于他们对地缘政治版图的理解，得益于与世界各国关系的成功发展，以及对民族事业的坚定信念。

犹太人民在政治和外交领域产生了许多杰出的人物，而我恰好有幸降生于其中的一个家族。书中对我家族中四人的外交成就进行了详细的描述，第一个是我的祖父，伊扎克（艾萨克）·哈勒维·赫尔佐格拉比［Rabbi Yitzhak（Isaac）Halevy Herzog］，他是英属巴勒斯坦的第一位首席拉比，并在1936年至1959年担任以色列的首席拉比。在犹太民族历史上最具戏剧性和悲剧性的时期，赫尔佐格拉比不仅仅是一个精神领袖，他还是一个无国家民族的非常出色的外交部部长，他努力拯救犹太人，并在以色列地坚持犹太人的主权要求。在英国委任统治下，他违反《白皮书》的限制，坚持不懈地向世界领袖、国家元首甚至教皇恳求，试图阻止纳粹的死亡机器。他还积极采取行动，把在大屠杀中幸存下来的犹太人带到圣地。

第二位外交官是我已故的父亲，即赫尔佐格拉比的儿子，曾担任以色列第六任总统的哈伊姆·赫尔佐格（Chaim Herzog）。在担任总统之前，他还担任过许多官方职务，如以色列国防军军官和以色列驻联合国大使。在联合国任职期间，他反对任何将使以色列失去合法地位的努力，例如将犹太复国主义定义为种族主义的决议。纳冯博士在他的书中写道，我父亲在这项决议中看到了自二战以来国际社会对犹太人的第一次攻击。1975年11月，我父亲在联合国大会上发表了一次有力的演讲，他撕毁了该决议，就像他的父亲40年前公开撕毁《白皮书》一样。

我们家族的另一位外交官是雅科夫·赫尔佐格博士（Yaakov Herzog），他是我父亲的弟弟，他在担任总理办公室总干事时去世。早在独立之前，他就已经开始了外交生涯，在外交部担任过数个职务，包括1960年至1963年担任以色列驻加拿大大使。正是在这个职位上，他公开和著名的英国历史学家阿诺德·汤因比（Arnold Toynbee）辩论，汤因比反对以色列建国，甚至将犹太士兵比作纳粹。汤因比最终在赫尔佐格博士强有力论点的重压下收回了自己的观点。

我的舅舅阿巴·埃班（Abba Eban）至今仍被认为是以色列有史以来最出色的外交部部长，他对以色列的外交政策产生了持久的影响。埃班曾担任过数个外交职务，如以色列驻美国大使和驻联合国大使（同时），他还在1966年至1974年担任以色列外交部部长。埃班积极争取美国犹太人社区支持以色列独立，这将被永远铭记。他以自己的智慧，指出了美国犹太人和以色列之间关系的重要性。这种关系不仅对犹太人的未来有意义，而且对以色列和美国之间的关系也很有意义。世界上最强大、最积极的犹太社区对美以关系有着决定性的影响。

我成为犹太代办处的主席，有一种继承他们事业的感觉——特别是我对犹太人未来的承诺，以及对以色列和美国犹太人之间分裂的担忧。我牢记前任们为防止犹太人民分裂所做的努力，我有义务延续他们的道路。以色列和散居犹太人之间的联系影响着犹太人的未来，影响到以色列这个国家，影响到它与其他国家的关系，也影响到它的安全。因此，我积极采取行动，努力修复关系，鼓励对话，用事实来对抗虚假信息，坚决捍卫以色列的生存权。

《以色列外交史：星与权杖》这本书之所以引人入胜，是因为它展示了丰富的历史知识，但它不仅面向历史专家；这本书是任何对犹太人命运感兴趣，并希望从过去的成功和错误中有所借鉴之人的必读书。这本书给我们上了关于犹太人独特性的又一课，它提醒我们，我们有义务按照几代犹太人外交官的道路来保证我们人民的未来。

谨以此书纪念
我的祖父母
约瑟夫·莫里让及杰米拉·莫里让
外祖父母
克劳德·布鲁姆及杰奎琳·布鲁姆
及我的母亲
玛缇娜·布鲁姆

> 有星要出于雅各，有杖要兴于以色列。
> ——《民数记》24：17

> 人可不朽，救赎可待来日；国家不得永生，救赎唯有当下。
> ——黎塞留红衣主教

鸣 谢

本书源于我在特拉维夫大学（TAU）和赫兹利亚跨学科研究中心（IDC）教授多年的以色列外交政策课程。特别感谢给我机会在这些著名机构任教的同事：特拉维夫大学的阿哈荣·克里曼教授（Aharon Klieman）、尤西·沙因教授（Yossi Shain）和阿扎尔·盖特教授（Azar Gat），以及赫兹利亚跨学科研究中心的莱斯利·泰瑞斯博士（Lesley Terris）、博阿兹·加纳教授（Boaz Ganor）和阿米凯·麦根博士（Amchai Magen）。也衷心地感谢无数匿名学生对我课程提出的问题、反馈和建设性的批评和建议，让我的教学水平和本书的质量均得到了提高。

感谢尤西·克莱因·哈勒维（Yossi Klein Halevi）推荐犹太人出版学会（JPS）出版本书，同时感谢犹太人出版学会的负责人巴里·施瓦茨拉比（Rabbi Barry Schwartz）给予我的建议和帮助，也感谢内布拉斯加大学出版社共同出版本书。

我还要感谢帮助我改进原稿的沙尚·索佛教授（Sasson Sofer）、阿哈荣·克里曼教授和巴里·施瓦茨拉比，他们都为本书提供了有用的反馈和建议；感谢汉娜·科佩尔（Channal Kappel）对本书初稿的精心校对；感谢犹太人出版学会的执行编辑乔伊·温伯格（Joy Weinberg）严谨而勤奋的编辑工作；也感谢内布拉斯加大学出版社编辑安·贝克（Ann Baker）以及文字编辑黛布拉·赫希·科曼（Debra Hirsch Corman）对本书最终版的润色和调整。

最后，感谢我深爱的妻子西玛（Sima），没有她，我的一切努力和成就，包括这本书都不可能实现。

目 录

序言 ·· 1
鸣谢 ·· I
引言 ·· 1

第一部分　以色列与希伯来《圣经》中的各国

1. 《摩西五经》 ·· 9
2. 《先知书》 ·· 22
3. 《圣录》 ··· 34

第二部分　从古代至当代的犹太外交

4. 从帝国到农奴 ·· 47
5. 在无能为力和赋权之间 ····································· 60
6. 犹太复国主义争论 ·· 70
7. 一战后国际体系中的犹太复国主义外交 ················ 81
8. 英国托管及两难境地 ··· 100

第三部分　以色列的重生与阿以冲突

9. 冷战初期的以色列和中东 ··································· 121
10. 外围战略及其后果 ··· 142
11. 以色列与阿拉伯国家 ·· 155
12. 以色列和巴勒斯坦人 ·· 184

第四部分　世界舞台上的以色列

13. 欧洲悖论 …………………………………… 227
14. 美国联盟 …………………………………… 254
15. 俄罗斯迷局 ………………………………… 274
16. 通往亚洲的长征 …………………………… 286
17. 非洲之争 …………………………………… 308
18. 拉丁美洲困局 ……………………………… 323
19. 联合国传奇 ………………………………… 333
20. 犹太侨民面临的挑战 ……………………… 345
21. 以色列和能源地缘政治 …………………… 361

结　　语 ……………………………………… 370
术语表 ………………………………………… 374
注释 …………………………………………… 376
参考文献 ……………………………………… 422
索引 …………………………………………… 439
致谢 …………………………………………… 507

引 言

十八世纪的日内瓦哲学家让-雅克·卢梭(Jean-Jacques Rousseau)这样表达他对犹太历史的困惑:

> 犹太人为我们展现出惊人的景象……雅典、斯巴达、罗马已经消亡,没有在地球上留下他们的子孙;而锡安虽然被摧毁,却没有失去他们的后代。……这种能使他们勇敢地面对征服、分散、革命、流散,在异国的习俗、法律和统治中生存下来……并和世界一样长久存续的法律源泉是什么呢?……任何人都必须承认这是独一无二的奇迹,无论是神意抑或人为,我们都应当好好研究并表达对先贤的敬意。[1]

本书依据卢梭的建议研究犹太人的外交史,追溯和阐释犹太人从古代王国时期到现代以色列国,与其他国家的交流和交往。

这方面的研究需要做大量工作,但这些工作都很有必要。其他关于以色列外交政策的书籍一般都从1948年以色列独立开始,但这样缺乏对犹太历史更广阔的研究视角。这些书往往只关注以色列外交政策的某些方面,最典型的如阿以冲突和美以关系。在以色列独立70年后,关于以色列外交政策最新、最全面的书籍仍然少见。本书旨在填补这一空白。

由于以色列外交史的独特性,撰写这段历史是比较复杂的工作。公元70年,罗马人摧毁了犹太王国,此后几个世纪,犹太人令人难以想象地顽强生存了下来。用露丝·威瑟教授(Ruth Wisse)的话来说,犹太人是"勇敢地挑战历史后传奇归来的孩子"。[2]英国历史学家阿诺德·汤因比曾用"化石"一词来精确地描述犹太人,因为他无法理解犹太人的幸存。当被问及犹太人在20世纪的重生时,汤因比承认"以色列已经不再是化石了,就像你可以给汽车除霜一样"。[3]"这辆除霜后的汽车"现在是一个繁荣和成功的国家,"化石"复活了。

外交史关乎治国策略,然而在犹太人三千年的历史中,他们有三分之二的时间并没有独立国家。古代犹太人经历了约一千年有政治归属的时期:联合王国(公元前1050年—前930年),以色列王国(公元前930年—前720年)和犹大王国(公元前930年—前586年),巴比伦帝国(公元前586年—前539年)、波斯帝国(公元前539年—前332年)和希腊帝国(公元前332年—前140年)统治之下的耶胡达(朱迪亚)省,哈斯蒙尼王朝(公元前140年—前37年),以及隶属于罗马帝国的犹太省(公元前37年—公元70年)。随着公元135年罗马对巴尔·科赫巴(Bar Kokhba)起义的无情镇压,犹太人失去了祖国,开始大流散。然而,即使在流散期间,犹太领导人也会与所在国家的元首进行谈判,保护犹太人的利益。15世纪的西班牙犹太学者和金融家艾萨克·阿巴班内尔(Isaac Abarbanel)用他的财富把阿尔兹拉(摩洛哥)的犹太人从奴役中解放出来;在收复失地运动(the Reconquista)期间,他借给西班牙国王一大笔钱。在威尼斯定居后(1503年),阿巴班内尔促成了威尼斯共和国与葡萄牙谈判并达成一项贸易条约。1655年,葡萄牙犹太学者和外交家梅纳什·本-以色列(Menashe Ben-Israel)说服奥利弗·克伦威尔(Oliver Cromwell)允许犹太人返回英格兰。1840年,欧洲的犹太政治家,如法国的阿道夫·克雷米厄(Adolphe Crémieux)

以及英国的罗斯柴尔德家族(the Rothschilds)等金融家,说服所在国家的政府向奥斯曼苏丹施压,要求结束"大马士革事件"(Damascus Affair),即对大马士革犹太人的血祭诽谤。19世纪时,罗斯柴尔德家族曾为英国的外交利益服务:如在克里米亚战争(1853—1856年)和苏伊士运河重建(1875年)时出资帮助英国政府。为自己的犹太血统感到自豪的英国首相本杰明·迪斯雷利(Benjamin Disraeli)主张在以色列地复兴犹太民族。1897年,西奥多·赫茨尔(Theodor Herzl)发起犹太复国主义运动。此后,在以色列正式建国前的几十年中,该运动的领导人扮演着"外交官"的角色,游说世界各国的领导人,以获得他们对犹太人在古老家园建立独立国家的支持。换句话说,尽管犹太人在历史上大部分时间都缺乏国家主权,但"犹太人外交"仍然一直存在,这一点需要认真对待。

关于本书

本书分为四部分。

第一部分是"以色列与希伯来《圣经》中的各国",通过对《摩西五经》(第1章)、《先知书》(第2章)、《圣录》(第3章)注释的阅读来分析"以色列与《圣经》诸国"的主题。希伯来《圣经》能为我们了解古代以色列王国的外交情况提供很多有益信息。此外,我相信,没有希伯来《圣经》的基本知识,人们就无法理解以色列与世界的互动。犹太人心理的形成以此为基础,并一直受犹太教教义和犹太民族意识的影响。比如"独自居住的民族""亚玛力人永恒的敌意"或"弥赛亚的救赎"等概念,没有《圣经》知识便无法理解。这些概念与犹太人的自我历史定位,以及他们与其他国家的互动交织在一起。正如《圣经》学者乔恩·利文森(Jon Levenson)所指出的,在犹太历史研究中,"真相要比传统记忆或现代批判史学所能容纳的范围都要大很多"。[4]

第二部分为"从古代至当代的犹太外交",包括从古代王国时期到公元70年罗马人摧毁犹太省前犹太人的外交政策(第4章)、从中世纪到解放运动时期犹太人流散欧洲时的外交(第5章)、19世纪后期犹太复国主义运动的出现及其为争取国际支持付出的努力(第6章)、第一次世界大战后国际体系中的犹太复国主义外交(第7章)以及20世纪30年代和二战期间犹太复国主义运动领导层的外交政策困境(第8章)。

第三部分写"以色列的重生和阿以冲突",全面考察了以色列在不友好的中东环境下的独立和斗争,包括以色列在冷战初期的外交政策困境(第9章)、在强敌环伺的中东建立联盟的尝试(第10章)、同阿拉伯国家的战争与和平协定(第11章)及其与巴勒斯坦之间尚未解决的冲突(第12章)。

第四部分描述和阐释了以色列从1948年至今的外交政策,涵盖以色列与欧洲(第13章)、美国(第14章)、俄罗斯(第15章)、亚洲(第16章)、非洲(第17章)、拉丁美洲(第18章)、联合国(第19章)以及与犹太人流散地(第20章)的关系。最后一章(第21章)则解释能源地缘政治的变化如何改变以色列的外交关系。

本书所涉及的主题范围广、时间跨度大,难免有所缺漏。但是,在考察历史的过程中,本书能够提炼出的核心观点是:犹太人的幸存和外交成功,与他们强烈的历史使命感密不可分,也与这种使命感对现实世界的不断适应息息相关。

本书卷首的两句引语可概括这一思想。

《民数记》中的诗句"有星要出于雅各,有杖要兴于以色列"(《民数记》24:17)提出了两个问题:(1)如果雅各改名为以色列,为什么这两个名字在《圣经》文本中仍然交替出现,有时还出现在同一节中?(2)"星"与"权杖"意味着什么?《创世记》把雅各描述为"为人安静,常常住在帐棚里",把他的孪生兄弟以扫描述为"善于打猎,常在田野"(《创世记》25:27)。可以说,前者是雅典人,后者是斯巴达人,但就个人而言,他们都不具备继承亚伯拉罕和以撒衣钵所需的两个品质:信仰和力量。"大卫之星"象征犹太人的信仰,而"权杖"则象征力量。雅各有信仰,却缺乏力量,只有证明自己具备在现实世界中战斗的能力和意愿时,他才被改名为以色列。然而,那时和现在一样,信仰和力量之间不存在永恒的平衡,它会不断受到挑战。因此,雅各和以色列两个名字也就不断交替出现。

红衣主教黎塞留的名言——"人可不朽,救赎可待来日;国家不得永生,救赎唯有当下"——也与信仰和力量之间的两难处境有关,尽管这句话并非针对犹太人而言。黎塞留既是神职人员,又是政治家。作为天主教会的高级成员,在天主教徒和新教徒的三十年战争中,他应该站在天主教徒那边。然而,黎塞留却与新教徒结盟,以削弱神圣罗马帝国的力量,确保法国对欧洲大陆的统治。他把国家利益放在宗教信仰之前,甚至提出了一条为自己辩护的公式:政治家不仅要为自己的灵魂负责,更要为国家的生存和福祉负责,因此他们别无选择,只能接受信仰和力量之间的割裂。这种逻辑上的扭曲使黎塞留虽仍披着宗教的"外衣",却显得残忍且狠辣。

外交牵涉到理想与现实政治、原则与利益之间的妥协,以色列外交在这方面也不例外。但以色列的外交史有其自身的特殊性,从这段历史中汲取经验将是保障以色列未来发展的先决条件。

第一部分
以色列与希伯来《圣经》中的各国

第一篇

1.《摩西五经》

> 耶和华必使你们分散在万民中,从地这边到地那边,……在那些国中,你必不得安逸,也不得落脚之地。①
>
> ——《申命记》28:64—65

斗争中诞生的民族

在《创世记》第12章中,希伯来词语"民族"(nation/people)第一次以单数形式出现,上帝告诉亚伯拉罕:"你要离开本地、本族、父家,往我所要指示你的地去。我必叫你成为大国。"(《创世记》12:1—2)读者对亚伯拉罕旅程的目的一无所知。只有到第10章之后,我们才知道亚伯拉罕能成为一个新民族的开创之父的原因——他无条件地听从神的话行事(《创世记》22:17—18)。但是,这个民族诞生的过程充满分裂、嫉妒,甚至是仇恨。亚伯拉罕的两个儿子——以实玛利和以撒,由两个敌对的女人——夏甲和撒拉所生。据《圣经》记载,以实玛利"他为人必像野驴;他的手要攻打人"(《创世记》16:12),上帝选择以撒传递与亚伯拉罕所立之约,"撒拉必给你生以撒,我要与他坚定所立的约"

---

① 本文中所有《圣经》经文中译本均引自 http://www.godcom.net/fsdsm "丰盛的生命研读本"。——译者注

(《创世记》17:21)。

和父亲一样,以撒也有两个敌对的儿子——以扫和雅各,这两个儿子被描述为两个独立的民族(《创世记》25:23)。以扫是长子,然而成年后却同意将长子权卖给雅各,他说:"我将要死,这长子的名分于我有什么益处呢?"(《创世记》25:32)当以撒感觉自己大限将至的时候,他让以扫,而不是雅各,为父亲的赐福做准备。在母亲的建议下,雅各欺骗了他的盲人父亲,得到了本应属于以扫的祝福。在意识到自己的错误之后,以撒向愤怒的以扫坦白雅各得到了他的祝福。因此,以扫发誓要杀死雅各(《创世记》27:41)。

带着这份名不副实的遗产,雅各开始了流亡,他需要努力奋斗,证明自己配得上以撒的祝福。于是,他成了美索不达米亚身无分文的难民,为诡计多端且暴虐成性的舅舅(也是岳父)拉班工作了二十年。在积累了财富并组建家庭之后,雅各决定返回故乡。但是,回去意味着他必须面对愤怒的以扫,也必须为抢夺来的遗产而战。归途中,雅各在夜间出人意料地遭到一位无名之人(神使者)的袭击。袭击者未能制服雅各,请求雅各在黎明前将他释放,并询问雅各的名字。雅各回应时,此人(神使者)告诉他:"你的名不要再叫雅各,要叫以色列;因为你与神与人较力,都得了胜。"(《创世记》32:29①)后来,上帝确认了雅各的新名字:"'你的名原是雅各,从今以后不要再叫雅各,要叫以色列。'这样,他就改名为以色列。"(《创世记》35:10)

如果《圣经》叙述了以色列人的起源,那么它如何解释他们想要作为一个民族的目的呢?《摩西五经》不止一次为该问题提供了答案:以色列人承担着把神迹传达给世人的历史责任,而他们只有保持对西奈盟约的忠诚才能做到这一点。他们如果这样做,就能获得自由,在应许给亚伯拉罕、以撒和雅各的土地上和

---

① 此处英文原文引文错误,应为 32:28。——译者注

平地生活。但是，如果以色列放弃履行义务，那它将被异国征服，其人民则会被驱逐出他们的土地，并遭受苦难，直到以色列重新遵守西奈盟约为止。

因此，以色列与其土地的联系具有契约性。亚伯拉罕从故乡移居是希伯来人民的立族之举。此外，《圣经》中关于安息年和禧年的律法是为了提醒犹太人，侨居之地终究不是他们的土地（《利未记》25:23）。每隔七年，希伯来农民被命令不得耕种，让土地休息（安息年）。每四十九年，所有奴隶和囚犯都会得到释放，所有债务均可免除（禧年）。

相比之下，在希腊神话中，雅典的第一任国王刻克洛普斯是"autochthon"（土著），是一种半人半蛇的生物，象征着雅典人与他们土地原初的联系。"土著"一词指某片土地上的本地人。《圣经》中，上帝用尘土创造出亚当，象征着人类的普遍特性，而"土著"神话则描绘了民族与各自祖国之间的内在联系。即使在今天，一些民族仍将他们与土地的联系描述为天然而自然的。例如，马来西亚人称自己为"bumiputra"（马来西亚土著），意为"土地之子"。和其他民族一样，犹太人也被上天赋予了属于他们的土地，但他们对土地的所有权取决于是否遵守西奈盟约。因此，以色列对自己土地的权利可能被暂停，但不会被废除——"凡你所看见的一切地，我都要赐给你和你的后裔，直到永远"（《创世记》13:15）。

自信与服从之间

亚伯拉罕以理想的名义离开文明世界，投奔荒野之地。但是，他并没有摆脱现实世界。面对竞争时，亚伯拉罕尽可能选择和平，除非必要才会选择战争：他向他的侄子罗得提供领土，做出妥协，却向绑架罗得并偷走罗得财产的国王宣战，一直打到敌

6　人全部投降。他以战争为手段，在不公正和暴力的世界中实现正义，而不以此来谋取私利——"就是一根线，一根鞋带，我都不拿"(《创世记》14：23)。

　　作为游牧民，亚伯拉罕被迫与异族首领打交道。在《创世记》中，"非利士人之王"亚比米勒国王要求亚伯拉罕签署一项赋予他在该地居住权利的协议(《创世记》21：23)。但此时亚伯拉罕毫不犹豫地提醒国王，其臣民不尊重财产权，因为亚比米勒国王的仆人不当占有了亚伯拉罕的水井——沙漠中生存的重要资源。因为国王坚持要结盟，所以亚伯拉罕把七只羊羔放在一边，向亚比米勒国王解释说："从我手里受这七只母羊羔，作我挖这口井的证据。"(《创世记》21：30)

　　与亚比米勒国王联盟的价值后来被证明并不高。亚伯拉罕死后，饥荒再次席卷迦南。亚伯拉罕的指定接班人以撒决定去找亚比米勒，显然希望亚比米勒出现对亚伯拉罕及其后代承诺的帮助。以撒未向亚比米勒国王求施舍，而是耕种他的土地(《创世记》26：12)。在以撒成功变得富有之后，非利士人开始嫉妒他，并用泥土堵塞亚伯拉罕的水井(《创世记》26：15)。而亚比米勒也要求以撒离开，"因为你比我们强盛得多"(《创世记》26：16)，违反了亚比米勒国王和亚伯拉罕的联盟。以撒并未与亚比米勒国王争辩，他离开了，并一一重建了父亲的水井，将水运到荒凉的土地上。但井水一旦流出，非利士人就宣称井应该属于他们。

　　尽管以撒先是遵从亚比米勒国王的禁令离开了，但他随后在非利士人的故意破坏和不守信用面前表现出了坚定决心。以撒重新开放了父亲的水井，没有屈服于非利士人的无理要求。他的毅力最终得到了回报：在为埃塞克和锡特纳的水井战斗之后，以撒挖了第三口井，非利士人却"没有为此争吵"(《创世记》

7　26：23)。显然，以撒的决心和内在力量给亚比米勒国王留下了深刻的印象，他来到以撒身边并坦率地承认："我们明明地看见耶和华与你同在，便说，不如我们两下彼此起誓，彼此立约。"（《创世记》26:28）亚比米勒国王对以撒表现出他对亚伯拉罕一样的不守信用，声称他和他的人民都"一直厚待你"（《创世记》26:29），但以撒还是同意了与亚比米勒国王结盟。

最终，年迈的盲人以撒在不知情的情况下将父亲的祝福传给了雅各而非以扫。就之后以色列王国雅各后裔的命运而言，这种祝福具有重大意义："凡给你祝福的，愿他蒙福。凡咒诅你的，愿他受咒诅。"（《创世记》27:29）雅各被流放异国，为他的舅舅拉班服务了二十年，学习如何谋生以及如何与苛刻且控制欲强的主人打交道。随着雅各日渐富裕并逐渐成熟，他激起了拉班的愤怒，就像以撒的成就让亚比米勒国王对他产生憎恨一样。雅各决定返回自己的国家，拉班以报仇为由追捕他，并宣称雅各的财产都是他的。

从拉班手中逃脱后，雅各此时必须要面对的是对他充满怨恨和复仇之心的哥哥以扫。以扫"善于打猎，常在田野"，而雅各"为人安静，常常住在帐棚里"（《创世记》25:27）。雅各有战胜敌人的意志吗？他的母亲利百加曾劝他要用计谋打败以扫。在忍受了舅舅拉班长达二十年的虐待和欺诈后，雅各终于开始学会反抗，争取自己的权益。但真正的考验才刚刚来临，即如何面对以扫。

雅各试图通过派遣信使和赠送礼物来安抚他的兄长。雅各日夜祈求平安，并让家人分别住在两个营地，从而在以扫跑来泄愤时增加生存的机会。但是，只有外交、信念和策略是不够的。雅各需要证明自己愿意为了在现实世界生存下去而战斗。因此，某天晚上他遭遇了一个神秘人（或神使者），并与之搏斗。雅各英勇搏斗并"通过了测试"。于是，他得到了以色列（意为"与神角力的人"）之名。

以色列也许是个战士，但雅各在使用武力上却犹豫不决，并有绥靖的倾向。他对以扫极其谦卑，称他的兄长为"我的主"，称自己为"您的仆人"。他试图用礼物收买以扫。《米德拉什》(早期拉比对《圣经》的解释和注释的汇编)强烈谴责雅各对待以扫时的自我贬低态度,甚至注释说有八个民族将征服以色列人民,因为雅各曾八次将以扫称为"我的主"(《创世记拉巴》75:11)。13世纪的拉比和学者纳克马尼德斯(Nachmanides)赞成上述《米德拉什》所述,并补充道:以色列被罗马帝国击败是由于犹太人的服从。相比之下,公元2世纪犹太领袖、《密西拿》(犹太口传法典)编者耶胡达·哈纳西拉比(Rabbi Yehuda Hanassi)教导人们说,迁就罗马人是基于现实主义和生存需要。作为罗马皇帝安东尼(Antonius)的朋友,耶胡达·哈纳西拉比用"您的仆人"一词和他对话,并采用雅各面对以扫时的类似说辞,来证明他的敬意。

雅各对示剑王子强奸女儿底拿的反应充分显示了他对权力的不安。雅各的两个儿子西缅和利未杀了示剑王子、其父哈抹国王及所有男性臣民,为他们的妹妹报仇。此外,西缅和利未还掠夺了受害者的财产。当雅各得知他们所做之事时,出于对自己形象的维护和家庭安全的恐惧(对方人多势众),他谴责西缅和利未说:"你们连累我,使我在这地的居民中,就是在迦南人和比利洗人中,有了臭名。我的人丁既然稀少,他们必聚集来击杀我,我和全家的人都必灭绝。"(《创世记》34:30)西缅和利未抗议问道:"他岂可待我们的妹妹如同妓女呢?"对此,雅各没有回答。事实上,雅各对他的新身份"战士"感到不安,这也许可以解释为什么在雅各有了新名字之后,《圣经》中仍然交替使用"雅各"和"以色列"。相比之下,《圣经》从来没有再提到亚伯拉罕和撒拉的原名——艾弗拉姆和撒莱。

和他的祖父、父亲一样,雅各(以色列)在迦南地遭受了干旱和饥荒之苦,而对食物的需求迫使他必须与异族及异族首领产生联系。然而,在雅各所处的时代,只有在埃及可以找到食物。同亚伯拉罕和以撒必须对付诡计多端的亚比米勒国王一样,雅各需要从埃及王国的领导人那里乞食。不过,上帝"看不见的手"使雅各最喜欢的儿子约瑟成为埃及总督,雅各因此作为埃及高官尊贵的父亲来到埃及,尽管他和他的儿子们最终必须听命于埃及法老。

在历经艰辛和迟疑之后,雅各终于明白了权力对于在现实世界支撑理想的重要性,但此时他已被迫放弃权力以求生存。作为法老的客人,他失去了在迦南享有的自由。在流散中,雅各的后代失去了维持主权所必需的物质力量。如今的生存取决于约瑟的才智:法老之所以提携他,恰恰是因为约瑟了解这个世界并且知道如何改善他人的生活。但法老也可能会罢免他,将他送进监狱,或是杀掉他。

实际上,雅各死后,约瑟对法老越发服从。虽然约瑟本应该很强大,但他却不敢要求法老满足他父亲想要埋葬在迦南的愿望。实际上,读者可能会期望约瑟和他的兄弟们在将雅各埋葬在希伯伦之后,回到迦南并在那里定居,毕竟饥荒已经结束了。[1] 但是雅各和他的儿子们已不再自由,他们是法老的臣民,法老在他们需要时供养他们,因此也决定着他们的命运。

雅各后裔的命运掌握在法老手中,这一点在约瑟死后得到了悲剧性的证实。新法老继位后,他决定把希伯来人变成奴隶,杀死他们的男性新生儿。面对权力被如此滥用的残忍现状,希伯来人无能为力。

"十灾"讲述的是法老固执而愚蠢地试图将自己的运气推到极限的故事。随着时间的流逝,法老因为给埃及带来毁灭而失去了子民的信任和支持。最终,摩西"在埃及的土地上,在法老的朝臣和人民中非常受人尊敬"(《出埃及记》11:3),希伯来人也被释放了。

然而,在释放希伯来人之后,法老做了最后一次绝望的尝试,试图重新捕获他们。希伯来人看到法老在追他们,就显露出犹太人 Chutzpah(肆无忌惮,或幽默?)的天性,他们讥讽地问摩西,他是否因为埃及缺乏墓地而把他们带出埃及。但是,自由是要付出代价的:以色列的世仇亚玛力人出现在西奈沙漠中,并与以色列人作战(《出埃及记》17:8)。以色列人战胜这个神秘敌人的能力似乎是源于内心的意志和决心,正如"摩西何时举手,以色列人就得胜;何时垂手,亚玛力人就得胜。但摩西的手发沉"(《出埃及记》17:11—12)所寓示的。只有在以色列取得暂时胜利之后,我们才得知亚玛力人为何袭击以色列人:亚玛力人的问题不在于以色列人本身,而在于以色列人向世界传达的信息。通过与以色列人争斗的方式,亚玛力人与神搏斗,因此"耶和华已经起了誓,必世世代代与亚玛力人争战"(《出埃及记》17:16)。确实,《圣经》后来叮嘱希伯来人"记住亚玛力人对你的所作所为",并阐明亚玛力人仇恨以色列人的真正原因——"不敬畏神"(《申命记》25:17—18)。

以色列也有内部敌人,即"闲杂人"(希伯来语为 erev rav),他们总是急于传播坏风气,并质疑离开埃及是否为明智之举。这些"闲杂人"是一群煽动者,他们毫不犹豫地将以前在埃及地狱般的奴隶生活描述为失落的天堂:"谁给我们肉吃呢?我们记得在埃及的时候,不花钱就吃鱼。"(《民数记》11:4—5)。不论有没有"闲杂人",怀疑和士气低落常常会危及通往自由的道路。摩西派出密探收集情报,以打探希伯来人被命令去征服的土地的情况,十二名密探中有十名带着悲观灰暗的消息回来。他们对摩西和百姓说:"我们到了你所打发我们去的那地,果然是流奶与蜜之地,……然而住那地的民强壮,……我们不能上去攻击那民,因为他们比我们强壮。……据我们看自己就如蚱蜢一样,据他们看我们也是如此。"(《民数记》13:27—33)然而,声称以色列人无法战胜这片土地上居民的说法只是一种观点,而不是情报。只有迦勒(摩西派出的十二名密探之一)的意见不同,他说"我们足能得胜"(《民数记》13:30)。但是,主流看法仍源于密探们将自己视为"蚱蜢"。

这十名密探在人们中间散布分裂和怀疑的言论。的确，那天晚上人们哭了。所有以色列人都在抱怨摩西和亚伦……他们对彼此说："我们不如立一个首领，回埃及去吧！"（《民数记》14：4）。两位相信能征服这片土地的密探约书亚和迦勒则回答说："不要怕那地的居民……有耶和华与我们同在，不要怕他们！"（《民数记》14：9）。两位领袖差点因为他们带回来的信息被处死，犹太人因此被判在沙漠中流浪四十年。在审判被宣布后，那些恶毒、散布谣言的密探突然死于疾病，希伯来人这才意识到他们做得太过分了，决定弥补自己的错误。此前，约书亚和迦勒因为建议征服这片土地差点被处死，这时希伯来人却又决定听从他们的建议，然而为时已晚。摩西告诉他们："不要上去，因为耶和华不在你们中间，恐怕你们被仇敌杀败了。"（《民数记》14：42）这些由叛乱分子转变为狂热分子的人无视摩西的建议，他们的军事冒险终至一败涂地。

士气低落往往会引发叛乱。族长利未的曾孙、摩西和亚伦的堂兄弟可拉开始组织叛乱，威胁要推翻摩西。他们宣称，如果摩西未能将他们带到应许之地，那么摩西应该下台："你将我们从流奶与蜜之地领上来，要在旷野杀我们，这岂为小事，你还要自立为王辖管我们吗？"（《民数记》16：13）叛乱者的诡辩达到极限：没有理由离开埃及，如果现在人们在沙漠中打转，那确实是摩西的错。

在平息可拉的叛变和人民无休止的抱怨之后，摩西需要为征服这片土地做军事和外交准备。他恭敬地请求以东王（以扫的后裔）许可他们穿越他的土地。雅各曾派使者到"以东国"见他的兄弟以扫（《创世记》32：4），并说出"我为你祈祷"这样的话，想让以扫接受他的礼物。像雅各一样，摩西也走近以东王，将自己描述为"你的兄弟"，并恳请他允许希伯来人穿过他的土地，去往他们的应许之地（《民数记》20：14—21）。摩西试图引起国王对希伯来人的同情，告诉国王他们只能这么走，因为希伯来人在埃及受苦，并且保证不会对他的土地造成任何伤害（他们甚至不会从以东的井中取水喝)。但是,国王断然拒绝了摩西的要求,并威胁要重击希伯来人,希伯来人随后撤退(《民数记》20:21)。以色列人的顺从态度鼓舞了他们的敌人:亚拉得王听说希伯来人向以东王投降后,就向他们宣战,掳走他们许多人做俘虏。

摩西从他试图与以东王进行友好外交但是失败的经历中吸取了一些教训。接近以莫王时,摩西并没有征求穿过其土地的许可,相反,他通知国王希伯来人将穿过他的土地,但不会造成任何损害(《民数记》21:21)。和以东王一样,以莫王也不接受以色列人的宣告,准备战斗。但是,这次希伯来人决定与之战斗,并取得了胜利(《民数记》21:24—32)。这次胜利并没有说服当地另一位君主巴珊王噩和以色列和解。巴珊王噩知道希伯来人也在计划穿越他的土地,决定对他们使用武力,但希伯来人击败了他(《民数记》21:35)。

以色列人取得的两次军事胜利让其他敌人感到恐慌。其中就有摩押国王巴勒,据说他害怕以色列人(《民数记》22:3)。巴勒决定召来术士巴兰①来诅咒以色列。然而,巴兰没有诅咒希伯来人,而是对以色列人在各民族中的地位发表了意味深长的言论:"这是独居的民,不列在万民中。"(《民数记》23:9)然后他对以色列人宣告:"凡给你祝福的,愿他蒙福;凡咒诅你的,愿他受咒诅。"(《民数记》24:9)最后,巴兰预测以色列人终将战胜敌人:"我看他却不在现时,我望他却不在近日。有星要出于雅各,有杖要兴于以色列,必打破摩押的四角,毁坏扰乱之子。他必得以东为基业,又得仇敌之地西珥为产业。以色列必行事勇敢。"(《民数记》24:17—18)

---

① 据《旧约·民数记》记载,巴兰是比珥的儿子,居住在大河边的毗夺。他有诅咒和祝福的本领,他为谁祝福,谁就得福;他诅咒谁,谁就受诅咒。——译者注

有条件的主权，无条件的生存

如我们所见，《圣经》以契约的方式描述了上帝与以色列人之间的关系：以色列人应遵守上帝的诫命，向世界证明上帝的存在；作为交换，以色列人将在应许给亚伯拉罕、以撒、雅各的土地上享有主权与和平（《利未记》26：3—8）。如果以色列人决定违背西奈盟约，后果将是可怕的："你们若不听从我，不遵行我的诫命，……我待你们就要这样：我必命定惊惶，叫眼目干瘪、精神消耗的痨病、热病辖制你们。……我要向你们变脸，你们就要败在仇敌面前，……我要把你们散在列邦中。"（《利未记》26：14—33）最后，苦难和流放会带来悔改："你们剩下的人，必因自己的罪孽和祖宗的罪孽，在仇敌之地消灭。……他们未受割礼的心若谦卑了，他们也服了罪孽的刑罚，我就要记念我与雅各所立的约，与以撒所立的约，与亚伯拉罕所立的约，并要记念这地。"（《利未记》26：39—44）以色列人完全可以背弃西奈盟约，但这样做，他们的国家就注定灭亡，因为"耶和华必使你们分散在万民中，从地这边到地那边……在那些国中，你必不得安逸，也不得落脚之地"（《申命记》28：64—65）。

15世纪的西班牙拉比和作家伊萨克·阿拉玛（Isaac Arama）在其著作《阿克达·伊扎克》（*Akedat Yitzhak*）中指出"你必不得安逸，也不得落脚之地"指的是犹太人试图同化以避免迫害的时期。阿拉玛认为，这句话告诉我们各国不会让犹太人忘记他们是谁。即使他们作为外邦人生活，他们也会像犹太人一样受到迫害和杀戮。同样，《米德拉什》①《拜瑞什特·拉巴》（*Bereshith Rabbah*）33：8将这节经文与描述鸽子返回诺亚

---

① 针对希伯来《圣经》的额外注释。——译者注

方舟的那句话并列——"鸽子找不着落脚之地,就回到方舟挪亚那里"(《创世记》8:9),这就告诉我们"你必不得安逸,也不得落脚之地"的诅咒可以化为赐福:如果犹太人能够同化,他们将不会重新找回自己的信仰及返回自己的土地,就像鸽子假若找到歇脚的地方,也就不会回到方舟中去了。

同样,《巴比伦塔木德》中认为,《列王纪》第一卷中先知亚希雅对示罗人的诅咒可以被理解为一种祝福。亚希雅想要诅咒以色列:"耶和华必击打以色列人,使他们摇动,像水中的芦苇一般。"但是,正如《塔木德》所言:"芦苇长在水中,根又长又多,世上任何的风都不能使它动离原处,因为它会随风摇动。"(塔木德20a)换句话说,以色列必然会因为自己的罪屈身受辱,但由于根基深厚,这个民族总能恢复它最初的辉煌。

《申命记》的最后有一句话:"以色列安然居住,雅各的居所也安然无事。"(《申命记》33:28)十六世纪的《塔木德》学者塞缪尔·埃德尔拉比(Samuel Eidels,也以"Maharsha"之名为人熟知)认为,雅各的住所"未遭扰乱"原本是一种祝福:以色列人民本将不受其仇敌的侵扰,因为他们的仇敌会因为恐惧而不去惹他们。但是,从消极的一面看,由于他们的罪恶,犹太人也将成为被其他民族排斥的"孤独者"。然而,如果犹太人听从警告,重新遵守契约,这个诅咒便是可逆的。因此,《圣经》中对犹太历史的末世论可以被这样理解:失败是暂时的,也是犹太人应得的,它来自宇宙主宰者的报复,但从来都不是最后一击。

小结

在雅各证明他有能力和意愿在现实世界中为他的精神遗产而战之后,他被赋予"以色列"之名。然而,即使在获得新名字后,雅各(以色列)仍然在坚定和服从之间摇摆。即使在雅各被改名为以色列之后,《妥拉》①仍然继续交替使用这两个名字。这种明显的矛盾表明,以色列这个名字是一种理想,需要通过在理想主义和现实主义、权力和价值观之间进行微妙和永无止境的平衡来争取。

《妥拉》将以色列与其土地之间的关系描述为一种契约,这种契约塑造了犹太人对自我历史角色的认知、对历史挫折的解释以及对与其他民族关系的看法。正是由于犹太人将主权视为奖励,将屈服视为惩罚,所以他们没有将民族的失败和屈辱视为自身历史的终结,却认为这是他们应受到的惩罚,而他们终将得到宽恕和救赎。犹太人的这种自我历史定位及其与世界其他民族的独特关系,可以很好地解释为什么他们从未从历史记录中消失。

---

① 即《摩西五经》。——译者注

2.《先知书》

> 我们指望平安,却得不着好处;指望痊愈的时候,不料,受了惊惶。
>
> ——《耶利米书》8:15

外交与战争

《士师记》描述了一个反复出现的模式:希伯来人(古以色列人)犯下罪,招致神的斥责;他国征服以色列;以色列子民向上帝祈祷,从他国的枷锁中获得暂时的解脱;但很快,同样的场景又再次上演。最后,上帝讽刺地回应了以色列人的祈祷:"你们去呼求你们所选的神明吧!你们遭难,由他们来救你们吧!"神确实也派遣了一位救世主到以色列,这个人就是参孙。他以自己的刚强和勇力震慑了非利士人。然而,希伯来人早就习惯了被非利士人征服,他们宁愿背叛民族英雄也不敢与敌人作战。以色列人听从上帝的吩咐去救参孙,就对他说:"非利士人辖制我们,你不知道吗?你向我们行的是甚么事呢?……我们下来是要捆绑你,将你交在非利士人手中。"(《士师记》15:11—12)

以色列人有充分的理由去害怕非利士人,因为他们不仅在示罗杀了三万希伯来人,还抢走了约柜(《撒母耳记上》4:10—11)。但是,正如撒母耳所说,希伯来人对非利士人卑微的屈从只能怪他们自己,只要忠诚于西奈盟约,他们完全可以打败强大的非利士人(《撒母耳记上》7:3)。人们暂时的悔改带来了短暂的胜利,以色列和邻国之间也达成了和平(《撒母耳记上》7:15)。当希伯来人向撒母耳王求助时,他们也只是为了要"使我们像列国一样"(《撒母耳记上》8:20)。

以色列第一位国王扫罗的统治是不太成功的,非利士人继续恐吓希伯来人,尤其是他们的大力勇士歌利亚。扫罗的耻辱部分来源于他未能执行消灭亚玛力人的神圣命令(《撒母耳记上》28:18)。

与之相对,大卫则无情追击并杀害了烧毁洗革拉城的亚玛力人后裔(《撒母耳记上》30)。受封为以色列王后,大卫将王国的首都从希伯伦迁到耶路撒冷。扫罗统治的时候,以色列人对非利士人十分惧怕,而大卫选择击杀他们和以色列其余的仇敌,制伏了他们(《撒母耳记下》8:6)。这种力量和荣耀赢得了以色列邻国的尊敬和赞赏,例如黎巴嫩推罗王希兰(《撒母耳记下》5:11)和哈马王陀以,他们听到大卫的胜利后都向他释放求和信号(《撒母耳记下》8:9)。以色列的军事胜利让往昔宿敌纷纷前来请求和平(《撒母耳记下》10:19)。

大卫王的儿子所罗门继承了他的王位。所罗门一上台就开始大肆排除内外异己,巩固统治。埃及本是一个强大而有威胁性的邻国,但是所罗门娶了法老的女儿,埃及也因此成为以色列的盟友(《列王纪上》3:1)。在他统治期间,以色列享受着和平与安宁(《列王纪上》5:4—5)。希兰王因大卫的所向披靡与他保持和平,如今听闻所罗门的智慧,更加愿意与他保持和平。在与埃及取得和平后,所罗门与黎巴嫩结盟(《列王纪上》5:26)。所罗门因他的智慧而受人尊敬(《列王纪上》10:24),但他也有人性的弱点:沉迷女色,尤其喜爱外国女人。随着年龄的增长,所罗门在他的外国妻子们的影响下背弃了西奈盟约。《列王纪上》第11章讲述所罗门王在生命将尽时开始崇拜偶像,结果上帝"唤醒"了以色列的宿敌：以东人哈达（他向大卫王投降后，逃到埃及，成为法老的保护对象和妹夫）、以利亚大之子利逊（被大卫王打败后逃到大马士革）及尼八的儿子耶罗波安（示罗先知亚希雅预言耶罗波安将会继承所罗门的王国，所罗门因此想要杀他，他就跑到埃及成为希伯来难民）。

所罗门王之子罗波安继承了王位。罗波安蔑视王国的资深顾问，对人傲慢，导致王国十二支派中的十个支派分裂出去，证实了示罗先知亚希雅的预言：所罗门死后，王国必分裂，所罗门的仇敌耶罗波安必统治十二支派中的十个支派。耶罗波安在北方受膏，成为以色列王，而当时罗波安只是两个支派的王：犹大支派和便雅悯支派。因为耶路撒冷是祭司和宗教崇拜的中心，耶罗波安便在以色列国实行异教宗教活动，不让北方王国的臣民以耶路撒冷为精神寄托。然而，耶罗波安的做法显然是偶像崇拜。因此，示罗先知亚希雅预言说耶罗波安的儿子亚比雅必死，而且"耶和华必击打以色列人，使他们摇动，像水中的芦苇一般；又将他们从耶和华赐给他们列祖的美地上拔出来，分散在大河那边，因为他们做木偶，惹耶和华发怒"（《列王纪上》14：15）。同时，罗波安和耶罗波安的统治被两个希伯来王国之间的内战所破坏。

南方的犹大王国也陷入偶像崇拜和行为失检的困境之中（《列王纪上》14：24）。在罗波安受膏为王五年后，埃及攻击了犹大王国并洗劫了耶路撒冷的圣殿。

罗波安的儿子亚比央继承了他的遗志，"行他父亲在他以前所行的一切恶"（《列王纪上》15：3）。亚比央的儿子和继承人亚撒纠正了他父亲和祖父的罪行（《列王纪上》15：11）。以色列和犹大王国之间的战争还在继续，亚撒王与亚兰国（今叙利亚）建立了外交和军事同盟。

与犹大王国不同，以色列王国没有经过道德恢复期。耶罗波安的继任者（拿答、巴沙、以拉、心利、暗利、亚哈）都延续了他邪恶的统治方式，鄙视神圣的诫命。暗利比他以前的列王作恶更甚（《列王纪上》16：25）。亚哈则娶了一个来自迦南西顿的女子为妻，西顿人以阿什脱雷斯为他们的守护女神，还崇拜太阳神巴力（他们的王国也因此名为巴力国）。亚哈与名叫耶洗别的西顿女人结婚以后，公开推行偶像崇拜，为巴力筑坛，在巴力的神像面前跪拜。"他所行的惹耶和华以色列神的怒气，比他以前的以色列诸王更甚。"（《列王纪上》16：33）

在圣经时代，反对国王滥用权力的主要力量来自先知。亚哈娶了一个信奉偶像崇拜的女人，并接受了她的异教，这已经超过了极限。亚哈激起了先知以利亚的愤怒和公众的强烈抗议。以利亚预言以色列将遭旱灾，他的预言应验了。亚哈的外邦妻子耶洗别看到以色列的先知是她最大的敌人，就迫害并处死了他们。亚哈不承认这个王国的麻烦是他自己的恶行造成的，反而责怪以利亚（同时，耶洗别想要杀死他）。以利亚之所以激怒亚哈，正是因为他持一个很好的观点：以色列人必须决定这个国家是否信仰上帝，没有折中的余地。以利亚问迦密山上的民众："你们心持两意要到几时呢？若耶和华是神，就当顺从耶和华；若巴力是神，就当顺从巴力。"（《列王纪上》18：21）

虽然人们对以利亚直截了当的论点印象深刻，但亚哈王却不以为然。他一意孤行，导致灾难接踵而至。由亚兰王便哈达率领的三十二个军阀组成的联盟，包围了以色列王国，几乎摧毁了这个国家。在随后的外交谈判中，亚哈的优柔寡断和缺乏决心充分暴露出来。对于便哈达国王提出的要求，亚哈甚至没有协商就接受了。然后，意识到自己面对的是一个软弱的领导人后，便哈达又提出新的停战条件。此时，亚哈意识到他被敲诈了，他向"当地的长老"寻求建议（《列王纪上》20：7）。虽然他们明确建议亚哈不要让步，但亚哈继续表现出以利亚在迦密山上谴责他的特质：在两个不相容的选择之间摇摆不定。一方面，亚哈拒绝了便哈达的第二个过分的要求。另一方面，他以和解和道歉的方式拒绝,并补充说他仍然愿意接受最初的要求和条件。亚哈的急于妥协,让便哈达更加自信和好斗。意识到他在对付一个懦夫后,便哈达决定再次发动战争。

然而,情况出现了逆转:亚哈的部队击败了敌人,带来了事实上的和平。被击败的便哈达转而请求亚哈的怜悯。然而,亚哈并没有把便哈达看作一个由于神的干预而被击败的敌人,而是称他为"兄弟",并与他签署了和平协议。一位未透露姓名的先知严厉地谴责这种行为,警告国王:"因你将我定要灭绝的人放去,你的命就必代替他的命,你的民也必代替他的民。"(《列王纪上》20:42)

然而,由于亚哈暂时悔改(《列王纪上》21:29),这一判决被缓期三年执行。亚哈得到了喘息的机会,在"想起"亚兰控制了拉末,拉末是"我们的"之后,他决定重新发动对亚兰王的战争(《列王纪上》22:3)。这一次,亚哈精心备战。他与犹大国结盟,向犹大王约沙法解释说,他所聚集的四百位先知都说神赞成这一冒险。虽然约沙法最初同意与以色列结盟,但在他看来,四百位先知完全一致十分可疑,令人难以置信。约沙法问以色列的先知中是否有少数派的意见。亚哈承认,他的"橡皮图章"议会(意为不经审查就批准的形式议会)中有一个异类,即先知米该雅。"我恨他",亚哈坦白地承认(《列王纪上》22:8)。为了确保自己不会被拖入一场注定失败的冒险中,约沙法坚持要听这位孤独的反对派领袖的发言。米该雅的确很坦率,他称亚哈的四百名先知在撒谎,以色列如同没有牧人的羊群一般(《列王纪上》22:17)。亚哈把米该雅投入监狱,并决定与约沙法一起无视他。米该雅当然是对的。亚哈在战斗中被杀,战车上他的斑斑血迹被狗舔过,然后被冲进妓女使用的水池。

随后,亚哈的儿子亚哈谢短暂地统治着这个走向衰败和麻烦不断的国家。摩押人反叛以色列,亚哈谢王患病。他没有祈求上帝让他康复,而是指示他的顾问们去问来自异国的以革伦神巴力西卜他的病是否可以治愈。先知以利亚迎接亚哈谢家的臣仆,责备他们说:"你们去问以革伦神巴力西卜,岂因以色列中没有神吗?所以耶和华如此说:'你必不下你所上的床,必定要死!'"(《列王纪下》1:3—4)亚哈谢最后悲惨地死去,就像以利亚预言的那样。因为亚哈谢没有孩子,他的弟弟约兰继承了王位。以色列国和犹大国结成军事联盟攻击亚兰王哈薛,但还是没有得胜。

从绥靖政策到奋起抵抗

以利沙是出现在《列王纪下》中的先知,他认为以色列人战败的原因是显而易见的:就像以色列的国王一样,犹大的国王也背弃了西奈盟约,因此两个作恶者之间的军事联盟自然会给他们带来灾难。以利沙号召起义,立耶户为以色列北方王国的第十位国王,其明确任务是消除亚哈的影响并杀死他的子孙。约兰知道危险即将来临,就问耶户,冲突是否可以避免,和平是否可能?耶户直截了当地回答说没有商量的余地:"你母亲耶洗别的淫行邪术这样多,焉能平安呢?"(《列王纪下》9:22)

耶户杀了约兰和亚哈谢,之后又杀了亚哈的妻子耶洗别和他的七十个儿子,完成了他根除亚哈家族的使命。耶户后来又将矛头转移到亚哈谢家其他人身上,杀了他的四十二个弟兄。他策划消灭以色列对巴力的崇拜。他先是欺骗拜巴力的人,假装想扩大亚哈发起的邪教活动,从而将所有拜巴力的人聚集在一个地方,假称他们的邪教即将成为王国的官方宗教。将他们聚集起来后,耶户立即屠杀了这些人,烧毁了他们的礼拜场所。然而,耶户热衷于军事,忽视宗教。他没有移走耶罗波安在伯利特和但所造的金牛犊(《列王纪下》10:31)。因为偶像崇拜没有被消灭,"耶和华才割裂以色列国,使哈薛攻击以色列的境界"

(《列王纪下》10:32)。

耶户死后,权力斗争和政治阴谋接踵而至。在犹大王国,亚哈谢的母亲亚他利雅夺取了权力,开始无情地铲除异己。祭司耶何耶大推翻了她的政权并杀死了她,让约阿施取而代之。约阿施在犹大王国推行道德复兴政策,消除了巴力崇拜,整顿了寺庙财政,禁止祭司们中饱私囊,并指示他们分配资金用于修缮和维护。

然而,约阿施的外交实行绥靖政策。亚兰王哈薛围困耶路撒冷的时候,约阿施王将殿里的财宝给他,哈薛就放弃了征战。但约阿施对神殿财政的干涉以及随后将神殿财宝用于外交的政策为他树敌不少,导致他最终被杀害。

他的儿子亚玛谢接替了他(《列王纪下》14:1)。在铲除杀害父亲的凶手后,亚玛谢出于对《摩西五经》中不得因父母之罪杀害孩子禁令的尊重,宽恕了他们的后代。亚玛谢也取得了一系列军事胜利,这与以色列王国所遭遇的挫折和屈辱形成了鲜明对比,而耶户革命后,约阿施和亚玛谢也并没有在犹大国内进行道德重建。耶户的儿子耶哈斯取代了他的父亲,但只是做坏事(《列王纪下》13:2)。亚兰王哈薛占领了以色列(《列王纪下》13:3)。

《列王纪》上下两卷不止一次表明,犹大王国的道德和宗教标准高于以色列王国。因此,以色列屡遭外国统治和流放。首次外国占领发生在约哈斯国王统治时期,驱逐和流放则始于何细亚国王统治时期(《列王纪下》17:23)。亚述王把希伯来人驱逐到巴比伦,并在希伯来人的土地上建立自己的殖民地。

犹大新王希西家效忠大卫王的遗志(《列王纪下》18:5—7)。希西家的第一个军事和外交政策是在北方与强大的亚述王(现在是以色列的主人)作战,在南方驱逐非利士人。他针对非利士人的军事行动虽然都取得了成功,却败给了亚述王。这位强大的征服者征服了以色列,也攻占了犹大的坚固城池。希西家投降后被迫支付巨额战争赔款,这笔赔款由寺庙的金库提供。不过,这并不能完全满足征服者的需求。

亚述王在军事上和心理上都为夺取耶路撒冷做好了准备。他试图说服希西家国王他没有机会战胜强大的亚述,希西家应该面对现实。当权力和力量都倒向亚述一边时,他公开质疑希西家的信仰(《列王纪下》18:19—20)。然后他试图说服犹大人民面对现实(《列王纪下》18:29—33)。然而,希西家拒绝让步,并最终取得了胜利。

希西家的儿子玛拿西给犹大带来了毁灭性的打击(《列王纪下》21:2)。新国王在整个犹大王国包括耶路撒冷圣殿引进偶像崇拜和异教仪式。玛拿西的孙子约西亚试图纠正他祖父和父亲的错误,根除崇拜偶像的行为,驱逐外国邪教,关闭寺庙附近的妓院,并摧毁异族的礼拜场所(《列王纪下》23:7)。希伯来人已经远离了他们自己的宗教,约西亚只得召集他们去遵守逾越节(《列王纪下》23:21)。虽然"在约西亚以前,没有王像他尽心、尽性、尽力地归向耶和华,遵行摩西的一切律法"(《列王纪下》23:25),但耶和华要毁灭耶路撒冷的誓言是不可更改的(《列王纪下》23:26—27)。唯一的安慰是上帝应许约西亚,在他死去之前,王国不会毁灭,"我要降与这地的一切灾祸,你也不至亲眼看见"(《列王纪下》22:20)。然而,约西亚的死是悲剧性的:埃及法老尼哥在战斗中杀死了他。

在杀了约西亚之后,法老尼哥将犹大王国置于他的统治之下。他任命了新的犹大王(甚至把他的名字从以利雅敬改为约雅敬),并向战败的王国征收赋税。随着埃及和巴比伦之间的力量平衡向后者倾斜,约雅敬转而效忠于巴比伦国王尼布甲尼撒。犹大王国实际上变成了巴比伦的殖民地。当约雅敬试图反抗时,他的军队和政权被粉碎(《列王纪下》24:2)。

犹大的灭亡是逐渐发生的。直到约雅敬的儿子耶哥尼亚统治时期,国王和他的子民才被逐出他们的土地,流放到巴比伦。

尼布甲尼撒任命马坦亚（后更名为西底家）来统治他的新犹太殖民地。但是，西底家反抗尼布甲尼撒。结果带来的是犹大的最后一次悲惨政变：尼布甲尼撒彻底烧毁了圣殿和耶路撒冷，将犹太人从他们的土地上流放，犹大国至此灭亡。犹大的最后一位国王西底家在被野蛮杀害之前还遭到公开羞辱。尼布甲尼撒任命基大利取而代之，担任犹大行省省长来督管留在以色列的犹大人。但基大利不久即被谋杀，随着他的死亡，犹太人主权的最后残余也消失了。

耶利米：政治现实主义的先知？

先知耶利米见证了犹大王国的衰落、失败和流放。他的预言开始于犹大宣告灭亡后的亚扪王，结束于西底家王，伴随着第一圣殿被毁和巴比伦流亡。一开始，耶利米所传的信息是很笼统的，因为他被任命为"列国的先知"（《耶利米书》1:5）。在《士师记》中（《士师记》10:14），耶利米讽刺地要求以色列为这个国家背叛西奈盟约承担责任："你为自己做的神在哪里呢？你遭遇患难的时候，叫他们起来拯救你吧！"（《耶利米书》2:28）以色列需要为了国家的利益，也为了人类的利益而忏悔。事实上，上帝永远不会废除与以色列的盟约，人类只能通过以色列承认上帝。换句话说，要让世界有信仰，以色列人必须有信仰（《耶利米书》4:1—2）。

即将到来的危险和厄运出现的原因是显而易见的：以色列人将因放弃西奈盟约而受到惩罚。但是，耶利米表达了对人们自封领袖的虚伪、虚荣和诡辩更具体的抱怨："因为他们从最小的到至大的，都一味地贪婪；从先知到祭司，都行事虚谎。他们轻轻忽忽地医治我百姓的损伤，说：'平安了！平安了！'其实没有平安。"（《耶利米书》6:13—14）。邪恶的统治者试图通过虚假的和平承诺来掩盖他们的道德沦丧,但是由于人们的不道德和对西奈盟约的不忠诚,他们承诺的和平是无法实现的。这就是为什么"我们指望平安,却得不着好处;指望痊愈的时候,不料,受了惊惶"(《耶利米书》8:15)。

耶利米被以色列对自己传统和身份的不忠激怒了。为什么这个国家如此渴望放弃自己的传统和使命?"古实人①岂能改变皮肤呢?豹岂能改变斑点呢?"(《耶利米书》13:23)例如,以色列为什么要亵渎既是犹太人信仰和身份的福分,也是犹太人身份的基石的安息日呢?(《耶利米书》17:24—27)耶利米因说真话而被辱骂、嘲笑和攻击(大祭司巴施户珥不断攻击他)。谎言如此普遍,以至于真相令人反感。耶利米的预言既凄凉又充满指责:犹大的毁灭和其后裔被流放到巴比伦是不可避免的,因为犹大的罪不可饶恕(《耶利米书》21:14)。当犹大王西底家问他能否战胜尼布甲尼撒的时候,耶利米回答说,犹大注定灭亡(《耶利米书》21:5)。

与《申命记》(《申命记》29:22—24)相呼应,耶利米解释道,即使以色列人自己对国家灭亡的原因有疑问,世界上的其他国家也不会有。其他国家都知道,神的子民因不忠于西奈盟约而被打击、分散各地,他们要时刻提醒以色列人这种不忠(《耶利米书》22:8—9)。耶利米也证实了《申命记》的应许,那就是散布各地的以色列人会被万国藐视和嘲笑(《耶利米书》24:9),那些悔改的人最终会回到应许之地(《耶利米书》24:6—7)。

耶利米呼吁向巴比伦王尼布甲尼撒投降并接受他的统治(《耶利米书》27:6—11),这与其他先知呼吁斗争和抵抗背道而驰。耶利米是现实主义者还是灾难预言者?他关心人民的利益吗?还是说他是个叛徒?是什么让他比其他人更能判断国际现实?

---

① 非洲人。——译者注

耶利米称抵抗巴比伦是毫无意义的。是的,总的来说,犹太人应该为自由而战,但当前他们不配享有这种自由。因为犹太人没有遵守七年之后释放奴隶的诫命,他们自己也将被巴比伦人奴役,尝到苦果(《耶利米书》34:8—20)。当上帝站在犹太人一边时,他们是强大的,而当上帝想让他们为自己的罪行付出代价时,他们就无能为力了。耶利米称,既然上帝决定惩罚犹大,反抗巴比伦就等于反抗上帝。这将是军事灾难和宗教亵渎。

耶利米不仅主张向尼布甲尼撒投降,他还嘱咐流散在巴比伦的犹太人在那里定居,不要返回以色列。虽然在耶路撒冷和巴比伦屈从于外国的统治似乎是失败主义的做法,而且看似还背弃了自己的国家,但耶利米解释说,以色列目前的被奴役是神圣法令的一部分;因此,它应该接受,直到法令被废除(《耶利米书》29:10)。但最终,"我必将他们从北方领来,从地极招聚,……赶散以色列的,必招聚他"(《耶利米书》31:7—9)。

人民不听耶利米的话,他的预言应验了,尼布甲尼撒在西底家在位第九年攻占了耶路撒冷。耶路撒冷被毁,西底家的众子都在他面前被杀。尼布甲尼撒烧毁了耶路撒冷的圣殿,并把犹太人驱逐到巴比伦。但这试炼是暂时的:"我要将我所赶你到的那些国灭绝净尽,却不将你灭绝净尽,倒要从宽惩治你,万不能不罚你。"(《耶利米书》46:28)因此,被流放的犹太人必须保持坚韧和希望。

小结

扫罗王对以色列历史上的宿敌亚玛力人并不是冷酷无情的。他的统治以耻辱告终。在大卫和所罗门的统治下,以色列王国享有的和平建立在权力和威慑的基础上。所罗门死后,王国分为北方的以色列和南方的犹大。为了生存,这两个王国不得不求助于外交手段,在抵抗与绥靖之间摇摆不定。在《圣经》的叙述中,这两种策略都是合法的,只要国王忠实于西奈盟约。

《列王纪》描述犹大王国比以色列王国具有更高的道德和宗教标准,因此享有更高程度的独立。然而最终,更强大的巴比伦王国征服并击败了这两个王国。毫无疑问,对先知耶利米来说,历史灾难的到来是犹太人违背西奈盟约的必然结果。

与此同时,这个濒临失败的国家面临着一个两难境地:投降是现实主义行为,还是背叛?在耶利米看来,现实主义恰恰是出于信仰之举:向现实卑躬屈膝意味着接受神的旨意。然而百姓却不听从耶利米的话。耶路撒冷被毁,以色列人遭流放。然而,正是因为犹太人坚信他们的失败是暂时的,他们才能一直保持坚韧不屈。

# 3. 《圣录》

> 有一种民,散居在王国各省的民中,他们的律例与万民的律例不同。
>
> ——《以斯帖记》3:8

慈悲与复仇之间

《路得记》让我们对以色列与其他国家的关系有了一个乐观的认识。一对犹太夫妇(以利米勒和拿俄米)和两个儿子离开犹大王国前往摩押躲避饥荒,两个儿子都娶了摩押女子为妻。未料到三个男人(以利米勒和两个儿子)都相继去世,只留下三个没有孩子的寡妇。拿俄米决定返回家乡,其中一个儿媳路得坚持跟随她一起回去:"你往哪里去,我也往那里去……你的国就是我的国,你的神就是我的神。"(《路得记》1:16)

与摩押女子通婚以及路得改信犹太教都与犹太教律法不相容(《申命记》23:4)。摩押人和亚扪人被禁止通过皈依成为犹太人,因为他们试图诅咒以色列,并通过异族通婚来毁灭犹太人。不过,路得来到犹大王国以后,又嫁给了犹太人波阿斯。根据《巴比伦塔木德》(*Yevamot 76b*),禁止皈依和通婚只适用于摩押人和亚扪人的男性,而不适用于女性。

犹太人波阿斯和摩押人路得的关系是温柔、宽容和怜悯的。

波阿斯虽然知道路得是以色列仇敌的后裔,却仍然对她很仁慈,让她从自己的田地里获取食物。路得自己也对波阿斯的慷慨感到惊讶。当被问及此事时,波阿斯回答说,他钦佩并尊重路得,因为她在不知道未来会发生什么的情况下离开了父母、家庭和国家,加入了另一个民族。波阿斯爱路得,因为她决定"投靠在耶和华以色列神的翅膀下"(《路得记》2:12)。尽管她是摩押人,路得却被宣告成为以色列的女族长,像拉结和利亚一样(《路得记》4:11);因为波阿斯救赎了路得,他们的曾孙将是大卫王。波阿斯是法勒斯的后裔,法勒斯是他玛的公公犹大为救赎他玛所生。

相比之下,《以斯帖记》似乎传达了相反的信息。如果说《路得记》是以色列和它的世仇和解的故事;那么《以斯帖记》则是以色列与其宿敌对抗的故事。这两本书都描述了犹太人和非犹太人之间的婚姻,但情况却恰恰相反。路得与波阿斯结了婚,并接受了犹太信仰。而以斯帖在隐藏了自己犹太人的身份后嫁给了亚哈随鲁王。

从亚哈随鲁王选择以斯帖为波斯王后的那一刻起,以斯帖的叔叔末底改就很好地利用了他与权力中心的新关系。末底改在王宫里闲逛时,得知有人想要下手杀害亚哈随鲁王,他便通过刚晋升为王后的侄女将此事报告给了国王。于是,末底改一夜之间成了国王的救命恩人。

在通过他的侄女秘密征服权力中心之后,末底改被动挑起了一场反抗高官权势的起义。他提倡非暴力反抗并且拒绝向新任命的总理哈曼鞠躬。当被问及他不鞠躬的原因时,末底改透露了他要求以斯帖隐瞒的事情:他是犹太人,因此只能向上帝鞠躬。

为什么末底改要煽动犹太人反抗强大而看似仁慈的波斯政府呢?因为这个政府已经改变,不可再信任。这种变化是不能被容忍的,因为无国籍和流散的犹太人的生存就掌握在他们强大的统治者手中。读者可以在《以斯帖记》第3章了解到这一变化。哈曼的升迁清楚地表明犹太人处于危险之中。哈曼是亚甲人,亚甲王的后裔,曾管理以色列的宿敌亚玛力人,而亚玛力人是以色列不可和解的敌人,因此他不可能妥协,因为他"不敬畏神"(《申命记》25:18)。犹太教圣经《妥拉》(摩西五经)吩咐以色列人"将亚玛力的名号从天下涂抹了"(《申命记》25:19)。末底改不过是用巧妙的计谋来完成他的使命。

哈曼对末底改不服从的反应证明末底改是对的。哈曼不满足于惩罚末底改,他想杀死所有的犹太人。这种恶魔般的仇恨正是亚玛力人的本性。亚玛力人想要把犹太人从地球上抹去,因为犹太人是上帝的见证人,是《圣经》传达给人类的信息的保存者。末底改的挑衅只不过是哈曼用来铲除"某一民族"的借口,这一民族的法律"与万民的律例不同"(《以斯帖记》3:8)。哈曼说服亚哈随鲁王对犹太人实行种族灭绝。王在法令上签字,指示很明确:"吩咐将犹大人,无论老少妇女孩子,在一日之间,全然剪除,杀戮灭绝。"(《以斯帖记》3:13)

幸运的是,末底改已经预见到即将来临的灾难,并想到了一个计划来阻止犹太民族的灭亡。他让以斯帖对国王施加影响,说服国王取消法令。但仍然存在一个问题,当时有规定,凡未经召唤就进入国王内殿的人,必被处死。这就是说,王后以斯帖若未被邀请就去见国王,也可能被处死。但是,如果她什么都不做,她会活下来,但她的人民会灭亡。在末底改的坚持下,她决定冒这个险。末底改甚至暗示,以斯帖与亚哈随鲁王婚姻的目的就是为了拯救犹太人:"焉知你得了王后的位分,不是为现今的机会吗?"(《以斯帖记》4:14)

以斯帖的孤注一掷得到了回报:国王原谅了她擅自进入自己的私人领域,甚至还把半个王国都给了她。当晚国王失眠了,就吩咐人取史书来念给他听。书中说犹太人末底改救了王的命,然而却没有得到任何奖赏。

此刻,犹太人的命运发生了转折。哈曼来到国王面前,请求绞死国王现在想要奖赏的人:末底改。但国王先开口了。王没有提末底改,却问哈曼该给他要感谢的人赏赐什么。哈曼误以为王指的是他,就建议给那个要接受赏赐的人穿上王的衣服、骑上王的马。王听了,就吩咐哈曼把奖赏赏赐给末底改。

　　凭借这一妙招,犹太人打了胜仗,但还未赢得战争。以斯帖还没有开口,于是,王又当着哈曼的面问她要什么,此时末底改的计划达到了高潮。国王得知他曾在不知情的情况下下令谋杀他的妻子和她的子民。哈曼代替末底改被处以绞刑,末底改接任了哈曼先前的首相职位。然而,国王表示他不能撤销他签署的命令。拯救犹太人免遭灭顶之灾的唯一方法是发布另一项命令,允许他们面对敌人时先发制人。

　　国王的新命令立即改变了帝国臣民看待和对待犹太人的方式。以前被辱骂和受攻击的犹太少数民族现在让波斯人惧怕和尊重——以至于他们中的许多人决定改信犹太教(《以斯帖记》8:17)。最重要的是,由于国王的新命令,犹太人能够先发制人,应对别人的打击。他们现在有了无论是身体还是心理上的力量。犹太人人数较少,但他们却令人畏惧:"无人能敌挡他们,因为各族都惧怕他们。"(《以斯帖记》9:2)犹太人开始占上风以后,地方长官就放弃哈曼转而追随末底改。在这场战争中,犹太人是残酷的:所有哈曼的后裔和追随者都被杀害。以斯帖吩咐人把哈曼的十个儿子都绞死。犹太人现在掌权了,但这种权力本身并不是目的:末底改用它来"为本族的人求好处"(《以斯帖记》10:3)。

　　名义上,神在《以斯帖记》中是缺席的。事实上,"以斯帖"(Esther)这个名字与希伯来语"*astir*"相呼应,在《申命记》中,上帝警告说:"我也必离弃他们,掩面不顾他们(希伯来语'*astir*')。"(《申命记》31:17)尽管名义上没有上帝,但《以斯帖记》在拉比文献中享有特殊地位。《巴比伦塔木德》(*Shabbat*

88a)中称,《妥拉》两次被犹太人所接受:一次是在西奈山,一次是在以斯帖时期。《耶路撒冷塔木德》中说:"《以斯帖记》和《妥拉》永远不会被废除。"(Tractate Megilla 1:5)

宫廷犹太人的遗产

《但以理书》讲述了《列王纪下》中提到的历史事件:尼布甲尼撒摧毁了第一圣殿和犹大王国,犹太人被流放到巴比伦。但以理是尼布甲尼撒挑选的四个犹太俘虏之一,为他的宫廷服务。即便但以理总是拒绝吃非犹太洁食,以提醒自己和他的异教徒随从自己是犹太人,但他的智慧还是得到了新主人的赞赏。

和约瑟一样,但以理是一个懂得解梦的宫廷犹太人,他成为国王最喜欢的顾问;同样如同约瑟,当他被要求解梦时,但以理把上帝带进了国王的无神论世界。当法老告诉约瑟他听说他有解梦能力,约瑟回答说:"这不在乎我,神必将平安的话回答法老。"(《创世记》41:16)同样,但以理也向尼布甲尼撒宣告说:"只有一位在天上的神能显明奥秘的事。"(《但以理书》2:28)在但以理成功地解释了王的梦之后,王说:"你们的神诚然是万神之神、万王之主。"(《但以理书》2:47)就如约瑟任埃及总督一样,但以理因他的才能,被任命为巴比伦的总督。

尽管尼布甲尼撒承认"你们的神诚然是万神之神、万王之主",但他仍敬拜人造神,并命令臣民效法。犹太人不肯向国王的神下拜,正如末底改不肯向哈曼鞠躬一样。当受到残酷的死亡威胁时,犹太人仍然坚贞不渝。他们对上帝的忠诚在他们对国王的回答中得到了证明:我们相信神必救我们脱离你的手;即或不然,我们仍信神,将我们的信仰置于生命之上。巴比伦王大发雷霆,下令将犹太叛乱的三个首领——沙得拉、米煞、亚伯尼歌扔进火炉里。但他们完好无损地出来了,国王只得再次承认:"沙得拉、米煞、亚伯尼歌的神是应当称颂的!他差遣使者救护倚靠他的仆人,他们不遵王命,舍去己身,在他们神以外不肯事奉敬拜别神。"(《但以理书》3:28)

但以理、沙得拉、米煞和亚伯尼歌为他们的信仰甘冒生命危险,坚称上帝的存在,最终奇迹般地改变了国王的想法。国王现在认识到在他之上有一股力量,不是犹太人向他的神鞠躬,而是他向犹太人的上帝鞠躬。他也禁止他的臣民毁谤"沙得拉、米煞、亚伯尼歌的神"。

然而,国王的皈依并不是全心全意的,他又做了一个梦,但以理做出如下解析:王的灭亡近了;这将是残酷和突然的(《但以理书》4:22)。如果国王想要避免这种可怕的命运,他必须通过施舍和怜悯穷人来忏悔(经书没有告诉我们,国王是否听从了但以理的建议)。可怕的梦想变成了现实,国王在屈辱和痛苦中失去了王位。然而,正是这种痛苦起了作用。现在他已经再没有什么可失去的了,国王全心全意地宣布他到目前为止不愿意承认的事情:"现在我尼布甲尼撒赞美、尊崇、恭敬天上的王。因为他所作的全都诚实,他所行的也都公平。那行动骄傲的,他能降为卑。"(《但以理书》4:34①)

虽然尼布甲尼撒已经完全认识并内化了神的至高权力,但他似乎并没有与他的儿子和继任者伯沙撒分享他对偶像崇拜的拒绝。伯沙撒王举办宴席,他的妃嫔们使用从耶路撒冷圣殿中所掠夺的金器饮酒,同时还"赞美金神"(《但以理书》5:4)。一个神秘的符号破坏了这个放纵的宴会:墙上出现了一些文字,国王不明白它的意思,但又猜测和害怕它的含义。

伯沙撒对但以理说:"我听说你里头有神的灵。"(《但以理书》5:14)这证实了他对偶像崇拜的执着。后者解释了墙上神秘文字的含义:上帝决定让你的父亲伟大,但这让他太骄傲了,所

---

① 英文原文有误,应为4:37。——译者注

以上帝决定灭灭他的威风,让他变谦卑并认识到是谁让他变得伟大。但是你,伯沙撒,你没有从你父亲的经历中学到任何东西,你因骄傲而有罪。甚至,你们赞美"金神"。因此,这个神秘符号("Mene Mene Tekel Upharsin")的意思是:上帝决定让你的王国灭亡。

伯沙撒去世后,但以理成为三个总督之一,侍奉新国王大流士。但以理的才能赢得了国王的青睐,也引来了同僚的嫉妒,于是他们想要陷害他。但以理的力量来自他的坦率。他为人诚实,以至于他的敌人找不到很好的理由在王面前指控他做了任何坏事。但以理唯一能被"指控"的就是他是犹太人。因此,总督和大臣们说服国王颁布一项法令,禁止臣民在三十天内向大流士以外的"任何神、任何人祷告",违者要被扔进狮子坑。后来,但以理被人"捉住"向神祷告并被告发给王,他们要求判但以理死刑,并把他扔进狮子坑。

就像《以斯帖记》中的亚哈随鲁王一样,大流士王也为他签署的法令所约束。同样,他也希望自己不必执行自己的法令。大流士与伯沙撒恰恰相反,他敬畏神。他对但以理说:"你所常事奉的神必救你。"(《但以理书》6:17①)大流士整夜斋戒,相信上帝。第二天早上,他发现但以理还活着,毫发无损,就十分高兴。随后,王下令把指控但以理的人连同他们的家人一起扔到狮子坑里,让他们也尝尝这苦头。但以理活了下来,不仅因为他战胜了狮子,更重要的是因为大流士向他的臣民宣告:"现在我降旨晓谕我所统辖的全国人民,要在但以理的上帝面前战兢恐惧,因为他是永远长存的活上帝,他的国永不败坏,他的权柄永存无极。"(《但以理书》6:27②)

在完成使命后,但以理解释了异象。他看到了四个王国的

---

① 英文原文有误,应为6:16。——译者注
② 英文原文有误,应为6:26。——译者注

起起落落，最终皈依上帝。第四个王国将有所不同，它将施展能力，管辖别国。它的力量会达到顶峰，然后分崩离析。该帝国的灭亡将使承认以色列上帝的国家出现。虽然《但以理书》并没有明确指出这是哪四个王国，但中世纪时，以对《圣经》和《塔木德》的全面解读而闻名的法国拉比拉希（Rashi）指出这四个王国分别为巴比伦、波斯、希腊和罗马。

但以理思考历史的意义，他祈求结束以色列人的流浪和苦难。虽然《但以理书》中没有明确这样说，但给读者的感觉是，犹太人已经为他们的不公平待遇付出了代价，他们已经完成了被流放的使命，是时候回到他们被遗弃的土地了。

回到锡安

波斯的新国王居鲁士允许犹太人返回故土重建圣殿。然而，犹太人的回归遭到了当地人的反对。当时居住在以色列地的人本身并不反对一些犹太人返回故土，但他们反对恢复犹太王国，他们说："请容我们与你们一同建造。因为我们寻求你们的神。"（《以斯拉记》4：2）这片土地的新居民认为他们也对土地拥有所有权，而重建的国不应完全是犹太人的国。然而犹太人仍决心重建自己的国家。

面对这样的决心，当地居民试图通过恐吓和宣传来破坏重建耶路撒冷圣殿和犹太王国的计划："那地的民就在犹大人建造的时候，使他们的手发软，扰乱他们。贿买谋士，要败坏他们的谋算。"（《以斯拉记》4：4—5）。当地领导人给波斯新国王亚达薛西写了一封污蔑信，指责犹太人建立他们的国家是为了反叛波斯，并在整个帝国中散播动乱。信中说，由于犹太人在过去反叛过，他们未来还会再次反叛。这个策略成功了：亚达薛西王下令停止重建神殿的工作。因此，波斯对犹太人的态度是矛盾的：国王夹在对犹太人的正式承诺和这种承诺在帝国内部产生的动荡之间左右为难。最后,犹太人决定绕过当地波斯政府的限制,继续重建圣殿。犹太人的反对者适时地向当时继承王位的大流士报告了这一情况。大流士与犹太人对峙,他们回答说:是前国王居鲁士授权建造的。犹太人要求大流士王查询档案,大流士王找到了居鲁士的决定后做出了让步,允许犹太人继续建造圣殿。

第二圣殿的建造象征着巴比伦流亡的结束,但它并不标志着犹太人主权的完全恢复。总的来说,这个新生的犹太王国实际上是波斯帝国的附庸。毕竟,是波斯国王下令重建耶路撒冷圣殿的。

小结

《圣录》让我们得以一窥流亡中的犹太外交。以斯帖和末底改征服了权力的中心,并拯救他们的人民免遭灭绝,这要归功于他们的勇气、冷酷和精心谋划。因为犹太人在流放中受外国统治者的摆布,只要统治者受到犹太人死敌的蛊惑,他们的生命就会受到威胁。在不以法治为基础的政权下,犹太人必须谨慎地建立政治权力,并在危险来临时使用权力。

《但以理书》描述了一个不同的政策:说服和信任。但以理在为巴比伦王提供建议的同时,坚持他的信仰和帮助他的人民。这对国王如何看待和对待犹太人产生了巨大的影响。

在某种程度上,《以斯帖记》和《但以理书》为流亡中的犹太人提供了两种不同的外交途径。前者是"硬实力",后者是"软实力"。以斯帖不相信奇迹,而但以理相信。

《但以理书》也提供了帝国崛起和衰落的历史视角。犹太人的不幸并不会一直存在,因为他们强大的统治者也不是永远不变的——《以斯拉记》证实了这一点。以斯拉和尼希米带领犹太人返回了锡安。波斯国王同意重建耶路撒冷的圣殿,但是当地的居民却想把重建定为非法行为,因为他们认为自己也拥有这片土地。尽管重建圣殿的法令是当时世界上最强大的国家颁布的,但犹太人仍然需要再次为他们有争议的权利而战斗。有趣的是,类似的场景在大约 2500 年后大英帝国发布《贝尔福宣言》时重演。

第二部分
从古代至当代的犹太外交

4. 从帝国到农奴

> 当撒玛利亚人从亚历山大那里得到折毁耶路撒冷圣殿的许可后,"正义西蒙"大祭司身着罗马教宗衣袍,带着一些尊贵的犹太人,出来迎接征服者。一行人于北部边境的安提帕特底相见。亚力山大一见西蒙,就俯伏在他脚前,向他惊讶的同伴解释说,犹太大祭司的像常与他同在,为他争战,领他得胜。
>
> ——巴比伦塔木德(*Tractate Yoma* 69a)

朱迪亚还是巴勒斯坦?

《圣经》叙事和历史编纂是两个截然不同但互不相斥的领域,因为《圣经》的一些章节具有历史价值。在犹太人的历史中,事实和叙述常常交织在一起。以色列地各种有争议的地名就是很好的例证。

公元前13世纪,以色列人征服迦南,非利士人成为这个国家最凶猛的敌人。尽管非利士人最终像大多数古民族一样消失了,但他们的名字时常出现在拉丁语中。公元135年,罗马人镇压了巴尔·科赫巴起义[1],曾经的犹大王国变成了罗马人统治下的朱迪亚犹太行省。拉丁名 Iudæa,意为"朱迪亚"(Judea),源自希伯来名字耶胡达(Yehuda,犹大)。然而,罗马人将朱迪亚改名为"Palæstina"，以此来羞辱战败的犹太人。罗马人选择Palæstina这个词，反映出他们知道非利士人是犹太人的宿敌，非利士人的土地被称为"Philistia"（非利士）。

19世纪，英国作家常常把巴勒斯坦的阿拉伯人称为"非利士人"。巴勒斯坦的阿拉伯语是Filastin（阿拉伯语没有"P"），来源于拉丁语的"Palæstina"。大多数源于拉丁语的语言沿用了Palæstina（最常见的版本是Palestine，即巴勒斯坦）这一名称。相比之下，这个国家在挪威则一直被称为Jødeland（犹太人的土地）。[2]

以色列王国的军事和外交联盟

大卫是第一位成功征服非利士人的以色列国王，他在位期间（约公元前1000年）结合军事胜利与外交联盟，利用埃及日益衰落的趋势，大大拓展了以色列的疆域。

所罗门国王统治期间（约公元前970年），他因财务费用问题放弃了其父攻占的一些北方领土。他从大马士革撤兵，将一部分领土移交给推罗王希兰，希兰王随后成为所罗门强有力的盟友，他们共同经营一支往返于亚喀巴湾和东非之间的商业船队。大卫还迎娶了埃及法老的女儿，与这个南边邻国结为事实上的同盟。他著名的一夫多妻行为也成为外交联盟的重要工具。[3]

公元前850年，所罗门王国分裂，亚述人入侵以色列北部，此后，犹大王国试图通过与别国（包括衰落的埃及王国）达成外交联盟来实现国家独立。

巴比伦帝国先战胜了亚述王国，后又征服了犹大王国，于公元前586—587年烧毁了耶路撒冷圣殿。公元前539年，波斯国王居鲁士打败巴比伦，开始允许在波斯的犹太人重返他们被遗

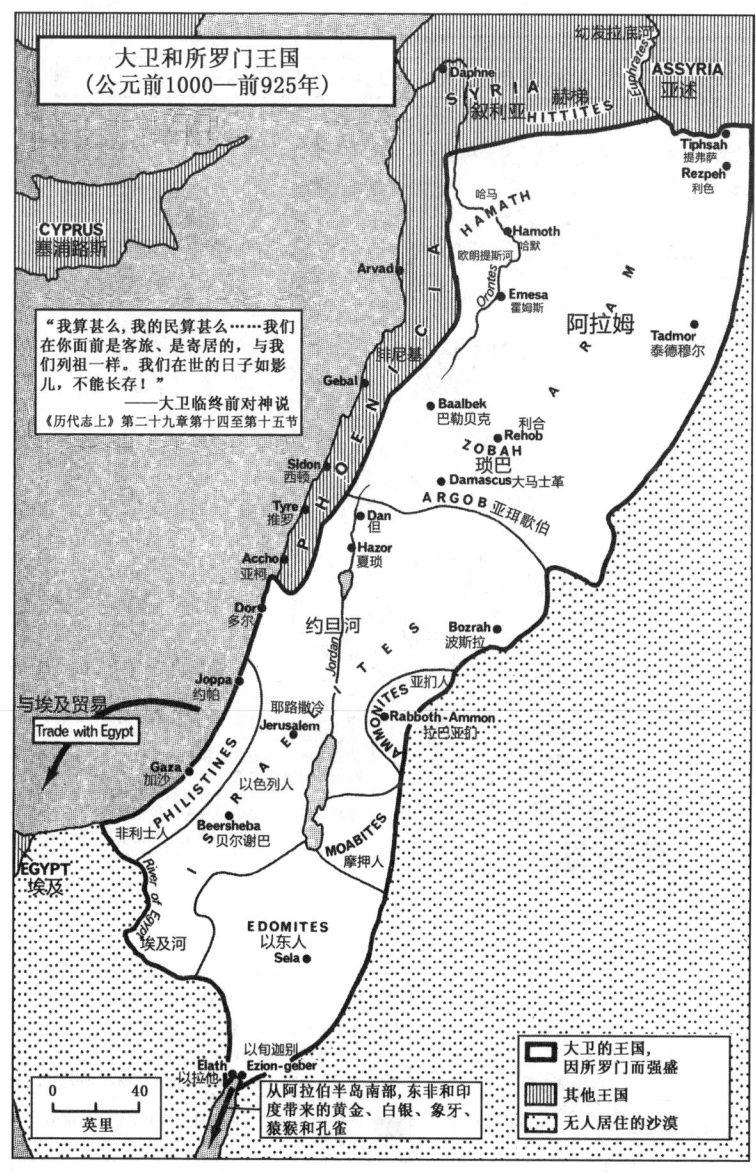

图 1　大卫和所罗门的王国（公元前 1000—前 925 年）[①]

由 Taylor & Francis 从 Martin Gilbert 的"Atlas Jewish History"第二版（1993）改编，出版商 William Morrow and Company, Inc. © Martin Gilbert

---

① 本书插图系原文插附地图，本书地图相关画法不代表译者立场。

4. 从帝国到农奴

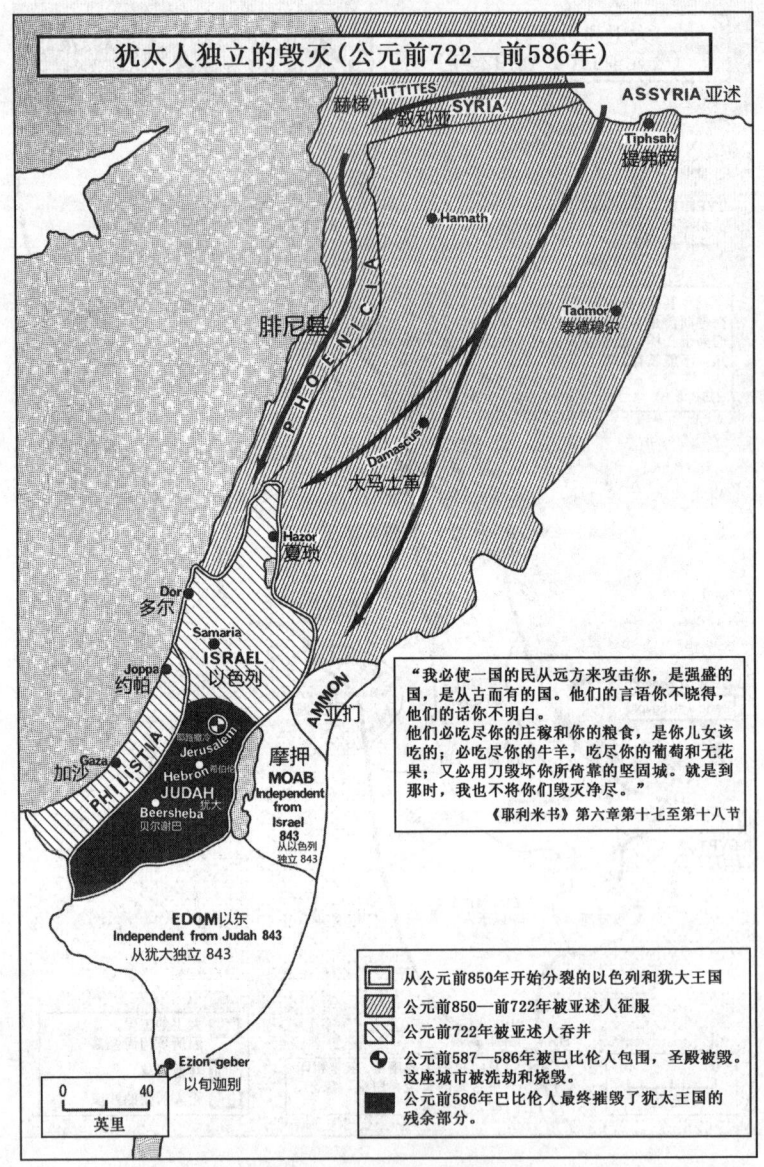

图2 犹太人独立的毁灭(公元前722—前586年)
由 Taylor & Francis 从 Martin Gilbert 的 "Atlas Jewish History" 第二版 (1993) 改编,出版商 William Morrow and Company, Inc. © Martin Gilbert

弃的家园定居并重建圣殿。然而,居鲁士统治下的犹太人回归潮是部分和渐进的。公元前538年,第一波犹太回归潮遭到在犹太人之后定居于此的居民的反对,包括撒玛利亚人、以东人和阿拉伯人,但犹太人定居点最终还是日渐繁荣起来。最初,"新朱迪亚"的人口规模很小,仅约6万人,但其后人数一直有所增长。犹太人逐渐在加利利、外约旦及沿海平原安家落户。

公元前332年,亚历山大东征,犹太人的命运随之改变。亚历山大大帝一直备受犹太传统的崇敬("亚历山大"是犹太父母为新生儿子女选择的唯一非犹太名字),但希腊统治同时也带来了政治动荡。

外国君主统治下的外交

希腊人是征服者,他们试图强行输入希腊文化。一些犹太人拥护希腊化,另一些人则持反对态度。"希腊化拥护者"和传统犹太人之间的冲突在"神显者"安条克四世(king Antiochus Epiphanes)统治时期激化至高潮。公元前175年,安条克四世决心加速帝国的希腊化,他与希腊化犹太人合作,用一个名为贾森的希腊化犹太人取代了耶路撒冷正统派大祭司。贾森将耶路撒冷改名为"安条克",并在圣殿旁边建了一座体育馆;随后,他又在耶路撒冷建造了一座巨大的卫城来占据圣殿。贾森的继任者墨涅劳斯进一步推动了犹太人的希腊化。公元前167年,他将希腊的天空和雷电之神、众神之王宙斯的雕像放入圣殿——这一挑衅行为是引发马加比起义的导火索。

犹太游击队与希腊之间的战争持续了两年多(公元前167年—公元前164年),最终将希腊人及其犹太支持者驱逐出耶路撒冷。最后,公元前142年,希腊正式承认朱迪亚的完全独立。被外国统治440年后,这个犹太国家终于恢复了独立。

马加比家族起义取得胜利后建立了哈斯蒙尼王朝（马加比王朝）。公元前140—公元前37年，统治朱迪亚的哈斯蒙尼领导了一场民族主义反革命。公元前134—公元前104年，统治朱迪亚的约哈南·赫坎努斯（Yohanan Hyrcanus）实施了领土征服和强制皈依的政策。其继任者亚历山大·詹纳尤斯（Alexander Jannaeus）继续实施这一政策。然而，他的民族主义遭到法利赛人的反对，对他们来说，宗教信仰比领土扩张更重要。到公元前76年詹纳尤斯去世时，哈斯蒙尼王国已经基本恢复了随所罗门王国解体而丧失的政治独立和领土完整。

然而，这个新兴的犹太国家内忧外患。虽然哈斯蒙尼人和法利赛人之间的政治和宗教分歧是其内部不稳定的根源，但主要还是由于日益强大的罗马帝国已经无法容忍地中海东岸诞生一个强大的民族主义国家，虽然他曾支持过哈斯蒙尼国王反抗希腊统治。

公元前76年，朱迪亚女王莎乐美·亚历山德拉（Salome Alexandra）上台执政，她试图在国内恢复政治统一，但没有成功。公元前67年，女王去世后，以土买人安提帕特（Antipater）掌管了王国的外交事务，并对罗马实行迁就政策。罗马犹太历史学家弗拉维厄斯·约瑟夫斯（Flavius Josephus）提到，在哈斯蒙尼人被迫皈依犹太教期间，安提帕特家族皈依了犹太教。安提帕特称此举是想避免冲突，但更有可能的是，他想维护家人和亲信的统治。但其亲罗马政策遭到了非希腊化犹太人的反对。公元前43年，安提帕特中毒身亡，此前，他已经让朱迪亚成为罗马帝国的盟国。

安提帕特的儿子希律王（Herod）进一步巩固了朱迪亚与罗马的关系。朱迪亚曾是罗马的盟国，如今已成为其附庸。对犹太人来说，希律王是一个暴君，对罗马人来说，他却是成员国的国王、罗马人民的朋友。他希望通过扩建耶路撒冷圣殿来重现所罗门的荣耀。希律王扩建的圣殿宏伟壮观，纵然这样，却也掩

图 3　哈斯蒙尼犹太王国（公元前 165—前 63 年）

由 Taylor & Francis 从 Martin Gilbert 的 "Atlas Jewish History" 第二版（1993）改编，出版商 William Morrow and Company，Inc. © Martin Gilbert

4. 从帝国到农奴

盖不了朱迪亚已经成为罗马行省的事实。犹太人仍有自己的国家,但这个国家已经丧失了独立主权。

不过,朱迪亚十分富饶,也相对稳定,这得益于罗马统治所带来的和平。既然如此,它又为何要在公元 66 年反叛呢?原因在于,罗马不仅是一个掌管部分犹太政治的帝国,同时也是希腊文化的继承者。哈斯蒙尼时期,朱迪亚是希腊化的特殊"非希腊人"。随着犹太人对罗马统治的默认,他们日益受到希腊文化霸权的挑战,这种文化不能容忍犹太人的特殊主义和与世隔绝。希腊-罗马的概念 Ecumene(希腊人统治下的"有人居住的世界",罗马人统治下的"文明")不仅指"文明世界",这也是文化帝国主义的表现。那些不臣服于此的人,则是人类的敌人。安条克四世(公元前 175—前 164 年在位)称犹太教"敌视人类",安条克七世(公元前 138—前 129 年在位)认为犹太人是唯一无法成为 Ecumene 一部分的人。

诋毁犹太人、诋毁他们的宗教和民族身份成为希腊作品中频繁出现的主题。随着哈斯蒙尼王国的建立,希腊作家们对犹太文化和史学的批评只增不减。例如,希腊修辞学家阿波罗尼奥斯·摩隆(Apollonius Molon)在他的著作中猛烈抨击犹太人,他认为犹太人是"最劣等的人种",并在作品中将他们描述为原始和不愿与人来往的懦夫。[4] 希腊哲学家、历史学家及科学家波赛东尼奥(Posidonius)宣称摩西是埃及人,他认为"犹太"其实是一个宗教,而非民族。[5] 虽然罗马最初是哈斯蒙尼王国的盟友,但罗马人对犹太人的态度,最终还是受到了希腊反犹主义的负面影响。例如,尼禄皇帝(公元 54—68 年在位)并不仇视犹太人,但是他的希腊导师却是个反犹主义者。朱迪亚的大多数罗马高级公务员都有希腊文化背景,是他们说服卡利古拉皇帝(公元 37—41 年在位)对犹太人采取敌对措施,例如在耶路撒冷圣殿竖立皇帝的雕像等。

这样一来,希腊人和犹太人的冲突一触即发。公元 66 年,希腊人在凯撒利亚对犹太人实行大屠杀,而罗马士兵对屠杀消极应对,从而引发了犹太人对希腊人和罗马人的反抗。叛乱最终演化成持续四年的游击战争。公元 70 年,罗马军队洗劫耶路撒冷,烧毁了希律王扩建的宏伟圣殿。公元 72 年,罗马人围困了朱迪亚沙漠中的马萨达要塞。

在战争中的胜利并没有结束罗马对犹太人的仇视。哈德良皇帝(117—138 年)试图强行将朱迪亚希腊化。据记载,哈德良将割礼定为非法行为。他还鼓励罗马人在朱迪亚定居,激起了犹太人的怨恨。耶利米的预言使许多犹太人相信第三圣殿的建造即将动工:第二圣殿在公元 70 年被摧毁,第三圣殿在公元 140 年建成(耶利米的预言是关于第二圣殿的建造,但圣殿建造之间会间隔 70 年,这已经成为一种普遍的信仰)。公元 132 年,在西蒙·巴尔·科赫巴(Simon Bar Kokhba)的领导下,在政治仇恨和救世主信仰的交织作用下,爆发了一场新的犹太起义。罗马的镇压十分冷酷且极具毁灭性。到 135 年,50 多万犹太人惨遭杀害,还有更多人遭流放。犹太王国实际上已经不复存在。直到 1813 年后,即 1948 年,犹太人才在以色列地重新拥有主权。

然而,在远离"应许之地"的地方,仍有犹太政权的国家出现。6 世纪初,犹太人散居在巴比伦(今伊拉克),其领袖马祖塔(Mar Zutra Ⅱ)建立了一个独立的国家,并以马胡扎市(今阿拉伯语中称为阿尔马达)为据点,开始了大约为期七年的统治。8 世纪初,哈扎尔可汗布兰在调查了亚伯拉罕的三大宗教后,皈依了犹太教。因此,在 700 年到 1016 年,在如今的中亚地区存在过一个哈扎尔犹太王国。1320 年至 1624 年(或 1627 年)[6],在埃塞俄比亚的塔纳湖附近也存在过一个犹太王国,名为塞米恩王国(Kingdom of Semien),或称贝塔以色列王国(Kingdom of Beta Israel),由拒绝皈依基督教的埃塞俄比亚犹太人建立。

犹太人被流放到罗马帝国内外,成为客居在基督教和伊斯

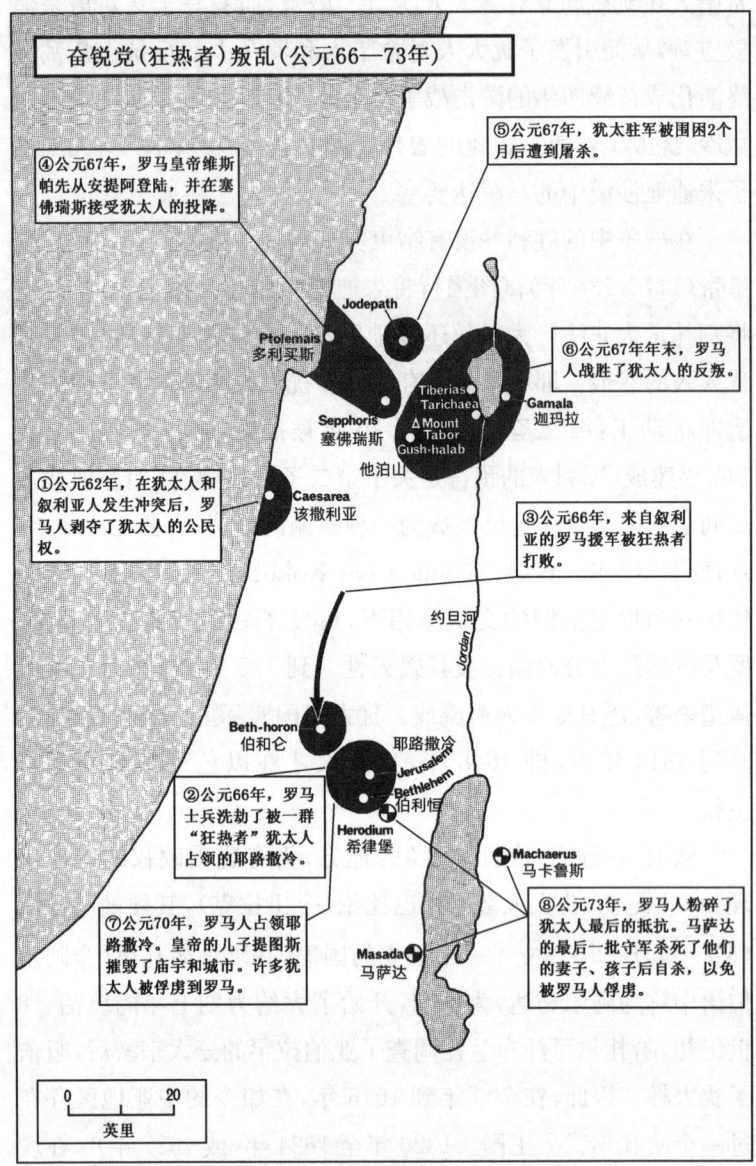

图4 奋锐党(狂热者)叛乱(公元 66—73 年)

由 Taylor & Francis 从 Martin Gilbert 的"Atlas Jewish History"第二版(1993)改编，出版商 William Morrow and Company, Inc. © Martin Gilbert

兰国家的人。基督教认为西奈盟约已被新约取缔,犹太人便是活生生的证据。只要犹太人的苦难能够证明基督教信仰的真实性,他们的生存就是可以被容忍的。伊斯兰教则声称继承了犹太教和基督教,他们认为犹太人有罪,因其没有接受穆罕默德的预言。此外,由于他们拒绝加入 Dar al-Islam(伊斯兰教议会),他们属于 Dar al-Harab(战争领土),因此是圣战的合法目标。627 年,穆罕默德对麦地那(阿拉伯半岛)的犹太人展开屠杀,他们砍掉男性犹太人的头颅、奴役犹太妇女儿童。在伊斯兰土地上,那些拒绝改变宗教信仰但仍屈从于伊斯兰统治的犹太人幸免于难,被划分为契约民,即二等公民。他们必须缴纳特别税,不允许骑马,住房高度必须低于穆斯林的房屋,伊斯兰君主也可以随时取消他们契约民的身份。

635 年,伊斯兰军队占领以色列地,犹太人在自己的土地上沦为契约民。

这片土地也饱受伊斯兰统治之苦:尤其因为阿拉伯人引进了山羊,它们在地上吃草,把整片森林和耕地啃成了光秃秃的石灰岩——如今以色列那些古老的、半毁坏的梯田就是见证。[7]

小结

19 世纪末期犹太人重返以色列地并非其第一次尝试。第一次回归发生在公元前 6 世纪,但遭到当地新居民包括撒玛利亚人、以东人和阿拉伯人的反对。

非宗教犹太人和传统犹太人之间的冲突并非什么新鲜事,因为这种冲突可以追溯到公元前 2 世纪,当时犹太人还处于希腊统治下:贾森和墨涅劳斯是"希腊化"的犹太祭司,但马加比家族却奋起反抗与希腊人作战;希律王使朱迪亚成为罗马的盟国,但巴尔·科赫巴和其追随者却背叛了罗马统治。哈斯蒙尼王朝

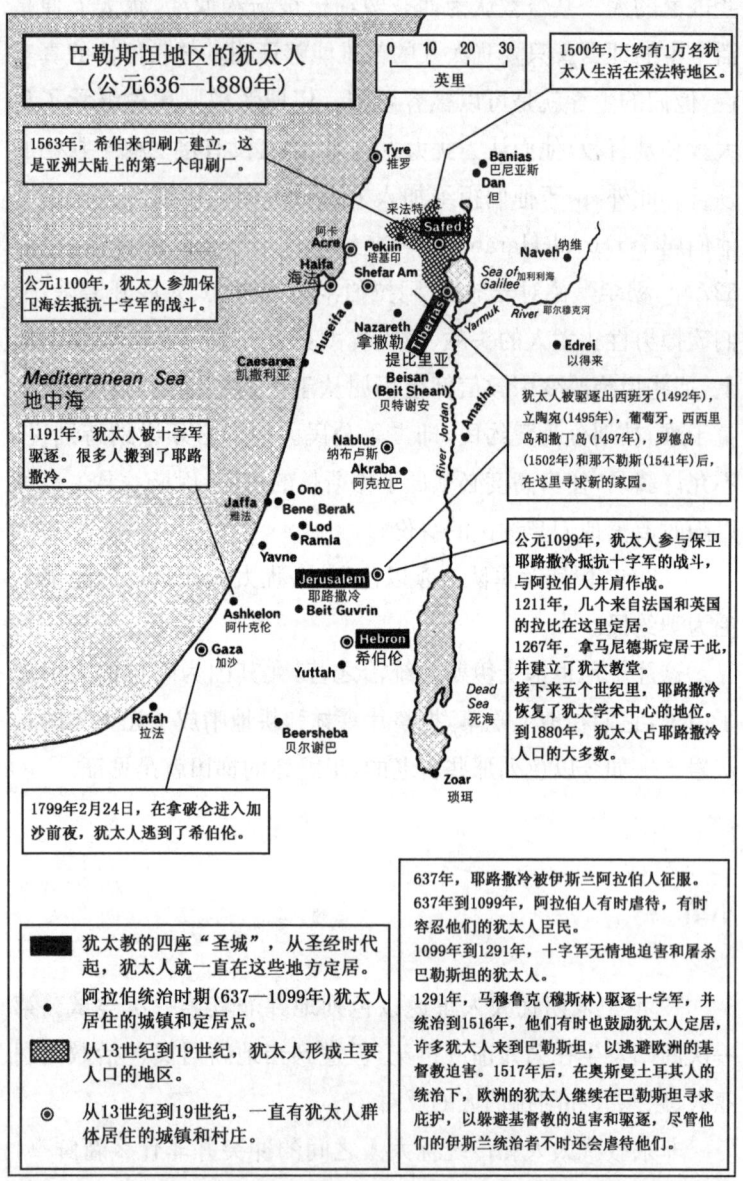

图 5 巴勒斯坦地区的犹太人(公元 636—1880 年)

由 Taylor & Francis 从 Martin Gilbert 的 "Atlas Jewish History"第二版(1993)改编,出版商 William Morrow and Company, Inc. © Martin Gilbert

恢复甚至扩大了犹太王国的统治,然而犹太特殊主义受到了希腊文化的挑战,并被罗马帝国主义粉碎。最终,犹太人失去了主权。

尽管如此,在远离应许之地的地方,仍有犹太国家存在:公元6世纪,散居在巴比伦(今伊拉克)的犹太人统治巴比伦长达七年;公元8世纪至11世纪,哈扎尔犹太王国雄踞中亚地区;公元14至17世纪,埃塞俄比亚犹太王国也存在了三百多年。

5. 在无能为力和赋权之间

> 是的,我是犹太人;当某位正直又可敬的先生的祖先还是无名岛上的野人时,我们的祖先就已经是所罗门神殿的祭司了!
>
> ——本杰明·迪斯雷利

欧洲犹太人屡受迫害

在信奉基督教的国家,犹太人不仅被当作外邦人,他们的存在本身就是对教会教条活生生的挑衅。假如耶稣是弥赛亚(犹太人所期待的救世主),那为何犹太人执着于犹太教?犹太人也被指控杀害耶稣,他们也因此饱受迫害、诽谤甚至屠杀。在11世纪的十字军东征中,成千上万的犹太人在欧洲和以色列地被杀害。公元1144年,有人指控英格兰诺威奇的犹太社区谋杀了一名基督教男孩,并且用他的血制作"无酵饼",该事件后来被称为"血祭诽谤"(blood libel);公元1290年,英国国王爱德华一世下令驱逐犹太人;14世纪上半叶,犹太人被指控在欧洲传播"黑死病"病毒;15世纪时,西班牙的犹太人被迫改信基督教。

可即使在他们改宗后,犹太人还是被指控没有虔诚信教,保留双重信仰。15世纪40年代,西班牙发生多起针对改宗者(皈依基督教的犹太人)的动乱。15世纪80年代,当局颁布一项宗教裁判所的政策，目的就在于指证那些皈依基督教的犹太人"不虔诚"，并企图将他们杀害。宗教裁判所杀害的犹太人的确切人数尚不清楚，但当审判结束时，仍有犹太人生活在西班牙。强制皈依和宗教裁判所最终未能解决"犹太人问题"，因此西班牙政府在1492年决定驱逐剩余的犹太人。

只要欧洲完全信奉天主教，犹太人就无法逃脱神学上的诅咒和政治迫害。16世纪的改革给他们带来了一丝希望。在基督教世界里，新教徒也成了少数派。早期的新教学者都是希伯来语学者，对犹太文献非常了解。可在马丁·路德的作品中，犹太人仍是不友善又暴力的。1543年，在他的著作《论犹太人和他们的谎言》(On the Jews and Their Lies)中，路德呼吁烧毁犹太会堂、犹太学校和房屋，没收犹太人的一切财产。他称犹太人是"毒虫"，并指出基督徒"没有杀死他们是错误的"。路德不仅煽动民众针对犹太人，1537年他又将犹太人驱逐出萨克森州。因此，犹太人对宗教改革抱有的希望也非常短暂。

到16世纪末期，教会的权威必须与不断增长的国家权力竞争。权力的逐渐转移给许多犹太人进入上流社会制造了机会，他们渐渐在一些城市、地区，甚至意大利威尼斯和托斯卡纳、德国法兰克福以及荷兰和法国等地逐渐强大起来。1648年颁布的《威斯特伐利亚和约》(the Treaty of Westphalia)正式确立了国家权力的主导地位，也结束了天主教徒和新教徒之间长达三十年之久的战争冲突。

在《威斯特伐利亚和约》签署后的欧洲，犹太人的生活更加风雨飘摇。战争期间，著名的犹太金融家出资帮助欧洲君主筹建军队、执行军事行动。他们大多通过抵押土地来筹集资金。因此在波兰和乌克兰，农民们认为犹太人为了他们自己发财致富而带走了土地。最终在1648年，公众的不满演变成一系列的大屠杀事件，数万犹太人因此丧生。

虚假承诺：弥赛亚主义和启蒙运动

59   一些犹太人把英格兰的血祭诽谤、西班牙的宗教裁判所和政府对犹太人的大规模驱逐、宗教改革带来的失望，以及《威斯特伐利亚和约》签署后欧洲的屠杀犹太人解读为弥赛亚的必经过程。难道这就是弥赛亚的分娩之痛吗？毕竟许多犹太文献和传统都教导大家弥赛亚的来临将伴随着灾难性事件的发生。

    12世纪著名的犹太学者和科学家摩西·迈蒙尼德（Moses Maimonides）警告过这种弥赛亚式的推测，但是伪弥赛亚的现象并没有减少。1523年威尼斯的大卫·鲁本尼（David Reubeni）、1530年罗马的所罗门·摩尔科（Solomon Molcho）以及1648年土耳其的沙巴泰·泽维（Sabbatai Zevi）都发表过类似言论。1648年大屠杀后，沙巴泰·泽维称自己就是家乡士麦拿（今土耳其伊兹密尔）的弥赛亚。1665年，泽维在加沙宣布自己是弥赛亚。1666年，他因宣称要夺取土耳其王位而被土耳其当局逮捕。后来苏丹给了他两个选择：要么去死，要么皈依伊斯兰教，最终泽维选择了后者。

    沙巴泰·泽维事件很快就被遗忘，但1648年大屠杀的创伤永远无法磨灭。大屠杀后，许多东欧犹太人逃往西欧，此时英格兰出现了新的移民机会。自1290年英国犹太人被驱逐后，犹太人就再也没有光明正大地在英国生活过。1648年是欧洲历史的转折点，三十年战争结束，英国第二次内战爆发。1649年，英王查理一世被处决后，军事领袖奥利弗·克伦威尔宣布成立英格兰联邦共和国。克伦威尔和他的追随者们精通希伯来《圣经》，于是他们借用《圣经》内容来佐证他们反叛国王的正当性（克伦威尔特别喜欢《以赛亚书》和《阿摩司书》）。他们相信基督复临（即耶稣的回归）和犹太人的回归，因而英国的新政权也更偏向于犹太人。

提议犹太人移民到英国的是葡萄牙犹太学者梅纳什·本-以色列，1655年他来到英国并与克伦威尔会面。克伦威尔对他的请求表示同情，但没有正式做出犹太人可以移民英国的决定。二人会面也暗示着法律不会限制犹太人移民，加上1290年驱逐令只针对部分犹太人，并没有明令禁止所有犹太人住在英国的权利。东欧的犹太移民进入不列颠群岛后，英国的犹太人（其中大多数是塞法迪犹太人，此前一直假装基督徒）开始公开信仰犹太教。到17世纪后期，英国犹太人几乎实现自由和平等。定居于海外英国殖民地的犹太人也是如此，比如英国在1664年征服的荷兰人居住地新阿姆斯特丹（后更名为纽约）。到18世纪初，北美英国殖民地的犹太人是世界上最自由的犹太人。

1776年，北美13个殖民地宣布脱离英国独立，1787年通过《宪法》，1791年通过《人权法案》。美国《宪法》赋予犹太人在欧洲被剥夺的权利：政教分离、宗教信仰自由、结束种族隔离（至少官方如此）。与西欧情况不同，犹太人重视家庭生活、努力工作和虔诚信教的行为得到了美国社会的尊重。

因此美国和欧洲启蒙运动完全不同，于犹太人而言，在美国，启蒙运动兑现了它的承诺；而在欧洲，承诺从未兑现。比如法国大革命对犹太人就很矛盾。1789年9月，新一届法国国民议会保守派成员斯坦尼斯拉斯·德克莱蒙-通纳尔（Stanislas de Clermont-Tonnerre）在关于犹太人在法国民主制度中地位的辩论中，他的观点表现出这种矛盾心理。他表示："犹太人，绝不可以缔造国中之国。"因此，"如果他们以族群存在就不能享有任何权利，但若作为国家的独立公民则理应享受一切平等待遇"。[1] 换句话说，犹太人如果想成为法国新兴民主国家的一员，就必须放弃犹太民族的身份。因而他们被迫成了拥有犹太信仰的法国公民。与此同时，大多数受"激进启蒙"哲学影响的法国革命者极为蔑视宗教。像伏尔泰、狄德罗和德霍尔巴赫的著作中大多充斥反犹诽谤。这意味着，犹太人可以加入共和国但同时他们也因为宗教而饱受嘲讽和轻视。到 1791 年 9 月，法国犹太人得到解放并被赋予完全的公民权，但这种模棱两可的边界状态仍然存在。

拿破仑·波拿巴曾试图根除这种隐形的共识，他召开议会正式宣布法国的犹太人是"信仰摩西的法国公民"。在他即位前，拿破仑并不反对在以色列地重建犹太国家，因而事实上有许多犹太人都把拿破仑当作弥赛亚或救星。1798 年拿破仑远征中东时，一些犹太人坚信他会恢复犹太人主权，甚至认为他可以重建耶路撒冷圣殿。当年 2 月 17 日，在埃及战区加入波拿巴军队的爱尔兰叛军托马斯·科贝特（Thomas Corbet）给法国"执政内阁"政权的主要领导人保罗·巴拉斯（Paul Barras）写信，请求法国政府在拿破仑的中东之战胜利后重建犹太国家。[2] 1799 年 5 月 22 日，法国官方报纸《世界箴言报》（Le Moniteur Universel）刊登了这样一条声明："波拿巴发表声明，呼吁亚洲和非洲犹太人聚集在他的旗帜周围，恢复耶路撒冷王国。"[3] 波拿巴是否真的号召犹太人加入他的行列，重建他们的国家，是历史学家一直在争论的问题。尽管如此，历史文献确实表明拿破仑赞同这个想法。

然而拿破仑即位后却立刻下令命犹太人完全效忠于法国，即使在宣布完全效忠法国之后，犹太人仍然被他们的法国公民同胞视为异族。更糟糕的是，犹太人成了反教权革命者和天主教君主主义者的替罪羊：前者指责犹太人在西方文化中播下了宗教蒙昧主义和迷信的种子；后者指责犹太人是革命的发起者，而他们自己显然从革命中获益。

犹太势力在盎格鲁-撒克逊世界的崛起

1815 年，英国最终击败了拿破仑统治下的法国，成为世界上最强大的国家。在这个过程中,一些英国犹太人获得了一定的政治和经济影响力。犹太人出身的本杰明·迪斯雷利(他在孩童时期皈依了英国国教)在英国权力的顶峰时期(1868年和1874年至1880年)担任了7年英国首相。1876年,迪斯雷利宣布维多利亚女王为"印度女皇"。

迪斯雷利精通外交,在1878年7月的柏林会议上,通过迫使德国的盟友俄国降低对奥斯曼帝国的主权要求,智胜德国总理奥托·冯·俾斯麦。当被问及谁是柏林议会的获胜者时,俾斯麦回答(指迪斯雷利):"那个老犹太人,就是那个人!"[4]

尽管迪斯雷利受过洗礼,他仍骄傲地宣称自己是犹太人。1830年的中东之旅把他带到了耶路撒冷,给他留下了深刻的印象。在迪斯雷利1833年的小说《阿尔洛伊》(*Alroy*)中,一位从巴比伦人手中夺回圣地的犹太英雄表达了这样明确的情感:"你问我的愿望是什么?我的回答是:耶路撒冷——我们失去的一切,我们渴望的一切,我们为之战斗的一切——我们美丽的国家,我们神圣的信条,我们淳朴的举止。以色列啊,我必再建立你,你必被建立。"[5] 1847年迪斯雷利在他的小说《坦克雷德》(*Tancred*)中也明确提过:"以色列的葡萄园已不复存在,但永恒的律法吩咐以色列人庆祝葡萄丰收。一个虽然没有果实可采,却坚持庆祝葡萄丰收的种族,将会收回他们的葡萄园。"[6] 迪斯雷利的书是犹太复国主义的先锋性宣言。

更重要的是,迪斯雷利仔细考虑过在以色列故土重建犹太国的可能性。他与外交大臣爱德华·斯坦利(Edward Stanley)分享了他的设想:在罗斯柴尔德家族的帮助下,从破产的土耳其人手中购买土地,让犹太人在故土各地建立定居点。(斯坦利没有跟进此事。)[7] 迪斯雷利还谴责基督徒迫害一个他们亏欠太多的民族。他在《科宁斯比》(*Coningsby*,1844)中写道,犹太人"是被忘恩负义的欧洲社会遗弃的人,欧洲最好的法律、优秀的文学和所有的宗教都应归功于他们"。[8] 有个议员同事称迪斯雷利是犹太人并质疑他的英国身份,据说迪斯雷利当时是这样回答的:"是的,我是犹太人;当某位正直又可敬的先生的祖先还是无名岛上的野人时,我们的祖先就已经是所罗门神殿的祭司了!"[9]

另一位著名的英国犹太人是莱昂内尔·德·罗斯柴尔德(Lionel de Rothschild,1808—1879)。罗斯柴尔德是迪斯雷利的密友,他曾资助英国政府参与克里米亚战争(1853—1856),并在1875年买下苏伊士运河的股份。迪斯雷利治理着世界超级大国,而罗斯柴尔德则经营着世界上最大的金融帝国。在英国,罗斯柴尔德的权力和影响力无可匹敌,他成功地将颇有敌意的伦道夫·丘吉尔勋爵(温斯顿·丘吉尔的父亲)和贝尔福勋爵(1917年发表《贝尔福宣言》)变成了亲犹人士。

曾在19世纪中期担任英国外交大臣和首相的帕默斯顿勋爵(Lord Palmerston)是最早的犹太复国主义者。他妻子的父亲沙夫茨伯里勋爵(Lord Shaftesbury)是一个信奉基督教的犹太复国主义者,曾呼吁将犹太人重新安置在巴勒斯坦。1838年,帕默斯顿任命了英国在耶路撒冷的第一任副领事,并要求他保护犹太人。1840年,他指示英国驻君士坦丁堡大使请求奥斯曼帝国允许犹太人在巴勒斯坦定居。同年,大马士革的犹太社区被指控谋杀一名基督教僧侣,并将其血液用于宗教仪式("大马士革事件"),帕默斯顿在说服奥斯曼帝国当局释放被拘留的犹太人并结束血祭诽谤方面发挥了重要作用。

大马士革事件也展现出犹太人在外交中的力量。正因为欧洲国家在中东争夺影响力,大马士革的领事官员曾试图借这件事给他们自己增势。罗斯柴尔德家族(法国的詹姆斯、英国的纳撒尼尔、奥地利的所罗门)、法国议会的犹太议员阿道夫·克瑞米欧和英国慈善家摩西·蒙蒂菲奥里爵士(Sir Moses Montefiore)都参与其中。塞法迪犹太人和阿什肯纳兹犹太人也联合起来向奥斯曼当局施压,表现出前所未有的犹太人跨国大团结。摩西·蒙蒂菲奥里爵士曾前往亚历山大,以犹太使者身份会见苏丹。苏丹当即向蒙蒂菲奥里承诺:从现在起,奥斯曼帝国的犹太人将与其他一切臣民享有同等权利和自由。蒙蒂菲奥里将这一宣言描述为"土耳其领土上犹太人的大宪章"。[10]

相比之下,在德国,犹太人远不如在英国那样自由、强大和被接纳。许多德国犹太人觉得有必要进行改革,甚至放弃犹太教,以便被德国社会完全接受。此外,他们觉得,既然新教国家(英国、普鲁士、美国)在拿破仑战争后崛起,这难道不是犹太人将从他们自己的改革中获益的标志吗?1818年,第一个改革神庙("以色列神庙")在汉堡开放。

然而,德国实施改革的犹太人并未得到他们所渴望的接纳。1822年,普鲁士政府颁布了禁止犹太人从事学术工作的法令。因此海因里希·海涅(Heinrich Heine)皈依了新教,他称自己这一举动为"进入欧洲文化的门票"(尽管他从未得到教授的工作)。在某种程度上,德国犹太人有充分的理由羡慕他们的英国同胞。

可即便皈依也没能给德国犹太人送去德国文化的"入场券"。德国人一直记得他们是犹太人,部分犹太人也正因为他们的激进思想而被迫离开德国。海涅移居巴黎,此时在伦敦,卡尔·马克思公开指责犹太人和犹太教,要求他们对资本主义和新教文化的"罪恶"负责。[11]中世纪时期,天主教徒斥责犹太人与基督教格格不入。到了19世纪,世俗论者又指责基督教起源于犹太人。

尽管如此,从19世纪中期到20世纪早期,德国犹太人的生活还比较兴盛。1848年后,德国犹太人享受到了相对的平等和自由。19世纪60年代,巴登州和符腾堡给予犹太人在法律上的平等权利。当俾斯麦于1871年建立德意志帝国时,他赋予了新统一的德国各地的犹太公民平等权。到20世纪早期,犹太人已经融入德国文化和公共生活,并被大多数人接受,尽管他们很少能进入军队和政府高层。

同期,俄国犹太人却没有享受到西方同胞所享有的任何权利。他们被限制居住在从波罗的海到黑海的栅栏区。19世纪早中期,他们的同胞在英国、法国和德国活动越来越自由,有时还可以拥有财富和权力,而他们的境遇却在不断恶化。政府严格禁止他们从事大多数职业,还要被迫参军(但不能成为军官),同时他们的宗教自由受到限制,文化也遭到破坏。沙皇俄国的犹太人饱受迫害、羞辱以及诽谤。1903年,沙皇政权出版《锡安长老会纪要》(The Protocols of the Elders of Zion),这是反犹主义者虚构的文章,据说揭示了犹太人统治世界的秘密阴谋。俄罗斯政府剥夺了犹太人的基本自由,使他们陷入贫困,将他们排除在社会之外,其宣传工具将他们描述为一个决心统治世界的极其强大的教派。

俄国犹太人人身安全也难以得到保证,几度面临大屠杀,当局不仅未能阻止而且还经常火上浇油。1871年,敖德萨发生了针对犹太人的大屠杀。1881年沙皇亚历山大二世被杀后,政府又开始对犹太人发起大屠杀。犹太人被迫逃命,开始移民。从1881年开始,每年都有成千上万的犹太人逃离俄国。仅在大屠杀的"黄金"年代——1905年至1906年一年内,就有约20万犹太人离开俄罗斯。最受欢迎的目的地是美国,据统计最终有200多万犹太人移民到美国。

来自俄国的大量犹太移民对美国犹太人产生了深远的影响。19世纪初,美国只有几千名犹太人。尽管偏见依然存在,他们还是很好地融入了美国社会。其中大部分是德国犹太人,作为移民,尽最大努力融入那个时代的美国。他们建立了有些模仿基督教的改革教会,而且在很大程度上放弃了犹太人身份和重返锡安的观念,对他们来说,犹太教只是一种宗教,他们现在是美国的爱国者。相比之下,俄罗斯的犹太人大多是正统派犹太人,他们讲意第绪语,在社会上也与一般人不同。拥有德国背景的美国犹太人看不起与他们信仰同一宗教的俄罗斯犹太人,担心这些新来者会给犹太人带来坏名声。

令他们沮丧的是,俄罗斯犹太人继续大量移民。美国的犹太人口从1880年的25万增长到1920年的450万。

小结

中世纪时期,对欧洲犹太人的迫害在宗教裁判所事件和1492年西班牙的大规模驱逐中达到顶峰。直到17世纪下半叶移民到英国,后又移民到北美的英国殖民地,犹太人才开始享受自由、财富,甚至权力。

在经历大革命后的法国,犹太人名义上虽自由,却要被迫同化;在德国,即便同化也从未给犹太人进入德国社会的"入场券";在俄罗斯,国家反犹主义和大屠杀引发了一波又一波的犹太人移民潮,大部分人移民美国。

1840年,随着犹太人势力在英法两国的崛起,欧洲犹太人得以成功地借"大马士革事件"向奥斯曼帝国施加国际压力。"大马士革事件"为欧洲犹太人以克服奥斯曼苏丹的虐待和威胁为目标的游说活动奠定了基础。到19世纪中期,欧洲犹太人不再像以前那样无权无势了。

6. 犹太复国主义争论

> 希望建立国家的犹太人将拥有一个国家。我们将最终在自己的国土上自由地生活,在自己的家中安详地死去。我们的自由将使世界获得自由,我们的财富将使世界更加丰富,我们的伟大将使世界更加伟大。
>
> ——西奥多·赫茨尔《犹太国》

理解现代犹太复国主义的出现

俄国对犹太人的迫害和屠杀不仅导致犹太人大规模移民到美国,也让犹太人重拾建立犹太国的想法,在那里犹太人将有一个独立的国家,不再受其他国家的摆布。

自公元 135 年罗马摧毁犹太国以来,重返锡安和重建犹太王国一直是犹太教的核心信条。在每天三次的祈祷中,犹太人都会祈求上帝召集流散的犹太人并重建耶路撒冷圣殿。每当婚礼结束,犹太人就会打破一只酒杯来提醒这对喜悦的新婚夫妇,耶路撒冷遭到了毁灭,以此提醒他们冲淡喜悦。同样,逾越节也都以一句"明年在耶路撒冷相聚!"结束。正是因为他们整日为此祈祷,犹太人认为重返锡安不由他们自己掌控,而是由上帝决定何时将犹太人带回自己的土地,也只有弥赛亚才能重建犹太王国。犹太人渴望重拾旧日荣耀,但却是被动的、虔诚的。17

世纪"伪弥赛亚"的尴尬失败（请参阅第 5 章）令犹太人对自称弥赛亚的人持怀疑态度。

这种被动的宗教制约和事出有因的怀疑混合在一起，再加上 19 世纪诸如 1840 年大马士革血祭诽谤和 1881 年之后俄罗斯大屠杀等事件，就连正统派拉比也开始疑惑，人类是否真的不应采取行动营救濒临灭绝的犹太人。1836 年，德国犹太拉比兹维·希尔施·卡里舍尔（Zvi Hirsch Kalischer）请求罗斯柴尔德家族从奥斯曼帝国手中买下有着悠久历史的以色列地，但罗斯柴尔德家族没有答应。1840 年，塞尔维亚拉比犹大·阿勒卡莱（Judah Alkalai）宣称犹太人在自己的土地上重新定居的时候到了，他自己也以身作则。

世俗的犹太思想家也开始传播犹太民族复兴思想。其中最有名的是德国社会主义作家摩西·赫斯（Moses Hess），他在 1862 年出版的《罗马和耶路撒冷》（*Rome and Jerusalem*）一书中，呼吁犹太人接受民族主义思想，避免走上世俗主义的同化之路以及宗教带来的与世隔绝。此外，一些非犹太人（大多在英语国家）也支持犹太民族复兴思想。比如英国小说家乔治·艾略特（George Eliot），她在 1876 年出版的小说《丹尼尔·德龙达》（*Daniel Deronda*）中，就以感性呼吁以色列重生作为结尾。

至于俄罗斯犹太人，直到 1881、1882 年的大屠杀之前，还有许多人认为自由主义或社会主义最终会使他们获得自由。但是，以色列历史学家伯尼·莫里斯（Benny Morris）简明扼要地指出："1881—1882 年发生的事件扇了自由主义者和革命者一记响亮的耳光。"[1] 1882 年，俄罗斯犹太裔医生莱昂·平斯克（Leon Pinsker）发表《自我解放》（*Auto-Ernan Cipatron*）手册，敦促犹太人为自决和民族独立而战。该手册意义重大，因为平斯克最初曾经主张犹太人完全同化以解决"犹太问题"。平斯克呼吁犹太人采取行动之后，"叙利亚及巴勒斯坦犹太农民和工匠支持协会"在 1890 年成立了。沙皇政权给予了支持：鼓励所有能使俄罗斯摆脱犹太人的行动。俄罗斯犹太人于 1882 年开始移民到奥斯曼帝国统治的以色列地,很快建立了里雄莱锡安(Rishon Le-Zion)、罗什平纳(Rosh Pina)、雅阿克夫(Zikhron Ya'akov)和佩塔提瓦(Petah Tikvah)等农业定居点(最后一处实际由耶路撒冷犹太人建立但于 1878 年废弃)。

虽然通过人类行为恢复犹太人主权的想法开始在俄罗斯犹太人以及浪漫的英国亲犹太人群中形成,但到 19 世纪末,这种想法实际上已转化为法国的一场政治运动。原则上,法兰西第三共和国本应是一个开明的世俗政权,对犹太人或其他少数群体没有偏见。但自从法国大革命和波拿巴时代以来,犹太人被要求去掉犹太教的民族成分,完全拥护法国民族理想。阿尔弗雷德·德雷福斯(Alfred Dreyfus)是一位阿尔萨斯犹太人,曾晋升为法国陆军军官,因此而选择同化,但他在 1894 年因为犹太人身份被误判犯有叛国罪。虽然德雷福斯最终被无罪释放,但多年的政治斗争已将法国社会不断撕裂。德雷福斯被定罪降职后,奥地利《新自由报》(Neue Freie Presse)的记者西奥多·赫茨尔听到巴黎街头很多人喊着"Mort aux Juifs!"(犹太人去死!),因此他开始确信解放只是个骗局,启蒙运动没有兑现对犹太人的诺言。即便犹太人放弃其民族身份选择同化,但在欧洲最自由、最世俗的国家,他们仍然被视为异族。如果犹太人仍然被视为异族,那么他们就别无选择,只能重建自己的民族国家。

赫茨尔决定写一本书,即《犹太国》(Der Judenstaat),他还召集了第一届犹太复国主义代表国际大会,同时发起了拥有资金和选举机构的政治运动,来实现他的想法。如此,现代犹太复国主义以有组织的政治运动的形式诞生了。

而争议也随之而来。对大多数坚信弥赛亚教条的正统派犹太人而言,赫茨尔违背了上帝的旨意,他改变了必须从上而下的历史进程。对同化了的西方犹太人来说,赫茨尔大声而明确地宣称犹太是一个国家,这是在唤醒一个古老的恶魔。

然而赫茨尔认为,欧洲犹太人没有看到并理解现代反犹太主义的本质。的确,犹太人在法国是自由的,但法国大革命的原则并未渗透到法国社会中去,事实上,这些原则(比如公民人人平等以及政教分离)受到许多人,尤其是传统天主教徒的反对,他们对法国的反教权主义感到不满。1871年,法国在普法战争中落败,割让阿尔萨斯-洛林地区,许多阿尔萨斯犹太人移居法国,1881年后,俄国犹太人也开始移居法国。与此同时,犹太移民再度引发古老的反犹偏见,传播这种偏见的主要是法国新闻记者、政治家爱德华·德鲁蒙(Édouard Drumont),其畅销书《犹太法国》(La France juive,1886)融合了古典基督教反犹主义(认为犹太人是害死耶稣的元凶)、现代种族主义(认为犹太人是劣等种族)以及天主教徒对资本主义的敌意(犹太人控制着全球经济并窃取我们的钱财)。1892年,德鲁蒙创立了自己的报纸《自由解放报》(La Libre parole)。这是社会主义性质的报纸,上面充斥着所谓"犹太资本主义"秘密计划的阴谋论。1894年爆发的德雷福斯事件并不是偶然的,反犹诽谤和阴谋论在19世纪末的法国政治文化中也并不"新奇"。这正是赫茨尔的观点:人们不再相信启蒙运动的承诺,因此犹太人不得不从历史的失望中得出实际的结论。

赫茨尔在反犹严重的日耳曼文化中长大。在19世纪德国民粹主义(völkisch)意识形态中,犹太人是德国真正价值观及文化的最大敌人。德国超民族主义历史学家、政治家海因里希·冯·特赖奇克(Heinrich von Treitschke)创造了著名的句子"犹太人是我们的不幸"(Die Juden sind unser Unglück),纳粹反犹报刊《冲锋队员》(Der Stürmer)后来将其作为座右铭。冯·特赖奇克在1862年发表的一篇文章中写道,德国东部的土壤很"神奇",因为这片土壤被"高贵的德国血统""施肥"了。他表示,犹太人不仅与德国文化不相容,更阻碍了德国国力发展。德国东方学专家保罗·德·拉加德(Paul de Lagarde)谴责犹太人创造了邪恶且不符合日耳曼价值观的基督教。他呼吁,德国民族宗教应当取代基督教,并且将德国犹太人驱逐出去(他认为可以把他们驱逐到马达加斯加。1940年6月,纳粹考虑了这一想法,但随着1942年1月最终解决方案的实施,该提案最终搁置)。1887年,他在《犹太人和印度日耳曼人》("Jews and Indo-Germanics")一文中写道,他想不出来任何一个理由不去"消灭这些害虫"。犹太人是"害虫、寄生虫",应当"尽快、彻底"地消灭。德国作曲家理查德·瓦格纳(Richard Wagner)在1880年发表的文章《宗教与艺术》("Religion und Kunst")中写道,犹太人是人类的敌人,在文化上,德国曾被犹太教击败。德国哲学家、经济学家尤金·杜林(Eugen Dühring)在其1881年出版的著作《犹太问题是种族、道德、文化问题》(*Die Judenfrage als Racen, Sitten und Kulturefrage*)中写道,犹太人必须撤离德国。他进一步呼吁"从现代人种中消除犹太人这一种族",并呼吁"消灭犹太人"。[2]

德国政治家、煽动者威廉·马尔(Wilhelm Marr)在其1880年发表的小册子《犹太教战胜德意志社会》(*Der Weg zum Siege des Germanenthums über das Judenthum*)中,提出了"反犹主义"(antisemitismus)一词,用他自己的话说就是"反犹(anti-jewish)一词的新的、非宗教的含义"。[3]马尔告诉读者,"总有一天,犹太人将利用法律和国家对我们进行封建统治。我们这些德国人则将成为他们的奴隶"。[4]这本小册子非常受欢迎,出版后不久,德国国内就成立了"反犹太人联盟",旨在阻止犹太人影响德国文化,并将犹太人驱逐出德国。1882年,第一届"反犹太人大会"在德国德累斯顿举行。候选人自豪地以反犹身份竞选德国国会议员席位,当时这种现象已非常普遍。

正是由于西奥多·赫茨尔极其了解德国文化中根深蒂固的反犹主义,他对犹太人在法兰西共和国的命运寄予了厚望,因为那里宽容、开明且世俗。然而,1895年1月,在圣尔军事学院的法庭上，见证了阿尔弗雷德·德雷福斯的公开降级之后，他的幻想就此破灭。1896年2月，赫茨尔出版了犹太复国主义宣言《犹太国》。

矛盾的是，尽管赫茨尔提倡的思想也有前人提出过，但他却改写了犹太人的历史进程。赫茨尔的书真正具有革命性的是它来自一个被同化的西方犹太人。正如哈伊姆·魏茨曼（Chaim Weizmann）解释的那样："赫茨尔这个西方人来到我们身边，且不受我们自己的偏见所阻碍，自有其吸引力……《犹太国》所呈现的与其说是一个概念，不如说是一个历史性人格……赫茨尔的名字之所以伟大，是因为他的角色是一位实干家，是犹太复国主义大会的创始人，还是勇敢和忠诚的榜样。"[5]

1897年8月，赫茨尔在瑞士巴塞尔召开了第一届犹太复国主义大会。会上有来自十六个国家的犹太复国主义代表，还邀请了二十六家报纸的记者。代表们被要求身着燕尾服、戴大礼帽出席大会。当赫茨尔进入会议厅，代表们用希伯来语欢呼"Yechi Hamelekh!"（"国王万岁！"）。他直接告诉代表们他的目的，那就是建立一个犹太国家，他说出了这个愿景。哈伊姆·魏茨曼和戴维·本-古里安就是赫茨尔的早期崇拜者。

赫茨尔也有很多敌人。正统派拉比和已同化的西方犹太人都坚决反对建立犹太国家这一想法，前者是因为他们相信并等待着神的干预，后者则认为犹太民族时代已经结束，现在的犹太教仅仅是一种宗教。因此，赫茨尔也很快意识到，为了实现这一计划，他需要大国的支持。

犹太复国主义进入外交世界

赫茨尔虽然只是一名新闻记者，但能见到他正寻求的、能提供支持的世界领导人。他通常不是以《新自由报》驻巴黎记者的身份，而是以犹太复国主义大会会长的身份要求和召开这些会议。赫茨尔会见了德国皇帝、教皇、奥斯曼帝国的大维齐尔（宰相）、英国殖民地大臣以及俄国内政和财政部部长。德国皇帝威廉明确告诉赫茨尔，他对能够摆脱德国犹太人感到非常高兴。但是，现实政治阻碍了这一进展：德国正试图与奥斯曼帝国联盟，而德国如支持犹太复国主义计划则会让这个联盟破裂。土耳其人决不会同意他们所鄙视的 dhimmis（希姆米，即契约民，指居住在伊斯兰土地上的非穆斯林、二等公民，如犹太人）在全国范围内得到复兴。此外，苏丹也无意让犹太人大规模迁徙，给已经出现问题的国家带来更多麻烦，而且这势必会与阿拉伯人产生摩擦。苏丹还怀疑俄国犹太移民是危险的革命者。在奥斯曼帝国统治下，犹太移民是不合法的，但通常可以通过贿赂奥斯曼帝国官员来免受法律惩处。通常，犹太人以游客或朝圣者的身份进入，然后非法居住在耶路撒冷或贝鲁特区。

与此同时，赫茨尔的外交也令人失望。魏茨曼抱怨称："赫茨尔曾见过苏丹、德国皇帝，还见过英国外交大臣，总是即将见到这个或那个重要人物。但实际效果却微乎其微，我们不禁对这些态度模糊的谈判表示怀疑。"[6] 而俄国大屠杀仍在肆虐。

赫茨尔后来认为，只有大英帝国以及英国亲犹派和基督教犹太复国主义者才能提供帮助。1902 年，他在英国皇家调查委员会就外国移民问题作证。在伦敦，他会见了罗斯柴尔德勋爵（他后来消除了对犹太复国主义计划的敌视）、殖民地国务卿约瑟夫·张伯伦（Joseph Chamberlain）和外交事务大臣兰斯多恩侯爵（the Marques of Lansdowne）。张伯伦和兰斯多恩都表达了同情，但英国当时还没有控制巴勒斯坦。1903 年，他们建议赫茨尔在乌干达建立犹太民族家园。赫茨尔愿意考虑该计划，即使这只是一个临时解决方案，但第六届犹太复国主义代表大会在经过激烈辩论后，拒绝了该提议。

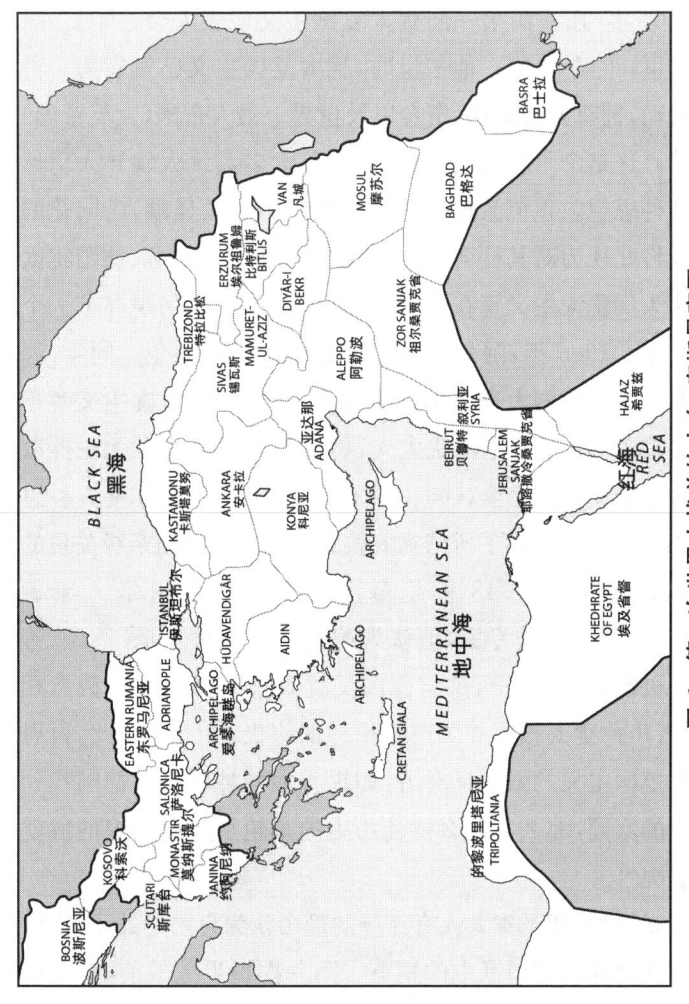

图 6 第一次世界大战前的中东：奥斯曼帝国

Bill Nelson 制图

6. 犹太复国主义争论

犹太民族主义及阿拉伯民族主义

1904年,在召集第一届犹太复国主义代表大会七年后,赫茨尔去世,年仅44岁。他去世时,犹太复国主义已发展为一种政治运动,拥有办事机构、资金以及世界上最大帝国(大英帝国)的同情。这是个了不起的成就。然而,大多数犹太领导人仍然反对这种思想。正统派拉比认为这是一个宗教异端,已同化的犹太人将此视为对其社会地位的威胁,而大多数法国、德国犹太人则认为反犹太主义正在衰退,因此无需为犹太问题寻求一个解决方案。1906年,阿尔弗雷德·德雷福斯被赦免。同年,德雷福斯派系在法国大选中赢得多数席位。如此,反犹主义者不是彻底输了吗?至于德国犹太人,再多的反犹主义也无法拆散他们对德国文化的完全认同。德国的犹太哲学家赫尔曼·科恩(Hermann Conen)成了所谓犹太教和德国文化之间亲缘关系的倡导者。他是研究18世纪德国哲学家伊曼纽尔·康德(Immanuel Kant)的专家,他认为德国文化和哲学是《圣经》价值的终极表达(实际上,这与德国反犹太主义者的立场截然相反,后者声称犹太教是德国道德精神的终极敌人)。因此,科恩是犹太复国主义的强烈反对者:如果犹太精神已经在德国找到了理想的家园,那么为什么要让历史的车轮从如此辉煌的成就上倒退呢?

客观地说,德国犹太人有充分的理由认为自己是处于科学、工业和文化前沿的国家中的精英。第一次世界大战前,有8位德国犹太人获得了诺贝尔奖(医学奖2名,化学奖4名,物理学奖2名)。皈依基督教的犹太人费利克斯·门德尔松(Felix Mendelssohn)和古斯塔夫·马勒(Gustav Mahler)是"德国音乐"的骄傲。沃尔特·拉特瑙(Walter Rathenau,其父创立了德国电气巨头 AEG)在第一次世界大战期间在战争部门担任要职,并在魏玛共和国外交部短暂就职。谁又需要赫茨尔博士不切实际的幻想呢?然而,就像哈伊姆·魏茨曼所评价的,拉特瑙"立即投入到反对犹太复国主义的雄辩中……他要说的关键在于,他是犹太人,但感觉自己完全是一个德国人,并全身心地投入建设德国工业以及挽救德国的政治地位上。……没过几个月,他就被纳粹刺客暗杀"[7]。

俄国犹太人则没有在 20 世纪初放弃犹太复国主义。恰恰相反,1903 年 4 月的基什尼奥夫大屠杀和 1905 年 10 月的敖德萨大屠杀,引发了第二波犹太人到以色列地的移民潮(也称为"第二次阿利亚运动")。犹太民族主义就此逐渐成形。

大约在同一时间,阿拉伯民族主义也开始形成。1908 年奥斯曼帝国的青年土耳其党人发动革命(以君主立宪制取代了绝对君主制),进行了强制"土耳其化"(即将土耳其语言和文化强加于奥斯曼帝国的非土耳其臣民)和反阿拉伯政策,激发了阿拉伯民族主义。1909 年 11 月,"青年阿拉伯协会",亦称"法塔特"(al-Fatat)在巴黎成立。[8]

对犹太复国主义的反应是巴勒斯坦阿拉伯民族主义出现的一个关键因素。阿拉伯民族主义者纳吉布·阿祖里(Najib Azouri)在他 1905 年所著的《阿拉伯民族的觉醒》(Le réveil de la natron arabe)中写道:"目前,在处于亚洲的土耳其,出现了两种性质相同但又相互对立的重要现象。这是阿拉伯国家觉醒的标志,是犹太人大规模重建古代以色列王国所做的巨大努力。这些运动注定要不断相互斗争,直到其中一方获胜。"[9]以色列历史学家、曾任外交大臣的什洛莫·本-阿米(Shlomo Ben-Ami)总结道:"在奥斯曼帝国,巴勒斯坦甚至连一个独立的省都算不上。……当时流行的概念更多的是'阿拉伯民族',而不是'巴勒斯坦''伊拉克'和'叙利亚'等民族和国家。但巴勒斯坦民族主义将在本世纪头 20 年出现并具体化,作为对犹太复国主义到来的一种防御反应。"[10]

小结

19世纪后期,俄国反犹太大屠杀使得犹太国家主权这一思想复苏。然而,正是法国德雷福斯事件引发了建立犹太国家的政治运动,这一戏剧性政治事件使得记者西奥多·赫茨尔确信,解放是假象,是时候实现重返锡安这个古老梦想了。赫茨尔的革命性关键不在于他所倡导的理念,而在于一个由西方犹太人所倡导的理念,这个犹太人发起了一场政治运动,将愿景变为现实。赫茨尔遭到了极端正统派犹太人和已同化犹太人的共同反对,于极端正统派教犹太人而言,犹太复国主义是异端,而已同化的犹太人认为,犹太复国主义不可能复兴犹太民族思想。尽管德国是反犹主义的温床,但它也是一个犹太人享有富足和影响力的大国,德国犹太人在那里感觉很自在。

从1897年赫茨尔召开第一届犹太复国主义大会的那一刻起,犹太复国主义领导人就成为实际意义上的外交官。争取世界大国的支持以建立一个犹太国家,这是一场难上加难的战斗。德国很高兴能摆脱犹太人,但又担心这样会疏远土耳其盟友。在英国,虽然有一些有影响力的亲犹太复国主义作家及政治家,但它没有控制中东。1903年的乌干达提议让犹太复国主义运动陷入困境,而第六届犹太复国主义大会最终拒绝了该提议,并决定继续向以色列地移民。这些移民主要来自俄国,并且,在发生大屠杀后,移民人数不断增加,这又促使巴勒斯坦阿拉伯民族主义的逐渐兴起,作为对犹太复国主义的反应。

7. 一战后国际体系中的犹太复国主义外交

> 魏茨曼:"你愿意用伦敦换萨斯喀彻温吗?"
> 贝尔福:"当然不愿意。伦敦是我国的首都。"
> 魏茨曼:"嗯,当伦敦还是一片沼泽时,耶路撒冷就已是我国的首都。"

关于犹太复国主义国际定位的争论

第一次世界大战深刻地改变了国际体系以及犹太人的命运。战争结束时,英国驱逐了土耳其人,开始统治以色列地,并在1917年发表《贝尔福宣言》,公开承诺要在那里建立一个犹太民族家园。英国将带来奥斯曼帝国缺乏的秩序和文明。

然而,国际现状使犹太复国主义运动难以甚至是几乎不可能进行下去。英国可能低估了阿拉伯人对犹太移民和移民购买土地的强烈反对。此外,英国在巴勒斯坦的主要官员并不赞同,也不执行《贝尔福宣言》。魏茨曼这样总结《贝尔福宣言》与其实际影响(或者更确切地说,缺乏实际影响)之间的差异:"我很快发现,在外部世界引起如此轰动的《贝尔福宣言》,埃德蒙·艾伦比将军的军官甚至是高级军官都不甚了解。他们对此一无所知……当时,在大多数驻巴勒斯坦的英国军官心目中,俄国人、犹太人、布尔什维克人对同一件事都有不同的描述,即使他们并非完全不了解事态的发展,不管有没有《贝尔福宣言》,他们没有理由为犹太人卖命。"[1]

与此同时,在英国国内,一些著名的公众人物也在猛烈批评《贝尔福宣言》。历史学家阿诺德·汤因比(以查塔姆研究所主任的身份影响英国的政策)就是其中之一,他认为《贝尔福宣言》对英国在阿拉伯世界的利益造成了不可逆转的损害。许多外交部高级公务员也持同样的观点。

的确,英国不能忽视其帝国内的阿拉伯臣民。当奥斯曼帝国在第一次世界大战中加入德国和奥匈帝国时,苏丹宣布对英国开展圣战。为了帮助瓦解奥斯曼帝国,英国向奥斯曼统治下的阿拉伯人承诺,战后英国将准许他们独立。

第一次世界大战期间,犹太人以法国、德国、英国和奥地利士兵的身份作战。对东欧大多数犹太人来说,支持德国参战是不言而喻的。德语是犹太复国主义大会的官方语言。德国的胜利更合犹太人之意:俄国是犹太人最大的敌人,德国是文明的灯塔。至于德国犹太人,尽管这个国家普遍存在反犹主义,他们仍是顽固的爱国者。

在东欧犹太人中,魏茨曼在赫茨尔死后取代了他,成为犹太复国主义运动事实上的首席外交官,他看待问题的角度与赫茨尔不同。魏茨曼于1874年出生于白俄罗斯(当时是俄罗斯帝国的一部分)一个传统的犹太家庭,曾在德国和瑞士学习化学,25岁时获得博士学位,1904年移居英国,到曼彻斯特大学讲学,1910年取得英国国籍。他认为只有英国能帮助推进犹太复国主义计划。第一次世界大战的爆发和德土同盟的建立,证实了魏茨曼外交决策的智慧。

在英国期间,魏茨曼与英国政治领导人交好,他把他们中的许多人召集起来,一同参与犹太复国主义事业。其中就包括第一个担任英国内阁大臣的犹太人(1909)赫伯特·塞缪尔

(Herbert Samuel)。他的另一位朋友亚瑟·贝尔福（Arthur Balfour）1902年至1905年担任英国首相，1916年至1919年担任英国外交大臣。魏茨曼在把贝尔福变成狂热的犹太复国主义者上发挥了重要作用。1903年，当贝尔福向魏茨曼抱怨世界犹太复国主义大会拒绝乌干达提案时，魏茨曼反问贝尔福，他是否愿意用伦敦换萨斯喀彻温，"当然不愿意，"贝尔福说，"伦敦是我国的首都。"魏茨曼回答说："当伦敦还是一片沼泽时，耶路撒冷就已是我国的首都。"

魏茨曼的机智和说服力是一个传奇。尽管他无权无势，但还是激发起无数人对他的敬畏。阿巴·埃班（Abba Eban）后来描述魏茨曼："他无论到哪都能掌控全场。每个第一次见到他的人都会想到'尊严'一词。"[2]

1917年，当英国军队开始从地中海东岸向奥斯曼帝国进发时，英国统治巴勒斯坦的愿望成为现实。由于阿拉伯人在对土耳其人的战争中几乎没起作用，而且他们的"大起义"失败，因此当时英国对推进"犹太民族家园"几乎没有什么疑虑。但英国要正式支持巴勒斯坦的犹太复国主义项目，就需要政府做出决定。然而，讽刺的是，英国政府对犹太复国主义最强烈的反对竟来自一个犹太人：埃德温·塞缪尔·蒙塔古（Edwin Samuel Montagu，第二位进入内阁的英国犹太人），他担心犹太复国主义会破坏英国犹太人享有的社会地位和政治平等。蒙塔古从《贝尔福宣言》中删除了犹太人自治和无限移民条款，让第一份承认犹太人在巴勒斯坦建立"犹太人民族家园"权利的法律文件效力大减。尽管如此，1917年11月的《贝尔福宣言》是魏茨曼最伟大的外交成就之一。

作为亲英派，魏茨曼永远感激英国。即使在20世纪30年代，英国政府开始为安抚阿拉伯人而放弃对犹太人的承诺，魏茨曼都选择避免与英国公开对抗。毕竟，与许多犹太复国主义领导人相反，他很早就意识到，亲奥斯曼的德意志帝国对犹太复国主义事业毫无帮助，随着第一次世界大战的爆发和德土联盟的建立，犹太复国主义运动只能从与英国的外交联盟中寻找出路。然而在20世纪30年代，英国的战略利益和地缘政治局势发生了变化，越来越多的犹太复国主义者批评魏茨曼没有认真重新考虑他过于刻板的亲英政策。

其中一个反对者就是弗拉基米尔·亚博廷斯基（Vladimir Jabotinsky），他是东欧犹太人，于1880年出生在敖德萨，敖德萨以俄国标准来说属于一个自由城市，第一次世界大战爆发时，他也曾提倡亲英政策。他甚至说服英国建立一支犹太军队，与英国并肩作战，打击土耳其人。1917年，英国政府成立了三个犹太人营，称为"犹太军团"（the Jewish Legion），亚博廷斯基是军团军官，其军队为攻占后来的英属巴勒斯坦做出了贡献。[3]

然而，一旦英国掌控巴勒斯坦，亚博廷斯基就意识到英国并不急于建立一个"犹太民族家园"，他公开向英国当局抱怨英国军官对犹太复国主义持冷漠甚至是敌对的态度。战后，亚博廷斯基于1919年从英国军队退役，一年后当选为第一届巴勒斯坦代表大会成员，1921年当选为世界犹太复国主义组织（WZO）执行委员会成员。当时，他不同意世界犹太复国主义组织对英国的调和态度。1920年，他被英国政府逮捕和监禁，罪名为在巴勒斯坦藏匿武器并秘密训练犹太士兵打击阿拉伯人和英国人。尽管在几个月后他被赦免并被从英国监狱中释放出来，但英国政府从未原谅他违反命令，当局认为他是煽动者，并指责他煽动动乱。在1929年巴勒斯坦爆发暴力浪潮后，亚博廷斯基被禁止再进入巴勒斯坦，后来在欧洲度过余生。

1939年5月，下议院批准了"白皮书"，大幅减少犹太移民和犹太人购买土地。亚博廷斯基呼吁犹太人武装起来反抗英国，但由于1939年9月第二次世界大战爆发，加之亚博廷斯基于1940年8月早逝，抗争没有立即实现。

在意识形态上，亚博廷斯基同情英国和西方民主国家。与当时大多数犹太复国主义领导人相反,他不是社会主义者,而是古典自由主义者,因此他反对与苏联结盟。然而,他也意识到,从20世纪30年代中期开始,犹太人建国不再符合英国的利益。

相反,对马克思主义者,特别是很多早期犹太复国主义定居者来说,冲突只能是社会和经济方面的。因此,犹太"工人"和阿拉伯"工人"都站在历史障碍的同一边。在英国统治下,随着阿拉伯人和犹太人之间的宿怨升级,大多数社会主义犹太复国主义者将这种冲突再次定义为民族冲突,但他们也认为,得益于犹太人定居点、农业和工业带来的经济利益,阿拉伯人最终会看到其中的好处。

亚博廷斯基认为物质利益理论只是一厢情愿。他在1923年的文章《铁墙》("The Iron Wall")中断言,阿拉伯崇尚民族主义,因此巴勒斯坦阿拉伯人不会为了经济利益而出卖民族自豪感和志向。因此,犹太复国主义者有两个选择:或者完全放弃他们的计划,或者在威慑和决心的"铁墙"后面继续进行。只有当这个犹太国家变得强大和坚不可摧时,阿拉伯人才会默许他们一直憎恶的现实。

当然,亚博廷斯基并非唯一的政治现实主义者。事实上,戴维·本-古里安和亚博廷斯基一样,都是"铁墙"的信徒。正如以色列前外交部长什洛莫·本-阿米在谈到本-古里安时所说,"(他)出于所有现实目的接受了亚博廷斯基的铁墙战略。只有在犹太国家周围竖起一堵坚不可摧的犹太力量和威慑之墙,犹太国家才能崛起,并迫使阿拉伯人接受现实"[4]。

本-古里安于1886年出生于俄属波兰(或波兰会议王国)。他从小就是一个政治上很活跃的犹太复国主义者,20岁时独自移民到以色列地。在抵达后不久,他就被选为马克思主义犹太复国主义政党——犹太社会民主工党(Po'alei Zion)中央委员会委员。他在一个集体农场工作,加入了一支由犹太守望者组成的武装部队。1912年(当时土耳其人统治以色列地),他暂时搬到伊斯坦布尔学习法律，1917年在犹太军团作战，1919年被选为新劳工联盟党（the new Ahdut Ha-Avoda party）党魁。到20世纪20年代，他成为重要的政治人物并崭露头角。1935年，他被选为犹太代办处执行委员会主席，这是英国托管期间事实上的"犹太复国主义政府"。本-古里安以此身份于1948年5月宣布以色列独立，并成为以色列第一任总理。

本-古里安的果断和务实成为他本人和以色列国的宝贵财富。

在意识形态和权力政治之间

事实证明，英国并非犹太复国主义运动的可靠盟友。首先，英国在1922年创建了"外约旦"（约旦河以东领土），阻止犹太移民进入这片超过巴勒斯坦托管地总面积三分之二的土地。英国在补偿埃米尔·费萨尔（Emir Faisal）和他的兄弟阿卜杜拉（Abdullah）方面投入了更多的资金，他们曾向后者承诺要建立一个"伟大的阿拉伯王国"。战争期间，英国向阿拉伯人和犹太人都许下了诺言，让他们对抗奥斯曼帝国，但在奥斯曼帝国被击败后，英国便以回避的态度对待犹太人。随着犹太人和阿拉伯人之间的冲突升级，英国无法疏远位于地中海和英属印度殖民地之间石油储量丰富的辽阔阿拉伯世界。相比之下，从政治层面来说，疏远巴勒斯坦的小型犹太人团体损失更小。

英国对巴勒斯坦的统治从一开始就陷入冲突。对阿拉伯人来说，《贝尔福宣言》是一份非法文件，侵犯了他们的权利。对犹太人来说，英国轻视《贝尔福宣言》并拖延执行违反了其书面承诺，也违背了犹太人的自决权。巴勒斯坦犹太人的数量从英国托管开始一直在增加，因为在第一次世界大战期间被奥斯曼帝国驱逐的巴勒斯坦犹太人从他们的流放地埃及回来了，也因为

1917年逃离布尔什维克革命的一些俄国犹太人选择巴勒斯坦作为他们的目的地。1920年,阿拉伯人以骚扰和袭击犹太人定居点作为"欢迎"新的英国政权的方式。

英国从一开始就没处理好巴勒斯坦发生的阿拉伯-犹太冲突。当它试图安抚阿拉伯人时,就疏远了犹太人,反之亦然。这是不可避免的,但拙劣的判断和错误的决定往往使事情更糟。英国政府早期的失礼行为之一是任命赫伯特·塞缪尔为巴勒斯坦第一位高级专员。其用意无疑是好的:巴勒斯坦犹太人抱怨英国当局没有保护他们免受阿拉伯暴力的侵害,因此任命一名犹太人为高级专员肯定会让他们放心。但正因为塞缪尔是犹太人,他才特意让阿拉伯人相信他完全没有偏帮犹太人。1920年,塞缪尔赦免亚博廷斯基时,同时也赦免了发动暴力事件的阿拉伯暴徒。然而,塞缪尔最严重的错误在于1921年任命哈吉·阿明·侯赛尼(Hadj Amin al-Husseini)为"耶路撒冷伟大的穆夫提",此人极度排犹、反英[塞缪尔可能是在1920年至1924年担任巴勒斯坦政府助理民政秘书的欧内斯特·里士满(Ernest Richmond)的影响下挑选了此人。里士满是一个反犹太复国主义者,他以辞职抗议他认为是亲犹太复国主义的英国政府政策]。

侯赛尼被任命后不久,便开始煽动针对犹太人的暴动和暴力行为。为了安抚他,塞缪尔下令暂时停止犹太移民,这却激怒了犹太人。多亏了温斯顿·丘吉尔,1922年,犹太人移民到巴勒斯坦才再次不受限制。

然而,尽管丘吉尔取消了对犹太人移民巴勒斯坦的限制,但犹太人并未大规模移民。20世纪20年代,巴勒斯坦的生活条件十分恶劣。相比之下,欧洲正从一战中复苏;直到1929年的金融危机,旧大陆一直都相对稳定和繁荣。因此出现了悲剧性的悖论:当时巴勒斯坦的大门对犹太移民相对开放,但只有少数犹太人移民。20世纪20年代中期,魏茨曼呼吁道:"犹太人,你们在哪里？"⁵ 1929 年金融危机爆发，随着欧洲经济动荡、纳粹在德国掌权，越来越多的犹太人向巴勒斯坦申请移民许可，但英国当局再次限制犹太移民（继 1929 年侯赛尼发动的阿拉伯暴力浪潮之后，133 名犹太人在耶路撒冷、希伯伦和塞夫德被杀）。在谴责暴力行为的同时，英国高级专员约翰·钱塞勒爵士（Sir John Chancellor）写信给英国政府说，《贝尔福宣言》是"一个巨大的错误"。⁶

1936 年，另一场阿拉伯起义爆发，英国政府没有急于疏远阿拉伯领导人，因为他们的支持被认为在与纳粹德国迫在眉睫的战争中至关重要。在 1936—1939 年阿拉伯起义中，希特勒和墨索里尼给穆夫提提供了大量资金。⁷事实上，这两位欧洲独裁者同样卷入了同时发生在巴勒斯坦和西班牙的内战。

1939 年 5 月，英国政府发表了白皮书，将此后五年的犹太移民限制在每年 7.5 万人；此后，任何超出这个数字的犹太移民都需要巴勒斯坦阿拉伯领导人的批准。巴勒斯坦也将在"十年内"获得独立。根据"白皮书"，当时巴勒斯坦有 45 万犹太人，占巴勒斯坦总人口的三分之一。因此，白皮书的实施将导致一个拥有三分之二多数阿拉伯人的巴勒斯坦独立。分治的想法被白皮书斥责为"不切实际"，阿拉伯国家三分之一的犹太少数民族不会拥有"犹太民族家园"，更不用说犹太国家了。事实上，白皮书明确指出："英国政府……现在明确宣布，巴勒斯坦应该成为一个犹太国家并不是他们政策的一部分。"

1939 年白皮书发表之前，希特勒曾入侵捷克斯洛伐克，没有遭到任何抵抗。捷克人和犹太人永远不会忘记英国首相张伯伦就希特勒占领布拉格所发表的言论：张伯伦反问，为什么英国要冒着战争的危险去"一个遥远，我们知之甚少，也不懂它语言的国家"？更糟糕的是，张伯伦告诉捷克外交官扬·马萨里克（Jan Masaryk）关于捷克总统的事情："马萨里克先生，你碰巧相信贝奈斯博士，我碰巧信任希特勒先生。"当魏茨曼在反思那些黑暗时刻时说:"我们无法预知我们的未来;我们只知道,在西方民主国家的同情和行动方面,我们几乎没有什么可期待的。"[8](十年后,1948年,正是捷克的军事供给让以色列赢得了独立战争。1945年,犹太复国主义的坚定支持者马萨里克说,如果他年轻的话,他可能会加入哈加纳,为以色列的独立而战。[9])

讽刺的是,白皮书赞同亚博廷斯基1923年在《铁墙》中的预言:"自从《贝尔福宣言》发表以来,英国政府就一直希望阿拉伯人认识到犹太人在巴勒斯坦定居和发展带来的好处,并最终接受犹太民族家园的进一步发展。这个希望并没有实现。"[10]亚博廷斯基选择了第一个选项,英国政府选择了第二个。事实上,亚博廷斯基和他的追随者们脱离了伊休夫(Yishuv)的军事分支哈加纳,组建了他们自己的军事力量——伊尔贡(the Irgun)。英国和伊尔贡之间的公开战争由此引发。

本-古里安也强烈反对白皮书,但二战爆发后,英国与犹太人最大的敌人纳粹德国作战。因此,伊休夫面临进退两难的困境,本-古里安曾这样总结:"我们必须像没有战争一样对抗白皮书,像没有白皮书一样与英国并肩作战。"本-古里安的反问句不那么出名,但同样令人信服:"谁来阻止纳粹席卷巴勒斯坦,犹太复国主义高级官员还是西部沙漠的英国将军?"[11]英国政府知道,尽管有白皮书,但犹太人别无选择,只能团结起来反对纳粹德国,正如首相张伯伦愤世嫉俗地解释说:"当战争来临时,犹太人将不得不支持我们,因为敌人是希特勒。阿拉伯人将会做出选择。对他们来说,支持希特勒是一个可行的选项。因此,我们必须支持敌对的阿拉伯人,但同时也要与合作的犹太人保持距离。"[12]英国帝国防卫委员会(the British Committee of Imperial Defense)在1939年1月曾明确表示:"我们认为,战争一旦爆发,将采取必要措施……以便在巴勒斯坦和邻国彻底平息阿拉伯舆论。"[13]

本-古里安虽然是个社会主义者,但却不是教条马克思主义者。他毫不怀疑,巴勒斯坦犹太人和阿拉伯人之间的冲突是民族冲突,阿拉伯和犹太工人之间所谓的反对资本主义的"无产阶级"团结是无稽之谈。至于寻找国际盟友,本-古里安的做法是务实的。他认为苏联是犹太人民不可调和的历史敌人,谴责苏联;并宣称"斯大林主义政权的本质和历史抱负,与拥有自决权的犹太民族的存在是不可调和的"。[14]

相比之下,对于伊休夫的马克思主义者来说,他们与苏联"兄弟"的共同斗争是不言而喻的,因为共产主义俄国领导着全球反"帝国主义"的斗争,斗争对象也包括在巴勒斯坦的英国人,因此与苏联合作是完全有道理的。巴勒斯坦犹太社会主义者中的激进分子从来都不愿意面对苏联政权从根本上是反犹太复国主义的事实。

犹太复国主义和马克思主义在概念上是不相容的,至少在书面上是这样的。犹太复国主义为"犹太人问题"提供了一个国家解决方案,而对于马克思主义来说,这个"问题"只有随着资本主义的终结才能得到解决。随着无产阶级革命的进行,民族问题将变得无关紧要,犹太人也不例外。相反,犹太复国主义坚持认为犹太人有权像其他民族一样建立自决权的国家。俄共产党领导人列宁对这种矛盾既有理解,也有批评,他宣称:"任何直接或间接提出犹太'民族文化'口号的人(无论他的意图如何)都是无产阶级的敌人,是犹太人老旧种姓地位的支持者,是拉比和资产阶级的帮凶。"[15] 苏联对犹太复国主义的官方立场是,"在民主的面具下,(犹太复国主义)企图腐蚀犹太青年,为了英法资本主义的利益,把他们投入到反革命资产阶级的怀抱。为了恢复巴勒斯坦国,这些犹太资产阶级的代表依靠反动势力,包括雷蒙德·庞加莱(Raymond Poincaré)、劳合·乔治(Lloyd George)和教皇等贪婪的帝国主义者。"[16]

尽管俄国犹太人受到迫害,但在西方,他们却被指责是布尔什维克主义的煽动者。当时苏联确实有许多犹太裔的共产主义领导人［如托洛茨基（Leon Trotsky）］。但1924年列宁去世后，斯大林有效地控制了苏联。英属巴勒斯坦的马克思主义犹太复国主义者要么对斯大林的反犹主义和反犹太复国主义一无所知，要么就视而不见。他们坚持与苏联结盟，反对"英帝国主义"。

"比特摩尔，施密特摩尔"

1942年5月11日，来自世界犹太复国主义大会的600名代表（包括魏茨曼和本-古里安）在纽约比特摩尔酒店召开会议，发表了一个关于犹太复国主义政治目标的宣言。[17]"比特摩尔计划"（Biltmore Program）要求"将巴勒斯坦建立为一个犹太联邦"，并要求取消对犹太人的移民限制。该计划没有使用"国家"一词，但与《贝尔福宣言》（该宣言同意在巴勒斯坦建立一个犹太民族家园）不同的是，比特摩尔计划将整个"巴勒斯坦"定为未来的"犹太联邦"。

比特摩尔计划是在万湖会议后不到四个月通过的，万湖会议正式确立了纳粹最终要消灭欧洲犹太人的政策。当犹太复国主义领导人徒劳地要求英国不要限制犹太移民和犹太国家主权时，他们无奈地听到了关于欧洲正在进行种族灭绝的报道。在德国占领的欧洲，对犹太人的大规模屠杀已经开始。1939年1月30日，希特勒向国会宣布："如果欧洲内外的国际犹太金融家们能够成功地使这些国家再次陷入世界大战，那么结果将不会是地球的布尔什维克化（这是犹太人的胜利），而是欧洲犹太人的种族灭绝！"

"犹太金融家"（即资本家）怎么可能希望促进"布尔什维克化"（即共产主义）？苏维埃犹太人怎么可能成为奴役他们，并摧毁他们文化遗产的政权的代理人呢？这些矛盾是希特勒对犹太人非理性仇恨的典型特征。他确信犹太人统治了世界,并打算摧毁德国。因此,如果一场新的战争(在希特勒看来,只有犹太人才会发动这场战争)爆发,他就威胁要消灭欧洲犹太人。万湖会议是在德国胜利的前景注定化为泡影之后召开的:1941年12月,德国在莫斯科战役中败北,并向美国宣战。希特勒认为,如果德国的处境不利,那只能是因为犹太人。消灭他们,德国就会再次占据上风。此外,希特勒相信日耳曼人,而不是犹太人,才是"被神选中"的子民。因为在希特勒看来,两个国家都在争夺世界统治权,其中一个(当然是犹太人)必须被消灭:"争夺世界统治权的斗争将完全在我们——德国人和犹太人之间进行……不可能有两个被选中的子民。我们是上帝选中的子民!"[18]犹太人统治世界和操纵列强、让德国屈服的信念在纳粹中根深蒂固。一位德国军官这样解释1945年5月德国的失败:"这是犹太人第二次获胜,但下次我们会打败他们。"[19]

战前几年,犹太复国主义领导人鼓励犹太人移民巴勒斯坦,并与1939年的白皮书作斗争,很少有人预测到会发生大屠杀,但亚博廷斯基却坚信灾难即将来临,犹太人必须离开欧洲。1936年,他为波兰、匈牙利和罗马尼亚的犹太人构思了一个"撤离到巴勒斯坦的计划"。他会见了波兰外交部长约泽夫·贝克(Józef Beck)、匈牙利领导人米克洛斯·霍尔西(Miklós Horthy)和罗马尼亚总理盖尔赫·特雷斯库(Gheorghe Tătărescu),以推动他的计划。三位领导人都表示同情,但当地犹太领导人却持怀疑态度,甚至怀有敌意。英国政府则明确表示,不会允许如此大规模的到巴勒斯坦的移民。时任世界犹太复国主义组织主席的魏茨曼认为亚博廷斯基的计划不切实际。1938年8月,在德国入侵波兰的前一年,亚博廷斯基向华沙的犹太人呼吁趁还有时间,赶紧逃命:

> 三年来,波兰的犹太人,你们是世界犹太人的荣耀,我

一直恳求你们。我一直在不断地警告你们,灾难即将来临。这些年,我的头发白了,我老了,因为我的心在流血,因为你们,亲爱的兄弟姐妹们,看不见火山即将喷发出毁灭的火焰。我看到一个可怕的景象。时间很短,你们还可以得救……听我说。看在上帝的分上:愿每一个人趁现在还有时间,赶紧逃命。时间不多了。[20]

1939年9月2日——德国入侵波兰的第二天,亚博廷斯基会见了英国上校约翰·帕特森(John Patterson,他在第一次世界大战期间曾与之共同指挥过犹太军团),讨论组建一支由英国指挥的犹太军队。1940年夏天,亚博廷斯基访问美国,充分阐释应有一支犹太军队与盟军并肩作战的理由。1940年6月19日,在丘吉尔发表"最光辉的时刻"演讲和戴高乐任命菲利普·佩坦(Philippe Pétain)为法国总理后呼吁抵抗的第二天,亚博廷斯基在曼哈顿中心发表讲话,提醒他的听众:"这是我们犹太人民在几个世纪的折磨中生存的秘密:绝不投降!"[21]亚博廷斯基几周后(8月4日)死于心脏病。在魏茨曼所写的悼词中,他回忆了亚博廷斯基和世界犹太复国主义组织在紧急问题上的分歧:"在他看来,我们只有有限的时间来实现我们的计划。这可能是对的,也可能不对。"[22]其后四年内,纳粹屠杀了600万犹太人。

犹太复国主义者对英国的进退两难依然存在。英国正在与德国作战,但同时也在阻止犹太移民进入巴勒斯坦(而在美国,罗斯福政府对移民的压迫远远低于美国法律规定的限制)。第二次世界大战爆发时,魏茨曼宣布,巴勒斯坦犹太人将"站在英国一边,站在民主国家一边战斗"。[23]

巴勒斯坦犹太人也在黎巴嫩和叙利亚帮助自由法国(the Free French)。1940年9月至1941年6月,自由法国的黎凡特电台在海法一个巴勒斯坦犹太人大卫·哈科恩(David Hacohen)的家中运行。²⁴摩西·达扬在一次军事行动中失去了一只眼睛,那次行动是来自巴勒斯坦的犹太突击队帮助自由法国对抗维希军队。莫里斯·费舍尔(Maurice Fischer)是比利时犹太人,1930年移居巴勒斯坦,1940年在贝鲁特加入戴高乐的自由法国部队,并因他的英勇行为而被授勋(后来,他成为以色列第一位驻巴黎大使)。事实上,戴高乐后来向法国记者让-克劳德·塞万-施赖伯(Jean-Claude Servan-Schreiber)承认:"我记得1941年的巴勒斯坦。那些犹太青年真是太棒了。他们站在我们这边战斗,而阿拉伯人——我们必须承认——支持另一边。"²⁵

然而,巴勒斯坦犹太人几乎没有机会为同盟国集体而战。自1939年白皮书发表以来,英国与犹太复国主义运动之间就彼此存在着很深的敌意,因此英国当局对组建一支由巴勒斯坦犹太人组成的队伍的想法持怀疑态度。尽管如此,魏茨曼(其子迈克尔在1942年作为英国皇家空军飞行员牺牲)还是继续推动这项计划,丘吉尔也批准了,主要是为了解放英国在巴勒斯坦的人力以用于欧洲前线。到1940年秋,丘吉尔决定着手组建一支犹太军队,但英国最高司令部阻止了这一想法,丘吉尔妥协了。²⁶1942年,丘吉尔下令建立一支秘密的犹太游击队——特别行动处(Subversive Operations Executive, SOE),这是一支驻扎在巴勒斯坦的秘密犹太游击队,如果德国人入侵巴勒斯坦,他们将与之作战。在埃班的监督下,特别行动处从未被要求采取行动。直到1944年9月战争结束时,英国政府才成立了一支由大约5000名巴勒斯坦犹太人组成的犹太旅。该旅在意大利作战,在制服上佩戴大卫之星徽章的犹太士兵逮捕了德国士兵。那时,贝京(Menachem Begin)已于1944年2月宣布对大英帝国发动"叛乱"。

贝京在1942年5月作为波兰士兵抵达巴勒斯坦。1942年12月,在向指挥官请假后,他加入了地下准军事犹太复国主义组织伊尔贡,该组织于1931年从犹太机构的军事分支哈加纳中分裂出来。1944年,贝京成为伊尔贡的领袖。他宣布,一旦盟军对纳粹德国的胜利得到保证,犹太人对英国的反抗将重新开始,因为尽管发生了大屠杀,英国仍在继续减少甚至阻止犹太人移民巴勒斯坦。他对巴勒斯坦当局发动的破坏行动激怒了英国政府,让犹太代办处难堪,后者仍然认为犹太复国主义者无法承受疏远英国的代价。

事实上,战争开始时,英国和伊尔贡曾一起对抗纳粹及其阿拉伯盟国。1941年5月,英国政府派时任伊尔贡总司令的戴维·拉齐尔(David Raziel)前往伊拉克,帮助英军击败拉希德·阿里·加伊莱尼(Rashid Ali al-Gaylani)的亲纳粹叛乱。德国空军在这次行动中击毙了拉齐尔和一名英国军官。正是因为伊尔贡在1944年之前一直与英国并肩作战,所以到1940年9月,莱希组织(Lehi,"以色列自由战士"的希伯来语缩写)从伊尔贡分裂出来。不管欧洲的军事局势如何,莱希的创始人和领导人之一亚伯拉罕·斯特恩(Avraham Stern)决心与英国作战,他与纳粹外交官联系,提出让犹太人参与德国的战争,以换取德国对犹太人移民巴勒斯坦的支持。1940年的最后几个月,斯特恩派遣了一个名叫纳夫塔利·卢本奇克(Naftali Lubenchik)的莱希激进分子在贝鲁特会见了德国外交官沃纳·奥托·冯·亨蒂格(Werner Otto von Hentig),提议建立一个新的联盟,一个"德国新秩序意图与犹太人民之间的利益共同体"。[27]斯特恩在意识形态上同情军国主义和法西斯主义,但完全误解了纳粹的意识形态。纳粹不仅想把犹太人赶出欧洲,还想把犹太人从地球上抹去。希特勒本人曾表示反对犹太人移民到巴勒斯坦,他声称,"犹太入侵者因享受了好处而应遭受最残酷的虐待"[28]。德国政府对斯特恩不切实际的提议不予回应。

莱希的愚蠢和笨拙(其抢劫银行的企图通常以致命的失败告终)给犹太复国主义事业造成了很大的伤害。1944年11月6日,莱希成员暗杀了丘吉尔的私人朋友莫兰勋爵(Lord

Moyne），后者在丘吉尔 1940 年 5 月就任首相后曾在战时内阁任职。莫兰遇刺时是开罗的常驻部长，他的任务包括在北非对抗隆美尔的非洲军团。尽管莫兰在中东和北非与纳粹主义作战，但莱希仍视他为敌人，这表明斯特恩的追随者并没有放弃对纳粹德国的幻想和对英国的盲目仇恨。在所有的英国官员中，把莫兰作为攻击目标是一个令人沮丧的讽刺，因为莫兰与大多数英国在中东的军民官员相反，遇刺前，他刚刚站出来支持在分治的巴勒斯坦建立一个犹太国家。[29] 在莫兰被暗杀的两天前，丘吉尔会见了魏茨曼，并告诉他"我们的犹太复国主义事业进展顺利。莫兰现在站在我们这边了"[30]。丘吉尔也谈到了分治问题，说他赞成把内盖夫地区纳入犹太国家的版图。[31]

莫兰遇刺对犹太复国主义造成了致命和长期的打击：它激怒并疏远了原本支持犹太复国主义的丘吉尔；它在丘吉尔仍然掌权期间毁掉了建立一个犹太国家的机会；它差点在伊休夫内部引发内战。正如魏茨曼所哀叹的那样："莫兰勋爵遇刺对我们事业的伤害……给我们的敌人提供了一个方便的借口，并帮助他们在公众舆论面前为自己的行为辩护。"[32]

在宣布莫兰勋爵的死讯后不久，殖民地事务大臣奥利弗·斯坦利（Oliver Stanley）告诉魏茨曼，"除非犹太人能够摆脱这条凶残的尾巴，像丘吉尔这样过去为你们做了这么多的人，将来才能如释重负"[33]。丘吉尔也发出了严重警告："如果我们的犹太复国主义梦想以刺客手枪的烟雾结束，如果我们为它的未来而努力，只生产出一批与纳粹德国类似的新黑帮分子，像我这样的许多人将不得不重新考虑我们在过去这么长时间里一直坚持的立场。犹太复国主义要想有和平和成功的未来，这些邪恶的活动必须停止，那些对它们负责的人必须彻底被摧毁。"[34] 因此，丘吉尔期望并要求"整个犹太民族全心全意的合作"[35]。

伊休夫的政治领导层顺从了，开始打击犹太恐怖分子。这是"狩猎季节"的开始。此时，同盟国的胜利已成定局，伊尔贡也开始把枪口对准英国。因此,犹太代办处开始抓捕伊尔贡和莱希的激进分子,如果不是贝京极力呼吁要适可而止,"狩猎季节"极有可能演变为内战。

然而,尽管有犹太代办处的合作,莫兰勋爵的谋杀还是加深了英国外交部对犹太复国主义的敌意。虽然丘吉尔保留了他对犹太复国主义的同情,但原定在英国内阁讨论的巴勒斯坦分治提议却被无限期搁置。英国历史学家伯纳德·沃瑟斯坦(Bernard Wasserstein)认为,如果莫兰勋爵没有被暗杀,那么在第二次世界大战即将结束时,在分治的巴勒斯坦建立犹太国家可能已经成为现实。[36]

英国坚持1939年白皮书的决定还有其他原因。犹太人的老朋友丘吉尔在1945年7月的英国大选中落败。新首相克莱门特·艾德礼(Clernent Attlee)和他的外交大臣欧内斯特·贝文(Ernest Bevin)坚持白皮书政策,他们的动机是一种冷酷的算计:英国在六年的战争中血流成河,一贫如洗,因此它控制的中东油田比以往任何时候都更加珍贵。因此,它承担不起疏远阿拉伯世界的代价。

英国政府在第二次世界大战中取得了胜利,但仍坚持执行白皮书的决定,而大屠杀也促使犹太代办处执行委员会主席本-古里安开始对英国采取行动。1945年10月1日,他命令哈加纳指挥官摩西·斯内(Moses Sneh)以英国军队为目标发起攻击。哈加纳和伊尔贡共同决定轰炸大卫王酒店——英国驻巴勒斯坦武装部队总部所在地,但哈加纳要求贝京推迟轰炸,因为当时的世界犹太复国主义组织主席魏茨曼听说了这一计划,并威胁要透露给英国当局。哈加纳退却了,魏茨曼没有通知英国当局,但伊尔贡在1946年7月22日实施了行动。此外,伊尔贡开始绞死和鞭打英国军官,以报复英国绞死和鞭打伊尔贡战士。英国军队在巴勒斯坦的处境难以为继。1947年2月,英国政府宣布将巴勒斯坦问题提交联合国处理。

7. 一战后国际体系中的犹太复国主义外交

虽然英国在 1937 年放弃了分治的想法（见第 8 章），但 10 年后，这种想法在联合国重新出现。与此同时，三分之一的犹太人在大屠杀中丧生，建立国家很有必要且迫在眉睫。本-古里安意识到，占据英国托管的所有巴勒斯坦领土不现实，他认为分治对英国来说危害较小。当被问及 1942 年的比特摩尔计划时，本-古里安回答说："不管是比特摩尔还是施密特摩尔，我们必须有一个犹太国家。"[37]

小结

第一次世界大战重塑了国际体系，英国取代奥斯曼帝国成为以色列地的统治者。1917 年的《贝尔福宣言》公开宣布英国承诺建立犹太人民族家园，这是一项外交成就，但其内容含糊不清，许多英国高级外交官认为它不必要地疏远了阿拉伯世界，损害了英国的利益。英国试图同时取悦犹太人和阿拉伯人，但最终失去了两个群体的信任。随着对德战争威胁的迫近和巴勒斯坦阿拉伯起义的爆发（1936—1939），英国采取绥靖政策，背弃了对犹太复国主义的承诺。张伯伦认为既然阿拉伯人可以选择是否支持希特勒，而犹太人没有选择，那么英国则"必须支持怀有敌意的阿拉伯人，并与愿意合作的犹太人保持距离"。

第二次世界大战和大屠杀给犹太复国主义领导人带来严峻的困境，因为英国既要对抗纳粹德国，也要对抗犹太人建国。本-古里安这样总结："我们必须像没有战争一样对抗白皮书，像没有白皮书一样与英国并肩作战。"这一困境将犹太地下组织分裂成两派：伊尔贡在 1944 年对英国宣战，哈加纳直到 1945 年才开始针对英国军队，而莱希认为对英国的战争是必要的，甚至认为与纳粹德国结盟是合理的。与此同时，巴勒斯坦犹太人与同盟国一起对抗第三帝国。

虽然有大屠杀以及战争期间犹太人对英国的支持，英国仍然严格限制犹太人移民，反对建立一个犹太国家。因此，第二次世界大战的结局一经确定，犹太复国主义和英国之间的紧张关系就变成了公开的冲突。随着英国失去对巴勒斯坦托管地的控制，联合国被要求解决巴勒斯坦冲突问题。大屠杀发生后，在以色列地建立犹太国家的需求愈发迫切，本-古里安得出结论：分治现在是获得国家地位的唯一现实途径。因此，他支持分治。

8. 英国托管及两难境地

> 我们阿拉伯人，特别是我们中受过教育的人，对犹太复国主义运动抱有最深切的同情。我们在巴黎的代表完全了解犹太复国主义组织向和平会议提出的建议，我们认为这些建议温和且适当。我们将尽最大努力帮助他们渡过难关；我们将衷心欢迎犹太人回家。
>
> ——费萨尔·伊·宾·侯赛因·宾·阿里-哈什米

中东新边界

犹太复国主义运动的创始人有一个理想：在《圣经》上的以色列地建立一个犹太民族国家。大多数早期犹太复国主义者也希望犹太国家成为平等的社会主义的典范。然而，他们很快意识到，作为一名作家，比作为一名外交官更容易拥有理想，理想与世界政治现实之间的碰撞可以是痛苦的。正如阿巴·埃班所写的："描述理想社会的作家通常设法把他们的乌托邦设在荒岛或难以企及的山峰上，从而避免了使乌托邦不可能存在的两个条件：边界和邻国……柏拉图的《理想国》没有邻国，因此不需要外交政策，这并不奇怪。"[1]

1903 年，西奥多·赫茨尔去世前不久刚经历了外交困境。1897 年，他在瑞士巴塞尔召开了第一届犹太复国主义大会，发起了建立犹太国家的政治运动。六年后,也就是1903年,英国殖民地大臣张伯伦为犹太复国主义运动提供了在乌干达建立一个犹太国家的机会。当时,奥斯曼帝国仍然统治着中东,因此英国没有立场接受或拒绝犹太复国主义运动在巴勒斯坦定居的计划。张伯伦的提议为部分犹太复国主义领导人制造了一个科尼里安式的困境①。犹太复国主义希望恢复犹太人在锡安的主权,而不是在非洲。另一方面,犹太人在俄国遭到屠杀,他们迫切需要一个安全的避风港。赫茨尔不想在乌干达建立一个犹太国家,但由于他也认为犹太人需要一个"夜间庇护所",他愿意将张伯伦的提议作为临时解决方案。

1903年,赫茨尔在第六届犹太复国主义大会上提出了这一建议。代表们就此展开了激烈的辩论。参与会议的魏茨曼后来写道,"把乌干达作为辅助和临时方案是好的,但不管赫茨尔的意图是什么,把我们的精力转为纯粹的救济工作将意味着实际解散了与锡安有关的犹太复国主义组织"[2]。令人惊讶的是,米兹拉希运动(Mizrachi movement)的宗教犹太复国主义者大多支持乌干达提议。[3]尽管如此,赫茨尔还是受到了强烈的批评,因为他竟然愿意考虑乌干达计划,还把它提出来讨论。犹太复国主义大会的一名成员对赫茨尔(用法语)喊道:"会长先生,你是个叛徒!"[4]

魏茨曼是赫茨尔事实上的继任者,他曾在世界各国领导人面前为犹太复国主义辩护,并在促成英国于1917年发表《贝尔福宣言》中发挥了重要作用。《贝尔福宣言》指出,"英国政府赞成在巴勒斯坦建立犹太人的民族家园"。然而,英国在中东有许多相互矛盾的利益,它在《贝尔福宣言》中做出的承诺不能被视为理所当然。第一次世界大战后的中东,英法两国争夺即将崩溃的奥斯曼帝国这个战利品,法国的利益与此相关。虽然法国

---

① 意指情感与责任之间的选择。——译者注

是一个世俗共和国,但它宣称会对中东的基督徒负责。英国前首相赫伯特·亨利·阿斯奎斯(Herbert Henny Asquith)总结了他的前任劳合·乔治对圣地以及法国的态度:"劳合·乔治……他对犹太人、对他们的过去和未来一点也不关心,但他认为,让这些圣地落入信奉'不可知论和无神论'的法国手中或让法国成为其保护国,将是一种暴行。"[5]

事实上,英国政府发表《贝尔福宣言》部分是为了抢占先机,反对法国对巴勒斯坦要求主权。[6]另一个原因是他们相信通过取悦"世界犹太人",英国更有可能说服美国加入战争;而俄国不会投降。事实上,贝尔福勋爵自己也这么说过:"俄国和美国的绝大多数犹太人,以及全世界的绝大多数犹太人,现在似乎都支持犹太复国主义。如果我们能够为这样的理想发表一个有利声明,我们就能够在俄国和美国进行非常有用的宣传。"[7]

并非所有阿拉伯领导人都明确反对《贝尔福宣言》。1918年3月,阿拉伯报纸《阿尔吉不拉》(Al-Kibla)呼吁与"犹太人及其在巴勒斯坦的定居运动"合作。[8]1918年6月,魏茨曼会见了沙特阿拉伯国王侯赛因·本-阿里的儿子埃米尔·费萨尔,七个月后,也就是1919年1月,魏茨曼和费萨尔签署协议,承认《贝尔福宣言》以及犹太人在巴勒斯坦定居的权利,同时魏茨曼宣布所有伊斯兰圣地将继续由穆斯林统治。

费萨尔是哈希姆王朝的后裔。1920年,他一度给自己加冕为建立在奥斯曼帝国废墟上的新国家"大叙利亚国"的国王。他反对1916年英法两国签订的《赛克斯-皮科协定》,即两大强国瓜分中东地区的协议,因此费萨尔想要建立并统治自己的阿拉伯大国。

如今,费萨尔和魏茨曼之间的协议规定,如果能够保留大叙利亚王国,那么费萨尔将同意在他称为"叙利亚南部"和英国称为"巴勒斯坦"的地方实行犹太人自治。费萨尔还在协议中补充

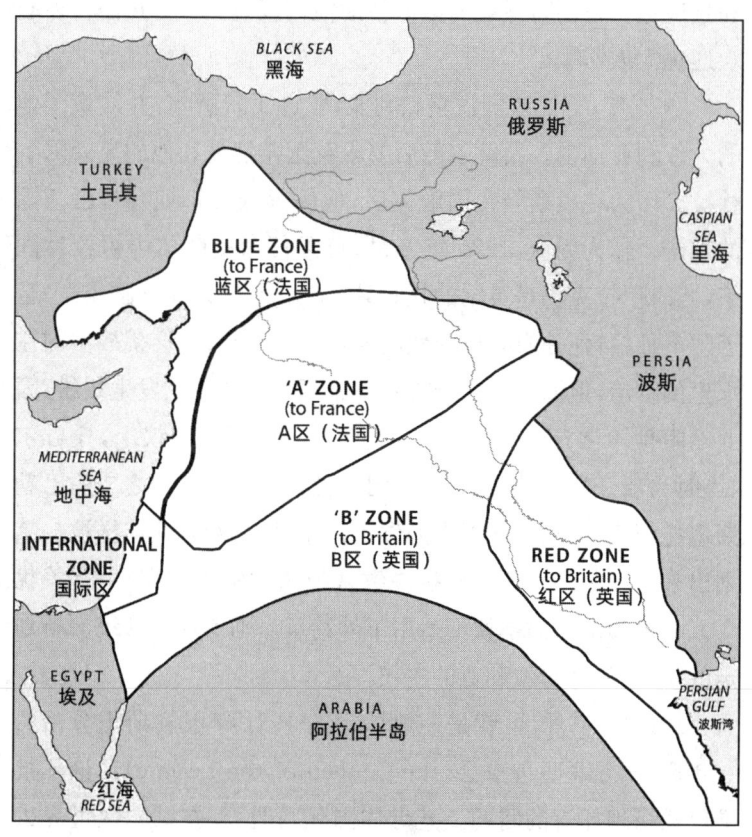

图7　1916年赛克斯-皮科协定
Bill Nelson 制图

了一张手写的便条，他在便条中坚称，只有在他向英国提出的要求得到满足的情况下，协议才有效。否则，他将坚持协议无效。由于与法国达成了协议，所以英国不能承诺建立一个"大叙利亚国"；《赛克斯-皮科协定》让法国得到了叙利亚和黎巴嫩。

1919年3月，费萨尔写信给曾作为犹太复国主义代表参加巴黎和会的菲利克斯·法兰克福特（Felix Frankfurter）教授，信中提到："我们阿拉伯人，特别是我们中受过教育的人，对犹太复国主义运动抱有最深切的同情。我们在巴黎的代表完全了解犹太复国主义组织向和平会议提出的建议，我们认为这些建议温

和且适当。我们将尽最大努力帮助他们渡过难关;我们将衷心欢迎犹太人回家。"⁹

1920年7月,法国占领叙利亚,驱逐了费萨尔,并结束了他的大叙利亚国梦。费萨尔随后要求英国赔偿他和他的兄弟阿卜杜拉。因为在奥斯曼帝国解体后,他俩得到过将拥有自己王国的承诺。作为回应,1921年8月,英国任命费萨尔为伊拉克国王(当时伊拉克仍是英国的托管地,1932年成为独立国家)。至于阿卜杜拉,他并没有放弃叙利亚,他认为仍有机会挑战法国在那里的统治,但温斯顿·丘吉尔不希望与法国盟友发生纠纷,因此劝阻他不要这么做。在1921年3月的开罗会议上,丘吉尔(当时为新任命的殖民大臣)向阿卜杜拉提供了三分之二的巴勒斯坦托管地,即约旦河以东的领土。于是,外约旦就这样被一笔划出来。丘吉尔和阿卜杜拉一致认为,《贝尔福宣言》中有关犹太人移民和定居的条款不适用于外约旦。阿卜杜拉将统治新划定的领土,放弃对叙利亚的主权。

1922年7月,也就是一般认定的1921年巴勒斯坦分治的一年后,国际联盟理事会(the Council of the League)讨论了批准巴勒斯坦托管的问题。其母体国际联盟,是在第一次世界大战后为了维护世界和平而建立的(第二次世界大战后被联合国取代),当时由除德国和俄国外的所有欧洲国家、大英帝国(包括加拿大、印度、澳大利亚等)、中国、日本、伊朗和大多数拉美国家(美国没有加入国际联盟)组成。然而,作为其执行机构的联盟理事会仅由英国、法国、意大利和日本组成,没有人能保证它会批准英国对巴勒斯坦的托管。紧张和不确定的局势与25年后围绕着联合国审议刚刚成立的以色列国的紧张和不确定局势并无不同。最后,1922年7月24日,理事会正式批准了中东地区托管——这是一个标志着《贝尔福宣言》获得国际合法性的决定。

一方面,国际联盟对巴勒斯坦托管的支持(包括《贝尔福宣言》)在国际法上具有法律约束力,因为这种支持来自该联盟的执行机构——联盟理事会。另一方面,联盟理事会的一半成员来自英法两国,这两个国家早在1916年(根据《赛克斯-皮科协定》)就决定在战争结束时将中东划归它们所有。中东的新边界是由英国、法国以及美国总统伍德罗·威尔逊(Woodrow Wilson)划定的。自1919年凡尔赛和平会议以来,威尔逊一直参与绘制中东边界。正如贝尔福勋爵回忆的那样:"这三个强大而无知的人[英国的劳合·乔治、法国的克莱蒙梭(George Clémenceau)和美国的威尔逊]坐在那里瓜分大陆。"

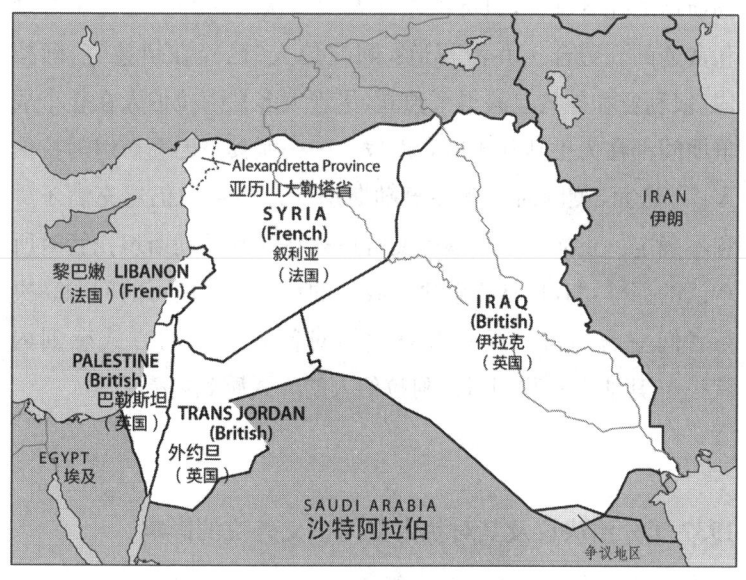

图8 第一次世界大战后的中东:国际联盟授权托管
Bill Nelson 制图

奥斯曼帝国由省(Vilayets,土耳其行政单位)组成,下面又细分为区(Sanjaks)。国际联盟于1922年建立英属巴勒斯坦,在这之前,曾有过"耶路撒冷区""纳布卢斯区"和"阿克里区"。新建立的英属巴勒斯坦包括这些"区"以及叙利亚和贝鲁特的维拉耶茨南部地区。

对犹太复国主义领导人来说，丘吉尔和阿卜杜拉之间的协议不当取消了对犹太移民和土地购买77%的原始授权。然而，他们什么也做不了：边界是由大国决定的。1925年，亚博廷斯基在巴黎流亡期间，建立了另一个"修正主义犹太复国主义者联盟"，呼吁在约旦河两岸（即巴勒斯坦托管地和约旦王国）建立一个犹太国家。他沉溺于一厢情愿之中：外约旦是作为英国的保护国而建立的，目的是解决阿卜杜拉和法国之间的争端，而英国不会为了取悦修正主义者重新挑起争端。

就阿拉伯人而言，他们反对《贝尔福宣言》适用于英国在巴勒斯坦的托管领土，但英国领导人大多认为这种反对是不合理和贪婪的。劳合·乔治写道：阿拉伯人"已经在伊拉克、阿拉伯、叙利亚和外约旦赢得了独立，尽管大多数阿拉伯人在整个战争期间都在为土耳其压迫者而战。……尤其是巴勒斯坦阿拉伯人。"[11]然而，英国对于其在巴勒斯坦的最终目的仍然充满矛盾和不确定。正如一位英国外交官后来在谈到巴勒斯坦托管时所承认的那样："我们从未解决过我们的承诺模棱两可的问题。决策者们左右为难。有些人对我们对待犹太人的方式感到内疚……其他人对我们对待阿拉伯人的方式感到内疚。"[12]

1937年分治决议及其对犹太复国主义外交的影响

犹太复国主义运动对1921年实际分治情况的失望，与20世纪30年代即将到来的坏兆头相比，显得微不足道。1936年在巴勒斯坦爆发的阿拉伯起义促使英国限制犹太人移民和购买土地——这项政策在1939年的白皮书中达到顶峰，白皮书严格限制犹太人移民和购买土地。魏茨曼这样总结英国对20世纪30年代阿拉伯暴力事件的反应："殖民地办公室无法保证巴勒斯坦犹太社区的安全。他们无视我们一再警告穆夫提及其在阿拉伯当局的活动,也没有试图纠正英国官员在巴勒斯坦的冷漠或敌意,现在却要我们为它的失败付出代价。"[13]

的确,英国对巴勒斯坦的政策是其更宏大的绥靖外交的一部分。20世纪30年代,英国试图安抚法西斯意大利和纳粹德国:它放任墨索里尼在占领阿比西尼亚(今埃塞俄比亚)后逍遥法外,在希特勒入侵奥地利时选择视而不见。1939年,英国外交部还发表白皮书,试图安抚威胁要与德国和意大利合作的侯赛尼。在巴勒斯坦,安抚阿拉伯人意味着放弃建立犹太国家的任何希望。然而,1936年巴勒斯坦的阿拉伯起义之所以爆发,恰恰是因为在意大利和德国的侵略行为之后,人们认识到了英国的软弱和优柔寡断。事实上,正如魏茨曼所写:"墨索里尼正派军舰通过苏伊士运河,英国的犹豫不决给阿拉伯人留下了依靠民主国家的力量只能让步的印象。"[14]

纳粹德国迫害犹太人、挑战《凡尔赛和约》,社会主义犹太复国主义者相信,苏联将会勇敢站出来反对希特勒。因为,对希特勒来说,犹太人和苏联共产主义都是纳粹德国的敌人,许多伊休夫成员都希望苏联能控制住德国。但1939年,《苏德互不侵犯条约》(又称"莫洛托夫—里宾特洛甫条约",此条约下苏联和纳粹德国同意不打仗而共享波兰)粉碎了这些幻想,至此300万波兰犹太人被困在两个反犹政权之下。

随着20世纪30年代《凡尔赛和约》的瓦解,威尔逊的"所有战争的结束都要归功于由国际联盟执行的既定规则"的愿景越来越不可信。1935年意大利占领阿比西尼亚,1936年莱茵兰被重新武装,1938年德国占领奥地利和捷克斯洛伐克,这些都显示出凡尔赛秩序的脆弱和西方民主国家的缺乏决心。希望维持凡尔赛秩序的自由主义者的理想被反复发生的国际危机粉碎了。至于马克思主义者,当斯大林于1939年8月与希特勒签署协议时,他们对苏联在道德上无可指摘的信念落空。犹太复国主义领导人也未能幸免于这种全球幻灭。

本-古里安是一个马克思主义者,至少年轻的时候如此。据马克思主义理论所述,民族主义是资产阶级为了更好地统治工人而虚构出来的一种意识形态。按照这种理论,在社会主义世界,民族主义冲突将不复存在。如果真正的冲突只是社会阶级之间的冲突,那么犹太人和阿拉伯人之间就不可能有民族主义冲突,而只能是存在于犹太和阿拉伯工人与英帝国主义者之间的社会冲突。本-古里安在年轻时认可这个理论,但后来改变了想法。1929年的动乱使他确信犹太人和阿拉伯人之间的冲突确实是民族性的。正如他在1929年11月所宣称的:"一个来自以色列地的阿拉伯人不需要也不必成为犹太复国主义者。他也不想让犹太人成为大多数。"[15] 然而,本-古里安仍然认为,犹太复国主义可以促进落后地区的经济发展,以此来换取阿拉伯人的善意。

本-古里安开始慢慢改变对犹太复国主义和阿拉伯人之间冲突的看法。由耶路撒冷穆夫提侯赛尼领导的反对犹太复国主义的暴力行为使他相信,建立一个阿拉伯人同意的犹太国家是不可能的。1936—1939年的阿拉伯起义证实了他的结论。1937年,本-古里安询问温和派的巴勒斯坦领导人穆萨・阿拉米(Musa al-Alami)阿拉伯人是否会放弃暴力行为以换取经济援助,阿拉米回答说,他宁愿饿死也不愿放弃独立。本-古里安此时确信,在犹太人的力量强大到无懈可击之前,他将不会与阿拉伯人达成任何协议。[16]

此外,本-古里安开始严重怀疑英国当局的意图和可靠性。英国人曾试图用绥靖政策劝阻侯赛尼不要与希特勒保持联系,他们用1939年的白皮书满足了侯赛尼停止犹太人移民和购买土地的要求,但最终侯赛尼却加深了与希特勒的联系。而且侯赛尼并不是唯一不顾张伯伦的让步而与希特勒结盟的阿拉伯领导人。在伊拉克(之前也是由英国托管统治,尽管1932年正式独立,但仍对英国忠心不二),拉施德・阿里・盖拉尼(Rashid

Ali al-Gaylani)的起义也是亲德的。阿巴·埃班简洁地指出："英国在没有赢得阿拉伯人心的情况下就成功疏远了犹太人。"17

就国际层面的联盟及支持而言，苏联似乎是犹太复国主义最后的希望。本-古里安亲苏联的工人党是伊休夫的主要政治力量。而这最后的希望随着苏联和纳粹德国在1939年签署的《苏德互不侵犯条约》而破灭。犹太复国主义外交以艰难的方式学会了现实政治规则。

1937年，随着皮尔委员会提议分治，本-古里安对现实主义的信奉也经受了考验。1936年，阿拉伯世界爆发大规模暴力事件，抗议犹太人移民和购买土地，英国政府最终承认，阿拉伯人和犹太人的主张是不相容的，它正在失去对其托管的控制。因此，英国政府决定任命一个以威廉·皮尔（William Peel）为首的调查委员会。1937年7月，皮尔委员会提交了报告，建议将英属巴勒斯坦划分为阿拉伯国家和犹太国家，并缩小英国在耶路撒冷和雅法之间的托管范围。

皮尔委员会的提议使伊休夫的政治领导层产生了分歧，催生了现实政治与意识形态之间的尖锐矛盾。然而，最终，犹太代办处（自1935年起由本-古里安担任主席）的执行委员会宣布愿意接受这些建议。而阿拉伯领导人却断然拒绝了这些建议。作为回应，英国当局最初采纳了这些建议，但最终又放弃了，因此这些建议变得毫无意义。

雷金纳德·库普兰（Sir Reginald Coupland）教授是皮尔委员会的主要成员之一，也是分治思想的先驱。他解释了他的决定背后的想法：

114

> （阿拉伯人和犹太人）在宗教和语言上有所不同。他们的文化和社会生活，他们的思想和行为方式，就像他们的民族抱负一样不相容。如果阿拉伯人和犹太人能真正做到努

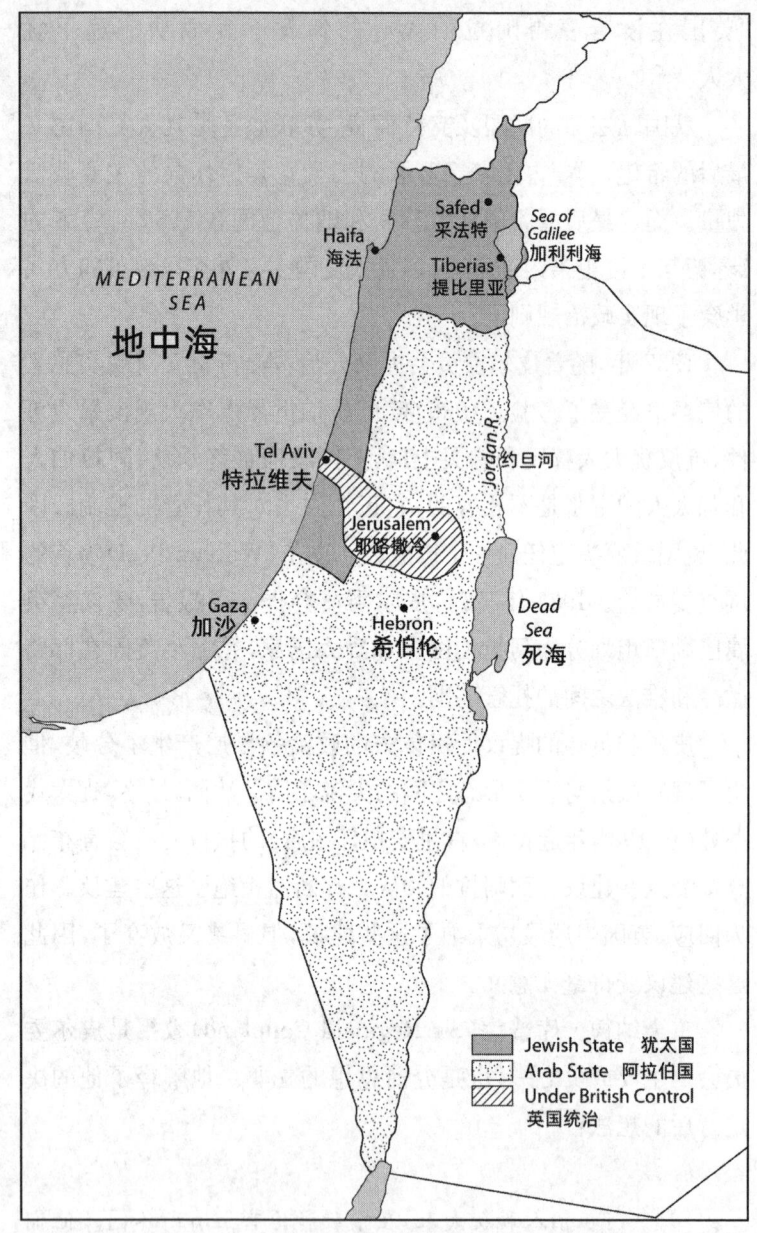

图 9 1937 年皮尔分治计划
Bill Nelson 制图

力调和他们的民族理想,并及时建立共同或双重国籍,他们就可能学会在巴勒斯坦共同生活和工作。但他们做不到。和平和秩序以及好的政府只能在统一的巴勒斯坦通过严酷的镇压体系维持。他们中谁将最终统治整个巴勒斯坦,答案肯定是两者都不能。然而,尽管两个种族都不能公正地统治整个巴勒斯坦,但我们不应该认为每个种族都无权统治巴勒斯坦的一部分。以不断的仇恨、冲突和流血为代价维持巴勒斯坦的政治统一是毫无价值的。[18]

皮尔委员会提议的犹太国家领土面积太小,大多数犹太复国主义领导人认为不可接受。皮尔计划引发的争论发生在纳粹夺取德国政权的四年之后。对欧洲的犹太人来说,一个明显的危险迫在眉睫,犹太人建国比以往任何时候都更加紧迫。

因此,犹太复国主义者对皮尔计划的争论与1903年的乌干达争论一样激昂且热烈。最后,本-古里安决定积极回应这个计划,寄希望于先建立这个犹太国家,然后再扩大边界。然而,事实证明,本-古里安的接受无关紧要,因为侯赛尼断然拒绝了这个计划,英国政府最终将其搁置,因为(与其绥靖政策一致)支持它会疏远侯赛尼和其他阿拉伯领导人。

尽管有皮尔爵士的建议,英国政府现在仍试图回归建立犹太人占少数的阿拉伯国家的想法。在断然拒绝这一主意后,魏茨曼向常任次级殖民地事务大臣约翰·沙克伯勒爵士(Sir John Shuckburgh)抱怨道:英国政府不仅没有促进皮尔委员会的报告,反而提出各种想法,最终目的是"清除民族家园,以及实际上将国家交给组织了去年的动乱并在藏身之处进行恐怖活动的所谓的阿拉伯领导人集团"[19]。相对于接受少数民族的地位,魏茨曼更倾向于分治,即使是对犹太人不利的分治。魏茨曼对沙克伯勒严肃地指出:"犹太人去巴勒斯坦不是为了在他们古老的家园成为'信奉摩西信仰的阿拉伯人',也不是为了把他们的德国或波兰犹太贫民区换成一个阿拉伯犹太贫民区。那些了解阿拉伯政府是何德行、'少数民族'地位又是如何，以及犹太聚集区在一个阿拉伯国家待遇如何的人（有相当数量的先例）都能够推测出，如果我们接受这个'解决方案'分配给我们的地位，等待我们的将会是什么。"[20]

主流犹太复国主义领导人正式接受了分治，这解决了道德困境，但也制造了一种幻觉。阿巴·埃班后来写道："对我们而言，我们不可能不去争取犹太人建国，但他们也不可能答应我们的要求"，并且，"只有当犹太复国主义领导人同意分治原则时，道德危机才能转变为领土分配问题。"[21]然而，对阿拉伯人来说，分治并没有把与犹太复国主义的冲突转化成领土分配问题。阿拉伯人拒绝分治，因为他们不同意犹太人在巴勒斯坦拥有任何主权。犹太复国主义者可能认为，他们接受分治让自己更加理直气壮，但这并没有减少阿拉伯人对犹太复国主义的排斥。

1939年8月，在日内瓦举行的犹太复国主义大会上，苏德刚刚签署了《苏德互不侵犯条约》的消息传来时，魏茨曼痛切地表达了灾难即将来临的感觉："黑暗笼罩着我们，我们无法穿透云层。如果像我所希望的那样，我们能幸免于难，继续工作，谁知道呢，一束新的光芒可能会从黑暗中照耀我们。剩下的人将继续工作，继续战斗，直到更好的日子到来。向着那黎明我祝愿你，愿我们能再次和平相见。"[22]

外交政策世界观"马赛克"

围绕皮尔提案的争论揭示了伊休夫内部在政治和意识形态上的分歧。当时盛行的政治思想是建立在兼收并蓄的基础上的，如犹太传统、马克思主义和欧洲本土的民族主义。当时的政治由劳工运动和修正主义右派之间的对抗所主导，其中心分裂而无组织。较小的政党或团体,如共产党人、正统派犹太人和学者,试图挑战社会主义犹太复国主义的垄断,但没有成功。

犹太复国主义左派是伊休夫的主要政治力量。它的主要成员是以色列地工人党(Mapai),但它也包括劳工统一党(Ahdut Ha-Avoda)、劳工左翼党(Left Po 'alei Zion)和青年卫队(Ha-Shomer HaTza'ir),后者后来被称为联合工人党(Mapam)。极左翼的政党是巴勒斯坦共产党(Palestine Communist Party,PCP)。

修正主义右派包括修正主义党、新犹太复国主义组织、伊尔贡(或称国家军事组织)和莱希(以色列自由战士)。

中间党派由接近欧洲保守主义的民权党、更自由的新移民党和犹太复国主义工人党组成。民权党还包括由商人、农民和塞法迪犹太人组成的较小的政治组织。

宗教党派分为两派:民族宗教派和极端正统派。其他力量还有迦南人、闪米特人和工会党,以及不属于上述任何一种党派的主要知识分子团体和志愿社团。

尽管伊休夫的社会主义领导人被迫做出外交决定,但他们对国际事务几乎没有兴趣。以色列的开国元勋们想要建立一个平等的,甚至是乌托邦式的社会。他们是马克思的信徒,而不是克劳塞维茨①的信徒。领导人曾希望通过促进犹太和阿拉伯无产阶级工人的团结来解决这一矛盾,但1929年的大屠杀和1936年的阿拉伯起义无疑证实了阿拉伯人和犹太人之间的斗争是民族性的,而不是社会性的,并将对社会主义犹太复国主义产生持久影响。在20世纪30年代中期,大多数社会主义犹太复国主义者放弃了他们对国际关系怀有的乌托邦式观点(由多夫·伯·博罗切夫、纳赫曼·希尔金和阿哈龙·大卫·戈登提出的理论),转而接受政治现实。

---

① Clausewitz,著名军事家,《战争论》的作者。——译者注

本-古里安对苏联和阿拉伯世界的态度并没有受社会主义的影响。他称苏联支持阿拉伯人是因为伊休夫太弱，他是在表达纯粹的现实政治。他明确接受1937年分治计划，部分是基于对犹太复国主义弱点的冷静评估和他对计划的重新调整，并将其作为实现犹太复国主义领土野心的一步："建国后，一旦我们强大起来，我们将废除分治，并继续在以色列地全境扩张。"[23]他还表示："我们必须坚持我们对全部（土地）的权利，同时做好接受领土上的妥协的准备。"[24]

并不是所有的社会主义犹太复国主义者都赞同本-古里安的现实主义。基布兹哈米乌哈德运动选择放弃外交和领土妥协（它最终在1944年从以色列地工人党中分裂出去）。基布兹哈米乌哈德运动曾为独立战争输送重要军官，如伊扎克·拉宾（Yitzhak Rabin）和伊加尔·阿隆（Yigal Allon），该运动强烈反对分治的想法。伊扎克·塔本金（Yitzhak Tabenkin）是该运动的领导人之一，他从来没有接受过1922年将外约旦从巴勒斯坦强制分离出去的提议。基布兹哈米乌哈德运动的另一位领导人伊扎克·本-阿哈龙（Yitzhak Ben-Aharon）称："如果我们能再次组织一场类似巴尔·科赫巴那样的起义，我会提议这样做。"[25]伊加尔·阿隆后来在以色列独立战争期间主张占领所有的英国托管的巴勒斯坦领土。在死前不久，他承认他曾告诉本-古里安："战争结束时签署停战协定所依据的地图将是未来许多战争的直接原因。"[26]

哈-肖默·哈-扎尔（Ha-Shomer Ha-Tza'ir）也反对分治，但他是出于其他原因。他从来没有背离社会主义原则，因此他继续提倡阿拉伯人和犹太人共同的反对英国的阶级斗争。他对主权国家的概念不屑一顾，认为这是资产阶级为维护其统治而发明的工具。至于劳工左翼党，他认为其影响力将随着阿拉伯人的反抗和苏联亲阿拉伯的立场而下降。而在他的观念中，共产党是反犹太复国主义者，他们要求取消《贝尔福宣言》，支持阿拉伯起义,反对犹太移民。

由亚博廷斯基领导的修正主义右翼党派是矛盾的现实主义者。亚博廷斯基敏锐地洞察到了现实的约束。据以色列学者沙逊·索弗(Sasson Sofer)的说法,"亚博廷斯基并没有直接拒绝分治……有大量的证据表明他准备接受该计划,但领土会有一些改变"[27]。实际上,当亚博廷斯基的弟子和崇拜者梅纳赫姆·贝京在1938年9月第三世界贝塔尔大会上说犹太人应该像爱尔兰人那样驱逐英国人,亚博廷斯基的回答是偏向现实主义者的,而不是偏向崇高的浪漫主义:"世界上任何地方的战略家都不会说,在我们这种情况下,我们可以做到朱塞佩·加里巴尔迪(Giuseppe Garibaldi)和埃蒙·德·瓦勒拉(Éamond De Valera)所做的事情,那是胡扯。我们的立场与意大利人或爱尔兰人的立场大不相同,如果你认为除了贝京先生的建议之外别无他法,而你又有武器,那就去自杀吧。"[28]然而,据魏茨曼所言,亚博廷斯基"不太现实","过于乐观,见的太多,期望太多"。[29]

极右翼莱希组织对现实的态度甚至更加矛盾。其领导人亚伯拉罕·斯特恩甚至试图与轴心国达成协议(见第7章)。莱希组织理论家以色列·艾尔达德(Israel Eldad)解释说,犹太复国主义是"改变现实面貌的国家意志的表达"[30],而"不考虑事实的浪漫主义"[31]将赢得历史战争的胜利。

在社会主义者和修正主义者之间,存在着一个脆弱的自由运动,其意识形态薄弱,但经济利益强大。民权运动(the Civil Right)代表了农民和房主、塞法迪犹太贵族和中欧自由主义者、工匠和商人,这些社会群体几乎没有什么共同点,但却联合起来反对社会主义。民权政治领袖伊扎克·格林鲍姆(Yitzhak Gruenbaum)是一名保守派和政治现实主义者,他摒弃了左派的亲苏倾向和右派的弥赛亚主义,不情愿地接受了1937年的分治计划,因为他认为在30年代末的艰难背景下,伊休夫无法取得更大的成就。他还提醒他的听众,国家在获得独立后通常会扩大领土:"我们不会放弃任何东西;一个国家永远不会放弃它的抱负。……我们的任务是承担这一代人的使命,在这个风雨交加的时代带领犹太复国主义事业找到安全的避风港。"[32]

宗教犹太人分为两派,一派是以色列正教党的极端正统派,另一派是米兹拉希宗教民族主义派。以色列正教党对犹太复国主义的态度介于敌对和冷漠之间。米兹拉希的政治观受到亚伯拉罕·艾萨克·库克拉比教导的影响,他提出了一种宗教黑格尔主义:犹太复国主义是一个短暂的阶段,在其世俗方面被犹太宗教特性取代之前,必要参与该运动。这一妥协是救赎的必要前奏。然而,由于土地是上帝赐予的,所以不可能有任何领土上的妥协。

伊休夫的知识分子和艺术家也提出了不同的观点。诗人约纳坦·拉多什(Yonatan Rotosh)是持迦南主义(一种想要用本土主义取代犹太民族主义,与《圣经》前的迦南地建立联系的意识形态)的主要人物,他主张脱离犹太教的世俗民族主义。拉多什反对分治,因为他认为英国人、阿拉伯人,甚至犹太人是他"迦南革命"的敌人。以色列独立后,拉多什支持阿拉伯人对以色列发动战争,声称是时候战胜犹太教和犹太复国主义了。记者兼作家乌里·阿维内里(Uri Avineri)最初是修正派和伊尔贡的边缘人,在创立"闪米特革命"运动之前,他在早期阶段被迦南主义吸引。他认为阿拉伯民族主义和犹太民族主义都将衰落,是时候将它们合并为"闪米特民族运动"了;因此,他也拒绝分治。

马丁·布伯(Martin Buber)和耶胡达·马格内斯(Yehuda Magnes)是伊胡德运动(the Ihud movement)的两位领导人物,他们代表希伯来大学的学术精英,对犹太复国主义的态度既矛盾又模糊。他们都批判本-古里安,认为犹太人应该与民族主义保持距离。他们反对建立犹太国家,主张建立一个犹太-阿拉伯两国联盟。出生于美国的马格内斯反对在国际关系中使用暴力,他在第一次世界大战期间支持和平主义。布伯则是在德国出生的理想主义者。理论上,他准备支持建立一个犹太国家,但不接受随之而来的不公正,这就是他在实践中持反对态度的原因。他认为犹太民族主义和阿拉伯民族主义是相容的,甚至是相辅相成的。他也是一名国际主义者,认为国家处于国际社会建立之前的过渡阶段。

在这种混乱的"马赛克"式的多种意识形态中,工人党和修正主义者成为伊休夫的两股主要政治力量。伊休夫没有能够与社会主义和民族主义相抗衡的自由主义传统。民权党在意识形态和社会上都很薄弱,最终在与民族主义右派形成的联盟中成为少数派。

小结

英国1917年《贝尔福宣言》中的"支持在巴勒斯坦建立犹太人的民族家园"是含糊不清的。"犹太民族家园"是否应该成为一个国家?它所指"在巴勒斯坦"到底是哪里?

英国很快就陷入了自相矛盾的承诺中:它承诺为犹太复国主义者提供一个"民族家园",希望在一战的关键时刻赢得美国和俄罗斯犹太人的同情;但它也向在战争中与土耳其人作战的阿拉伯领导人许诺建立王国。1922年,国际联盟理事批准了英国和法国在中东的分治,同时英国也承诺支持犹太复国主义运动。然而,《贝尔福宣言》在国际上的合法化对阿拉伯人反对犹太复国主义没有任何影响。在英属巴勒斯坦,阿拉伯人和犹太人之间的紧张关系在1929年的大屠杀和1936年的"大起义"中达到顶峰。

1937年,当被问及如何解决巴勒斯坦困境问题时,皮尔委员会建议分治。1937年的分治计划让犹太复国主义领导人陷入两难境地,因为提议中的犹太国家规模很小,而且不包括耶路撒冷。然而，在纳粹统治德国四年之后，为犹太人建立一个安全的避难所已经成为当务之急。就像1903年的乌干达提案一样，犹太复国主义运动不得不做出艰难的政策选择。这一选择，以及犹太人和阿拉伯人之间不断加剧的冲突，导致了伊休夫内部的政治分歧。左派和右派的理论家都不顾现实情况，坚持自己的原则。相比之下，本-古里安敏锐地意识到现实的限制。他充满矛盾地接受了1937年的分治计划，部分是出于对伊休夫弱点的冷静评估，以及他将该计划重新调整为实现犹太复国主义的领土野心的一步。在英国托管处于困境时，一个现实而又坚定的犹太领导人出现了，而他将带领伊休夫走向独立。

第三部分
以色列的重生与阿以冲突

9. 冷战初期的以色列和中东

> 我们在此宣布,在以色列地上建立了一个犹太国家,其名称为:以色列国。
>
> ——《以色列独立宣言》

驾驭一个新的国际体系

以色列诞生于冷战初期。作为一个年轻的小国,它必须在极具挑战性、前所未有的新国际体系中前行。

20世纪20年代,犹太复国主义运动不得不在英法两国相互冲突的殖民利益之间周旋。第二次世界大战改变了国际体系,打破了中东的力量平衡。1940年6月法国战败投降德国后,英国设法独自抵抗德国,直到苏联和美国加入战争;但经过6年战争,英国精疲力竭,几近破产。此外,全世界的英国殖民地都开始要求独立。大英帝国开始出现明显的分裂迹象。

美国和苏联成为世界上两个占主导地位的大国,互为对手。纳粹德国刚被打败,这两个以前的盟国就成了死敌。在新的冷战国际背景下,犹太复国主义希望为建立犹太国家争取国际支持。一旦以色列获得独立,其外交就必须面对两个超级大国的利益冲突,以及充满敌意的中东地区。

丘吉尔在1945年选举中意外落败,英国不再由亲犹太复国主义的首相领导。丘吉尔的继任者克莱门特·艾德礼任命欧内斯特·贝文为外交大臣，贝文反对建立犹太国家，他要尽一切努力阻止大屠杀难民进入英属巴勒斯坦。这时，英国和犹太复国主义运动之间开始了公开对抗。

由于犹太复国主义者向英国开战，而法国一直是英国的殖民竞争对手，因此法国成了他们的天然盟友。1940年6月法国战败后，英法之间的旧殖民竞争更加激烈，当时以戴高乐为首的自由法国指责英国试图接管叙利亚和黎巴嫩。1946年，这两处前属法国的托管地完全独立，戴高乐怀疑这离不开英国对两国阿拉伯民族主义者的鼓动。当英国在巴勒斯坦托管问题上陷入麻烦时，法国急切地主动帮助犹太复国主义者，让"背信弃义的英国人"自食苦果。

当时犹太复国主义运动另一个意想不到的盟友是苏联。斯大林想要在中东瓦解大英帝国，并在那里驻扎苏联兵力。对他来说，建立一个犹太国家是将英国赶出中东的第一步。因此，斯大林投票支持1947年的联合国分治计划，并在以色列宣布独立后立即宣布承认这个新生国家，并在以色列独立战争期间批准捷克向以色列出售武器。

1947年联合国分治计划与1949年停战协定

战后，英国在巴勒斯坦的地位变得不堪一击。英国与纳粹德国战斗了六年，而且在1940年6月至1941年6月间，英国一直在独自作战。它的经济已经枯竭。1947年和1948年，英国面临粮食配给、燃料短缺和外汇枯竭，已无力继续保障在巴勒斯坦驻扎的10万军队。作为英国在"通往印度途中"的军事基地的一部分，巴勒斯坦一直具有重要的战略意义，但印度次大陆于1947年8月独立。

1946年1月,由于犹太人在大屠杀后提出增加移民的新要求,英美联合委员会(盎格鲁-美国调查委员会)成立,试图解决巴勒斯坦的犹太-阿拉伯冲突。英国政府担心疏远阿拉伯人,拒绝接受犹太移民,提出只有在美国出兵处理可能发生的阿拉伯起义的情况下,美国提出的接纳10万新犹太移民的要求才能得到满足。美国政府拒绝做出这样的承诺,于是这件事就被暂时搁置。

英国越来越孤立,并因在巴勒斯坦的政策而受到指责,因此决定向联合国寻求建议。联合国的前身是国际联盟,国际联盟是最初授权英国托管巴勒斯坦的国际组织。作为回应,联合国成立了联合国巴勒斯坦问题特别委员会(UNSCOP),由11个国家(澳大利亚、加拿大、捷克斯洛伐克、危地马拉、印度、伊朗、荷兰、秘鲁、瑞典、乌拉圭和南斯拉夫)组成,最终建议将英国托管的巴勒斯坦地区分治为一个犹太人国家和一个阿拉伯人国家。[1]魏茨曼打趣说,联合国巴勒斯坦问题特别委员会是对英美联合委员会(由12名成员组成)的一种改进,因为它就"少了一个异教徒"(在原来的意第绪语中是"Ein goy weniger")。

联合国巴勒斯坦问题特别委员会成员几乎都不是中东问题专家。1947年在访问英属巴勒斯坦时,他们才开始来此学习。代表团的印度成员阿卜杜勒·拉赫曼爵士(Sir Abdul Rahman,一名穆斯林)在访问期间竟然说:"我们今天参观了犹太基布兹;明天,我想我们会看到一个阿拉伯基布兹。"[2]

特委会成员还在商议时,"出埃及"号已抵达海法港。船上有4500名大屠杀幸存者,贝文要求这些人返回德国。英国士兵用枪托、软管和催泪瓦斯袭击集中营幸存者,这样的场面给特委会成员留下了深刻的印象。特委会甚至秘密会见了梅纳赫姆·贝京,这令英国人愤怒(因为贝京刚刚下令绞死了两名英国军士)。

"出埃及"事件之后,特委会成员不再愿意考虑维持英国的托管。尽管如此，他们还是决定不提出分治建议；他们只会在其中一方提出建议时，做出回应。由于阿拉伯人反对分治，这就意味着即使犹太人想要分治，也必须自己提出来。本-古里安在与特委会的一次会议上提出了这一想法，同时还提交了一份地图草图。[3]

特委会成员慢慢开始向分治倾斜。特委会的法国政治顾问亨利·维吉尔（Henri Vigier）对摩西·夏里特（Moshe Sharelt）说："你必须在有限地区实现完全独立及在更大地区拥有有限主权之间做出选择。"[4]夏里特当时是犹太代办处政治部负责人，后成为以色列外交部第一任部长。

与十年前的皮尔委员会一样，特委会决定做出公正的裁决。它有四个选择：1. 继续授权英国托管；2. 在巴勒斯坦建立一个阿拉伯国家；3. 在巴勒斯坦建立一个犹太国家；4. 把巴勒斯坦划分为一个犹太国家和一个阿拉伯国家。1947年9月1日，特委会在日内瓦万国宫提交了第一份报告。瑞典、加拿大、捷克斯洛伐克、危地马拉、乌拉圭、秘鲁和荷兰赞成分治。南斯拉夫、印度和伊朗支持实行联邦制（如此，犹太移民的命运将由占人口多数的阿拉伯人决定）。澳大利亚在特委会投票时弃权。

从表面上看，最初的报告对犹太人有利。它把55%的英国托管地划分给了犹太国，45%划分给阿拉伯国。但是提议的犹太国家有一半以上位于干旱的内盖夫沙漠，这片沙漠虽干旱但很有价值，而阿拉伯国家大部分土地都是可耕地。实际上，分治计划在地理上没有什么意义。它建议建立两个边界模糊的相互交织的小国，并提议耶路撒冷（连同其周围地区）成为联合国统治下的国际领土（单独实体）。特委会成员就耶路撒冷的地位进行了激烈的辩论。秘鲁代表阿图罗·加西亚·萨拉扎尔（Arturo García Salazar）主张将这座城市国际化，他也是秘鲁驻梵蒂冈大使，很可能受到了教皇的影响。特委会的其他成员提议将该市一分为二，分别给拟建的阿拉伯国家和犹太国家，其中的圣地享受特殊地位。最后,多数人赞成国际化模式。

阿拉伯联盟和巴勒斯坦领导人侯赛尼断然拒绝了这一提议,犹太复国主义领导人不情愿地接受了它。正如阿巴·埃班所说:"我们也知道,在巴勒斯坦建立一个犹太国家已经是我们最高的期望。"[5]本-古里安认为分治是不那么邪恶且不可避免的决定:"我赞成1937年皮尔报告的原则,甚至愿意现在接受一个仅占据巴勒斯坦一部分版图的犹太国,也不愿让英国继续用白皮书来托管这片土地。"[6]

阿拉伯国家不仅拒绝分治的想法,而且还拒绝以任何形式承认和保护巴勒斯坦境内犹太民族权利的解决方案。由于阿拉伯人已经有了几个主权国家(预计去殖民化后会有更多的主权国家),再加上三分之一的犹太人不久前在欧洲遭到屠戮,阿拉伯的立场对大多数联合国成员国来说似乎完全不合理也不公平。因此,阿拉伯人对任何妥协的断然拒绝实际上帮助了犹太复国主义事业。正如阿巴·埃班所说:"他们应该很清楚,任何无视犹太国家存在的想法现在在国际上都是不可接受的。由于阿拉伯人的要求极端,他们加深了这样一种印象,即犹太人需要强有力的保障,不仅是为了保卫他们国家的存在,甚至是为了保护他们自己的生命。"[7]

本-古里安从知道联合国提议分治时,就确信与阿拉伯世界的战争不可避免。因此,他痴迷于实现德国社会学家马克斯·韦伯所称的"合法的暴力垄断"。1947年9月,本-古里安在了解到特委会的建议时说:"我们必须除掉异见军队……除非消灭地下势力,否则不会有任何进展……我们必须解散伊尔贡……我们还必须解散斯特恩组织。"[8]本-古里安和伊尔贡之间的对抗差点演变成一场内战。

与1937年皮尔委员会提出分治计划时一样,1947年的联合国分治计划在伊休夫领导人中也引发了争议,因为它以放弃领土完整换主权。伊休夫自由党领导人佩雷茨·伯恩斯坦

(Peretz Bernstein)形容 1947 年分治计划是"一场噩梦",本-古里安却回应道,"这是我唯一希望噩梦成真的一次"。[9]

犹太代办处积极游说世界各国投票赞成分治。1947 年 11 月 29 日,联合国大会在一次戏剧性投票中通过了特委会的提案,并将投票过程做了现场广播。联合国副秘书长安德鲁·科迪尔唱票时,英属巴勒斯坦和世界各地的犹太人急切地记录下各国的赞成、反对以及弃权票数。33 个国家投票赞成该计划(澳大利亚、比利时、玻利维亚、巴西、白俄罗斯、加拿大、哥斯达黎加、捷克斯洛伐克、丹麦、多米尼加共和国、厄瓜多尔、危地马拉、法国、海地、冰岛、利比里亚、卢森堡、荷兰、新西兰、尼加拉瓜、挪威、巴拿马、巴拉圭、秘鲁、菲律宾、波兰、瑞典、南非、乌克兰、美国、乌拉圭、苏联、委内瑞拉);13 个国家投票反对(阿富汗、古巴、埃及、希腊、印度、伊朗、伊拉克、黎巴嫩、巴基斯坦、沙特阿拉伯、叙利亚、土耳其、也门);10 个国家弃权(阿根廷、智利、中国、哥伦比亚、萨尔瓦多、埃塞俄比亚、洪都拉斯、墨西哥、英国、南斯拉夫)。这次投票在伊休夫受到热烈的欢迎,而在阿拉伯世界却备受谴责,尽管事实上它没有什么法律意义。1947 年 11 月 29 日的联合国大会投票没有任何约束力,它只是表示了对一项提议的支持,在提议被阿拉伯联盟拒绝后,就毫无意义了。

因此,1947 年 11 月联合国"创建"以色列国的普遍想法是一个谬传。叙利亚驻联合国代表在 11 月 29 日投票后宣布:"联合国大会的建议并不是强制性的。我在《宪章》中找不到任何直接或间接暗示大会有权以军事力量执行其建议的案文。大会只提供咨询意见,而各方只有在咨询意见合法、公正、不损害其基本权利的情况下才会接受建议。"[10]

而且联合国也并没有采取任何行动落实分治计划。他们十分清楚阿拉伯联盟反对这一方案,也知道一旦真的实行分治,他们会不惜发动战争来阻止。

1947年9月,阿拉伯联盟组建了阿拉伯自由军,由法齐·卡乌基(Fawzi al-Quwuqji)领导,他在第二次世界大战期间曾负责在阿拉伯世界宣扬纳粹主义,[11]还曾在纳粹德国的党卫军课程中学习制造炸弹,是侯赛尼的炸弹制造主管。[12]

11月29日投票后不久,阿拉伯国家就开始全力动员各国抵制分治计划。1948年2月24日,联合国安理会声明只有它做出的决定才具有约束力,联合国大会所作决定并无约束力。然而,安理会也并没有采纳本可将联合国大会投票结果变成约束性决定的提议(在联合国大会上弃权的英国很可能一票否决了这一提议)。

虽然赞成分治的投票结果无约束力,但这次投票对于结束英国托管发挥了重要作用。如果联合国大会拒绝了特委会的分治计划,巴勒斯坦可能会继续生活在国际监督下,可能是在美英联合管理下。联合国本可以建立一个托管机构来取代英国的托管。简而言之,一方面,联合国的投票赋予了犹太国国际合法性;但另一方面,它并不能保证建国。战争是不可避免的,只有战争的结果才能决定这个犹太国家的命运。

本-古里安虽建议并接受了分治,但他也清楚,如果没有阿拉伯联盟的同意,分治就不会真正实施。1947年夏末,阿巴·埃班和阿盟秘书长阿扎姆·帕沙(Azzam Pasha)在伦敦会晤时,阿扎姆·帕沙声明:

> 如果你们打赢这场战争,你们将得到你们的犹太国。如果失败了,你们就得不到它。我们阿拉伯人曾统治过伊朗与西班牙,只是如今辉煌不再。假如你们建立了国家,阿拉伯人可能最终会被迫接受,虽然你们能否成功还是未知。不过你们真的以为,我们会选择不去阻止你们去做那些违背我们情感和利益的事吗?这是事关历史荣誉的问题。迫于武力威胁接受不公平待遇并不可耻,不做出任何反抗就

接受才是真正的可耻。[13]

实际上,英国本可以无视联合国提出的建议。《联合国分治计划》第一条阐明:"尽快终止英国在巴勒斯坦的托管,无论如何不得迟于1948年8月1日。"该文件是一项不具约束力的大会决议,一旦两个主要当事方之一否决即告无效,因此阿拉伯联盟的拒绝使其失去了有效性。不过英国也无心利用法律漏洞来维持其托管。英国的立场已经是忍无可忍了,一方面是因为伊尔贡给英国军队造成了重大伤亡,另一方面是世界舆论正在转而反对英国对犹太人的政策。

英国宣布将于1948年5月15日放弃巴勒斯坦托管权。英国也因此放弃了国际联盟分配给它的领土。从那一刻起,由于统治的缺席,出现了一个法律真空。

由于国际联盟的授权和联合国的分治计划,犹太人建国有了一个法律上的理由,但如果不能抵挡阿拉伯人的军事进攻,这个理由就毫无意义。

1933年《蒙得维的亚国家权利和义务公约》将定义国家地位的理论编入国际法。国家地位有四个标准:1. 常住人口;2. 明确的领土范围;3. 政府;4. 与其他国家建立关系的能力。[14]除第二个标准有争议之外,未来的以色列国符合所有其他标准。分治计划界定了领土范围,但该计划不具有约束力,需要双方同意才有效,但已被其中一方拒绝。阿拉伯和犹太人都可以要求适用法律上的实际占有原则(国际法的原则是,新成立的主权国家在独立前应与其以前的附属地区拥有相同的边界)。但要想主张这一原则,就必须宣布独立。阿拉伯人犯了一个战术性的错误,就是没有宣布独立。大约70年后,2018年1月14日,巴勒斯坦民族权力机构(Palestinian Authority)主席阿巴斯(Mahmoud Abbas)哀叹道:"宣布分治决议时,以色列国成立了,但我们的国家没有成立。别问我为什么。我不知道。"[15]

相比之下，犹太领导层决定在英国托管结束前宣布独立。1948年4月12日，犹太民族委员会（The Jewish National Council, JNC）作为在英国托管下伊休夫的政治代表，成立了临时政府。一个月后的5月12日，临时政府投票赞成宣布独立（6名成员投赞成票，4名成员投反对票）。以色列于1948年5月14日正式宣布独立，这正是英国人计划离开巴勒斯坦的前一天。这样做风险虽高，但却是精心计划的。

以色列新成立的外交部由5人组成，他们几乎没有外交经验和外交专业知识。在特拉维夫一座破旧的大楼里，外交部有两个房间，一条电话线。当"外交部"的电话第一次响起时，一位勤勉的工作人员拿起电话说："外交部。"打电话的人也没感到意外。"废话少说，"他说，"让夏里特接电话（当时的以色列外交部部长）。"[16] 在这个小团队里，甚至没有人知道如何写一封任命函，即一份正式任命驻外大使的文件。为第一位以色列驻捷克斯洛伐克大使写的任命函是即兴而作，文笔拙劣，捷克政府因此非常不满且充满怀疑。当第一位外国大使（来自苏联）被任命为驻以色列大使时，以色列外交部复制并翻译了苏联的任命函，以供其本国大使使用。[17] 新的外交部还需要确定"以色列"的英文形容词是什么，是"Israelian""Israelite"还是"Israeli"？[18]

以色列作为新国家宣布独立时，军事形势非常糟糕，甚至已濒临绝境。阿拉伯军队成功切断了内盖夫沙漠与国家中心的联系，耶路撒冷也与海岸隔离。大多数军事专家认为这个犹太国家生存下来的机会为零。蒙哥马利（Bernard Montgomery）对自满的欧内斯特·贝文说："犹太人犯了一个巨大的错误，他们一定会失败。"[19] 1948年6月的第二周，阿拉伯军团切断了耶路撒冷与其他犹太人的联系。埃及人距离特拉维夫不到25英里，也已经切断了内盖夫沙漠与以色列其他地区的联系。新成立的以色列军队希望在7月初收到捷克的武器，并迫切希望在此期间停火。事实上，以色列在1948年6月几乎输掉了独立战争。

如果当时没有休战（自1948年6月中旬至7月中旬），以色列可能会失败。

正是在这个对以色列有益的休战期间，戏剧性的"阿尔塔莱纳"号（Altalena）事件发生了。在与英国作战的各种犹太武装力量中，梅纳赫姆·贝京的伊尔贡成了本-古里安的弃儿。本-古里安担心贝京对新以色列国的效忠承诺不真诚，他很有可能试图建立一个替代政府。本-古里安没有邀请贝京参加1948年5月14日举行的以色列独立宣言仪式。正式将贝京从"开国元勋"除名之后，本-古里安这时开始质疑他对以色列政府的忠诚度。伊尔贡当时正与以色列国防军合并，这期间它从法国用一艘以亚博廷斯基的笔名"阿尔塔莱纳"命名的货船运送武器和士兵。本-古里安要求将所有武器交给以色列国防军，但伊尔贡坚持将部分武器转交给他们自己在耶路撒冷的士兵。6月22日，本-古里安声称一支准军事部队挑衅政府权威，命令以色列国防军击沉阿尔塔莱纳号。22名伊尔贡战士以及3名以色列国防军士兵被杀，贝京也差点丧命。这场悲剧差点演变成内战。贝京指责本-古里安是想羞辱他和伊尔贡。而本-古里安则称贝京是在挑战政府权威，必须迫其低头。

本-古里安后来说，以色列的主权是在1948年6月28日才确立的，当时所有武装部队，包括伊尔贡，都宣誓效忠以色列国防军。但这种主权在哪里适用呢？以色列宣布独立让边界问题悬而不决。最初的草案规定，新国家的边界将按照联合国分治计划来划定，但当临时政府成员就这个问题进行讨论时，本-古里安坚持认为，最后的宣言文本没有提到国家边界，因此1948年5月14日，以色列第一任驻美大使伊莱胡·埃拉特［Eliahu Eilat，在加入外交部之前，他姓爱泼斯坦（Epstein）］在写给美国总统哈里·杜鲁门的信中提到"以色列国在联合国大会1947年11月19日决议批准的边界内宣布为独立共和国"，这实际上是不准确的。

本-古里安推定阿拉伯人已拒绝分治,并准备攻击这个犹太国家。因此,从1947年11月起,边界将由战争结果决定,而不再由联合国投票决定。本-古里安认为,如果犹太国家有能力将加利利和耶路撒冷纳入其最终边界,那么他们没有理由放弃这个选择。

历史证明他是对的。在宣布独立的同时,以色列在1948年5月15日即已遭到埃及、外约旦、伊拉克、叙利亚、黎巴嫩和沙特阿拉伯武装部队的袭击,当时似乎并无胜算。不过以色列的军事战略最终从防御转变为进攻,以色列国防军不仅成功阻止了阿拉伯的侵略,而且逐步扭转了战局。[20]

9月26日,本-古里安要求临时政府批准占领联合国赋予阿拉伯国家的山区中心地带(今天称为"西岸"),包括东耶路撒冷、希伯伦、拉马拉、伯利恒和杰利科。内阁以7比6的微弱优势否决了这项提议。投反对票的部长们担心英国直接卷入战争,因为英国已经与约旦和伊拉克签署了国防条约,而且这种征战会带来人口负担,因为这片众人觊觎的领土上居住着阿拉伯人,他们加入以色列将终结犹太人占多数的情形。人们还担心,基督教国家可能对以色列控制基督教圣地怀有敌意。[21]本-古里安对这次投票深感遗憾,他称之为"几代人的挽歌"。[22]

以色列的第一次胜利使前英国托管下的阿拉伯人民惊慌失措。约25万阿拉伯人逃离家园,前往邻近的阿拉伯国家,约45万阿拉伯人出走到后来在1949年被叫作西岸和加沙地带的地方避难。在卢德(原名吕大),以色列国防军还鼓励阿拉伯人离开。[23]

战争及其余波也造成了犹太难民现象。犹太人必须撤离被阿拉伯军队占领的前英国托管区和犹太人生活了几个世纪的阿拉伯国家。在1948年阿以战争后的20年间,将近90万犹太人逃离叙利亚、黎巴嫩、埃及、伊拉克、也门、利比亚、摩洛哥、阿尔及利亚和突尼斯。他们的财产及财物全部被阿拉伯政府没收。

诚然,阿拉伯国家出现犹太难民的 20 年时间里,来自英国托管巴勒斯坦的阿拉伯难民现象也同时存在,但并非所有的犹太人都是因为 1948 年阿以战争后在本国经历威胁和暴力而离开。[24] 如今,这种双重难民的现象依然存在,绝非只有一方存在难民。

阿拉伯国家意识到继续战争将使他们损失更多,于是很快在 1949 年同意与以色列签署停火协议。他们签署停火协议的意愿其实是受他们真正动机的影响。正如以色列历史学家本尼·莫里斯(Beny Mours)解释的:"阿拉伯战争计划从概念和本质上都发生了变化,它最初是为了联合起来征服这个新生的犹太国家的一部分,也可能进一步摧毁它,现在变成以阿拉伯地区为重点的多边领土掠夺。"[25] 伊拉克人想到达海法控制连接摩苏尔和地中海的管线。[26] 然而,随着这些战争目标被人遗忘,阿拉伯国家也愿意结束战争。

停战协定于 1949 年 2 月在希腊罗德岛签署。[27] 联合国特使拉尔夫·邦奇(Ralph Bunche)博士主持了对停战协定条款的谈判。埃及、叙利亚和黎巴嫩军队撤至他们建国以来由国际联盟划定的边界。以色列继承了英国托管时与埃及、叙利亚和黎巴嫩的边界区域。埃及和约旦占领了他们边界以外、被联合国分治计划指定为提议的阿拉伯国家的部分领土。埃及控制了后来的加沙地带,约旦控制了约旦河以西的大部分前英国托管领土。由于约旦当时被称为外约旦,它决定称其占领的领土为"独联体约旦"并将之吞并。如今,这片领土通常被称为"西岸"(即约旦河西岸),不过在法语中它仍然被称为"独联体约旦"。国际社会(英国和巴基斯坦除外)并不承认约旦吞并了它从前英国托管地征服的领土。

在 1949 年停战协定中,以色列真正的边界(在罗德岛划定的停战线)已经超出了联合国分治计划建议的边界。

图 10　1947 年联合国分治计划和 1949 年停战协定
 © 2004—2019 华盛顿近东政策研究所

停战协定给予了以色列78%的原英国托管巴勒斯坦领土，而不是联合国分治计划建议的55%。以色列现在与埃及、叙利亚和黎巴嫩都有国际边界。在约旦的支持下，以色列与约旦划定了一条"临时停火线"。拉尔夫·邦奇在地图上用绿色记号笔画了那条线，因此这条线至今被称为"绿线"。这条"绿线"不是最终的边界，也永远不会成为最终确定的边界。

因此，特委会建议的边界最终也未被采纳。特委会的计划和联合国的表决是建议，而1949年的停战协定是契约性的，因此停战协定从国际法角度而言更为有效。

无论如何，以色列的法律边界问题仍然模棱两可。阿巴·埃班总结了这种模糊性："分界线不是永久性的，但由于它们只能通过协议来改变，所以在实际意义上，它们与永久性边界相似，而永久性边界也需要通过协议来改变。"[28] 1949年1月29日，法国承认以色列政权，但同时声明这并不意味着承认其事实上的边界（与联合国分治计划建议的边界不同）。[29] 停战协定的模棱两可很有可能引发叙利亚的战火，因此一个主权模糊的非军事区在太巴列湖西南岸建立了。在最后一刻，他们在东北海岸又增加了一条10米宽的地域，以确保湖面的任何一部分都不会碰到叙利亚海岸。

由于以色列与阿拉伯各自的期望与要求难以调和，停战协定最终并未成为和平协定。尽管阿拉伯国家拒绝了1947年的分治计划，但他们现在希望以色列撤回到联合国划定的边界，或者至少做出重大的领土让步。约旦要求对雅法、吕大和拉姆勒拥有主权。埃及想要内盖夫的主权。[30] 埃及和约旦还希望以色列收回所有巴勒斯坦阿拉伯难民。以色列一度同意收回10万难民，但阿拉伯国家拒绝了这一提议，坚持要求所有70万难民一起返回。[31] 对以色列来说，这些要求是不可接受的，因此临时停战协定实际上成为永久停战协定。以色列曾提出只要它获得对加沙地带的控制权，就会让加沙地带难民融入社会，并为难民融入社会提供财政援助。但埃及拒绝了这个提议。[32]

阿拉伯领导人对难民问题的处理依旧无动于衷。1956年秋天,一名伊拉克部长向一名英国记者抱怨伊拉克缺乏劳动力。记者问,"为什么不把巴勒斯坦难民带来呢?""不可能!"部长回答说,"这会解决难民问题。"[33]

大多数联合国成员国认为耶路撒冷问题尚未得到解决。联合国的分治计划建议耶路撒冷国际化。停战协定将耶路撒冷划分为以色列在西部的控制区和约旦在东部的控制区,对此国际社会既不赞同也不接受。以色列对耶路撒冷的现状不满意:犹太人被禁止进入西墙,斯科普斯山上的希伯来大学校园和哈达萨医院也与以色列隔绝。此外,约旦还毁坏了耶路撒冷老城的犹太会堂(包括地标性建筑胡瓦犹太大教堂),玷污了橄榄山犹太人墓地。然而,以色列仍然希望保持其在耶路撒冷的部分主权,而不是联合国建议的国际化。约旦也倾向于维持现状。

联合国却不这么看。早在1949年9月,联合国大会就讨论了耶路撒冷的国际化问题,大多数会员国投票赞成国际化。这对以色列来说是一次外交挫折,但本-古里安的回应是将以色列议会和大多数政府部门从特拉维夫迁往耶路撒冷。在耶路撒冷问题上,以色列和约旦将联手反对联合国的国际化建议。[34]

世界秩序转变过程中的外交联盟与军事冲突

自以色列在冷战初期宣布独立时起,它必须要决定加入哪个阵营——美国阵营还是苏联阵营。本-古里安领导的工党内许多人出于意识形态原因赞成与苏联结盟。但这一想法被本-古里安推翻,对他来说,以色列的国际结盟问题是由利益而不是意识形态决定的。[35]

可是,以色列的最大利益是什么?以色列第一任外交部部长摩西·夏里特认为,以色列应在冷战中保持中立,并与双方保持良好关系。毕竟,美国和苏联都投票赞成巴勒斯坦的分治,在以色列宣布独立后也都立即承认了以色列主权。1949年12月5日,夏里特正式宣布以色列在冷战中的"不结盟"政策:"以色列的外交政策是不结盟政策,这不同于中立……以色列应避免在冷战中认同任何一方。"[36]

中立外交政策在理论上是有道理的,但却经不起现实的检验。1950—1953年的朝鲜战争让以色列意识到,在冷战初期的国际体系中,小国很难保持中立。

1950年7月4日,本-古里安在以色列议会宣布,以色列将在联合国大会投票赞成一项谴责朝鲜侵略韩国的决议。以色列议会最左翼成员(以色列统一工人党和以色列共产党)认为,以色列不应该对苏联(支持朝鲜)采取对立政策;本-古里安回答说,以色列不能再袖手旁观,保持中立。[37]他认为,由于以色列本身就受到邻国入侵的威胁,不能允许朝鲜开先例。随后内阁进行了激烈的讨论,一些成员警告说不要疏远苏联。[38]本-古里安甚至因为放弃以色列的中立原则而面临以色列议会的不信任投票。然而,不信任投票未能通过,以色列在1950年同意支持韩国,自此以色列在冷战中的中立地位不再。[39]

与此同时,世界局势发生了重大变化,以色列的外交政策需要适应这些变化。尽管原因不同,苏联和美国在1948年都承认了以色列主权。斯大林认为,一个犹太国家的建国会削弱英国在中东的影响力。杜鲁门之所以同意,是因为他对魏茨曼的个人承诺,也是因为他深信犹太人理应拥有自己的国家,尽管美国国务院对这一问题持保留意见。冷战初期,美国和苏联能在某个问题上达成一致很不寻常。

然而,以色列的外交好运并没有持续下去。苏联一旦达成了自己的目标(即英国从巴勒斯坦撤军),就没有理由继续支持以色列,特别是在以色列放弃中立政策,支持韩国和西方之后。

从1953年起，苏联在中东的外交政策转变为公开支持阿拉伯（原因在第14章中解释）。

不过，苏联的这一新政策并没有改善以色列与美国的关系。事实上，艾森豪威尔政府（1953—1961）认为，由于杜鲁门政府对以色列过于袒护，美国正在把阿拉伯世界"输"给苏联。因此，美国的中东政策需要纠正。以色列陷入了美苏对阿拉伯世界竞争的裂缝中。

这场竞争在1955年变得更加明显。当年，苏联开始（通过捷克斯洛伐克）向埃及供应武器，英国在阿拉伯和伊斯兰国家中建立了反苏军事联盟（即巴格达条约组织，又称"中央条约组织"或CENTO）。虽然美国并没有正式成为包括英国、土耳其、伊拉克、伊朗和巴基斯坦在内的联盟成员，但它参与了组织的建立。在两个超级大国争夺中东的过程中，以色列变得越来越孤立。与此同时，《巴格达条约》非但没有遏制苏联的影响，反而鼓励了埃及领导人纳赛尔（Gamal Abdel Nasser）的反西方热情。纳赛尔坚信华盛顿和伦敦正试图分裂阿拉伯世界，因此他敦促推翻巴格达、阿曼和其他地方的亲西方政权。美国国务卿杜勒斯认为，《巴格达条约》本应让阿拉伯领导人相信，他们真正的敌人不是犹太复国主义，而是共产主义，[40]但这一理论很快就被苏联在中东的行为推翻。

艾森豪威尔政府认为，通过迫使以色列同意和平协议，阿拉伯国家对美国的敌对将结束，并且不愿再加入苏联的势力范围。杜勒斯希望以色列同意在1949年停火线和1947年分治计划建议的边界之间做出妥协。1955年8月，杜勒斯宣称："现有的线路……是由1949年的停战协议决定的。它们无论如何都不会成为永久的边界。"[41]英国首相安东尼·伊登同意这一观点，他呼吁"在1947年联合国决议和1949年停战线之间达成妥协"。[42]杜勒斯和伊登把他们的想法变成了一个计划，他们称之为"阿尔法计划"，该计划亦涉及埃及和约旦之间的大陆桥。

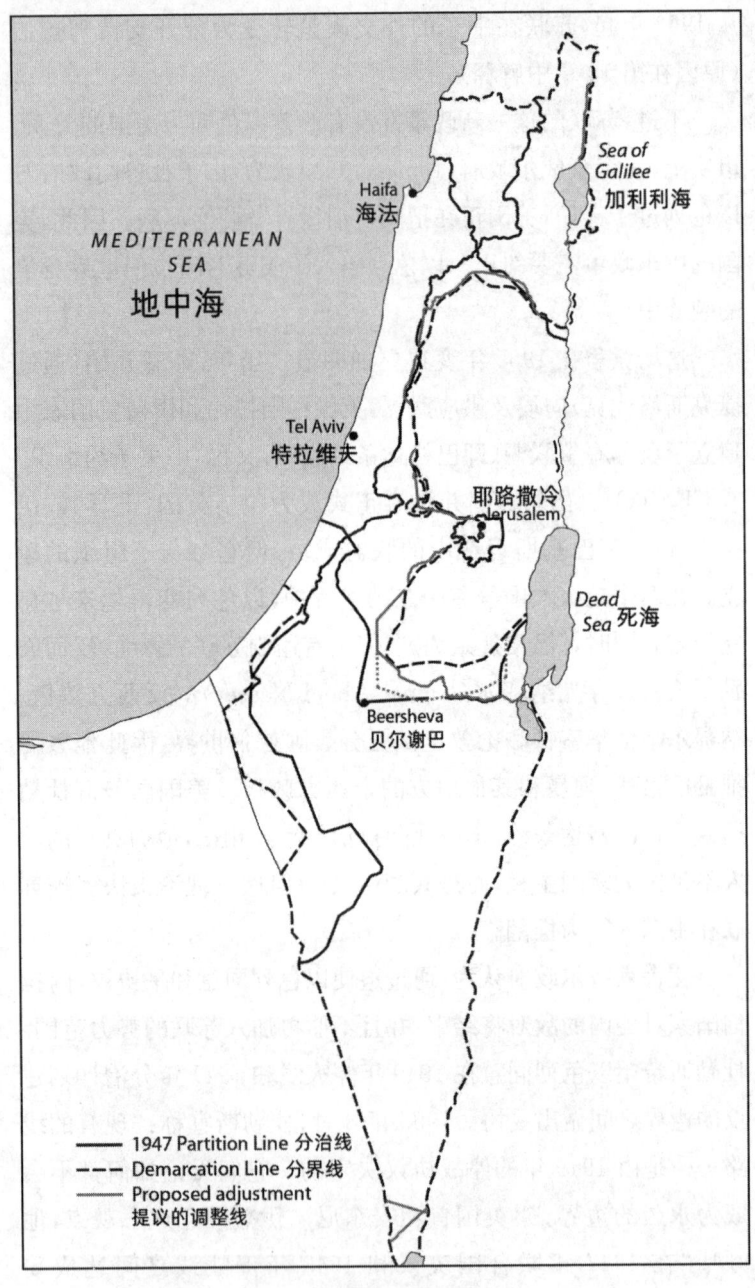

图 11　1955 年阿尔法计划
Bill Nelson 制图

理论上讲，1955年苏联和埃及的同盟关系本应促使美国增进与以色列的关系。然而，对艾森豪威尔政府来说，这样做会进一步疏远阿拉伯世界。当时，苏联进入中东造成的结果就是使美国远离以色列。

以色列大使和美国犹太领导人公开批评艾森豪威尔政府不顾苏埃军事同盟，不援助以色列。公众对此非常失望，阿尔伯特·爱因斯坦自愿在媒体上为以色列辩护。爱因斯坦开始写一段电视讲话，意在提醒美国人，他们的政府抛弃了以色列。然而，爱因斯坦演讲时因突发情况被送到医院，几天后就去世了。他代表以色列的未完成的请愿书是他最后写的文件之一。[43]

1955年苏联和埃及的军事同盟在本质上几乎没有防御能力，它主要包括重型坦克、战斗机和潜艇的供应。在宣布结盟后，开罗广播电台宣布："我们要复仇，复仇意味着以色列的终结。"[44]埃及领导人纳赛尔领导阿拉伯世界与以色列开战，他明确表示，他的斗争不仅仅针对以色列，同时也反对"世界犹太人和犹太金融"。[45]以色列在国际上受到孤立令本-古里安深感忧虑。

然而在这个关键时刻，以色列找到了法国这个意料之外的盟友。法国与以色列默契结盟的根本原因是纳赛尔，他积极支持阿尔及利亚反抗法国统治。1956年7月，纳赛尔将苏伊士运河收归国有，这条运河原由法国和英国共同拥有，纳赛尔的这一做法巩固了法以同盟关系。这是一次带有挑衅意味的行为，不过由于与苏联结成了联盟，纳赛尔十分自信。

纳赛尔鲁莽的决定为本-古里安提供了一个绝佳的机会，他决定趁机说服法国和英国对埃及进行联合军事行动。以色列想摧毁苏联提供给埃及的新军事装备。法国和英国想除掉纳赛尔。在秘密谈判（不包括美国政府）中，法国、英国和以色列决定联合袭击埃及。

这场始于1956年10月29日的军事行动既是一场军事胜

利,又是一场外交灾难。英国和法国还没有意识到他们不再是世界强国。他们还错误地认为美国会在苏联的威胁面前支持西方盟国,从而误判了美国的反应。艾森豪威尔政府认为,反西方情绪正在把阿拉伯国家推入苏联的怀抱。因此,美国最不希望与被认为是阿拉伯世界三个敌人的法国、英国和以色列联合。

美国和苏联联合起来,要求法国、英国和以色列军队立即撤军。法国和英国虽感到震惊和羞辱,但也顺从了。本-古里安在撤出西奈半岛之前提出两个要求:保证半岛非军事化以及保证蒂朗海峡的自由通行。这两个要求都得到了满足。在被问及1956年战争的目的时,本-古里安曾解释说:"我们对埃拉特海峡(蒂朗海峡)和红海最感兴趣,只有通过它们,我们才能与亚洲和东非国家取得直接联系。"[46]

联合国向西奈派遣了一支特别部队——联合国紧急部队(UNEF)——以保持其非军事化。美国、法国与英国向以色列保证,任何埃及船只试图向蒂朗海峡靠近,都将被视为一种战争行为。正如《联合国宪章》第五十一条所承认的那样,以色列对这种行为具有自卫反击的权利。

即使以色列得到了保证,纳赛尔仍觉得自己是正义的,甚至是不可战胜的。由于拥有苏联支持者,又受艾森豪威尔政府政策的影响,纳赛尔开始对抗埃及的前宗主国——英国和法国。到这时,他确信自己有自由攻击以色列的能力。以色列则得到了一个(来自西方的)保证——一旦埃及发起挑衅,它的自卫权将得到承认。

小结

第二次世界大战后,犹太复国主义运动为建立犹太国家广泛争取国际支持,此时的国际体系开始发生根本性变化,英法两国逐渐失去对中东的控制,两国的全球影响力也在减弱。美国和苏联成为世界两大主导国,但彼此之间利益冲突严重。由于英国反对犹太建国,犹太复国主义者便投靠英国的竞争对手苏联和法国,并从中获益。1947年联合国的分治计划虽是一个里程碑式的决定,但并不具有约束力。联合国大会的投票本身没有约束力(特委会的决定也是如此),分治计划需要双方的同意(在被阿拉伯联盟否决的那一刻就变得毫无意义),因此,联合国以压倒性多数票创造以色列的传统观念只是一个虚构故事。

本-古里安决定不在以色列独立宣言中明确边界,因为他明白战争将决定未来的边界。历史证明他是对的。以色列不是在联合国分治计划建议的边界内独立,而是在1949年罗德岛协定的停战线内独立,但这些边界不是国际公认的边界。边界、难民和耶路撒冷地位问题成了以色列和阿拉伯国家之间的争议点。虽然1949年以色列和约旦分割耶路撒冷,但从未得到过联合国的承认。

冷战初期,以色列希望保持不结盟原则,但本-古里安很有远见地指出,这种政策经不起现实的考验。虽然以色列在朝鲜战争(1950—1953)期间采取了亲西方立场,但美国在艾森豪威尔(1953—1961)任内与以色列保持距离,以免阿拉伯国家投入苏联的怀抱。20世纪50年代中期,以色列唯一的军事和外交盟友是法国,结盟的契机是出于对埃及亲苏联总统纳赛尔的共同敌意。1956年,法国和以色列(连同英国)对埃及开战,但是,当艾森豪威尔政府站在苏联一边,要求英国、法国和以色列撤军时,最初的军事成功以外交羞辱告终。以色列提出,只有在获得半岛非军事化和蒂朗海峡航运自由的保证后,才会从西奈半岛撤军。纳赛尔则很自信将在不久后进攻以色列。

10. 外围战略及其后果

> 无尽的高山,是我们唯一的朋友。
>
> ——库尔德名言

1958 年以色列外交困境

1953 年朝鲜战争结束后,苏联在中东地区公开支持阿拉伯国家,而美国艾森豪威尔政府则阻挠苏联在中东和其他地区施加影响。在这两个超级大国争夺中东时,以色列因与阿拉伯世界的冲突而被认为是负累。

在 20 世纪 50 年代大部分时间担任以色列总理的戴维·本-古里安希望强调以色列可以在中东对抗苏联影响,从而与美国建立战略联盟。然而,艾森豪威尔政府对此却并不感兴趣。1955 年,美国支持但未正式加入中东军事联盟巴格达条约组织,该组织旨在削弱苏联影响,由英国、土耳其、伊拉克、伊朗和巴基斯坦组成。

1957 年 1 月,美国政府宣布推行"艾森豪威尔主义",以保证美国向反抗苏联影响和侵略的中东国家提供军事和经济援助。作为回应,本-古里安宣称以色列完全支持美国在中东的行动,但完全无用。同年,苏联与叙利亚签署了一项军事协议。此时,苏联政府在该地区有两个盟友:位于以色列北部边界的叙利亚和南部边界的埃及。

本-古里安对苏联取得的进展和美国对中东地区的冷漠感到担忧,因此他打算加入北大西洋公约组织碰碰运气。在意识到不可能拥有正式成员身份后,他要求西方军事同盟授予以色列特殊地位:非正式成员国。对此,美国、英国和法国都没有表态。北约秘书长保罗-亨利·斯巴克(Paul-Henri Spaak)虽然是以色列的朋友,却反对北约采取行动,认为北约不应该疏远阿拉伯国家,令它们加入苏联阵营。[1]

1958年,埃及和叙利亚合并成为"阿拉伯联合共和国"(UAR),而作为以色列唯一军事盟友的法国开始出现令人担忧的政策重估倾向。那一年,戴高乐重新掌权,并立即减少了法国与以色列的军事和情报合作。[2]与此同时,伊拉克发生推翻君主制的政变,为纳赛尔的支持者和苏联在中东进一步扩大影响打开了大门,以色列受到更大的威胁。其他非阿拉伯中东国家也是如此,首当其冲的是伊朗和土耳其。

战略三角的诞生与消亡

对本-古里安来说,1958年以色列外交遇到很多棘手问题。为打破以色列的孤立,他决定主动出击,打破常规,与鲁文·希洛阿(Reuven Shiloah,1949年至1953年以色列情报机构摩萨德负责人)和伊塞尔·哈雷尔(Isser Harel,1953年至1963年摩萨德负责人)共同构想出"外围战略"政策。

其想法是"绕过"敌对的阿拉伯中东地区,与中东地区其他反苏的非阿拉伯政权,包括伊朗、土耳其和埃塞俄比亚,以及其他如伊拉克北部的库尔德人(Kurds)、黎巴嫩和苏丹南部的基督徒等少数群体建立联系。

本-古里安阐明了他的策略:"我们的目标是建立一个国家

集团,不一定是正式的和公共的联盟,这……能在苏联借助纳赛尔扩大影响前不让步。……该集团将由两个非阿拉伯伊斯兰国家[波斯(伊朗)和土耳其]、一个基督教国家(埃塞俄比亚)和以色列组成。"³ 其基本思想是"敌人的敌人就是我的朋友"。

其他国家也看到了与以色列结盟的战术优势。因此,通过发展与伊朗、土耳其和埃塞俄比亚的情报和军事关系,本-古里安实际上在以色列周围建立了一个"战略三角"。

然而,"外围战略"存在内在矛盾。一方面,以色列与伊朗及土耳其发展战略关系;另一方面,以色列却支持这两个国家共同和不共戴天的敌人——库尔德人。一名外交部官员向摩萨德抱怨说,支持库尔德人影响了以色列与土耳其的关系。⁴ 伊朗没有反对以色列支持库尔德人,因为通过库尔德分离主义削弱伊拉克是伊朗首要和最重要的目标,并且完全不担心这种分离主义会扩散到伊朗本身。⁵ 正如沙阿(伊朗君主)在谈及以色列对伊拉克库尔德人的支持时,对摩萨德领导人梅尔·阿米特(Meir Amit)说:"我想让火焰继续燃烧,但我不想要一团火。"⁶

以色列和伊朗

1947年,伊朗在联合国巴勒斯坦问题特别委员会和联合国大会上投票反对巴勒斯坦分治。但在1949年,因出人意料的原因,伊朗被迫与以色列谈判。一些在英属巴勒斯坦的伊朗公民(大部分是巴哈教徒)在1948年战争期间逃离,失去了财产。他们试图要回财产,要求政府介入。伊朗政府于1949年派官方代表前往以色列解决该问题。⁷ 1950年,伊朗事实上承认了以色列,不过非法律承认。

1956年苏伊士战争期间,以色列以出色的军事能力迅速夺取了胜利,给伊朗国王沙阿留下了深刻的印象。1957年1月,沙阿指示他的情报机构萨瓦克(Savak)与以色列建立秘密联系与合作。⁸ 伊朗还开始通过蒂朗海峡向以色列提供石油。1956

年西奈战争期间,以色列重新开放蒂朗海峡。[9]因为战后苏联削减了对以色列的石油出口,1956年的战争使伊朗成为以色列更加重要的合作伙伴。到1957年,伊朗成为以色列的主要石油供应国。[10]在泛阿拉伯民族主义者于1958年推翻伊拉克的哈希姆王国之后,伊朗认为当时强烈的民族主义和亲苏的阿拉伯邻居已经成为一种威胁,因此以色列可能成为有价值的盟友。1959年,一名伊朗高级外交官坦率承认:"现在伊拉克已经退出了巴格达协议,几乎在各个方面都明显表示出对伊朗的不友好,伊朗政府没有特别的理由继续(对伊拉克)实行绥靖政策。"[11]

到1958年年底,摩萨德、萨瓦克和土耳其情报机构每六个月举行一次三方定期会议。[12]以色列航空的班机经常飞往德黑兰,伊朗国王的私人卫队配备以色列标志性的乌兹冲锋枪。到20世纪70年代中期,大约有500个以色列代表和商人家庭居住在德黑兰,那里还为以色列儿童设立了一所学校。[13]伊朗国王沙阿患有淋巴瘤,由以色列医生莫什·马尼教授治疗。[14]然而,事实证明,伊朗国王有时并不可靠。例如,1973年,他加入了石油禁运,1975年,他与伊拉克的萨达姆·侯赛因(第五任伊拉克总统)签署了和解协议。

以色列和伊朗还一起支持伊拉克的库尔德叛军。1948年,伊拉克与以色列发生冲突,并持续威胁以色列东线,因此以色列帮助伊拉克北部的库尔德人,以此制约伊拉克军队。实际上,由以色列国防军训练并指导的库尔德部队确实让伊拉克军队在伊拉克北部忙得不可开交。此外,以色列与库尔德人的亲密关系促使部分伊拉克犹太人来到以色列生活:来自巴格达和巴士拉的犹太人前往库尔德斯坦,而库尔德人帮助他们进入伊朗,在那里以色列密使在等着接应。因此,当库尔德人在1973年赎罪日战争期间拒绝加强对萨达姆·侯赛因的敌对行动时(这样做可能会让伊拉克军队来不及转移到戈兰高地),以色列很失望。

1979年伊斯兰革命后,伊朗从盟友变成敌人,这给以色列带来了更大的困扰。这场革命是对以色列的重大打击。伊朗不仅是中东抵抗苏联势力的堡垒，还向以色列提供了大约60%的石油供应。[15] 摩萨德曾考虑过在霍梅尼（Ruhollah Musavi Khomeini）的法国住所诺夫勒城堡杀他，但其中一个以色列的伊朗"专家"反对这一想法。他说："让霍梅尼回来。""他不会长久的。军队和萨瓦克会对付他和德黑兰街上的毛拉（mullah，伊斯兰教神学家）。他代表伊朗的过去，而不是伊朗的未来。"[16]

然而，自相矛盾的是，即便是在1979年革命之后，以色列和伊朗之间仍然保持着秘密关系。尽管阿亚图拉（ayatollah，对伊朗等国伊斯兰教什叶派领袖的尊称）言辞激烈，新政权公开敌视以色列，但一些分析师认为，他们之间仍维持低调的秘密关系。事实证明他们是对的。革命后，以色列继续向伊朗出售武器。由于1980年爆发的两伊战争，伊朗愿意与以色列保持这种秘密军事关系。战争爆发时，以色列总理梅纳赫姆·贝京打趣说，他希望双方都能有最好的运气，但对以色列来说，伊拉克是更大的军事威胁。据报道，1981年（美国人质获释后），以色列向伊朗[17]出售坦克弹药和零部件，总价值约7500万美元[18]。1984年5月，阿里埃勒·沙龙公开承认以色列和伊朗之间存在秘密的军事关系[19]，这一年以色列向伊朗出售的武器价值5亿美元[20]。

以色列与伊朗的秘密关系因"伊朗门事件"成为公开丑闻。1979年不仅发生了伊朗的伊斯兰革命，还发生了尼加拉瓜桑地诺人的马克思主义革命。起初，美国站在尼加拉瓜新马克思主义政权的反对者一边，但是在1982年，国会通过了《博兰修正案》，禁止美国政府向反对派提供援助。为了规避这个新法律，里根政府一些职员设计了一个秘密渠道将资金转移到反对派：通过伊朗贪污者曼努彻·戈尔班法尔（Manucher Ghorbanifar）和不道德的以色列商人向伊朗非法秘密出售武器。作为交易的一部分，伊朗释放了真主党在黎巴嫩扣押的一些美国人质。这种浮士德式的交易得到了当时以色列总理希蒙·佩雷斯（Shiman Peres）的批准，他显然认为帮助毛拉就可以安抚他们，至少恢复耶路撒冷和德黑兰之间的部分联盟。[21]然而，伊朗官员在1986年将该协议泄露给了黎巴嫩媒体，使以色列陷入窘境，并在华盛顿引起轩然大波。

随着1988年两伊战争的结束，以及1991年海湾战争对萨达姆·侯赛因军队的打击，以色列和伊朗之间的秘密关系（如果曾经有过）再也没有理由持续下去了。事实上，这两个国家这时已成为死敌，因为伊朗启动核计划（据信在20世纪90年代中期[22]），支持黎巴嫩真主党等反以色列的民兵组织，并直接参与针对犹太人的恐怖袭击（如1994年在布宜诺斯艾利斯犹太社区中心的爆炸事件）。

以色列和土耳其

1950年，以色列在安卡拉设立了公使馆，这是以色列在伊斯兰国家的第一个公使馆（土耳其在1949年3月事实上承认了以色列）。然而，土耳其与以色列的关系从一开始就充满矛盾。作为一个伊斯兰国家，土耳其曾在1947年投票反对巴勒斯坦分治。与此同时，土耳其人从未完全原谅阿拉伯人在第一次世界大战期间分裂奥斯曼帝国的行为。土耳其总统伊斯梅特·伊诺努（Ismet Inönü）坦率地承认，他对阿拉伯人与英国和法国并肩抗击土耳其人的做法极度不满。[23]

1955年土耳其成为签署亲西方的《巴格达条约》的成员之一（其中包括伊拉克、伊朗和巴基斯坦）。1956年西奈战争爆发后，土耳其部分满足了其伊斯兰盟友降低与以色列关系的要求。但是，亲苏的伊拉克和纳赛尔支持的政变以及1958年埃及与叙利亚的政治联盟削弱了土耳其的区域势力。此外，土耳其与叙利亚的长期冲突（亚历山大港/哈泰省的领土[24]、水资源、叙利亚支持土耳其东部库尔德叛乱分子）为土耳其与以色列的和解提供了又一个动因。

简而言之，受纳赛尔民族主义（包括要求将亚历山大勒塔省从土耳其转移到叙利亚）和苏联扩张主义的威胁，土耳其有兴趣升级与以色列的情报合作。更重要的是，土耳其人认为与以色列合作将有助于激活华盛顿的亲以色列游说团体，来反对希腊和亚美尼亚的游说团体，后两者都反对土耳其。[25]

1958年8月，本-古里安秘密会见了土耳其的阿德南·孟德尔斯（Adnan Menderes）。两位领导人同意在以色列、土耳其、伊朗和埃塞俄比亚之间建立统一战线，反对苏联和纳赛尔主义者的扩张。[26] 为了实现这一目标，摩萨德与伊朗、土耳其的情报机构在1958年年底建立了代号为"三叉戟"（Trident）的三方情报机构。[27] 在"三叉戟"战略下，以色列、伊朗和土耳其的最高情报官员每年会晤两次，共享有关苏联和阿拉伯国家的情报。[28] 1959年，以色列和土耳其甚至曾经发起对叙利亚采取联合军事行动的谈判，但最终未能实现。[29]

然而，土耳其和以色列之间的合作并没有经受住时间的考验。1961年，南斯拉夫领导人铁托（Josip Broz Tito）在贝尔格莱德建立了不结盟国家运动。1964年，发展中国家成立了"77国集团"（Group of 77），成为联合国大会事实上的投票集团。在塞浦路斯问题上，土耳其需要这两个地缘政治集团在联合国的投票（塞浦路斯是由希腊和土耳其人居住的岛屿，1960年独立，希腊和土耳其都觊觎该地）。由于阿拉伯和伊斯兰国家在数量上的优势，土耳其如果不疏远与以色列的关系，就不能指望得到联合国的外交支持。在20世纪60年代中期土耳其开始采取行动。1967年六日战争后，土耳其在联合国投票中采取了明显的亲阿拉伯立场，1973年赎罪日战争后更甚。尽管迫于阿拉伯国家的压力，土耳其从未断绝与以色列的外交关系。

1979年的伊朗革命让以色列和土耳其又多了一个共同的敌人。新成立的伊朗伊斯兰共和国将以色列称为"撒旦"，并且，其什叶派教义大肆公开挑战土耳其的世俗国家模式。此外,阿亚图拉还支持叙利亚的哈菲兹·阿萨德(Hafez al-Assad)政权,该国曾与土耳其发生过冲突。随着1991年冷战的结束,伊朗在原属苏联共和国的高加索和中亚(土库曼斯坦在民族和语言上属于突厥)的影响力日益增长,以色列和土耳其对此都很担忧。

1992年,以色列和土耳其建立了全面外交关系,并于1996年签署了《军事训练合作协定》和《国防工业合作协定》。不出意外,叙利亚(以色列和土耳其都与该国陷入领土冲突)强烈谴责以土结盟。叙利亚当时的副总统阿卜杜勒·哈利姆·哈达姆(Adb al Halim Khaddam)称其为"自1948年以来对阿拉伯人最严重的威胁"和"甚至是自第二次世界大战以来最危险的同盟"。[30]

20世纪90年代以色列和土耳其的和解不仅仅是出于地缘政治考虑。土耳其人一直认为与以色列的密切关系是美国国会承认亚美尼亚大屠杀的最佳保障。一位土耳其官员直言不讳地表示:"我们与以色列如此友好的原因是……美国以色列公共事务委员会(AIPAC)……是亚美尼亚问题的解决方案。"[31]

然而以色列与土耳其的关系最终还是走向恶化。2002年,"正义与发展党"赢得土耳其大选。自1923年世俗土耳其共和国成立以来,伊斯兰教政党将首次领导该国。其领导人雷杰普·塔伊普·埃尔多安(Recep Tayyip Erdoğan)在国内和国际上改变了传统政策。2003年,埃尔多安拒绝美国占用土耳其领土从北部入侵伊拉克的要求,令美国感到惊讶,因为土耳其加入了北约(NATO),这使埃尔多安成为伊斯兰世界的英雄。正如一位土耳其外交官对一位以色列人坦言:"我们不再需要你们……再也没有苏联,也没有阿拉伯人来颠覆我们了。"[32]的确,20世纪90年代,埃尔多安囚禁了许多想要拉近与以色列关系的土耳其军队和情报人员。

2004年6月,在哈马斯领导人谢赫·亚辛(Sheikh Yassin)

被免职后,埃尔多安指控以色列是"国家恐怖主义"。[33] 2005 年,土耳其与叙利亚关系正常化,尽管土耳其坚决拒绝按照叙利亚的要求放弃亚历山大勒塔省。2006 年,埃尔多安在安卡拉接待了哈马斯领导人哈立德·马沙尔(Khaled Mashal)。2009 年 1 月,他在达沃斯会议上公开羞辱了佩雷斯,他说:"谈到杀戮,你最知道怎么杀人。"2009 年 10 月,埃尔多安取消了以色列参加多国"安纳托利亚之鹰"演习计划的资格,并对伊朗进行了正式访问。

简而言之,在埃尔多安的领导下,土耳其改变了对伊朗和以色列的看法和政策。1979 年伊朗革命之后,尤其是 1991 年苏联解体导致中亚地区原属苏联的国家独立,土耳其一直认为伊朗是一个地区威胁,以色列是一个盟友。但是在 2010 年 6 月,土耳其在联合国安理会上投票反对向伊朗实施更严厉的制裁。2009 年 11 月,埃尔多安宣称,他宁愿会见苏丹总统奥马尔·巴希尔(Omar al-Bashir),也不愿会见以色列总理本杰明·内塔尼亚胡。[34] 2010 年 3 月,这位土耳其总理声称伯利恒的雷切尔陵墓从来都不是犹太人的遗迹。[35] 2010 年 8 月,埃尔多安任命一名亲伊朗的候选人来管理土耳其的间谍机构。[36] 2013 年 2 月,埃尔多安将犹太复国主义称为"危害人类的罪行"。[37] 2013 年 8 月,他声称以色列应对埃及的军事政变负责。[38] 2013 年 10 月,土耳其国家情报局局长哈基姆·费丹(Hakim Fidan)揭露了十名前往伊朗的以色列秘密特工的身份——这是史无前例的情报背叛行为。[39] 此外,这些爆发和挑衅行为大多发生在 2010 年 5 月的马尔维·马尔马拉事件(Mavi Marmara)之前。以色列国防军拦截了试图抵制加沙封锁的土耳其船只,这给以色列和土耳其之间的外交危机和关系破裂带来了致命一击。[40]

但是,土耳其和以色列最终解决了一些分歧,并于 2016 年 6 月达成和解协议。土耳其愿意修复关系的部分原因是能源需求。土耳其约 50% 的电力来自天然气,预计未来 20 年内天然气使用量将翻一倍,但本国并没有任何天然气资源,大部分天然气依赖俄罗斯进口,这一直被视为问题,土耳其希望供应国更加多样。[41]与此同时,以色列已经成为一个主要的天然气出口国。此外,考虑到叙利亚内战,埃尔多安意识到,土耳其和叙利亚之间2005年的历史性和解已变得毫无意义。土耳其不能再忽视以色列是中东最稳定和最强大的国家这一事实。

以色列和埃塞俄比亚

埃塞俄比亚也是以色列外围战略政策的重要组成部分,但原因不同。以色列和埃塞俄比亚之间有特殊的历史纽带,埃塞俄比亚有一个庞大的犹太人社区,其君主海尔·塞拉西(Haile Selassie)是"所罗门王朝"的统治者。埃塞俄比亚在20世纪50年代初控制了厄立特里亚。厄立特里亚的反埃塞俄比亚叛军大多是穆斯林,但由于以色列担心红海沿岸出现一个穆斯林统治的新国家,以色列和埃塞俄比亚(基督教国家)进行了军事合作,联合对抗厄立特里亚。同时,塞拉西在以色列也找到了打击反对自己的叛乱分子的天然盟友——该叛乱分子得到了苏联和埃及总统纳赛尔的支持。

塞拉西的担心是有道理的:1974年,苏联支持的政变本来足以让他下台。埃塞俄比亚遂成为一个与苏联结盟的社会主义共和国,不能再算作以色列的"外围"盟友。

新的外围战略?

以色列的"外围战略"逐渐失去了建立该战略的盟友:1974年的埃塞俄比亚,1979年的伊朗和2002年的土耳其。尽管如此,"外围"的概念本身仍然很重要,尽管含义发生了彻底的变化。

伊朗已成为具有挑战性的地区敌人，它的军事核计划和区域代理人（黎巴嫩南部的真主党、加沙地带的哈马斯）对以色列构成了战略威胁。这种新的地缘政治现实复兴了以色列的"外围战略"，但不可否认，该战略是基于不同前提并与不同伙伴建立的。

以色列并没有失去所有盟友。据报道，2015年以色列从伊拉克库尔德斯坦（经土耳其）进口了三分之二以上的石油。[42] 2011年，南苏丹成为独立国家。然而，这两个盟国的价值不高：南苏丹发展较失败，而伊拉克库尔德人是权力政治的永恒输家。

以色列的前外围盟国——伊朗和土耳其——已成为其最主要的地区挑战者，尽管方式不同。伊朗推行军事核计划，并为真主党提供武器。土耳其埃尔多安推行泛伊斯兰的外交政策，公开支持哈马斯。因此，近年来，以色列的众多战略家提出"新的外围构架"和"遏制轴心"来应对以色列在中东的新挑战。[43] 这个"构架"包括阿塞拜疆（伊朗北部）和阿联酋（波斯湾），以及希腊和塞浦路斯（土耳其在地中海的对手）。近年来，由于以色列、希腊和塞浦路斯都对埃尔多安的外交政策十分担忧，这三个国家在向欧洲出口天然气方面建立了新型伙伴关系，以色列、希腊和塞浦路斯之间的关系得到了加强（见第21章）。2013年5月，塞浦路斯总统尼科斯·阿纳斯塔夏季斯（Nicos Anastasiades）称以色列为"战略伙伴"。[44]

以色列"新外围架构"的另一个关键参与者是阿塞拜疆。2018年1月，以色列总理访问该国。阿塞拜疆不仅是主要石油出口国，还与以色列一样，对伊朗有敌意。阿塞拜疆是一个世俗伊斯兰国家（什叶派），它憎恨伊朗人改变宗教信仰。然而，阿塞拜疆最痛恨的是伊朗对亚美尼亚的支持，因为阿塞拜疆与亚美尼亚有领土争端。作为主要的石油生产国，阿塞拜疆在面对阿拉伯国家限制石油输出的威胁时毫不担忧，因此，在联合国，阿塞拜疆通常不会加入由阿拉伯领导的反以色列联盟。

此外，波斯湾的阿拉伯国家越来越担心伊朗的霸权野心、核计划和破坏稳定的政策，把以色列视为默契且不可替代的盟友。以色列和阿联酋（UAE）进行了联合军事演习。[45] 2015年11月，阿联酋接待了一个以色列外交使团（国际可再生能源机构授权），2017年12月，一个大型阿联酋代表团访问了以色列。[46]伊朗的威胁还在以色列和沙特阿拉伯之间创造了默契联盟，尤其是在穆罕默德·本·萨勒曼（Muhammad Bin Salman）于2017年6月被任命为王储之后。2017年11月，以色列国防军参谋长宣布："我们和沙特阿拉伯之间达成了全面协议。"[47] 2018年9月，据报道，沙特阿拉伯从以色列购买了"铁穹"（Iron Dome）导弹防御系统，两国正在谈判以达成涵盖范围广泛的军事协议。[48]

2020年8月，以色列、阿联酋和巴林签署了"亚伯拉罕协议"，这既是对中东战略调整的确认，也是调整的结果。同样，2020年10月，以色列与苏丹关系已正常化，2020年12月又与摩洛哥关系正常化。因此，以色列的"外围"近年来不仅得以复苏，而且还完全颠倒。20世纪60年代，"外围"是与伊朗和土耳其一起建立的，以对抗阿拉伯世界，而今天，"外围"是与阿拉伯世界一起建立的，以对抗伊朗和土耳其（尽管埃尔多安在2022年努力修补与以色列的关系）。正是因为逊尼派君主国感觉受到已达到军事核能力门槛的什叶派伊朗的威胁，也因为他们对埃尔多安的新奥斯曼帝国主义感到担忧，所以他们需要中东地区最强大的军事力量——以色列作为盟友。这些君主制国家严重怀疑美国作为盟友的承诺和可靠性。美国已经实现了能源独立，不再将中东视为重要的石油来源。2015年7月，美国与伊朗签署了一项核协议（即JCPOA，联合全面行动计划），美国的中东盟友认为该协议过于宽松；然后美国在2018年又违背了该协议，重新对未能显著减缓发展核计划的伊朗实施制裁。2021年8月，美国从阿富汗撤军，留下的政治和军事真空很快被塔利班填补。在这个背景下，以色列已成为一个不可或缺的盟友。

此外,埃及总统塞西升级与以色列在安全方面的合作,以打击西奈半岛的圣战分子,并与埃尔多安对北非伊斯兰势力的支持相对抗。从摩洛哥到波斯湾,以色列实际上已经建立了一个阿拉伯国家的"新外围",以面对它的前盟友伊朗和土耳其,而这两个国家已分别变成了敌人和对手。

小结

20世纪50年代末,以色列发起了"外围外交",旨在与广大中东地区的非阿拉伯国家和反苏国家建立联盟。这一倡议是由三个连续的趋势推动的:苏联在中东的影响力和联盟日渐消散,法以同盟关系衰落,美国拒绝将以色列视为盟友。

以色列加强了与伊朗、土耳其和埃塞俄比亚的战略关系,同时也加强了与伊拉克北部库尔德人、苏丹南部基督徒和黎巴嫩马龙派教徒等少数群体的关系。随着1974年埃塞俄比亚的政变、1979年伊朗的伊斯兰革命和2002年土耳其埃尔多安获选总统,这种联盟体系逐渐瓦解。

然而,由于伊朗对以色列和沙特阿拉伯及海湾地区的逊尼派国家构成的威胁,"外围外交"这一概念在过去十年中已经获得了新的意义。20世纪60年代,以色列试图"包围"阿拉伯国家,今天却试图规避伊朗和土耳其。为此,以色列与阿塞拜疆、沙特阿拉伯、海湾酋长国、希腊、塞浦路斯和伊拉克库尔德斯坦等国家和地区建立了新的"外围外交"。

尽管本-古里安在60年前设计的外围战略政策,因政权更迭和政策剧变而受到削弱,但在以色列面临新挑战,及在中东和其他地区吸引新盟友之际,他的想法仍具有现实意义。

11. 以色列与阿拉伯国家

> 以色列的后裔啊！你们当铭记我所赐你们的恩惠，你们当履行对我的约言，我就履行对你们的约言；你们应当只畏惧我。
>
> ——《古兰经》第二章第四十节

独立战争与苏伊士运河危机

1948年第一次中东战争结束后，以色列与四个阿拉伯国家（埃及、叙利亚、约旦和黎巴嫩）签署的1949年停战协定并没有成为和平协定（见第9章）。以色列与这四个邻国的代表通过巴勒斯坦和解委员会（1948年12月由联合国成立，以调解阿以冲突）举行了间接会谈，但阿拉伯国家坚持要求以色列大规模撤军。在巴勒斯坦和解委员会早期会议上，埃及宣称，必须以承认1947年分界线而非1949年停火线为前提，埃及才会考虑与以色列签署和平协定[1]。1949年4月至9月，以色列外交官与巴勒斯坦难民代表在瑞士洛桑进行会晤，以方表示愿意接纳10万名难民，帮助离散家庭团聚。但是仅仅因为考虑与以色列达成协议，巴勒斯坦的难民代表们便收到巴勒斯坦流亡在外的领导人哈吉·阿明·侯赛尼的死亡威胁。尽管如此，以色列出于人道主义仍然允许这些难民及家人入境。[2]

在以色列与邻国之间进行间接谈判时，本可与以色列达成协议的两位温和派阿拉伯领导人却不再当政。约旦国王阿卜杜拉于1951年7月20日遭谋杀。1952年7月，民族主义者贾迈勒·阿卜杜勒·纳赛尔领导的军政府推翻了埃及国王法鲁克(Farouk)政权。以色列与约旦和埃及之间的秘密和平谈判就此结束。[3]

然而，法鲁克和阿卜杜拉之前坚持要在内盖夫沙漠（自1949年停战协定以来一直完全处于以色列主权控制之下）取得领土，也使得和平协议几乎不可能成功签署。法鲁克和阿卜杜拉之间也存在高度的猜疑和敌意。关于加沙地带，约旦国王曾告诉以色列谈判人员："你要么自己管，要么把它交给魔鬼，但不要把它交给埃及！"[4]

英国是以色列和约旦之间达成和平协议的又一障碍。1949年12月，以色列和约旦就和平协议原则达成一致，但英国驻阿曼大使亚历克·柯克布赖德爵士(Sir Alec Kirkbride)警告阿卜杜拉，在以色列和其他阿拉伯国家，特别是和埃及达成类似协议之前，不要与以色列签署和平协议。因此，阿卜杜拉放弃了。[5]

阿卜杜拉国王一直试图与以色列达成一致意见。当问及他坚持的原因时，阿卜杜拉告诉以色列外交官摩西·萨松："你看，孩子，如果我不与你们握手言和，我们两国之间会有更多战争，而你们会赢得全部战争。因此，与你们握手言和对我国人民至关重要，这关系到他们的生死存亡。"[6]但在1951年，阿卜杜拉因对以色列的和解态度遭阿拉伯民族主义者暗杀。

法鲁克国王被推翻以后，以色列和埃及仍试图达成和平协议。1955年，英美的"阿尔法计划"呼吁扩大约旦河西岸（位于内盖夫南部约旦和埃及之间的一条领土走廊）的面积，并接纳和补偿巴勒斯坦难民。但是纳赛尔要求得到整个内盖夫，而以色列甚至都不愿意放弃内盖夫南部地区。英美两国随后建议对内盖夫地区进行整改，既不切断以色列通往埃拉特的通道（计划修建一条隧道或一座桥），又能保持埃及和约旦之间的领土连续性，但以色列和埃及都拒绝了英美的提议。[7]与此同时，1948年至1956年，来自约旦和埃及的"阿拉伯突击队"（"自我牺牲的战士"）进行的敌对渗透活动迅速蔓延，造成数百名以色列人员伤亡（包括平民和军人）。

由于1955年埃及与苏联建立了军事同盟关系，纳赛尔对反抗美、英、法三国信心十足，因此埃及决定于1956年将苏伊士运河收归国有。这一举动并非想象中那样出人意料，因为纳赛尔曾试图刺杀约旦国王侯赛因（美国盟友），并与新中国建交（当时美国的大忌）。1956年7月，艾森豪威尔政府通知埃及，美国将撤回对世界银行资助阿斯旺大坝的支持。对此，纳赛尔十分愤怒。此后不久，他就宣布将苏伊士运河收归国有，而运河的收入也被用于建造阿斯旺大坝。

苏伊士运河国有化意味着英法两国损失巨大，他们的主要供给（包括石油）将取决于埃及的善意（或缺乏善意）。此情形使得战争一触即发。艾森豪威尔政府命令纳赛尔归还缴获的武器，但没有威胁使用武力。美国既然能允许苏联1956年在布达佩斯镇压匈牙利起义，那它会帮助苏联在中东的盟友吗？来自华盛顿的谨慎而又含糊不清的信息使法国和英国相信他们必须单独行动。

与英法两国一样，以色列也想削弱纳赛尔的势力（尽管原因不同）。纳赛尔自称是阿拉伯世界和反以色列斗争的领袖。他允许并不时鼓励从加沙地带向以色列南部发动的袭击，自1955年以来，他一直得到苏联的军事支持。相比之下，以色列并没有从美国那里享受到同等待遇。

1956年10月22日至23日，以色列总理本-古里安、国防军总参谋长摩西·达扬和国防部总干事希蒙·佩雷斯在巴黎市郊塞夫勒的一座别墅内举行了一次秘密会议，出席会议的有法国总理盖伊·莫莱（Guy Mollet）、法国外长克里斯蒂安·皮诺

(Christian Pineau)、法国国防部部长莫里斯·伯吉斯-莫努利(Maurice Bourges-Maunoury)和英国外交大臣塞尔温·劳埃德(Selwyn Lloyd)。会议的目的是策划发动英、法、以三国联合对抗埃及的军事行动。在塞夫勒，这三个国家谋划了一个将骗过全世界的计谋：以色列先攻击埃及，并迅速向苏伊士运河进发；英国和法国假装惊讶和愤怒，发出最后通牒，要求埃及和以色列军队从苏伊士运河撤军；而埃及肯定会拒绝，此时英法两国出手干预，清除埃及军队。

联盟违背了美国的利益。艾森豪威尔政府的政策是避免更多阿拉伯国家与苏联结盟。在与苏联的地缘政治较量中，美国政府不希望被视作阿拉伯世界的黑帮(bêtes noires)。

这场短暂的战争取得了军事上的成功，最终，以色列设法重新获得蒂朗海峡的通行权。苏伊士运河事件十年后，以色列船只终于可以自由通过蒂朗海峡，而不会与埃及发生任何冲突。以色列还得到西方世界的保证，任何进一步企图关闭海峡的行为都将被视作开战的理由，从而允许以色列使用武力进行自卫（根据《联合国宪章》第五十一条），为了阻止以色列和埃及之间的进一步对抗，联合国在西奈半岛部署了一支联合国紧急部队，以维持该地区的非军事化。以色列军队撤出了整个西奈半岛，同时也从被本-古里安形容为"癌症"和"火药桶"的加沙地带撤出，加沙的"阿拉伯突击队"渗透行动基本停止。早在1956年，本-古里安就曾对加沙问题提出过一个有先见之明的反问："我们怎样才能在不从内部引爆我们国家的情况下，违背35万巴勒斯坦阿拉伯人的意愿，违背友好和敌对国家的意愿，接纳他们？"[8]

1956年对埃战争之后，以色列取得了一些外交成果，但同时也产生了心理上的副作用。正如阿巴·埃班所解释的那样，"以色列对长期交战做出的强烈反应显然引起了来自各方的反对，但它也激发了一种令人不安的尊重……真正的转变在于以色列对自己的看法,这种看法已经从自我怀疑变成国家自信"[9]。

至于艾森豪威尔政府,它在1956年在一场针对苏联盟友(埃及)的战争中抛弃了英法盟国,并默许苏联进入布达佩斯(也是1956年),现在它试图消除人们对它不反对苏联扩张主义的印象。1957年1月,美国政府提出"艾森豪威尔主义",即美国愿对任何受到共产主义威胁的中东国家提供援助。然而,这一"主义"太微不足道,也来得太迟了。

六日战争及其不确定后果

因为纳赛尔在1956年战争中以阿拉伯英雄的身份出现——他羞辱了英国和法国,也因为他觉得由于苏联的支持,他是战无不胜的,所以他更加自信,也越来越激进。他加倍支持阿拉伯世界(如阿尔及利亚和也门)的反西方叛军,并于1958年与叙利亚组成"阿拉伯联合共和国",苏联此时在中东有了一个稳固的立足点。1961年,新的肯尼迪政府开始重新评估艾森豪威尔的中东政策。

此时,冷战使中东两极分化,苏联鼓励纳赛尔的反西方政策,美国重新评估对以色列的政策。对以色列而言,美国的重新评估恰逢其时,其根本原因在于,1962年阿尔及利亚战争结束后,以色列与法国的同盟关系已无法维持。1964年,以色列总理列维·艾希科尔(Levi Eshkol)对美国进行了正式访问。同年,纳赛尔创建了由埃及控制的"阿拉伯联合司令部"(UAC)以及"巴勒斯坦解放组织"(或称"巴解组织",PLO)。1965年7月11日,纳赛尔宣布:"如果我们有耐心,与以色列的最终决算将在五年内完成。穆斯林等了七十年才把十字军赶出巴勒斯坦。"[10]纳赛尔还加强了对约旦国王侯赛因的口头攻击,称他为"哈希姆的妓女""帝国主义走狗""奸诈的侏儒"。

因此，到 20 世纪 60 年代中期，美国和苏联通过各自的保护对象在中东发动代理人战争的时机已经成熟。尽管纳赛尔言辞激烈，但他仍然比较谨慎。由于卷入也门的军事行动，他还没有准备好与以色列开战。相比之下，叙利亚领导人则更加狂热。在 1964 年和 1965 年的阿拉伯国家首脑会议上，叙利亚几乎是唯一呼吁立即向以色列发起战争的国家。1966 年，一个民族主义政府在叙利亚掌权。1967 年头几个月，叙利亚恐怖分子渗透到以色列境内，在耶路撒冷-特拉维夫铁路以及耶路撒冷的以色列议会附近地区发动袭击。一名以色列青年被设置在黎巴嫩边界附近的地雷炸成碎片，四名以色列士兵在加利利北部被炸死。[11]叙利亚还开始炮轰加利利的以色列村庄和基布兹。联合国安理会没有对此表示谴责，因为苏联动用否决权保护它的盟友叙利亚。1967 年 4 月，叙利亚袭击以色列农民后，以色列和叙利亚军队交火；随后，以色列和叙利亚飞行员展开近距离空战。4 月 7 日，以色列空军击落了 6 架俄制米格战斗机（MiGs），打击了叙利亚和苏联。相反，法国则对以色列证明了其"幻影"（Mirage）和"迈斯特雷"（Mystère）战斗机的技术优势表示祝贺。[12]

然而，尽管以色列和叙利亚之间的紧张局势日益加剧，战争似乎仍然完全不可能发生。阿巴·埃班回忆道，"1967 年 5 月初，没有任何战争的预兆"[13]。以色列军事情报部门的情绪"是一种自鸣得意的情绪"。[14]同时，以色列击落 6 架米格战斗机的行为超出了苏联所能容忍的范围，因为这削弱了第三世界国家亲苏同盟的价值。苏联驻以色列大使警告以色列外交部部长："你们似乎在庆祝 4 月 7 日的胜利，但我坦率地告诉你，不久你就会为你们所谓的成功感到懊悔。"[15]

叙利亚立即加倍攻击以色列。以色列要求苏联约束它麻烦不断的盟友，但事实上，苏联对局势升级颇为支持，这将证明与苏联建立军事联盟的优越性。苏联试图用"论据"来掩盖自己的两面性，即使以苏联宣传的标准来看，这些论据也是荒唐的。苏联驻以色列大使称：叙利亚恐怖活动的以色列受害者实际上把自己炸成了碎片；此外，美国中情局（CIA）特工伪装成来自叙利亚的巴勒斯坦非法入境者，在以色列公路上埋地雷，以挑衅以色列，最终目的是削弱大马士革（叙利亚）政权，促进美国石油工业的发展。[16] 苏联的战略适得其反，陷入了自我矛盾之中。它鼓励叙利亚的挑衅行为，来"证明"与其结盟的叙利亚在军事上的优越性，但以色列的每一次报复最终都证明了完全相反的结果。

因此，苏联决定让它的另一个中东盟友埃及参与进来。如果仅靠叙利亚无法抵抗以色列的反击，那么叙利亚和埃及联合行动，无疑会将以色列困住。

1967年5月13日，苏联对埃及宣称，以色列正在其北部边境集结军队，准备入侵叙利亚并推翻其政府。纳赛尔或许知道这一信息是假的（尽管以色列成功击退了叙利亚空军，但入侵一个苏联盟国会让它损失惨重）。然而，5月23日，纳赛尔仍然宣布封锁蒂朗海峡。当以色列总理列维·艾希科尔邀请苏联大使丘瓦钦（Chuvakhin）亲自检查以色列军队是否集中在叙利亚边境时，丘瓦钦回答道，他的工作不是质疑来自克里姆林宫发布的"事实"。[17]

1967年5月，克里姆林宫决策者的动机是什么？这个问题似乎没有一个明确的答案。以色列历史学家迈克尔·奥伦（Michael Oren）在他的著作《六日之路》（*Six Days of Way*）中写道："苏联急于阻止一场可能导致阿拉伯国家战败以及超级大国之间对抗的战争。然而，与此同时，他们想要维持该地区高度紧张的局势，提醒阿拉伯人他们需要苏联的援助。"此外，奥伦认为："共产主义决策者受他们自己关于帝国主义、犹太复主义背信弃义的宣传所影响而形成的倾向……也起到了一定的作用，放大了以色列对叙利亚的威胁。"[18] 同时，美国对越南战争的介入不断加深、损失也不断增加，这使苏联确信，约翰逊总统不会卷入中东的常规战争。[19]

苏联人相信中东是唾手可得的还有其他原因。1966年叙利亚政变得到了叙利亚共产党的支持,把叙利亚变成了一个更加坚定的苏联盟友。同年,当法国退出北约时,苏联将其视为对西方的打击。1967年,英国从也门撤军,反对越南战争的第一次大规模示威活动在美国举行。在克里姆林宫的决策者看来,西方似乎处于分裂状态,并且处于守势。

1967年5月16日,埃及步兵和装甲部队开始穿越苏伊士运河,西奈半岛重新恢复军事化。5月19日上午,埃及通告联合国将联合国紧急部队撤出西奈半岛。联合国秘书长吴丹(U Thant)遵从了这一要求,不负责任地拆除了一个十年来一直在"阻止爆炸的安全阀"。就在纳赛尔令联合国部队撤出西奈半岛的当天,开罗广播电台宣布:"以色列已经存在太久了……它灭亡的日子即将来临。"[20]

苏联对1967年6月爆发的战争负有最终责任。苏联声称以色列将军队集中在北部边境攻击叙利亚,纳赛尔将埃及军队集中在西奈半岛,要求联合国秘书长吴丹将联合国紧急部队从半岛撤出,并宣布关闭蒂朗海峡。苏联驻特拉维夫大使馆向莫斯科报告称:以色列政府缺乏国内支持和政治威信,不会发动战争。[21]这些报告很可能被转交给了埃及。此外,本-古里安对总理列维·艾希科尔的粗暴攻击,也在传递这样一个信息:艾希科尔不敢采取军事行动,这可能会让苏联领导人相信,以色列只能吞下海峡关闭的苦果。[22]与此同时,西方国家的首脑表现出了犹豫:他们口头上支持以色列的海运权,但仍未做出承诺。参谋长伊扎克·拉宾提醒政府,以色列国防军没有做好与埃及作战的准备,需要更多时间来增援南部战线。[23]

然而,当纳赛尔在5月23日宣布封锁蒂朗海峡时,他提出了"开战理由",这使得以色列能行使自卫的权利。这不仅是一个法律原则问题。自1957年以来,得益于能够进入红海,以色列与东非和亚洲发展了牢固的贸易关系。纳赛尔对海峡的封锁实际上切断了以色列与亚洲和非洲的联系。而以色列1957年从英、法、美三国那得到的保证,随着时间推移,大多已被证明毫无价值,正如以色列外交部部长阿巴·埃班于1967年5月访问巴黎、伦敦和华盛顿后所认识到的那样。法国总统戴高乐提醒以色列不要发动先发制人的打击("不要发动战争……不要先开枪!"他提醒埃班)。[24] 当埃班提醒戴高乐法国曾于1957年承诺以色列在蒂朗海峡封锁的情况下享有自卫权时,戴高乐回答说:"那是1957年,现在是1967年。"[25] 事实上,这是对法国所作承诺的否定,因为那是在已经不复存在的第四共和国时期做出的承诺,戴高乐对此不屑一顾。

与戴高乐不同的是,英国首相哈罗德·威尔逊(Harold Wilson)愿意履行英国对海峡自由航运的承诺,他没有向以色列提出任何疑义。至于美国总统约翰逊,他完全赞同以色列的立场,认为埃及封锁海峡是一种不可容忍的侵略行为。但是,约翰逊此时正卷入越南战争,他提出需要一些时间来说服国会和公众,美国应采取一切手段让蒂朗海峡恢复航运自由:"我很清楚前三任总统说过什么,但如果公众和国会不支持他们的总统,那前几任总统的话也就一文不值了……没有国会,我只是一个6.4英尺的普通德州人。"[26] 美国和以色列政府就原则问题达成了一致,但在时间上未能达成一致。约翰逊后来证实,美国军事专家对以色列获胜充满信心:"我的军队将领们对别国战争的预估总是准确的,而对我们本国战争的预估总是错误的。"[27]

西方国家首脑们的犹豫不决强化了纳赛尔的信念:没有人会来帮助以色列。事实上,纳赛尔自己在宣布封锁蒂朗海峡时也是这么说的:"与1956年英法两国站在以色列一边的情况不同,今天的以色列没有得到任何欧洲强国的支持。"[28] 他向内阁和军队将领们解释道,以色列不会参战,因为它没有可以依靠的盟友。在纳赛尔看来,美国在越南的介入太过深入,也太过不利,以至于无法帮助以色列;至于法国,它不会以以色列的切身利益为己任,因为以色列与第四共和国的"美好时代"已经结束。[29]

5月28日,华盛顿和伦敦的犹豫不决得到证实。英国外交大臣乔治·布朗(George Brown)宣布:"我们认为联合国对维持和平负有主要责任。"美国国务卿迪恩·腊斯克(Dean Rusk)则宣布美国政府"没有在中东进行任何军事行动的计划"。[30]两天后,即5月30日,约旦国王侯赛因将其军队置于埃及的指挥之下。5月31日,以色列总理艾希科尔扩大了他的联盟,任命摩西·达扬为国防部长。以色列摩萨德局长迈尔·阿米特随后会见了中情局局长理查德·赫尔姆斯(Richard Helms)和美国国防部长罗伯特·麦克纳马拉(Robert McNamara),并于6月3日向以色列政府报告:美国无法(或不愿意)组织一支海上部队,以保证蒂朗海峡的航行自由。

这一事态发展至关重要,因为约翰逊总统要求艾希科尔总理耐心等待,给美国足够的时间通过联合国或美国领导的舰队重新开放海峡。后一种选择在任何情况下都不是为了解决埃及军队集中在西奈半岛的问题,因此不再有意义。麦克纳马拉和赫尔姆斯告诉阿米特,在这一问题上,美国政府既没有给以色列开绿灯,也没有予以阻止。[31]

随着海峡的封锁和西方微弱的回应,纳赛尔取得了战略上的胜利,把以色列置于一个忍无可忍的境地。以色列与世界上三分之二的国家失去了海上联系,劳动力都被军队调动起来准备战斗(经济基本处于停滞状态),而它的盟国要求它继续等待。因此,纳赛尔最初的计划可能不是战争:不打仗就能羞辱和扼制以色列对他来说已经足够大快人心。这对苏联来说也是一样。但最终,纳赛尔还是继续将军队集结在西奈半岛,从也门召回埃及军队,并将约旦军队置于他的控制之下,多次煽动呼吁摧毁以色列。

6月4日,以色列内阁孤注一掷,指示以色列国防军对埃及采取行动,要求立即重新开放蒂朗海峡。骰子已掷出,木已成舟。6月5日早上7点左右,以色列的法国制"幻影"和"迈斯特雷"战斗机起飞。数小时内,埃及所有的机场都遭到轰炸,大部分埃及飞机在地面上被摧毁。以色列通知约旦,其军事行动只针对埃及,如果约旦不参与战斗,就不会对它采取敌对行动。然而,侯赛因国王不再对自己的军队拥有控制权,它们均处于埃及的指挥之下。因此,约旦对以色列的炮击将战争扩大到东线。6月7日,以色列国防军重新开放了蒂朗海峡,并占领了耶路撒冷老城。6月9日,以色列国防军占领了戈兰高地,以回应叙利亚对加利利北部以色列基布兹的炮击。6月10日,战争结束。在六天的时间里,以色列国防军打败了埃及、叙利亚和约旦,攻克了西奈半岛、约旦河西岸和戈兰高地。

当以色列政府下令攻占约旦河西岸时,摩萨德局长阿米特提出了以下问题:"我们必须了解我们在约旦河西岸想要什么。我们想在这里居住吗?我们需要联合吗?我们对其他提议感兴趣吗?"[32]他的问题,当时没有得到回答,直到今日也没有人能够回答。

苏联人知道战争即将来临。5月25日至28日,埃及代表团访问莫斯科,并向苏联总理阿列克谢·柯西金(Alexei Kosygin)解释道:纳赛尔已作好开战准备。柯西金提醒埃及不要先开枪,尽管他相信埃及会赢。[33]然而,苏联国防部部长安德烈·格列奇科(Andrei Grechko)却表现出了极大的热情,并向埃及人保证会支持他们。

尽管克里姆林宫似乎挑起了一场危机,以证明亲苏同盟对持怀疑态度的第三世界国家的价值,但六日战争的结果对苏联来说是耻辱和灾难性的。正如阿巴·埃班所说:"1967年的战争是苏联政策的产物。阿拉伯人本应是受克里姆林宫保护的获益者,却成了受害者。莫斯科挑起了阿拉伯人的战争,但实际上

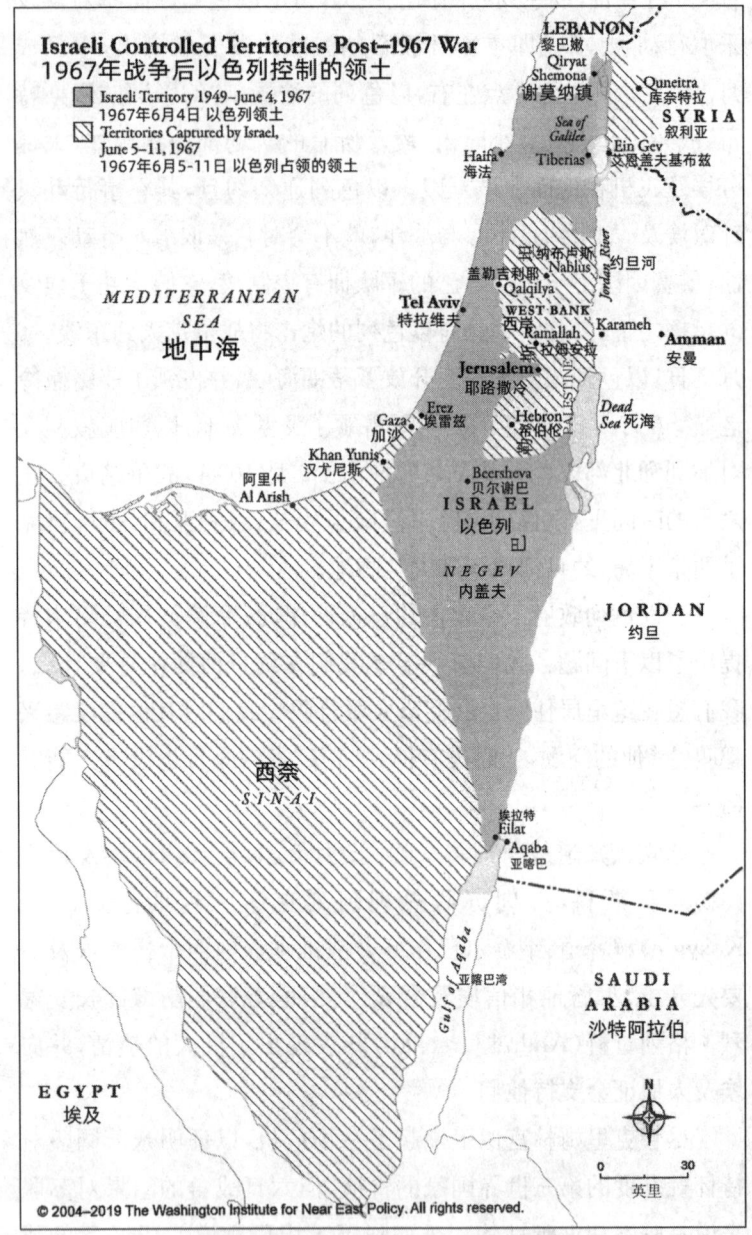

图 12 1967 年六日战争的领土结果
© 2004—2019 华盛顿近东政策研究所

并没有帮助他们赢得战争。苏联对被打败的阿拉伯国家有一种失望的傲慢态度。"[34]

六日战争是一场军事壮举,战争结束时以色列欣喜若狂,阿拉伯人受到了羞辱,苏联人则怒不可遏。6月19日,以色列外长埃班在联合国大会上公开谴责苏联。苏联总理阿列克谢·柯西金指责以色列侵略,并要求以色列无条件撤出它占领的所有领土,埃班回答说:"在我们看来,你来这里不是以法官或检察官的身份,而是作为一个合法的国际批评对象,因为在一些严重事件中,你所起的作用,是将我们的地区局势引向爆炸性的紧张状态。"[35]战前,苏联曾阻挠联合国安理会的决议,因为它一开始就不想化解由它挑起的危机。[36]在以色列取得胜利后,苏联希望安理会迅速强制以色列立即、全面、无条件地撤出战争期间占领的所有领土。然而,正如戴高乐对埃班所说,1967年不是1957年。1956年战争后,苏联和美国都同意以色列必须立即撤出西奈半岛。相比之下,1967年的战争是由苏联挑起的,美国现在认为以色列才是盟友。1967年,美国的立场是支持以色列拥有安全和得到承认的边界,并主张通过谈判来划定这些新边界。

1967年6月19日,以色列通过美国向埃及和叙利亚转达,同意以撤军换取和平协议。以色列还保证将与约旦谈判。然而,1967年9月,阿拉伯联盟在苏丹首都喀土穆召开会议时,拒绝了与以色列的谈判。正如阿巴·埃班调侃的那样,六日战争是历史上第一次在战争结束时,战胜国要求和平,战败国却要求对方无条件投降的战争。至于约旦河西岸和加沙地带,以色列政府详细讨论了这个问题,但未做出明确决定。总理艾希科尔说,任何最终决定都应考虑到"安全和人口统计"。[37]梅纳赫姆·贝京反对让巴勒斯坦人"自治"的提议,他认为,任何自治最终都将不可避免地变成一个国家(不过,他最终同意自治,在1978年签署了《戴维营协议》)。摩西·达扬和伊加尔·阿隆(Yigal Allon)原则上都同意建立巴勒斯坦国的想法,只是阿隆坚持认为巴勒斯坦国应该被以色列领土包围。[38]

1968年,列维·艾希科尔与约旦河西岸和加沙地带的阿拉伯领导人举行了多次会晤。1968年5月,以色列政府与希伯伦市长达成协议——在希伯伦建立一个自治地方政府。然而,约旦国王侯赛因听说后,称希伯伦市长为叛徒。侯赛因想要夺回西岸的控制权,他强烈反对任何形式的巴勒斯坦自治或政府。[39] 因此,自治计划失败了。既然巴解组织和埃及都反对,"约旦选项"可能永远不会是可行的选择。

1967年6月至11月,联合国六项谴责以色列的决议被否决,四项要求以色列全面撤军的决议也被否决。[40] 1967年7月,苏联外交部部长安德烈·格罗米科(Andrei Gromyko)和美国驻联合国大使阿瑟·戈德伯格(Arthur Goldberg)就一项决议草案达成一致,要求以色列立即撤回到1967年6月4日的边界线。[41] 事实上,戈德伯格同意了苏联提出的以色列全面无条件撤军的要求。这令以色列感到震惊和失望,因为之前美国拒绝了提出类似要求的决议草案。然而,这份草案很快也变得毫无意义,因为它承认中东所有国家在和平与安全中生活的权利,埃及对此拒绝接受。

联合国安理会第242号决议于1967年11月22日,也就是战争结束五个月后通过。关于第242号决议的谈判早已于10月中旬开始。英国驻联合国大使卡拉顿勋爵(Lord Caradon,在被授予勋章之前也以休·富特这个名字为人熟知)负责起草这项决议。11月6日,以色列外交部部长埃班在唐宁街10号会见了英国首相威尔逊和英国外交大臣布朗。威尔逊和布朗向埃班明确表示,这项决议要求以色列从被占领土撤出,但没有具体说明是"所有领土"还是"特定领土"。布朗强调,"在242号决议中省略'所有'一词或'特定'一词是有意为之"。[42]

安理会内拥有否决权的成员国无法就决议的最终措辞达成一致。最终的草案是苏联和美国之间妥协的产物。一方面,决议要求"以色列武装部队撤出最近冲突中占领的领土";另一方面,它承认以色列有权"在安全和公认的边界内生活,不受威胁或武力行为的影响"。此外,在英文版本的决议中确实说的是"领土",而不是"所有领土"或"特定领土"。阿巴·埃班于1967年11月22日在安理会发言时强调:"安理会已经指出这一点,1949年的协定也指出了这一点,停战分界线从来没有被视为边界线,因此,正如美国代表所说,以色列与其邻国之间的边界线必须作为和平进程的一部分,由双方自己共同划定和承认。"[43]埃班还注意到让他很满意的一点是,苏联要以色列撤至1967年6月前划定的边界线的要求遭到拒绝:"有些提案,包括三个大国提交的提案,以及苏联提交的提案,都未能获得必要的支持,因为他们把我们的观点建立在一个错误的前提之上,即可以在恢复6月4日局势的基础上形成解决办法。"[44]第242号决议避免提及"6月4日分界线"或"先前的停战线",要求恢复这些分界线的决议被否决。[45]约翰逊总统驳回了苏联总理柯西金在决议通过前提出的应将"领土"理解为"所有领土"的建议。在安理会投票的那天,印度和阿拉伯代表团请卡拉顿勋爵私下声明,该决议的意图是要求以色列撤出所有领土。卡拉顿拒绝发表这样的声明。[46]

然而,该决议的法文版本要求以色列从"最近冲突中占领的领土"撤出。法国驻联合国大使阿尔芒·贝拉尔(Armand Bérard)断言:"如果我们提及与英文版本同样可信的法文版本,它不会留下任何含糊不清的空间,因为它说的是从被占领土撤出。"[47]然而,法文版本是否"与英文版本具有同等效力"?据以色列外交官和国际法教授沙巴泰·罗森内(Shabtai Rosenne)的说法,[48]这一个问题的答案是否定的,因为该决议是由英国代表(卡拉顿勋爵)提交的,用英文措辞;此外,在"领土"之前加上"所有"和"该"字样的决议草案也被否决。[49]负责监督242号决议措辞谈判的卡拉顿勋爵解释道,决议中故意在"领土"之前删除

"该"一词,是为在安理会成员之间取得协商一致意见。[50]英国外交大臣乔治·布朗在他的回忆录中明确地解释了这一争议。他写道,第242号决议"没有要求以色列从最近占领的'领土'撤出,也没有使用'全部'一词。如果包括这两个词,就不可能通过决议,但它确实规定了必须就解决办法进行谈判的路线。每一方都必须准备放弃一些东西;决议不试图确切地说什么,因为和平条约的谈判必须这样做"。[51]决议的原文是英文,其他文本(包括法文)是根据英文翻译的。法国国际法专家卢梭(Charles Rousseau)解释道,当国际条约的翻译产生不同的解释时,必须把原文放在首位。[52]

第242号决议涉及边界以外的其他问题。它呼吁"公正解决难民问题",这是一个可以任意解释的模糊表述:什么是"公正"? 根据谁的解释? 最终,第242号决议难以执行。它将在交战国(或前交战国)之间谈判,因为它是根据《联合国宪章》第六章(而不是第七章)通过的。[53]正如联合国秘书长安南1992年3月19日宣布的那样:"未根据第七章通过的(安理会)决议不具有约束力……第242号决议(1967年)不以《联合国宪章》第七章为基础。"[54]

1967年6月19日,以色列政府宣布愿意撤出西奈半岛和戈兰高地,以换取与埃及和叙利亚达成全面和平协议。两个月后,聚集在喀土穆的阿拉伯联盟在会议结束时公布了"三不"原则:1. 不承认以色列;2. 不与以色列谈判;3. 不与以色列和平共处。

另一方面,以色列从未对约旦河西岸和加沙地带采取明确的政策。六日战争结束三周后,劳工部部长、前军事指挥官伊戈尔·阿隆向政府提交了一份计划——以色列吞并约旦河西岸三分之一的土地,将其他三分之二归还给约旦。以色列政府未正式通过"阿隆计划",而且这也遭到约旦国王侯赛因的断然拒绝。尽管如此,以色列还是开始在约旦河西岸地区修建定居点,按照

"阿隆计划",这些地区将被吞并。以色列国防部部长摩西·达扬在以色列和约旦之间实施了实际上的权力共享：约旦继续支付政府工资，并监督约旦河西岸的公共教育（即使在1967年以色列控制了该地区之后，当地居民仍保留约旦国籍）。然而，侯赛因国王和以色列领导人之间就执行"阿隆计划"进行多次秘密接触和会晤之后，这项计划仍未能实现。当侯赛因国王坚持要求以色列归还整个领土时，以色列正在约旦河西岸进行建设。对以色列而言，侯赛因国王没有理由表现得左右摇摆，因为他知道他是以色列的首选伙伴。美国国务卿基辛格在与侯赛因私下谈话时坦白："以色列有两个选择：要么对付阿拉法特（巴勒斯坦领导人），要么对付陛下。如果我是以色列总理……我会立即与陛下谈判，因为这是对付阿拉法特的最好保证。"[55]

然而，随着时间的推移，"约旦选择"实际上是一种幻觉。侯赛因国王很难代表巴勒斯坦人进行谈判，特别是在1974年阿拉伯联盟确定巴解组织是巴勒斯坦人的唯一合法代表之后。

虽然以色列政府正式承认了第242号决议，但随着时间的推移，关于西岸计划的模棱两可之处越来越多。

赎罪日战争和与埃及的和平协议

以色列与阿拉伯世界之间存在着心理隔阂。阿拉伯领导人蒙受羞辱，但他们无意投降。苏联的军事支持、石油出口以及在联合国的数量优势，是阿拉伯国家决心用来改善自己的地位，并可能在下一轮对抗以色列的战争中获胜的资本。至于以色列领导人，令人震惊的胜利给了他们一个错误的印象，那就是他们的国家已经成为一个无懈可击的大国，可以制定实现和平的条件。

但以色列不是二战以后的美国。阿拉伯国家虽然在战场上战败，但很快就在苏联的帮助下恢复和补充了军事能力。

埃及总统纳赛尔认为,在苏联的支持下,他可以耗尽以色列的后备军队,将其赶出西奈半岛。因此,1968年6月,纳赛尔发动了一场"消耗战"。然而,这场消耗战给埃及带来了沉重而屈辱的损失。苏联坚决不停止对以色列阵地的炮击,并向埃及提供了新的战斗机、飞行员和防空导弹。到1970年夏天,这场消耗战变成了以色列和苏联飞行员之间的空战。[56]

纳赛尔于1970年9月去世,他的消耗战收效甚微。阿拉伯世界已经失去了它的捍卫者,但纳赛尔的追随者仍然没有停息。"阿拉伯冷战"继续肆虐,尤其是在亲苏联的巴解组织和亲美派约旦国王侯赛因之间。纳赛尔去世当月,巴解组织主席阿拉法特试图在苏联和叙利亚的支持下接管约旦。美国和以色列向侯赛因保证他们会向其提供支持,而侯赛因对巴解组织发动了一场残酷的战争,并把巴解组织赶进了黎巴嫩(一场被称为"黑色九月"的暴力镇压)。虽然侯赛因的斗争是反对巴解组织,但它也抵制了叙利亚在苏联支持下侵占约旦的企图。

纳赛尔的继任者安瓦尔·萨达特(Anwar Sadat)试图通过谈判让以色列从西奈半岛撤军,但他要求以色列承诺从西奈半岛完全撤军作为谈判条件——以色列拒绝了这一要求。1971年2月,联合国中东和平进程特使贡纳尔·贾林(Gunner Jarring)提出了基于"土地换和平"模式的以色列和埃及之间的和平框架。萨达特希望以色列承诺撤回到1967年6月4日以前的边界线上。虽然以色列政府表示愿意用领土换和平,但它也宣布,以色列"不会撤回到1967年6月4日的边界线"。许多人称这一决定导致了贾林任务的失败。然而,众所周知,以色列将安理会242号决议解释为修正领土留下了余地。以色列不想开启一个实际上使未来领土修正成为不可能的先例。与此同时,萨达特认为以色列的反应是可以接受的。贾林和尼克松政府都没有认真去弥合埃及和以色列之间的鸿沟。在以色列做出回应和萨达特退出之后,他们干脆放弃了。

毫无疑问,以色列在这一点上过于自信。当时的主流观点是,阿拉伯国家不能也不敢再发动战争。1972年年初,英国外交官安东尼·帕森斯爵士(Sir Anthony Parsons)问阿巴·埃班,以色列是否考虑萨达特进攻以色列的可能性,尽管他没有获胜的希望,但可能为了打破僵局而这样做。当埃班问以色列军事情报部门负责人泽伊拉将军对这个想法的看法时,泽伊拉认为可能性不大。[57]伊扎克·拉宾(时任以色列驻美国大使)1973年7月写道:"阿拉伯人几乎没有能力协调他们的军事和政治行动。时至今日,他们仍未能使石油成为反对以色列斗争的有效政治因素。重新爆发敌对行动总是有可能的,但以色列的军事力量足以阻止对方获得任何军事目标。"[58]阿里尔·沙龙(Ariel Sharon)则向以色列人保证:"在我们目前的边界下,我们没有安全问题。"[59]报纸头条报道政治家或军事专家的演讲时,会出现这样典型的句子:"阿拉伯人没有军事能力,只要有战争,阿拉伯人就会逃跑。我们的情报永远不会出错,时间站在我们这边,果尔达的边界比所罗门国王的好。"[60]

以色列总理果尔达·梅厄(Golda Meir)认为,以色列可以争取时间。亨利·基辛格在他的回忆录中说,梅厄在1973年3月的心态是乐观的,而且,正如随后发生的不幸事件所表明的那样,她产生了妄想:"在3月1日与尼克松的一次会面中,果尔达宣布'我们从未有过如此美好的局面',并坚持认为僵局是安全的,因为阿拉伯人没有军事选择。果尔达的态度很简单,她认为以色列在军事上坚不可摧;严格地说,不需要任何改变。但考虑到美国人'天生无法独善其身',她愿意参加会谈,尽管不承诺会有结果。"[61]

亨利·基辛格自己似乎也有这种自满情绪。当基辛格在法国、开罗和华盛顿与埃及特使哈菲兹·伊斯梅尔(Hafiz Ismail)会晤时,他没有表现出任何强迫以色列的意愿。伊斯梅尔后来说,基辛格表现出的灵活性甚至比果尔达·梅厄还少。[62]基辛格还把萨达特贬为"傻瓜"和"小丑"。[63]

至于埃及,它一直没有从六日战争的屈辱中恢复过来。萨达特认为,如果他能至少部分地恢复他的国家的荣誉,粉碎以色列的自信,以色列可能会被迫谈判。此外,萨达特认为,如果埃及和以色列达成和平协议,埃及将从苏联转向美国,那么美国政府就会有强烈的动机迫使以色列从西奈半岛撤军。正如以色列历史学家、外交部前部长什洛莫·本-阿米所言:"萨达特明白,苏联可以向阿拉伯人提供战争工具,但只有美国才能让以色列做出让步。"[64]

因此,萨达特于1973年10月6日与叙利亚一起对以色列发动了突然袭击。这样做,萨达特证明了以色列的官方军事理论是有缺陷的。埃及既不会安于现状,也不会就以色列的条件进行谈判,它选择通过战争来打破心理上的僵局。

"赎罪日战争"让以色列措手不及,这也违背了以色列的军事原则,即任何对以色列的攻击都将被迅速果断地击退。巴列夫防线(Bar Lev Line,以色列在苏伊士运河东岸修建的一系列防御工事)在战争开始的几个小时内就崩溃了。以色列的战斗机被苏联高度精准的新型防空导弹击落。第一天战斗结束后,埃及军队穿过苏伊士运河,向西奈半岛运送了大约7万名士兵和1000辆坦克。北部,4万名叙利亚士兵和800辆坦克深入戈兰高地。以色列国防军损失惨重。到战争的第四天,以色列的飞机和坦克损失巨大,立即增援变得至关重要。10月10日,以色列请求美国紧急派遣军事空运进行物资支援。尼克松总统克服五角大楼的阻力,下令派遣空运支援。然而,在美国战机飞往中东之前,以色列国防军已经从西奈半岛和戈兰高地撤退,以色列政府宣布愿意停火。萨达特拒绝了停火提议,他的军队运转良好,大量苏联武器正运抵埃及。

美国10月13日向以色列空运的物资数量庞大,且具有决定意义,其动机是基辛格担心"以色列被苏联武器击败将是美国的地缘政治灾难"。[65] 10月16日,当阿里尔·沙龙将军穿过苏伊士运河,埃及在战争中的命运开始走下坡路,灾难即将来临;以色列国防军正逼近伊斯梅利亚和苏伊士。当以色列国防军即将压制并击败埃及第三军时,苏联威胁要对以色列采取直接军事行动。美国和苏联谈判达成停火协议,并于10月22日生效。

最终,以色列击退了埃及和叙利亚军队,但以色列的损失巨大。准确地说,2838名以色列人死于一场以色列情报部门认为不可能发生的战争。整个国家的自信心破灭了。

这样萨达特就实现了他的双重目标:一方面打击以色列的自信心,另一方面恢复埃及的荣誉。以色列和埃及之间的心理平衡已经改变。萨达特的冒险是经过计算的,并且得到了回报。阿巴·埃班尖锐地指出:"萨达特1973年10月做出采取军事行动的决定,驳斥了传统的假设,也就是任何国家都不会有意发动战争,除非它对自己的胜利抱有坚定的信念。"萨达特发动了一场他明知不可能打赢的战争,因为他知道,不管结果如何,战争都会为他的计划服务。10月的战争将打破只对以色列有利的僵局。这将迫使超级大国着手解决阿以问题,而尼克松和勃列日涅夫直到1972年夏天还对阿以问题表现得漠不关心。[66]

然而,与此同时,萨达特也认识到,埃及对以色列没有"军事选择"。埃及用苏联最先进的武器让以色列措手不及。埃及参谋长萨阿德·埃尔·沙兹利(Saad El Shazly)将苏联10月10日往埃及运送的大量武器称为苏联历史上"最大的空运物资"。[67] 战争期间,约1.5万吨军事装备从苏联空运到埃及和叙利亚,然而,战争结束时,要不是因为苏联的威胁和美国的压力,以色列国防军一定会在苏伊士运河西岸羞辱埃及第三军。(就美国而言,它希望避免与苏联直接对抗,同时也为保留埃及人对1967年6月的羞辱报仇的感觉)。[68] 埃及总理穆斯塔法·哈利勒(Mustafa Khalil)坦承:"我们知道我们没有赢得战争的机会,我们也知道你们拥有原子弹……埃及没有军事解决办法,我们必

须寻求另一个解决办法。"⁶⁹

事实上,萨达特自己也认识到,他是尝试了所有其他选择之后才选择外交手段的。1978年,当被问及为何选择与以色列进行和平谈判时,他直截了当地回答:"因为你们拥有我的土地。我尝试了各种方法,试图在不危及和平的情况下恢复和平:我尝试了联合国行动,四国、三国、两国施压。我试过战争、停战、国际谴责。我得到的答案是:只有和平才能收复我的土地。"⁷⁰

萨达特通过罗马尼亚尼古拉·齐奥塞斯库(Nicolai Ceauçescu)向以色列传话,后者于1973年11月在布加勒斯特向阿巴·埃班解释说,埃及总统对与以色列达成和平协议是认真的。当埃班把他和齐奥塞斯库的谈话报告给果尔达时,她对此不屑一顾。⁷¹

然而萨达特的根本战略是用埃及对苏联的忠诚换取西奈半岛。基辛格是一位现实主义政治家,他清楚地了解萨达特的战略,且非常愿意合作。基辛格后来解释道:"我们相信,埃及,或其他一些国家迟早会认识到,依赖苏联的支持或发布激进言论,必然会导致其政治抱负受挫。在这一点上,埃及可能愿意消除苏联的军事存在——'驱逐'是我在1970年6月26日一篇饱受批评的简报中使用的词——并考虑可实现的目标。如果有必要,届时美国将采取重大行动,对我们的以色列朋友采取新的措施。"⁷²

早在1974年1月,基辛格就确信萨达特做出了重大的政策转变,准备结束埃及与苏联的结盟。⁷³然而萨达特需要知道美国能够兑现承诺。他要求的"首付"是与以色列签署的第二份"停战协议"(第一份协议在1974年1月签署),要求以色列从西奈半岛大规模撤军。以色列总理伊扎克·拉宾赞成(他赞成结束苏联在埃及的驻军),但不愿付出领土代价。以色列已经与埃及达成了停火协议,那么为什么要同意在没有任何实质回报的情况下大规模撤军呢?然而,基辛格态度坚决。1975年,他强迫拉宾撤出了西奈半岛20%的领土。最终,1975年9月,拉宾同意与埃及签署《西奈 2 号协议》。

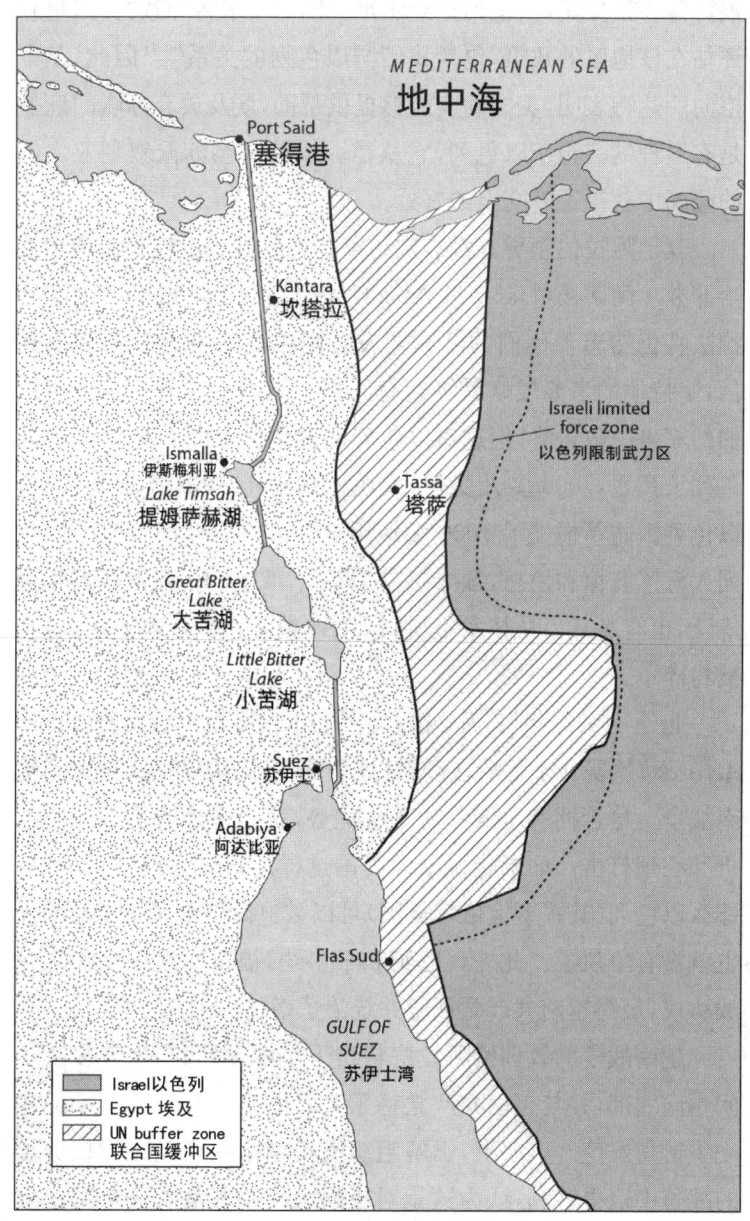

图 13　1975 年以色列和埃及之间的重新部署协议
Bill Nelson 制图

拉宾撤出西奈半岛是美国总统福特施压甚至威胁的结果。福特曾警告拉宾，以色列拒绝满足美国的要求将导致"美国重新评估在该地区的政策，包括我们与以色列的关系"。[74]因此，基辛格向萨达特表明，美国确实能够提供帮助，埃及放弃苏联的庇护是有道理的。至于以色列，它从扩大埃及与亲苏派叙利亚之间的隔阂中获得了外交上的好处。

其他阿拉伯领导人没有效仿萨达特的做法。叙利亚领导人哈菲兹·阿萨德（Hafez al-Assad）和巴勒斯坦解放组织主席阿拉法特仍然忠于他们的苏联盟友。阿拉法特有充分的理由相信，坚持他的亲苏战略最终会有回报。虽然赎罪日战争以阿拉伯的军事失败告终，但这对以色列来说代价巨大。2800多名以色列人死亡，7000多人受伤，人质遭到劫持，物资成本也很高，以色列国防军损失了1000多辆坦克和大约100架飞机。以色列人深感震惊和愤怒，领导层措手不及，战争的头几天既有生命危险，也有耻辱。从技术上讲，以色列赢了。从心理上来说，它被粉碎了。

此外，1973年1月，在《巴黎和平协约》（*Paris Peace Accords*）签署9个月后，赎罪日战争爆发，该协议正式结束了越南战争。尽管拥有压倒性的军事优势，美国还是遭受了外交挫折和心理打击。如果能说服像美国这样的超级大国结束战争，那么以色列（其军事上依赖美国）可以被迫做出重大让步的结论也就没有争议了。此外，《巴黎和平协约》被证明是一个临时休战协议，最终越南共产党征服并统治了南越。

越南战争的教训给阿拉法特留下了深刻印象，他曾多次访问越南北部，并与越南共产党将领武元甲（Võ Nguyên Giáp）建立了密切友谊。事实上，巴解组织支持越南共产党在对抗美国的战争中取得胜利，认为这是对更强大的军事敌人进行游击战和心理战的成功典范。[75]巴解组织领导人公开宣称，他们的目标是把阿曼（约旦首都）变成"巴勒斯坦的河内"，把特拉维夫变成

"以色列的西贡"。[76] 多年后的 1997 年,阿拉法特宣布:"1974 年,这场运动(巴解组织)从越南革命那里接过了革命的旗帜。"[77]

阿拉法特显然明白,赎罪日战争已经毫无疑问地证明,对抗以色列没有任何军事选择。但是,阿拉法特决定实施"特洛伊木马战略",这与萨达特通过和平协议放弃苏联、恢复西奈半岛的立场相反。1974 年 6 月,巴解组织通过了"分阶段计划",要求在约旦河西岸和加沙地带建立巴勒斯坦国,以便在以色列境内建立军事存在,以此作为"解放整个巴勒斯坦"的第一步。同年,阿拉伯联盟承认巴解组织为巴勒斯坦的唯一代表。

阿拉伯联盟的决定对以色列和约旦都提出了挑战。在把巴解组织赶出约旦(1970 年 9 月)四年后,侯赛因国王开始正式与阿拉法特争夺约旦河西岸。这种阿拉伯国家之间的斗争与冷战不无关系:美国支持约旦,苏联支持巴解组织。但以色列未能更有力地与约旦接触,间接地促进了巴解组织的发展。伊扎克·拉宾的第一届政府(1974—1977)依赖国家宗教党(National Religious Party),该党拒绝放弃哪怕部分西岸地区。因此,拉宾出于国内政治考虑而搁置了巴勒斯坦问题。然而,巴勒斯坦人自己也有分歧。1977 年 11 月,巴勒斯坦要人与安瓦尔·萨达特总统在耶路撒冷会晤时,一些人表示支持巴解组织,另一些人则表示支持约旦。[78]

阿以冲突也没有脱离美国政治。随着卡特总统于 1977 年 1 月宣誓就职,美国在中东问题上采取了新的不同做法。卡特希望以色列与巴解组织谈判,并撤回到 1949 年停战线,拉宾在与卡特总统的第一次会晤后惊恐地意识到这一点。拉宾拒绝与巴解组织打交道,甚至拒绝考虑全面撤回到 1967 年 6 月前的边界线,他在会见卡特总统后向以色列议会报告:"我不能说美国和以色列的观点有我们希望看到的相似之处。以色列的安全边界线不能以 1967 年 6 月 4 日前的边界线为基础。"[79]

与视冷战为零和游戏的亨利·基辛格不同,卡特不是一个现实主义政治家。卡特希望与苏联接触,他认为中东是一个很好的起点。因此,卡特建议召开有美国和苏联参加的中东问题国际会议。

卡特的提议让埃及总统萨达特感到意外,他与亨利·基辛格之间默认的共识是,如果埃及与苏联的联盟破裂,以色列将从西奈半岛撤军作为回报。萨达特觉得卡特对苏联的示好背叛了他,据报道,他大叫道:"我们把苏联人踢出了门,现在卡特先生又把他们从窗户里带回来了!"[80]

与此同时,以色列也发生了政治动荡。1977 年,工党在 1948 年以色列独立后首次在选举中落败,梅纳赫姆·贝京领导的利库德集团(Likud)组建了政府。萨达特不仅对卡特的政策持谨慎态度,也不知道梅纳海姆·贝京会是什么样的人——贝京当时被大多数记者描述为一个顽固的民族主义者。萨达特决定通过让埃及副总理哈桑·图哈米(Hassan Tuhami)和摩西·达扬(贝京新任命的外交部部长)在罗马尼亚和摩洛哥进行秘密会晤,调查贝京的个性和意图。[81]尼古拉·齐奥塞斯库在以色列和埃及早期的接触中非常关键,以至于吉米·卡特后来称赞齐奥赛斯库是"萨达特访问耶路撒冷的缔造者"。[82]

摩洛哥国王哈桑二世在埃及和以色列的秘密接触中发挥了重要作用。帮助摩西·达扬匿名前往摩洛哥需要发挥创造力:达扬在拉巴特机场通过护照检查,没有戴上他那传奇般的眼罩,只戴了一顶软呢帽。

早期的秘密会议使萨达特相信贝京愿意用西奈半岛换取和平,他是可以信任的。1977 年 11 月 9 日,萨达特宣布愿意为了和平前往以色列,震惊了埃及议会。

萨达特在本-古里安机场降落并在以色列议会发表讲话的画面,具有某种戏剧性的、前所未有的、令人动容的意味。萨达特在对以色列议会的讲话中说,他来这里不是为了与以色列签署单独的和平条约,也不是为了放任巴勒斯坦人向命运屈服(尽管他最终确实是这样做的)。萨达特的主要目标是收复1967年6月被以色列占领的领土。梅纳赫姆·贝京是一位理论家,他认为以色列的土地是不容谈判的,但他并不认为西奈半岛是犹太人领土遗产的一部分。[83]因此,贝京和萨达特最终达成了条约,诚然,这是在吉米·卡特的巨大压力和经济激励下达成的(作为和平条约的一部分,以色列和埃及都得到了美国慷慨的军事援助)。贝京最初发誓不拆除以色列在西奈半岛的定居点,但在沙龙说为全面和平条约付出这样的代价是值得的之后,他最终同意了。萨达特最初曾保证他不会与以色列签署单独的和平条约,然而,当他意识到,将与以色列和平共处和西岸的命运联系在一起会钻进死胡同,他最终还是这么做了。和平条约还使得以色列能够削减6亿美元的年度军事预算。[84]此外,梅纳赫姆·贝京强调:"我们与我们最大也是最强大的邻国签署了和平条约。我们所有邻国的人口还不到埃及的一半。"[85]随着埃及与以色列正式实现和平,以色列的其他邻国失去了他们最强大的军事盟友。

显然,以色列和埃及之间的和约是一种现实政治协议,是由共同利益和美国的压力与激励促成的。埃及重新收回了整个西奈半岛,摆脱了与以色列冲突的经济负担;它还将受益于美国的经济援助。美国将埃及从苏联的中东势力范围中移除。至于卡特,以色列和埃及之间的和平条约是他的个人成就,与他在国际上的一系列耻辱形成对比(1979年,苏联入侵阿富汗,伊朗成为反美伊斯兰共和国,共产党接管尼加拉瓜)。

除了和平条约外,以色列和埃及还签署了一个中东和平框架,其公开的目的是解决巴勒斯坦问题和阿以冲突。这一框架协议承认"巴勒斯坦人民的合法权利和他们的正当要求",呼吁在西岸和加沙地带进行选举,建立一个巴勒斯坦政府,解散以色列军事政府。阿巴·埃班对梅纳赫姆·贝京默许框架协议的行为评论道:"任何想要在以色列的专属统治下拥有一块不可分割的以色列土地的人都不应该签署《戴维营协议》。"[86]亨利·基辛格颇具先见之明地写道:"自相矛盾的是,贝京政府违背自己的偏好和意识形态,实际上是在赞成一个所有其他国家都肯定会解读为一个胚胎中的巴勒斯坦国,更讽刺的是,在1967年的边界内,没有讨论其他国家。一旦在西岸建立了一个经选举产生的自治政府,该政府就会在其职权所管辖的领土上缔造一个不可逆转的政治事实。不管多么有限,这个权力很快就会变成类似巴勒斯坦国的政权核心,很可能在巴解组织的控制之下。"[87]

然而,贝京放弃西奈半岛不仅是为了与埃及达成和约,也是为了巩固以色列在约旦河西岸的存在。至于萨达特,有证据表明他倾向于把约旦河西岸归还给约旦,而不是在那里建立一个由巴解组织统治的国家。萨达特称阿拉法特和巴解组织是"侏儒和雇佣杀手",并私下承认"把巴解组织排除在外"。[88]

无论如何,框架协议并未实现。阿拉法特后来称,俄罗斯人和叙利亚人告诉他不要接受《戴维营协议》,"当时约旦河西岸只有5000名定居者,巴勒斯坦人本可以否决再增加定居者"[89]。阿拉法特一度还称:"你知道谁是第一个提出让我建立巴勒斯坦国的吗?是贝京。但那时候我无法(接受),因为叙利亚人给我们施加了巨大的压力。"[90]

1981年,萨达特遇刺身亡,贝京再次当选,罗纳德·里根宣誓就职。

小结

1948年的第一次阿以战争留下了许多悬而未决的问题,其中包括以色列的边界、难民问题和耶路撒冷的地位问题。纳赛尔于1952年推翻了埃及君主制,并于1955年与苏联结盟。纳赛尔1956年支持阿尔及利亚反政府武装,并将苏伊士运河国有化,从而促成了以色列和法国之间事实上的联盟,这一联盟在1956年的苏伊士战争中达到顶峰。战争的结果是,以色列在蒂朗海峡的通行权得到了西方国家的保障。然而,十年后的考验证明,这个保证是空的:法国后来由戴高乐统治,巩固以法联盟的阿尔及利亚战争结束了;美国卷入越南战争;英国与美国结盟。

西方的挫折和分歧,以及美国在越南的困境,使苏联确信,中东是一个唾手可得的果实,以色列只能靠自己。然而,苏联错误地估计了这场战争,它鼓励打了一场在1967年6月战败的战争。以色列的表现令人印象深刻,它的迅速胜利证实了它对美国的战略价值。冷战使阿以冲突两极分化:美国此时完全支持以色列,而埃及、叙利亚和伊拉克则得到了苏联的支持。苏联及其阿拉伯盟友受到了羞辱,但双方都无意投降。

然而,尽管阿拉伯有苏联的支持和重新武装,但以色列似乎坚不可摧。

1973年10月,埃及新领导人萨达特冒着精心策划的风险,发动了一场针对以色列的新战争,尽管他知道自己不可能彻底赢得战争,但他的战略是动摇以色列的自信,并在一定程度上恢复埃及的荣誉。更重要的是,萨达特开始意识到他无法通过战争来恢复西奈半岛,所以他的国家与苏联的联盟变得毫无意义。

因此,1979年以色列和埃及之间的和平条约是现实政治的结果。埃及在从苏联转向美国后重新夺回西奈半岛;以色列部分消除了其最强大的敌人;以色列和埃及都从新的安排中获得了经济利益。相比之下,巴解组织采取了"分阶段战略"(受1973年北越和美国签署的协议以及北越作战方式的启发),这种战略将在未来几年影响以色列和巴勒斯坦之间的冲突。

12. 以色列和巴勒斯坦人

> 他们(犹太人)是法国大革命、共产主义革命和大多数革命的幕后主谋……他们用金钱成立了很多秘密组织,如共济会、扶轮社、狮子会和世界各地的其他组织,目的是破坏社会,实现犹太复国主义者的自身利益……他们是第一次世界大战的幕后黑手,他们能够搞垮伊斯兰哈里发,获得经济利益并控制资源。在英国《贝尔福宣言》的支持下,他们成立了国际联盟,以此统治世界。他们也是第二次世界大战的幕后黑手,通过贩卖武器,在第二次世界大战中获得了巨额经济利益,并为建立他们自己的国家铺平了道路。正是在他们的鼓动下,联合国和安理会取代了国际联盟,这样他们就能够以此统治世界。没有他们的干预,世界上任何地方都不会发生战争。
>
> ——《哈马斯宪章》第 22 条

黎巴嫩战争和第一次巴勒斯坦大起义

1981 年,梅纳赫姆·贝京连任以色列总理,并任命阿里尔·沙龙为国防部部长。沙龙提议在以色列周围建立一个"和平三角",南部是埃及,东部为约旦,北部是黎巴嫩[1]。根据沙龙的计划,黎巴嫩将摆脱巴解组织的束缚,而基督徒也将重新控制这个半基督徒、半穆斯林组成的国家。

黎巴嫩基督徒（也被称为马龙派教徒）和犹太复国主义者长期以来有特殊的关系。20世纪30年代，马龙派主教安托万·皮埃尔·阿里达（Antoine Pierre Arida）曾赞扬"勇敢的以色列人"与中东基督徒一起面对他所说的"野蛮穆斯林的海洋"。[2] 20世纪30年代，马龙派和犹太复国主义领导人定期举行会晤。1947年，阿里达出席联合国巴勒斯坦问题特别委员会，支持犹太复国主义运动。然而，基督徒从未完全掌控黎巴嫩。事实上，接连不断的内战、叙利亚和巴解组织的外来入侵使得马龙派渐渐丧失了对黎巴嫩的掌控，摧毁了这个曾被誉为"中东瑞士"的国家。以色列领导人希望马龙派教徒完全控制黎巴嫩并与以色列签署和平协议，对于这一点，以色列领导人毫不掩饰。1954年，本-古里安谈到帮助马龙派教徒重新夺回他们对国家的控制权。1955年，摩西·达扬建议以色列入侵黎巴嫩，为在那里建立基督教政府提供帮助。[3]

以色列在黎巴嫩的利害关系与巴解组织在该国的存在有关。1970年"黑色九月"之后，巴解组织部队被从约旦驱逐到黎巴嫩。到20世纪70年代中期，巴解组织已成为黎巴嫩的国中之国，拥有自己的军队、税收、警察、司法、学校和医疗等机构。1975年，随着巴解武装部队和马龙派之间的不断冲突，黎巴嫩内战爆发。这场内战与阿以冲突和冷战都有关联：以色列和美国支持马龙派，而叙利亚和苏联支持巴解组织。1976年，叙利亚入侵黎巴嫩以支持巴解组织，并控制了黎巴嫩。得到增援后，巴解组织立即加大炮击以色列北部的力度。1977年以来，巴解组织经常炮击以色列北部。以色列偶尔也会干涉黎巴嫩事务（例如1978年3月的"利塔尼行动"），这样做不仅是为了击退巴解组织，也是为了帮助基督徒重新夺回他们被劫持的国家。

1976年3月，马龙派长枪党（Phalange Party，也被称为Kataeb Party）向以色列请求帮助。最终，以色列总理拉宾同意向巴希尔·杰马耶勒（Bachir Gemayel）领导的马龙派出售武器。对此，以色列国防机构内部出现了分歧。以色列国防军情报部门对马龙派教徒持怀疑态度，也不相信他们做出的承诺；而摩萨德则赞同结盟。

贝京支持摩萨德，并在1977年成为总理后付诸行动。1982年6月，以色列驻英大使施洛摩·阿尔戈夫（Shlome Argov）遭暗杀（未遂），尽管暗杀由阿布·尼达尔恐怖组织（Abu Nidal terror group）实施，它并不属于巴解组织，但以色列国防部部长沙龙还是说服政府对巴解组织发动了攻击。

沙龙曾经告诉以色列政府，发动战争的目的只是把巴解组织赶出黎巴嫩南部。但沙龙却将以色列政府引入歧途，最重要的是，贝京指示以色列国防军抵达贝鲁特，并在黎巴嫩内战中积极协助马龙派。沙龙还误导了美国国务卿亚历山大·黑格（Alexander Haig）。黑格心照不宣地默许以色列入侵黎巴嫩，因为他认为此举并不会与叙利亚发生冲突。[4]后来，贝京也坦率承认，他"在采取行动之前或之后都知情"。[5]

1982年，以色列已经把阿拉法特驱逐至突尼斯，但沙龙把政权移交给黎巴嫩基督徒的希望很快破灭。信奉基督教、反对巴解组织的巴希尔·杰马耶勒于1982年8月当选黎巴嫩总统，但在三周后即遭暗杀。基督徒在贝鲁特的萨布拉街区和夏蒂拉难民营大肆屠杀巴勒斯坦人。这一事件激起了以色列和全世界的愤怒。以色列调查委员会认定，沙龙知道基督徒的报复情绪却放任不管。最终，沙龙被迫辞职。

至于贝京，他感到被沙龙操纵，并为以色列士兵在黎巴嫩的死亡所烦扰。随着爱妻阿莉扎的去世，他患上抑郁症，最终于1983年8月辞职。

现实打乱了沙龙的"宏伟计划"。黎巴嫩战争代价巨大，且适得其反。黎巴嫩基督徒不但没能控制这个国家，反而进一步被边缘化。后来，以色列国防军军官阿莫斯·基列德（Amos

Gilead)在谈到以色列在黎巴嫩的冒险行动时说,以色列政府"与一个不存在的伙伴……一伙卑贱的江湖骗子勾结在一起。这让我们误以为有可能在中东建立'新秩序'"。[6]虽然叙利亚军队遭受了毁灭性的损失(以色列国防军摧毁了其防空系统),但它仍然驻扎在黎巴嫩,甚至加强了对黎巴嫩的控制。巴解组织被驱逐到突尼斯,取而代之的是更加狂热的真主党(伊朗支持的什叶派民兵组织)。

1984年,黎巴嫩战争后,以色列举行了选举,产生了一个悬峙议会(hung parliament)。联合政府成立,实行轮换制:1984年至1986年,工党领袖佩雷斯担任总理,利库德集团领袖伊扎克·沙米尔(Yitzhak Shamir)担任外交部部长;1986年至1988年,他们轮换职位。伊扎克·拉宾在联合政府执政期间担任国防部部长。

尽管佩雷斯和沙米尔表面联合,但在一些问题上,特别是在阿以冲突问题上,他们几乎没有达成一致意见。由于侯赛因国王和阿拉法特之间的竞争,以及他们在地缘政治忠诚倾向上的矛盾,巴勒斯坦自治问题谈判也陷入僵局。1974年阿拉伯国家联盟承认巴解组织是巴勒斯坦唯一的合法代表,自那时起,侯赛因国王几乎不能在无视巴解组织的情况下同以色列谈判约旦河西岸的最终归属权问题。但是,以色列拒绝巴解组织加入阿拉伯国家联盟,原因是巴解组织从事恐怖主义活动,并且不承认以色列的合法地位,而且其在1974年"分阶段计划"中声称巴勒斯坦自治问题只是其对以色列继续进行军事斗争的其中一步而已。总理佩雷斯为其政府拒绝巴解组织的行为辩解说:"巴解组织领导人把这些协议看作是他们阶段性原则的一种策略,而不是和平原则的战略。"[7]

侯赛因国王试图说服阿拉法特接受联合国安理会第242号决议,并放弃极端行动,但没有成功。1986年2月22日,侯赛因在约旦电视台公开宣布,他未能说服阿拉法特接受联合国安理会第242号决议,现在他觉得自己有权在没有巴解组织参与的情况下与以色列进行谈判。侯赛因说,约旦将"无法继续与巴解组织领导层进行政治协调,直到他们能够言而有信、遵守承诺、可信、始终如一"[8]。1986年3月,侯赛因关闭了巴解组织在安曼的办公楼。

侯赛因放弃对阿拉法特的支持时,佩雷斯和沙米尔已经互换了角色。佩雷斯担任外交部部长,在伦敦会见了侯赛因,讨论了未来约旦河西岸的协商问题。1987年4月,佩雷斯和侯赛因将他们的共识写进协议,即"伦敦协议":以色列和约旦将商讨约旦河西岸的未来及最终归属权问题,谈判以242号决议为基础,以国际会议的形式开启首次谈判。

佩雷斯飞回以色列时,他并没有告知沙米尔他与侯赛因签订协议的事情,而是要求美国驻以色列大使托马斯·皮克林(Thomas Pickering)将"伦敦协议"作为美国的一项倡议呈现出来。[9]沙米尔对此种操控行为非常愤怒,他要求查看"伦敦协议",但遭到佩雷斯的拒绝,因为他担心这份书面文件会泄露给媒体(沙米尔并不希望举行国际会议,因为担心巴勒斯坦从中受益,并且他不相信佩雷斯会仅仅同意举办一个没有任何强制力的象征性会议)。

沙米尔决定直接与侯赛因会面,弄清这位哈希姆王国的君主想要举办什么样的国际会议。1987年7月18日,沙米尔与侯赛因在伦敦举行会晤。美国国务卿乔治·舒尔茨(George Shultz)询问会见进展时,侯赛因国王言简意赅地表达了他对沙米尔的个人感觉:"我不能单独和这个人在一起。"[10]然而,沙米尔最终接受了在直接谈判前举行一次象征性国际会议的提议。但是,侯赛因不相信沙米尔会做出任何让步,决定放弃"伦敦协议"。

一场交通事故将这一僵局打破。1987年12月9日,一名以色列卡车司机在加沙地带意外撞死了四名巴勒斯坦人。很快，此事是蓄意而为的谣言传播开来，加沙地带和约旦河西岸爆发了暴力抗议活动。第一次巴勒斯坦大起义（intifada）由此开始。

虽然从严格意义上来讲，第一次巴勒斯坦大起义是由加沙地带事件引发的，但它有着更深层次的原因。巴勒斯坦的经济部分依赖欧洲和海湾国家（the Gulf states）侨民的汇款。20世纪80年代，两伊战争迫使数千名巴勒斯坦人离开海湾国家，回到西岸和加沙地带，他们没有任何收入。此外，苏联犹太人（1987年开始大批移民至以色列）夺走了许多一直由巴勒斯坦人从事的低报酬工作。巴勒斯坦人的收入直线下降，西岸和加沙地带失业率飙升。此外，黎巴嫩战争的"越南化"和以色列在黎巴嫩南部"安全区"的许多失败案例严重影响了以色列的威慑力。根据"分而治之"的原则，以色列利用穆斯林兄弟会对抗巴解组织；但在1979年伊朗革命和1982年巴解组织被驱逐出黎巴嫩之后，越来越多的巴勒斯坦人将伊斯兰对以色列的"抵抗运动"视为在阿拉法特的突尼斯小圈子之外的另一种领导力量。

1987年12月，第一次巴勒斯坦大起义开始时，哈马斯成立。自称为"伊斯兰抵抗运动"的哈马斯成为穆斯林兄弟会在巴勒斯坦的分支。哈马斯圣约反对与"犹太复国主义者"达成任何妥协，并要求"解放"整个巴勒斯坦。这份公开的反犹文件（节选于本章开头）引用了《锡安长老会纪要》（*The Protocols of the Elders of Zion*）中的表达，将法国大革命、俄国革命和两次世界大战均归咎于犹太人，并称犹太人为了统治世界建立了联合国安理会。

第一次巴勒斯坦大起义是得到广泛支持的人民起义。早在1988年1月，当时的国防部部长拉宾就宣称，不会通过军事手段来解决起义，只会借助政治手段。[11] 侯赛因国王不希望起义蔓延到他的国家。于是，在1988年7月，他宣布约旦正式断绝与约旦河西岸的联系。侯赛因公开宣布放弃约旦河西岸的主权，并表示巴解组织应该接管约旦河西岸:"我们尊重巴解组织作为巴勒斯坦人民的唯一合法代表,希望从约旦独立出去成为独立国家的愿望。"[12] 1988年8月,侯赛因证实,约旦将不再代表巴勒斯坦人扮演谈判角色。[13] 实际上,侯赛因国王的决定意味着约旦政府将不再支付约旦河西岸公务员的工资,解散约旦议会,成立只有东岸人的议会(解散时西岸人占约旦议会50%的比例);西岸人最终会失去约旦公民身份。"约旦选项"曾是以色列工党的官方政策,如今已毫无意义。

侯赛因的戏剧性决定填补了巴解组织的政治空白,巴解组织宣称对西岸负责。1988年11月14日,阿拉法特在阿尔及尔宣布"巴勒斯坦国"独立。但宣言并没有具体说明这个虚拟国家的边界问题。阿拉法特试图获得国际合法性,但在接受其成为合法伙伴之前,里根政府设定了两个条件:放弃恐怖主义和承认联合国安理会242号决议。1988年12月14日,阿拉法特宣布,他承认"中东冲突中有关各方,包括巴勒斯坦、以色列及其邻国,都有在和平与安全中生存的权利"。他还宣布"放弃"恐怖主义。[14] 尽管以色列持保留意见,但里根政府还是决定与巴解组织领导人进行对话。里根总统称巴解组织已满足美国的要求,宣布他已"授权美国国务院与巴解组织代表进行实质性对话"。[15]

随着"约旦选项"的结束和里根政府承认巴解组织合法化,以色列联合政府感到走投无路。国防部部长拉宾和外交部部长阿伦斯(Moshe Arens)认为,以色列应提交自己的计划,以免被迫与巴解组织谈判。工党(利库德领导的联合政府成员)中的许多人开始认为,与巴解组织对话不可避免。沙米尔总理没有更多的意见和建议。1989年1月,阿伦斯和拉宾提出在西岸和加沙地带举行选举。这是他们为迫使巴解组织退出所做的最后尝试。根据该计划,当地选出的巴勒斯坦官员将就西岸和加沙地带的最终归属权问题与以色列进行谈判。但是,因为阿伦斯-拉宾计划的真正目的是破坏巴解组织的领导,所以巴解组织向当地的巴勒斯坦显要人物施加压力，迫使他们拒绝这项计划，他们也确实这样做了。[16] 此外，沙米尔已经想到此计划可能会遭到冷遇。因为他担心巴解组织专业候选人可能会在选举中获胜，并且工党和巴解组织之间的私下联系也削弱了这项计划（许多工党成员认为与巴解组织的谈判已经不可避免，而且工党应该退出沙米尔政府）。最终，工党于1990年退出了沙米尔政府，留下沙米尔领导一个小联合政府。1990年6月，随着右翼祖国党（Moledet）的加入，联合政府才得以扩大。工党退出沙米尔政府加剧了以色列和由布什政府领导的美国之间的分歧。沙米尔愿意考虑为巴勒斯坦人建立一个粗略的自治模型，但他拒绝接受美国国务卿詹姆斯·贝克（James Baker）所设想的完全主权。

1990年8月，伊拉克入侵科威特，布什政府和沙米尔政府之间日益紧张的关系暂时被搁置。阿拉法特支持伊拉克独裁者萨达姆·侯赛因，因此损失了少量在华盛顿聚集的政治资本，也失去了沙特阿拉伯和海湾君主国的财政支持，这些国家都曾收到过萨达姆的威胁。流亡突尼斯、外交孤立、经济破产，阿拉法特陷入了困境。随着苏联犹太人大量涌入以色列，就连巴勒斯坦的人口前景似乎也注定完蛋。

相比之下，以色列政府在海湾战争时答应了美国的要求，即不对侯赛因发射"飞毛腿导弹"做出反应。然而，尽管美国政府对以色列的克制表示感谢，但它也急于向以色列施压，迫使其做出让步。在海湾战争之前，贝克曾说服阿拉伯国家领导人加入美国领导的反对萨达姆·侯赛因的联盟，承诺在战争结束后解决以色列和巴勒斯坦的冲突。贝克不仅决心履行自己的承诺，而且美国此时处于主导地位，没有受到挑战：伊拉克已经被击败，苏联正处于地缘政治崩溃之中。美国政府因此能够向以色列施加前所未有的压力，但由于阿拉法特已被布什政府列入黑名单，以色列此时更愿意提供帮助。

在这种新的背景下，1991年10月，国际马德里和平会议召开。巴解组织正式被排除在"约旦-巴勒斯坦代表团"之外,但它对代表团的影响却是公开的秘密。詹姆斯·贝克这样解释:"以色列私底下很明白,任何巴勒斯坦代表团都会得到巴解组织的默许,但巴解组织自己粉墨登场是不可接受的。"[17]

然而,美国一些人认为巴解组织可能会被边缘化。美国学者、外交官马丁·因迪克(Martin Indyk)也持这种观点,他在1991年的《外交政策》(*Foreign Policy*)杂志上发表了题为《没有巴解组织的和平》("Peace Without the PLO")的文章。[18] 1993年1月,摩洛哥国王哈桑提出解散巴解组织并让巴勒斯坦地方领导人同以色列谈判。[19] 不管怎样,沙米尔同意参加马德里会议的做法导致了他联合政府的垮台。新一届选举随之举行,由伊扎克·拉宾领导的工党赢得了1992年的选举。

《奥斯陆协议》和第二次巴勒斯坦大起义

起初,拉宾无意与阿拉法特打交道。以色列和约旦-巴勒斯坦代表团在华盛顿举行了正式谈判,这是由1991年马德里会议发起的,事实上,拉宾在1992年竞选期间曾承诺在他当选后一年内同代表团达成一项协议,但到了1993年3月,他意识到承诺是无法兑现的。以色列和约旦-巴勒斯坦代表团之间的正式谈判也陷入僵局。

正当华盛顿的谈判毫无进展的迹象愈发明显时,佩雷斯向拉宾透露,以色列学者和巴解组织正在奥斯陆进行秘密谈判,而且似乎会取得一些成果。一开始拉宾很沮丧,因为没有人在这些秘密谈判最开始进行时就告诉他。最终,拉宾决定试试奥斯陆的秘密渠道。

与巴解组织的非正式联系始于20世纪80年代末的以色列学者,诸如约西·贝林(Yossi Beilin)、亚伊尔·赫施菲尔德

(Yair Hirschfeld)和罗恩·庞达克(Ron Pundak)。他们认为，工党领导层拒绝与巴解组织谈判是错误的。1992年拉宾当选后，任命其一直以来的政治对手佩雷斯为外交部部长，佩雷斯的得意门生约西·贝林成为外交部副部长。贝林与挪威副外长埃格兰(Jan Egeland)一道，在奥斯陆与巴解组织开启了秘密谈判通道。他们担心拉宾会禁止谈判，所以没有把此事告诉他。1993年，巴解组织表现出比在华盛顿的巴勒斯坦官方代表团更大的灵活性。阿拉法特几乎不惜一切代价希望得到政治上的救赎，根据他的理解，奥斯陆会为他建立自己的政权奠定基础。因此佩雷斯设法让拉宾选择奥斯陆/巴解方案。

最终，奥斯陆秘密谈判达成了一项协议。1993年8月30日，以色列和巴解组织一致签署了双方相互承认的《原则宣言》(Declaration of Principles, DOP)，其中包括巴解组织承诺放弃恐怖主义并修改其宪章。

阿拉法特决定签署《原则宣言》，这让很多人都颇为震惊。巴勒斯坦裔美国学者爱德华·萨义德(Edward Said)说：

> 阿拉法特急于签署这项协议是因为他担心两件事：其一，华盛顿谈判期间出现了表现越来越突出的政治和公共人物，如海达尔·阿卜杜勒·沙菲(Haidar Abdel Shafi)和哈南·阿什拉维(Hanan Ashrawi)。在这些新领导人的带领下，被占领土将获得独立。其二，在海湾危机和冷战结束时犯下灾难性的错误后，阿拉法特和其他领导人对突尼斯的孤立感到失望。因此，他意识到，无论需要做出什么样的让步，除了和拉宾达成秘密协议外，他别无选择。[20]

阿拉法特的地位岌岌可危。所以拉宾认为，这个时候正是迫使阿拉法特签署协议的最佳时机（要不然他肯定会拒绝签署该协议）。阿拉法特也知道自己在政治上幸存的机会很小。起草以色列和巴解组织第一批协议的以色列法律专家乔尔·辛格（Joel Singer）解释说，实际上以色列是在告诉阿拉法特："你要么签署协议，要么留在突尼斯。"[21] 爱德华·萨义德称阿拉法特是"一个伟大的演员和一个至高无上的政治动物，他与真相的关系只是暂时的"[22]，而《奥斯陆协议》（Oslo Agreements）则是这位绝望而又易于犯错的领导人的"美人计"：

《原则宣言》的智慧之处在于，以色列抓住了巴解组织领导人的弱点。孤立、破产、绝望的巴解组织领导人陷入了进退两难的境地，这样就容易预测他的决定。以色列辱骂和忽视了阿拉法特20年，在此期间，他的确代表了其无依无靠人民的民族目标。现在以色列给他两个临时解决方案：给他有限的权力管理加沙和杰里科，用他的警察部队和"权力"为巴勒斯坦居民提供服务；或者他将因灾难性的判断失误和失败而面临彻底的边缘化，他与萨达姆·侯赛因的联盟只是最近的一个失败案例。当然，阿拉法特选择了前者。[23]

正如美国和平谈判代表丹尼斯·罗斯（Dennis Ross）所说："第一次海湾战争之后，阿拉法特去了奥斯陆，不是因为他做出了选择，而是因为他别无选择……奥斯陆是他的救星。因此，与其说它是一种转变，不如说它是一种交易。"[24] 以色列历史学家、外交部前部长什洛莫·本-阿米对此表示赞同，他说："对阿拉法特来说，奥斯陆更多的是一种政治手段，旨在恢复对巴勒斯坦政治和事务的控制，而不是一项和平倡议。他去奥斯陆是为了拯救巴解组织，以防其湮没在历史洪流中……"[25]

1994年5月4日，《加沙-杰里科协议》（Gaza-Jerico Agreement，正式确定了巴解组织对这两处领土的统治权）在开罗签署。签字仪式上，当伊扎克·拉宾坐下来签署协议时，他注意到阿拉法特并没有在双方同意的地图上签字,随即要求阿拉法特对此进行解释。起初,阿拉法特拒绝做出解释。据说,在埃及总统穆巴拉克(Mubarak)对他大喊"签字,你这个小人"后[26],阿拉法特才在双方同意的地图上签字。签署协议6天后,阿拉法特在约翰内斯堡的一座清真寺内宣布,他刚刚与以色列签署的协议实际上是先知穆罕默德与麦加古赖斯(Kuraish)部落于628年签署的《侯代比亚和约》(Hudaybiyyah Pact)的现代版本。《侯代比亚和约》是穆罕默德力量薄弱时期签署的临时条约,他力量强大后就违约了。[27]

尽管恐怖袭击仍在继续(阿拉法特并没有阻止哈马斯停止袭击),但以色列和巴勒斯坦权力机构之间的谈判没有停止。以色列和美国都不愿意暂停谈判,因为他们担心这样做可能会造成更多的恐怖袭击。

1995年9月28日,以色列和巴解组织在华盛顿特区签署了《奥斯陆二号协议》,当时在场的有比尔·克林顿总统以及俄罗斯、埃及、约旦、挪威和欧盟代表。这些协议将约旦河西岸巴勒斯坦城镇的控制权和责任移交给了巴勒斯坦政府,并在规定的"过渡时期"内生效,因为到1999年将被最终的和平协议取代。

1995年11月4日,拉宾总理遇刺身亡。尽管刺杀事件令人震惊,但拉宾的临时继任者佩雷斯仍遵守了《奥斯陆协议》的时间表。到1995年12月,以色列国防军已撤出西岸地区的主要城镇杰宁、盖勒吉利耶、图勒凯尔姆、纳布卢斯、拉马拉和伯利恒。

1996年2月和3月,耶路撒冷、特拉维夫和阿什克伦再次遭受重大恐怖袭击,以色列人越来越怀疑不断产生更多受害者的"和平进程"。本雅明·内塔尼亚胡以微弱优势赢得了1996年5月的选举,他在竞选时承诺,在进一步谈判和以色列做出让步之前,要求阿拉法特遵守已签署的协议。然而,1997年1月,

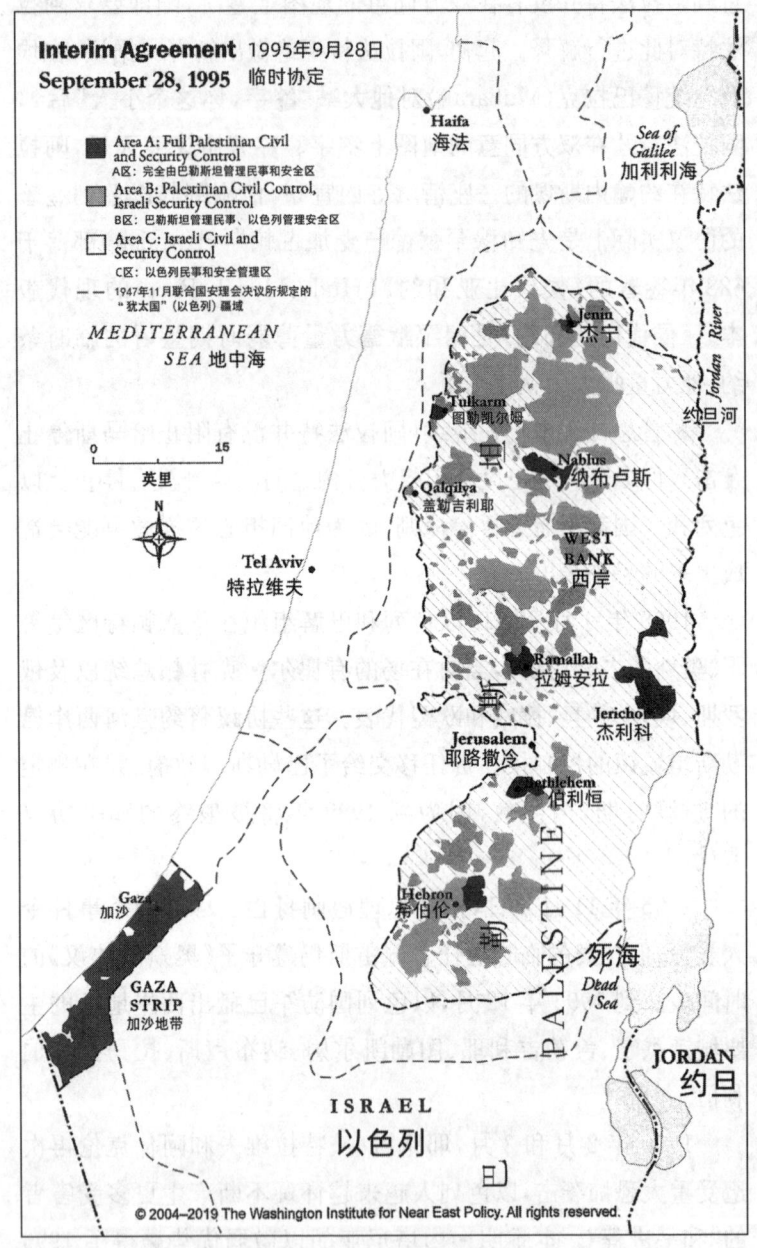

图 14　1995 年临时协定
© 2004—2019 华盛顿近东政策研究所

内塔尼亚胡批准以色列国防军撤出希伯伦的大部分地区(在美国的施压下),并于1997年9月释放了哈马斯领导人谢赫·亚辛[作为约旦国王侯赛因在(以色列企图在约旦)暗杀一名哈马斯高级官员失败后所要求的"补偿"]。在美国不断施压下,内塔尼亚胡在同意进一步撤出约旦河西岸13.1%的兵力,并在1998年10月怀依种植园峰会上将"B区"(部分巴勒斯坦控制区)的14.2%转移到"A区"(完全由巴勒斯坦控制地区)后,他失去了大部分控制权,并于1999年5月举行了提前选举,埃胡德·巴拉克(Ehud Barak)赢得了此次选举。

以色列历史学家阿维·什莱姆(Avi Shalaim)宣称,埃胡德·巴拉克的当选是"在可怕的三年黑暗之后的日出,在这三年里,以色列由支持'铁墙'的顽固守旧派领导"。[29]实际上,埃胡德·巴拉克本人就是一个支持"铁墙"的现实主义者,他反对1993年的《奥斯陆协议》(尽管当时他是以色列国防军的参谋长)。[30]巴拉克严厉批评了拉宾1995年8月中旬提交给内阁的《临时协议》,并且他在内阁投票中选择了弃权(那时,巴拉克已经进入政界,拉宾提拔他成为内阁成员)。[31]至于阿维·什莱姆所描述的所谓的"日出",一切都是为了说明阿拉法特的狡诈,以及以色列和巴勒斯坦之间不可逾越的鸿沟。

1993年9月13日,阿拉法特与以色列签署了《原则宣言》。当天,他在约旦电视台播放的预先录制的讲话中宣布,与以色列签署的协议是为了执行巴解组织1974年制定的"分阶段计划"。[32]离开位于突尼斯朱古达社区的总部时,阿拉法特对巴勒斯坦新闻工作者阿布德·阿尔-巴里·阿塔万(Abd Al-Bari Atwan)说:"我想告诉你一件事,我要求你在我死后才能提及或说是我说的这些话……我将通过奥斯陆之门回到巴勒斯坦,尽管我心存疑惑(对这条路),我是为了把巴解组织和抵抗运动带回到那里(巴勒斯坦)。我向你保证,犹太人会像老鼠逃离沉船那样离开巴勒斯坦。这在我有生之年不会实现,但在你有生之

年会实现。"³³

1995年8月21日,阿拉法特再次将《奥斯陆协议》与背信弃义的《侯代比亚和约》相比较。³⁴ 1996年3月,阿拉法特宣布:"我们巴解组织现在将集中一切努力,在心理上把以色列分裂成两个阵营……我们将通过心理战和人口爆炸让犹太人的生活无法忍受。"³⁵ 1996年9月,以色列政府经过和瓦克夫(Wakf,负责圣殿山事务的伊斯兰管理机构)谈判,成功开启了耶路撒冷老城一个考古隧道的新入口,作为回应,阿拉法特发动了一波暴力行动。他称以色列正在密谋占领阿克萨清真寺,于是派遣巴勒斯坦民族权力机构武装力量投入战斗,并说:"当圣地受到侵犯时,我们巴勒斯坦人民不会袖手旁观……信徒们……为真主而战,去杀敌,去牺牲。"³⁶ 1996年1月(当时佩雷斯仍担任临时总理),巴解组织高级官员纳比勒·沙阿斯(Nabil Shaath)宣布,如果巴勒斯坦人不能在与以色列的谈判中强调他们的要求,他们会再次使用暴力。沙阿斯解释说:"但是,这次我们将动用3万名巴勒斯坦军人,控制自己的领土、享受自由……如果陷入绝境,我们会像40年前那样继续发动战争并进行斗争。"³⁷

费萨尔·侯赛尼(Faisal Husseini)是巴解组织的一位高级官员,曾担任巴勒斯坦民族权力机构耶路撒冷事务部部长。他在接受《圣城阿拉伯人报》(Al-Arabi)的采访(于2001年5月他死后不久发表)时宣布,《奥斯陆协议》是一个"特洛伊木马",旨在"伏击以色列和欺骗他们"。这么做是为了最终解放全体巴勒斯坦人民。³⁸

阿拉法特从未废除《巴勒斯坦民族盟约》(Palestinian National Covenant),这引发了人们对其意图和战略的担忧。《巴勒斯坦民族盟约》否认以色列的边境权利,并为阿拉法特使用暴力行动提供了正当理由。1995年《奥斯陆二号协议》第XXXI-9条规定:"自理事会成立之日起两个月之内,巴勒斯坦全国委员会将召开会议,正式批准关于《巴勒斯坦盟约》中的必要修改内容。"1993年9月9日,阿拉法特写信给拉宾,说"巴解组织承诺向巴勒斯坦全国委员会提交对《巴勒斯坦民族盟约》部分内容进行必要修改的正式批准申请",但是阿拉法特从未兑现这一承诺。因为只有巴勒斯坦全国委员会三分之二多数票通过才能修改《巴勒斯坦民族盟约》,所以拉宾在1994年7月7日宣布,他允许所有巴勒斯坦全国委员会成员,包括那些因恐怖主义记录而被禁入以色列的委员,进入加沙参加投票。然而,阿拉法特无限期地推迟了巴勒斯坦全国委员会的召开。签署《奥斯陆二号协议》后,他声称,由于巴勒斯坦全国委员会已经宣布放弃恐怖主义,并且承认以色列的生存权,因此不需要修改《巴勒斯坦民族盟约》。[39]

拉宾遇刺后,他的继任者佩雷斯向阿拉法特施压,要求他修改《巴勒斯坦民族盟约》。佩雷斯警告说,如果不修改的话,他可能会在1996年5月29日的提前选举中落选。5月4日,阿拉法特在给佩雷斯的信中表示,已经修改了盟约。但这毫无事实根据,因为巴勒斯坦全国委员会通过了一项决议:"以后"再修订该盟约,并指派了一个法律委员会负责重新起草巴勒斯坦全国委员会宪章。[40]巴解组织发言人坎法尼(Marwan Kanfani)在投票后澄清,"这不是一项修正案。这是开启新宪章的许可证"。[41]

然而,新宪章从来没有被起草过,更不用说批准了。"备案说明"[内塔尼亚胡为完成以色列撤出希伯伦市而于1997年1月签署的《希伯伦重新部署议定书》(Hebron Protocol)的附录]包括一项承诺巴解组织"完成修订《巴勒斯坦民族盟约》进程"的条款。1998年12月14日,美国总统克林顿出席了在加沙举行的由数百名巴勒斯坦全国委员会委员出席的集会,他们举手"确认"盟约已经修改——这一"确认"毫无意义,因为盟约从一开始就没被修改过。然而,没有记录或证据表明三分之二的巴勒斯坦全国委员会委员出席了本次会议(按盟约本身的要求);而且举手的人数也没有统计。实际上,以色列鸽派人士什洛莫·本-

阿米（后来担任以色列外交部部长）自己也承认，巴解组织"未能像它承诺的那样，制定出一个新的《民族盟约》"。[42]

尽管出现了这些令人担忧的迹象和声明，但埃胡德·巴拉克仍然对与巴解组织达成最终和平协议一事持坚决态度。不管阿拉法特的行为如何，他相信，为了避免以色列成为一个双民族国家，从根本上来说，在政治上与巴勒斯坦人分离，符合以色列的利益要求。为此，克林顿总统于2000年7月在戴维营召开了巴以和平会议。然而，巴拉克一个突然的决定破坏了这次会议的前景：会议召开前一个月，巴拉克下令以色列国防军单方面从黎巴嫩南部撤出。巴解组织领导人马尔万·巴尔古提（Marwan Barghouti）在谈到以色列的撤离时说："以色列在真主党的施压下离开了黎巴嫩。为什么不应该在这里①也这么做呢？"[43]前往戴维营前，阿拉法特宣布："我们可以确保真主党的先例在这些地区得以复制。"[44]美国的和平谈判代表丹尼斯·罗斯写道："不可否认，真主党模式的成功（暴力有效，谈判无效），可能至少对阿拉法特产生了一些影响……这或许让他相信，通过暴力向以色列施压会给他带来更多好处。"[45]什洛莫·本-阿米在2000年担任外交部部长期间未能达成和平协议，后来他在回忆录中写道："2000年6月以色列从黎巴嫩撤军是巴勒斯坦起义的主要诱因。这无疑给阿拉法特留下了深刻的印象。他感到耻辱和尴尬，本来应该是他与以色列商谈修改边界事宜，到头来却是500名真主党游击队迫使以色列撤回到黎巴嫩国际边界。'这些人是我们的门徒，我们教导并资助的他们。'2000年6月25日，阿拉法特在纳布卢斯与我谈话时就是这样提到真主党的，他严厉指责我们仓促撤出黎巴嫩的行为。"[46]

2000年7月的戴维营峰会最终使《奥斯陆协议》变为一纸空谈。巴拉克称这是"奥斯陆进程的关键时刻"。[47]及至戴维营

---

① 应指约旦河西岸巴解组织控制地区。——译者注

峰会前,当以色列和巴勒斯坦在斯德哥尔摩进行秘密预备谈判时,阿拉法特就在为战争做准备。[48]峰会期间,阿拉法特告诉克林顿总统,拉宾答应过他将约旦河西岸90%的土地交给他;根据丹尼斯·罗斯的说法,"拉宾从来没有说过这些话,事实上,拉宾只打算给70%到80%"。[49]峰会第五天,美国国务卿马德琳·奥尔布赖特(Madeleine Albright)试图消除阿拉法特的疑虑:"你会得到一个国家。"对此,阿拉法特回答说:"我已经有了一个国家。如果巴拉克现在不想承认,我也不关心是否20年后会承认。我们的情况就像南非一样:全世界都站在我这边。"[50]

经过一周的讨论,对克林顿总统提出的所有建议,阿拉法特一直在拒绝。当提到耶路撒冷这个棘手问题时,阿拉法特表示:"所罗门神殿不在耶路撒冷,而是在纳布卢斯。"[51]峰会第12天,丹尼斯·罗斯告诉美国中央情报局局长乔治·特尼特(George Tenet),到目前为止,阿拉法特拒绝一切提议:"除了古老的神话,我们从他那里什么都没听到,现在又有了新的神话。你知道所罗门神殿不在耶路撒冷,而是在纳布卢斯吗?"[52]峰会第14天,罗斯注意到阿拉法特"两周内都没有提出任何想法,也没有发表任何严肃的评论"。克林顿对阿拉法特大喊:"你已经在这里14天了,还在否定一切提议。"[53]

耶路撒冷问题是最难解决的。很明显,在耶路撒冷问题上无法达成妥协。有报道称,在巴勒斯坦民族权力机构控制地区,反以色列情绪有所增长,而且坦兹姆(Tanzim,阿拉法特于1995年建立的民兵组织)也呼吁将以色列国防军和以色列定居者作为攻击目标。[54]"你正带领你的国民和整个地区走向一场灾难……我非常失望!"克林顿对阿拉法特大吼。[55]巴拉克对他的团队说:"我们看到的是巴勒斯坦人的不守信用,过去的十几天是过去七年里最令人担忧的时刻。实际上,我们是在为我们的至圣所而战,为犹太文化的核心而战。任何谈判都改变不了这一点。"[56]

峰会接近尾声时,巴拉克同意放弃92%的约旦河西岸地区

(约旦河西岸的91％外加1％的互换领土)以及耶路撒冷的阿拉伯社区。

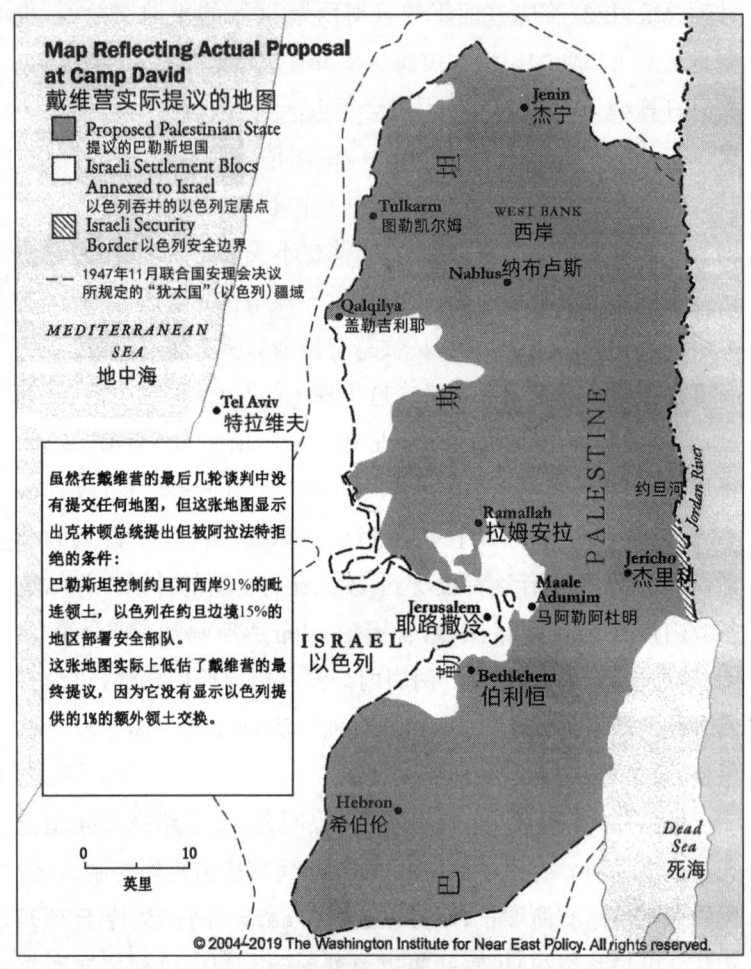

图15 2000年戴维营提案
© 2004—2019 华盛顿近东政策研究所

但阿拉法特拒绝与以色列分享圣殿山的主权。克林顿总统建议"横向"划分圣殿山主权(山上归巴勒斯坦,山下归以色列),但阿拉法特拒绝了。[57]巴拉克在戴维营的初始提议是约旦河西岸66％的土地用来建立巴勒斯坦国;经过两周的谈判,他最终接受了92%。[58]在耶路撒冷问题上，阿拉法特认为还可以进一步压榨以色列这个"柠檬"。阿拉法特并不是唯一认为以色列是在其传说中的"红线"（以色列谈判人员将其描述为以色列让步的绝对限度）上虚张声势的人。什洛莫·本-阿米坦率地承认，在戴维营时，"克林顿没有确定以色列红线，因为这些红线一直在变"。[59]埃及外交官艾哈迈德·阿布·盖特（Ahmed Aboul Gheit）在联合国讽刺以色列同事说："每个人都记得最开始果尔达·梅厄完全否认巴勒斯坦人民的存在，而在戴维营，为了巴勒斯坦的独立，你们又同意放弃约旦河西岸大部分主权，还要分割耶路撒冷，这样做之后，我们为什么要相信你们呢？这肯定不会是你们做出让步的底线。"[60]

人们普遍认为，拉宾遇刺注定了奥斯陆进程的失败。然而，在2000年7月戴维营峰会失败后，阿拉法特本人承认，拉宾的继任者巴拉克"超越了我的合作伙伴拉宾"。拉宾的遗孀利亚·拉宾得知巴拉克在戴维营做出的让步后说，她已故的丈夫"绝对不会接受这些让步"。[61]什洛莫·本-阿米写道，拉宾"绝不会同意……巴拉克政府准备在耶路撒冷和其他核心问题的冲突上所做出的妥协"。[62]此外，本-阿米认为，"拉宾被谋杀时，和平进程实际上已经处于政治昏迷状态"。[63]

戴维营峰会失败后，巴以局势十分紧张。然而，谈判仍在继续。为了抗议巴拉克准备放弃以色列在圣殿山主权的行为（即便是部分），当时的反对党领导人沙龙决定在2000年9月28日对圣殿山进行公开访问。虽然沙龙的访问得到了巴勒斯坦当局的协调和配合，并且没有进入清真寺，但在9月29日，那些周五的祈祷者都遭到了以"保护阿克萨"为名义的暴力袭击和声讨。第二次巴勒斯坦大起义开始了。就像1996年一样，阿拉法特称以色列正在危及阿克萨清真寺，从而开展暴力行动。

阿拉法特试图恢复第一次起义时的形象，想通过国际压力从以色列那里获得更多的让步。巴勒斯坦邮政和电信部部长伊马德·法卢吉(Imad Falouji)承认,"从戴维营回来后,应阿拉法特的要求,巴勒斯坦民族权力机构开始为此次起义做准备。他把这次巴勒斯坦起义设想为巴勒斯坦在谈判中坚定立场的补充措施,而不是对沙龙访问谢里夫圣地的抗议。"[64] 马姆杜·诺法勒表示同意:"起义是由当局最高领导层经过深思熟虑后决定的。"[65] 巴拉克则解释道,"沙龙的访问是由(巴勒斯坦民族权力机构西岸安全主管)吉布里勒·拉朱布协调的,目的是针对我,而不是巴勒斯坦人,以表明利库德集团比我更关心耶路撒冷。根据可靠情报,我们得知,阿拉法特(参加完戴维营峰会后)打算发动暴力冲突和袭击。(沙龙的来访和随之而来的骚乱)就像一个恰到好处的借口一样落入他的手中,一个托词"。[66] 事实上,在沙龙访问圣殿山前三天,巴拉克和他的妻子就已经在他们的私人住宅中招待了阿拉法特。据报道,那天的氛围热情有礼,大家都知道沙龙即将来访。

如果说沙龙访问圣殿山是随后骚乱事件的一个借口,那么当法国电视二台播出了 2000 年 9 月 30 日以色列士兵在加沙杀死一名巴勒斯坦儿童的画面后,第二次巴勒斯坦大起义开始扩大,并且越来越暴力。播出的画面非常令人震惊:一位父亲和他的孩子(穆罕默德·阿尔·杜拉)躲在一个混凝土圆柱后面,拼命地想要保护自己不受以色列士兵和巴勒斯坦枪手的伤害。法国电视二台的中东资深记者查尔斯·恩德林(Charles Enderlin)并没有在事件现场,画面由他的巴勒斯坦摄影师塔拉尔·阿布·拉赫玛(Talal Abu Rahma)拍摄,他评论道,穆罕默德·阿尔·杜拉死于枪击,而且他和他的父亲一直是"以色列的射击目标"。阿布·拉赫玛的照片和恩德林的评论传达了这样的信息:以色列国防军是故意杀死了这个孩子。最终,以色列国防军就该儿童死于以色列枪口下这一说法提出异议。2013 年,以色列政府发表了一份报告,谴责法国二台提出未经证实的指控,误导观众。[67] 然而,法国二台的报道对第二次起义产生了巨大且直接的影响。节目播出后不久,两名无意中闯入拉马拉的以色列预备役人员被巴勒斯坦警察逮捕,然后被暴徒以私刑处死。虐待者们兴高采烈地向围观者举起他们沾满鲜血的手。不久之后,巴勒斯坦人摧毁了位于纳布卢斯的约瑟墓。尽管如此,以色列和巴勒斯坦之间的谈判仍在继续。戴维营峰会失败后,以色列和巴勒斯坦的谈判代表举行了50多次会议。

2000年12月22日,以色列和巴勒斯坦的谈判团队在华盛顿特区附近的波林空军基地会面。如果未来巴勒斯坦国承认圣殿山对犹太人历史和宗教的重要性,并且限制对圣殿山的挖掘以免亵渎圣殿里的遗骸,什洛莫·本-阿米(时任外交部部长)就同意将圣殿山的主权交予巴勒斯坦。巴勒斯坦团队立即拒绝了这个方案。"如果你连这个都拒绝的话,"本-阿米说,"那么我必须伤心地说,不可能达成协议。"巴勒斯坦谈判代表亚西尔·阿比德·拉布(Yasser Abed Rabbo)轻蔑地回答道,他对以色列自认为的权力不感兴趣。[68]

第二天,12月23日,克林顿总统向双方代表团大声宣读了美国提出的结束巴以冲突的提议,即"克林顿参数"(Clinton Parameters),它规定在约旦河西岸(以及整个加沙地带)94%或96%的土地归属巴勒斯坦国,用以色列内部1%或3%的土地来"补偿"巴勒斯坦国(也就是说,取中间值,巴勒斯坦国将建立在约旦河西岸97%的土地上)。在西岸和加沙地带之间也会有一条没有以色列干预的"安全通道"。耶路撒冷将被划分给两个国家,以色列拥有西墙和亚美尼亚区走廊的主权,而巴勒斯坦拥有穆斯林和基督徒区的主权。巴勒斯坦人将拥有圣殿山的主权,圣殿山将以色列象征性地与至圣所联系起来。巴勒斯坦难民返回的权利只适用于巴勒斯坦国,但以色列要承认1948年难民所遭受的苦难,并设立数十亿美元的基金,用于巴勒斯坦难民的补偿和重新安置。巴勒斯坦国将非军事化,以色列甚至会实际上放弃其对约旦河谷的主权。基于所有这些不可协商的因素,这个协议将结束冲突和所有的主权问题。

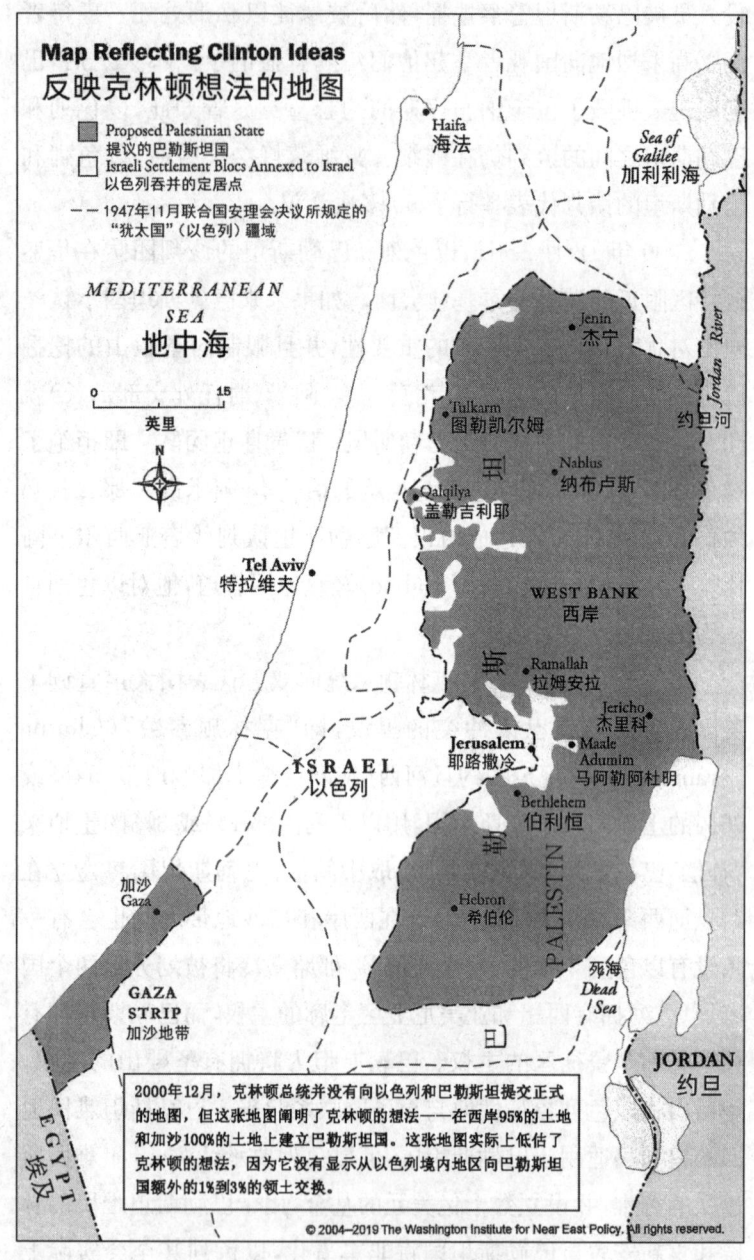

图16　2000年克林顿参数
ⓒ 2004—2019 华盛顿近东政策研究所

以色列和巴勒斯坦都被要求在四天内给出答案,要么"行",要么"不行"。12月27日,以色列政府投票赞成,回答"行"。这一积极回答传到了美国政府那里。丹尼斯·罗斯写道:"巴拉克政府现在已经正式接受了一些提议,这将有效地分割东耶路撒冷,结束以色列国防军在约旦河谷存在的局面,并在约旦河西岸97％的土地和加沙地带100％的土地上建立一个巴勒斯坦国。"[69]答复的最后期限是12月29日,但阿拉法特却要求延期,并且得到了同意。2001年1月1日,巴拉克感觉到阿拉法特会拒绝克林顿参数,于是向他的亲密顾问宣布,以色列必须"准备好(与巴勒斯坦)单方面分离"。[70]1月2日,距克林顿总统任期结束还有18天,阿拉法特在华盛顿会见了克林顿。"实际上,他拒绝了克林顿总统的提议,"丹尼斯·罗斯回忆道,"他的保留意见是否定所有的提议,包括实际上拒绝接受西墙方案的部分内容……他拒绝了以色列安全所需的最基本要素,并且拒绝了我们的难民方案。"[71]

"在正式听到否定回答前,阿拉法特对我们说了多少次'不'?"后来罗斯说道,"他能找多少借口呢?那些认为我们没有时间的人忽视了一点:阿拉法特曾拒绝了许多机会。他们忽视了,9月底在克林顿提出的众多提议中,阿拉法特要么选择了任由起义发生,要么就像一些人说的那样,实际上为发动起义下达了指令。"[72]

阿拉法特的策略在短期内取得了成效。尽管他拒绝了巴拉克在戴维营提出的和平建议,且没有做出任何让步,但新起义的画面(其中一些是事先策划好的)传达了这样一个信息:为了减少暴力,最终必须满足巴勒斯坦的要求。法国总统雅克·希拉克(Jacques Chirac)是阿拉法特战略成功的集中体现。希拉克对巴拉克说:"以色列可能确实在戴维营做出了努力,但你无法让任何人相信巴勒斯坦人是侵略者。"[73]

尽管当时巴勒斯坦人正在进行暴力行动,而且巴勒斯坦谈判代表拉博宣称"巴拉克是战争罪犯,必须接受审判",但终极谈判还是在 2001 年 1 月以色列大选期间举行(巴拉克曾呼吁提前举行大选)。[74] 1 月 11 日,双方谈判团队在以色列和加沙之间的埃雷兹过境处举行了会谈。巴勒斯坦方阐明,他们不会同意以色列控制西墙的全部主权,只会同意部分主权。巴勒斯坦拥有圣殿山的全部主权。以色列在约旦河西岸的任何吞并行为,巴勒斯坦都必须在以色列获得同等规模的补偿。必须特别提到巴勒斯坦人的返回"权利",只有在以色列释放所有巴勒斯坦囚犯之后才会考虑"结束冲突"。[75]

以色列和巴勒斯坦代表团于 2001 年 1 月 21 日在塔巴岛(靠近埃拉特)举行了最后一次会晤。比尔·克林顿不再是美国总统(乔治·沃克·布什在前一天宣誓就职),离巴拉克任期结束还有两周时间。所有的民意调查都预测巴拉克将在 2 月 6 日的提前选举中落选。那么,这些谈判的目的是什么呢?丹尼斯·罗斯坦率地回答了这个问题:"真正的目的不是达成协议,而是以色列方面试图限制沙龙的行动,而巴勒斯坦方面则试图让布什政府接受克林顿的想法。"[76] 在以色列谈判代表吉利德·谢尔(Gilead Sher)看来,这样做的目的是要"把即将上任的共和党政府锁定在一个基于克林顿参数的框架内"。[77] 《奥斯陆协议》的主要缔造者之一、以色列司法部长约西·贝林同意接受措辞不清的巴勒斯坦"回归权",这意味着约 20 万巴勒斯坦难民将进入以色列境内。[78]

以色列外交部部长什洛莫·本-阿米再次同意放弃以色列在圣殿山的主权,条件是巴勒斯坦人承认该地点对犹太人的神圣性,并停止在那里的发掘工作。巴勒斯坦拒绝了这一要求。本-阿米总结道:"他们打心底里就不准备承认我们在这片土地上拥有的任何权利。"[79]

实际上,在塔巴时,巴勒斯坦方试图把克林顿参数作为谈判的筹码,但这些参数并不是筹码。1 月 24 日,一名巴勒斯坦谈判代表承认:"领导人不想达成协议。"[80] 四天后,阿拉法特在达沃斯会议上宣称:"以色列对我们的人民发动了一场法西斯战争。以色列对巴勒斯坦人,特别是对巴勒斯坦儿童发动了野蛮和残酷的战争……以色列占领、摧毁巴勒斯坦,并用铀弹轰炸巴勒斯坦人。"[81]

美国高级官员私下严厉批评阿拉法特。克林顿总统称阿拉法特"把事情搞砸并欺骗我们"。丹尼斯·罗斯提醒新任国务卿科林·鲍威尔:"不要相信阿拉法特说的话。"[82]

以色列鸽派、不知疲倦的和平谈判代表什洛莫·本-阿米事后承认,《奥斯陆协议》从一开始就已经注定了要失败,因为阿拉法特之前同意奥斯陆条款仅仅是为了拯救他的政治生命:"然而,阿拉法特为达成解决方案而付出的'廉价代价'被证明是一个战术阴谋,旨在排挤当地领导人,并在被占领土上立足,从而可以进入他更大战略的下一个阶段。《奥斯陆协议》最终被瓦解,演变为巴以全面战争,继任的以色列政府当然需要为此承担责任,因为这并非完全意外的事件,而是写入奥斯陆基因密码的失败。"[83]

在戴维营时,一些巴勒斯坦代表团成员私下承认,阿拉法特对耶路撒冷的"个人痴迷"行为让他们感到困惑。[84] 但是,阿拉法特并不是唯一对耶路撒冷痴迷的人。他从自己的榜样哈吉·阿明那里继承了一种政策:让耶路撒冷成为新生的巴勒斯坦民族主义焦点。哈吉·阿明是第一个把圣殿山作为一种象征,用来动员伊斯兰世界反对犹太复国主义者的人。他声称犹太人危及阿克萨清真寺,引发了1929年的大屠杀,当时阿拉伯暴徒在英属巴勒斯坦杀害了数十名犹太人。1931年,哈吉·阿明在耶路撒冷召开了一次泛伊斯兰会议,会上他分发了修改过的照片,照片显示犹太人用机关枪对准圆顶清真寺。

否认耶路撒冷圣殿的存在,与此同时又指责犹太人密谋重建圣殿,这已经成为了巴勒斯坦广为流传的一种说法。但这个说法并不符合穆斯林传统。耶路撒冷最初的阿拉伯名字为 Bayt al-Maqdis,是希伯来语 Beit Hamikdash(神庙)的音译。1948年在耶路撒冷作战的穆斯林兄弟会军队被命名为 Al-Jihad al-Maqdis(字面意思是"为耶路撒冷圣殿而进行的圣战")。"伊斯兰国"在西奈的分支(在2011至2014年间发动军事行动)被称为 Ansar Bayt al-Maqdis("耶路撒冷/圣殿的捍卫者")。16世纪,奥斯曼帝国苏丹苏莱曼大帝命令建筑师在西墙(哭墙)前为犹太人建造一个祈祷广场。[88] 1924年,穆斯林最高委员会(the Supreme Muslim Council)出版了一本旅游指南,里面说所罗门国王的庙宇曾经矗立在圣殿山上。[89] 巴勒斯坦历史学家阿拉夫·埃尔-阿拉夫(Araf al-Araf)与哈吉·阿明关系密切,他在1951年的著作《塔利亚圣城》(Tariah Al-Quds)中写道,圣殿山"本是大卫买来用于建造圣殿的,但圣殿却是由所罗门在公元前1007年建造的"。[90] 阿拉夫在1961年出版的《耶路撒冷详史》(A Detailed History of Jerusalem)一书中写道:"西墙是圣殿的外墙,由希律王建造。"[91]

但是,阿拉法特对事实并不感兴趣,他无法摆脱自己创造的神话。他也不是完全没有矛盾的地方。他珍视自己不朽的民族运动领袖的形象,与此同时,他也经常提到自己早年作为穆斯林兄弟会成员时在开罗学到的宗教主题。

阿拉法特驳回了以色列2001年1月在塔巴做出的让步。他在2000年9月发动的战争继续以自杀式炸弹袭击者和狙击手对以色列平民进行袭击。令人震惊的是,在2001年2月举行的提前选举中,以色列人选举沙龙为新一届总理。

当然,以色列在奥斯陆进程中的表现也并不是完美无缺的。它反对在谈判期间继续扩大定居点。严格来说,建造定居点并不违反《奥斯陆协议》,但巴勒斯坦认为这些定居点是以色列试图获得领土的表现。

美国的表现也不尽完美。历届美国政府都犯了这样一个错误:因为担心"和平进程"结束,他们对双方违反《奥斯陆协议》的行为都未进行惩罚。丹尼斯·罗斯承认:"我们从未让任何一方承担责任,从未准备破坏这一进程并将其搁置,我们营造了这样一种环境:双方很少认真对待他们做出的承诺,并且他们知道这么做也不会产生任何后果。"[92]

但是罗斯只找出了部分问题。从根本上说,在1993年签署一份含糊的《原则宣言》要比在2000年就核心问题达成和解容易得多。以色列曾错误地认为冲突发生在1967年,而对巴勒斯坦人来说,真正的问题却产生于1948年。正如什洛莫·本-阿米所言:"建设性的模棱两可有助于在奥斯陆达成协议,但代价是对最后解决造成不可调和的误解。此外,以色列谈判人员来是想解决1967年战争造成的问题,却惊讶地发现对方要解决的是1948年的棘手问题,首先和最重要的是难民返回的权利,这才是巴勒斯坦议程上的首要问题。"[93]

撤离和僵局

在第二次巴勒斯坦起义高潮时期,巴拉克决定于2001年2月举行提前选举,沙龙轻松赢得了此次选举。形势开始对阿拉法特不利。美国新上台的小布什政府(2001年1月宣誓就职)对阿拉法特远远没有那么宽容。美国前国务卿赖斯写道,小布什总统"厌恶阿拉法特,确切地说,他认为阿拉法特是个恐怖分子,是个骗子"。[94] "9·11"恐怖袭击事件让阿拉法特很难堪。2002年1月,以色列国防军当场抓到阿拉法特正试图将一艘载有50吨伊朗弹药和炸药的船只(the Karine A)偷运进加沙,其中包括62枚喀秋莎火箭弹,这些火箭弹能够从加沙击中几乎任何以色列城市。虽然证据确凿,但阿拉法特还是否认他从伊朗购买了这些武器。他甚至声称,是摩萨德为了让巴勒斯坦民族权力机构难堪而安排了这些武器的订单和运输。此时，小布什总统放弃了阿拉法特。

与此同时，巴勒斯坦的袭击继续杀害以色列平民。仅在2002年3月，就有126名以色列人被杀。3月27日，在内坦亚公园酒店举办的逾越节家宴上，一名巴勒斯坦自杀式爆炸袭击者炸死29人，炸伤140人。两天后，以色列发动了"盾牌行动"，重新夺回巴勒斯坦恐怖主义分子用作避风港的领土。然而沙龙曾经向布什总统保证，以色列不会杀害巴勒斯坦领导人。[95]

2002年年中，以色列政府开始修建隔离墙，主要沿"绿线"（1949年分隔以色列和约旦河西岸的停火线）修建，用于防御自杀式爆炸袭击者。亚博廷斯基在1923年发表的《铁墙》一文中提倡修建讽喻式的隔离墙，80年后，以色列开始修建隔离墙，这具有某种象征意义。

以色列2003年批准的安全隔离墙本应包括约旦河西岸17%的土地。2006年4月，以色列高等法院裁定，为了方便巴勒斯坦人进入其土地，以色列政府改变了隔离墙的范围，对约旦河西岸的实际吞并从17%减少到8%。到今天为止，隔离墙只在约旦河西岸不到5%的土地上存在。[96]

"盾牌行动"和安全隔离墙的修建逐步减少了哈马斯和巴解组织长期进行袭击的强度。阿拉法特认为以色列人缺乏持久游击战的耐力，他把以色列选民推向了右翼。大多数以色列人对阿拉法特拒绝戴维营和塔巴和平提议，甚至对他发动战争的决定感到震惊，他们开始选择反击，两次（2001年和2003年）投票给70多岁的沙龙，他的职业生涯（直到那时）从未从黎巴嫩战争的失败中恢复过来。阿拉法特把沙龙从他的政治性死亡中拯救出来，这在以色列历史讽刺事件名单中排在前几名。

的确，阿拉法特给了以色列人致命一击，到写这本书时，以色列人还没有恢复过来。2000年7月戴维营峰会的最后一天，什洛莫·本-阿米告诉巴勒斯坦谈判代表赛义卜·埃雷卡特

(Saeb Erekat)"这是以色列和平努力在未来许多年里的失败",他当时可能没有想到这"许多年"会持续多久。[97]

2003年1月,沙龙以绝对多数再次当选以色列总理。警方的调查可能会导致他被起诉,并因此辞职,这给他获得的广泛公众支持蒙上了阴影。此外,由约西·贝林和亚西尔·阿比德·拉布(两名已卸任的前谈判代表)等以色列和巴勒斯坦政客撰写并于2003年10月出版的虚拟和平协议《日内瓦倡议》带来了某种国际上的势头:达成协议是可能的,但取决于以色列的善意。《日内瓦倡议》提出以下几点主要内容:以色列撤回到1949年停战线内,并且因以色列吞并"绿线"周围的定居点,所以以色列须用同等数量的土地赔偿巴勒斯坦;基于2000年克林顿参数,解决难民问题;以色列和巴勒斯坦之间关于耶路撒冷的分割问题。

沙龙觉得自己被逼得走投无路了。就在他横渡苏伊士运河三十年后,沙龙决定再次从后方给他的敌人一个惊喜。2003年12月,在赫兹利亚会议上,他宣布决定单方面与巴勒斯坦人"分离/脱离"。几个月后,沙龙承认"有很多计划……来自沙特、日内瓦、阿拉伯联盟,我知道如果我们没有自己的计划,就无法抵抗这些压力"。[98]

沙龙搞单边脱离的原因是,他坚信与巴勒斯坦达成协议是不可能的事情,而且现状也不能维持下去。在沙龙看来,摆脱这种进退两难困境(第二十二条军规)[99]的唯一途径是单方面从加沙地带和约旦河西岸大部分地区撤离——不是为了实现不可能的和平,而是为了保护以色列大多数犹太人。事实上,在戴维营峰会失败后,巴拉克自己也有同样的想法,他告诉谈判团队:"我们需要开始为单边撤离做准备了。"[100]在这个最终得到沙龙本人支持的计划中,以色列将单方面划定边界;它将在这个犹太国家周围建造"铁墙",将大多数巴勒斯坦人排除在外。这些边界不会得到国际社会的承认,但会得到默许,至少是美国的默许。沙龙甚至坚持要得到布什总统对此所做的书面承诺。2004年4月14日,布什写信给沙龙说:"考虑到当地的新的现实情况,包括以色列已经存在的主要人口中心,指望最终边界地谈判的结果是全面、彻底地回到1949年的停火线是不现实的。"[101]

2005年夏天,沙龙开始行动:以色列拆除了加沙地带的16个定居点和撒玛利亚北部的4个定居点,将约8500名犹太人从加沙地带移出,另外680名犹太人从撒玛利亚北部移出。

2005年9月,以色列单方面从加沙地带和撒玛利亚北部撤离后不久,沙龙在联合国大会上发表讲话。他表示,他认为与巴勒斯坦实现和平共处是他未来几年内的历史使命。三个月后,沙龙患了轻微的中风。但他未受此影响,仍然继续工作。2006年1月,他再次遭受严重中风,此后一直昏迷了8年,2014年去世。

他的继任者埃胡德·奥尔默特(Ehud Olmert)在2006年3月的选举中获胜,其竞选纲领明确要求进一步从约旦河西岸单方面撤离(在奥尔默特的竞选中,从约旦河西岸大部分地区撤离被称为"重组")。然而,奥尔默特任期三年的政治生活以战争开始,也以战争结束,这些战争至少部分是由以色列单方面撤离引起的。2000年,以色列单方面从黎巴嫩南部撤离,留下了政治空白,后由真主党填补。2006年夏天,真主党入侵以色列边境,杀害三名以色列士兵,绑架两名。这一系列事件引发第二次黎巴嫩战争。

2006年3月,奥尔默特当选以色列总理,他有充分的理由对与巴勒斯坦谈判持怀疑态度。2006年1月24日,巴勒斯坦选举前一天,奥尔默特(在沙龙中风后,担任临时总理)在赫兹利亚年度会议上发表讲话:"在明天的选举中……(巴勒斯坦)必须做出决定:是把命运掌握在自己手里,还是再次把命运交到极端主义分子的手中。"[102]他向巴勒斯坦人传达的信息很明确,巴勒斯坦人的回答也很明确:哈马斯赢得了第二天的选举。

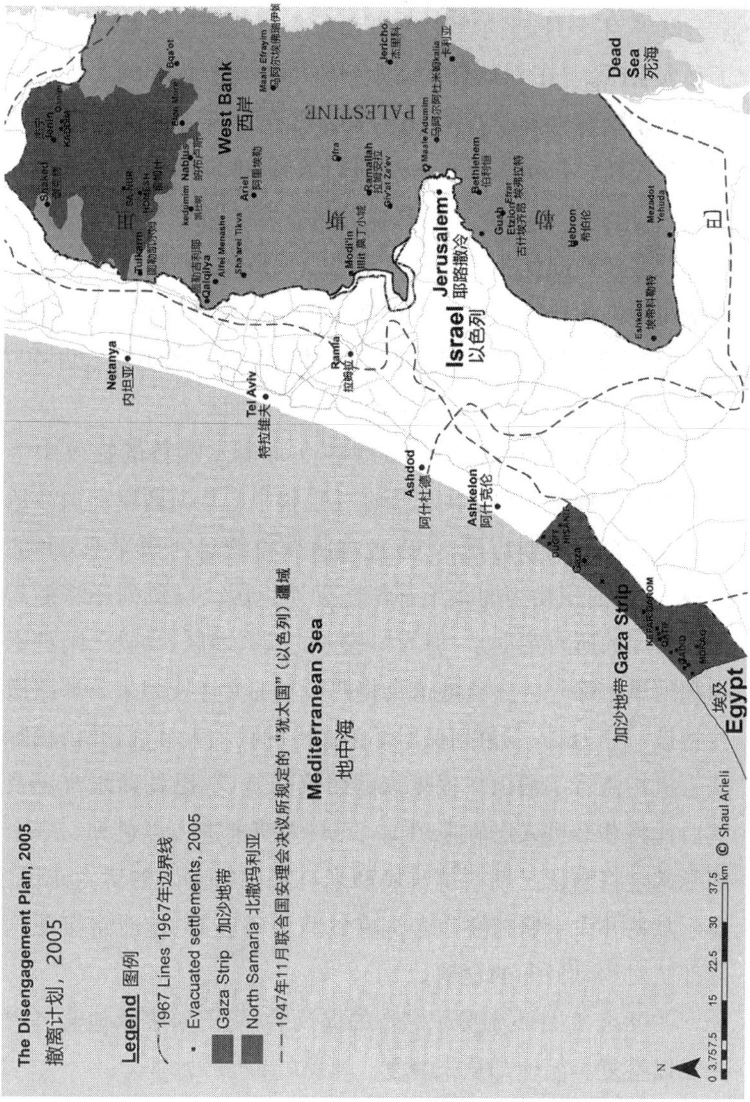

图 17　2005 年脱离接触计划

本图由 Shaul Arieli 免费提供

12. 以色列和巴勒斯坦人

奥尔默特从他的单边主义方式中得到了安慰。然而,随着以色列单方面撤出黎巴嫩南部,真主党完全控制了该地区。在很多以色列人看来,随后发生的第二次黎巴嫩战争让人对单边主义产生了怀疑。2007年,小布什政府说服奥尔默特放弃单边主义,与巴勒斯坦当局进行谈判。2007年11月,在安纳波利斯会议上,以色列和巴勒斯坦正式恢复谈判。

2008年5月,奥尔默特在耶路撒冷与美国国务卿赖斯举行了私人会晤。"在你离任前,以色列需要与巴勒斯坦人达成协议。"奥尔默特告诉赖斯。[103]奥尔默特表示,他希望直接与马哈茂德·阿巴斯(Mahmoud Abbas)进行谈判,他详细说明了他的最终想法:用西岸94%的土地换取耶路撒冷的两个首都和一个联合市议会,约5000名巴勒斯坦难民返回以色列,以及耶路撒冷圣地实行国际托管。阿巴斯拒绝了奥尔默特的提议,因为其中没有包括"返回权利"这项内容。他对赖斯说:"我不能告诉400万巴勒斯坦人,他们当中只有5000人可以回家。"[104]

"安纳波利斯进程"在2008年9月奥尔默特的提议中落幕。奥尔默特主动提议阿巴斯在几乎整个约旦河西岸和加沙地带建立一个巴勒斯坦国。[105]以色列将获得约旦河西岸6.3%的土地,并用面积相当的领土补偿巴勒斯坦国。以色列还将撤离其在西岸的所有定居点,但人口稠密的埃齐翁区、马勒·阿杜米姆和阿里尔除外。一条隧道会将西岸和加沙连接起来。耶路撒冷将被一分为二,以色列保留耶路撒冷的犹太人社区,并由国际托管机构监管圣殿山。根据家庭团聚的规定,巴勒斯坦难民及其后代将获准进入巴勒斯坦国,5000人获准进入以色列。一个国际基金将赔偿巴勒斯坦难民和来自阿拉伯地区的犹太难民。奥尔默特并没有坚持要以色列在约旦河谷驻军;他愿意接受国际部队对约旦河谷的管辖。[106]

2008年9月收到奥尔默特的提议后,阿巴斯表示他会考虑并予以答复。但他却从未答复。

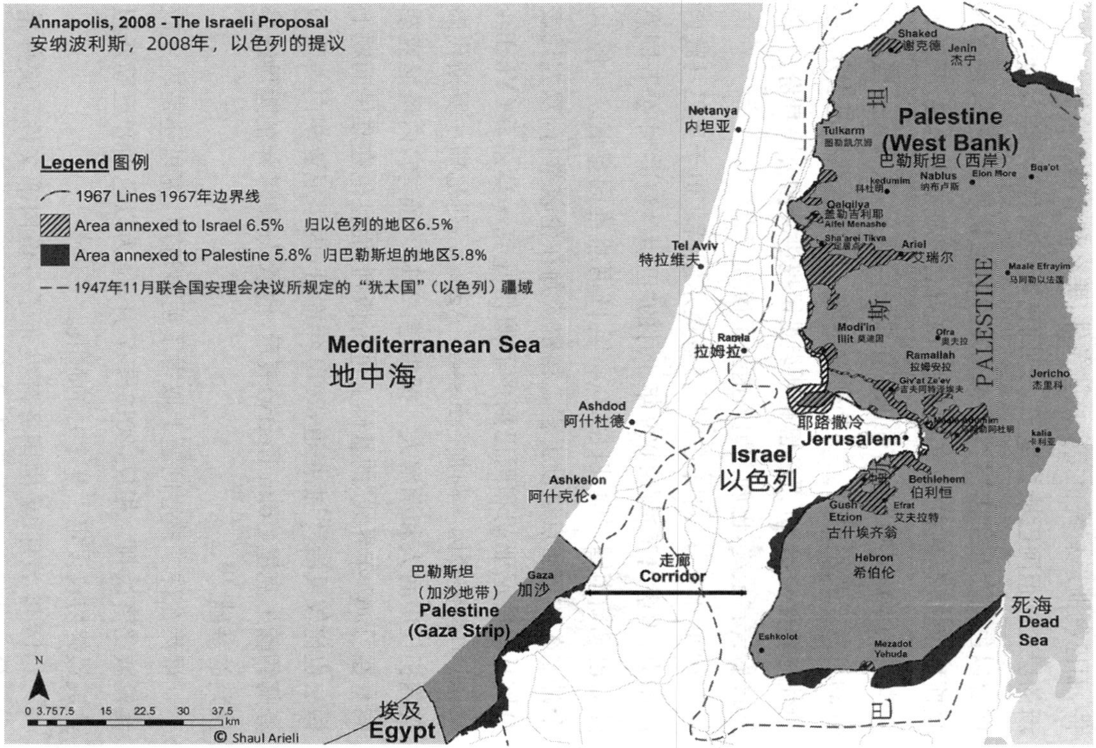

图 18 2008 年奥尔默特提议
本图由 Shaul Arieli 免费提供

12. 以色列和巴勒斯坦人

不可否认,在这一点上,奥尔默特是个"跛脚鸭"(不能继续连任,即将届满卸任的从政者)。2008年7月,他曾宣布因受到腐败指控,自己不会再竞选党魁。向阿巴斯提交和平提议后不久他就下台了。然而,阿巴斯本可以接受这个提议,并在此基础上与奥尔默特的继任者进行谈判。

赖斯在信中说:"如果以色列总理公开表示愿意提供这些条件,而巴勒斯坦总统也接受这些条件,那么和平进程将推向一个新的层次。但阿巴斯拒绝了。"[107]阿巴斯明确告诉赖斯,他可以同意以色列在5年内"只"接收2.5万名巴勒斯坦难民;他曾向赖斯提议,以色列在10年内接收10万名巴勒斯坦难民。[108]据奥尔默特的说法,阿巴斯对他说:"在难民问题上,我需要一些象征性的东西。我不想改变以色列的本质。"[109]奥尔默特还表示,小布什总统愿意给10万名巴勒斯坦难民提供美国公民身份。[110]赖斯最后说:"最终,巴勒斯坦人退出了谈判。"[111]

2009年3月,内塔尼亚胡接替奥尔默特。迫于奥巴马政府的压力,内塔尼亚胡在2009年6月的"巴伊兰演讲"中公开同意建立巴勒斯坦国,其政府在2009年11月批准同意继续暂停10个月之久的定居点建设工程。秘密谈判在伦敦举行,双方代表分别是内塔尼亚胡和阿巴斯的心腹伊扎克·莫尔乔(Yitzhak Molcho)和侯赛因·阿加(Hussein Agha)。丹尼斯·罗斯代表美国担任中间人和调解人。据报道,2013年年初,内塔尼亚胡同意在"1967年界线"的基础上进行谈判,而且他在难民问题上做法也比较灵活。[112]据报道,2013年6月,内塔尼亚胡向美国国务卿约翰·克里(John Kerry)表示,他承认1967年的边界线是谈判的基础。[113]

虽然在许多核心问题上取得了明显进展,克里还是决定放弃伦敦秘密谈判。相反,2013年7月,他为以色列和巴勒斯坦达成最终协议设定了9个月的时限。

2014年2月,美国国务院发布了一份内部文件。文件指出，巴以和平协议"需要一个共同承诺以满足两国人民对完全平等权利以及不得歧视任何种族或宗教团体成员的追求"。关于边界问题，文件指出"以色列和巴勒斯坦将会就新的牢固的以及公认的国际边界问题进行协商。此次商谈基于1967边界线及双方同意的互换领土，也会讨论其范围大小和位置。因此，巴勒斯坦将拥有相应的领土，1967年6月4日之前，这些领土由埃及和约旦控制，在地理位置上，接近约旦河西岸"。关于耶路撒冷问题：任何解决方案"都必须符合两国人民与圣城之间深厚的历史、宗教、文化和情感纽带，这些必须得到保护"。关于难民问题："建立一个独立的巴勒斯坦国将为包括难民在内的所有巴勒斯坦人提供一个民族家园，从而结束巴勒斯坦历史性难民问题以及由此产生的反对以色列的声音。"这份文件还提到了"国际上为处理犹太人的财产索赔所做的努力，这些犹太人曾被阿拉伯国家驱逐"。巴勒斯坦曾应成为一个非军事化国家，但拥有一支行之有效的内部安全武装部队。在与克里的谈话中，内塔尼亚胡表达了对这份文件的开放态度。[114] 2014年2月，阿巴斯在巴黎与克里会面时拒绝接受这份文件。[115]

2014年3月16日，奥巴马总统在华盛顿会见了阿巴斯，并把这份文件交给阿巴斯，接着表示，以色列和巴勒斯坦都会在"耶路撒冷设有国际公认的首都，耶路撒冷以东为巴勒斯坦的首都"。对此，阿巴斯没有回应。[116] 美国国家安全顾问苏珊·赖斯调整了美国的提议，使之更能被巴勒斯坦人接受。对于阿巴斯的反应，她感到非常愤怒。她对巴勒斯坦谈判代表赛义卜·埃雷卡特说："你们如果拒绝这个提议，简直就是白痴。"[117]

尽管阿巴斯拒绝了美国2014年2月份的提议，但奥巴马政府对内塔尼亚胡继续建设定居点的政策感到失望。2016年12月，在其第二届任期结束时，奥巴马决定不再否决联合国安理会第2334号决议，这对以色列而言是一次挫折。

第242号决议让最终的边界更灵活。巴勒斯坦期望以色列从"被占领土"撤回到"安全且公认的边界"。以色列的最终边界问题是可协商的，并且第242号决议明确承认了未来对1949年停火线的修改。

相比之下，2016年通过的新决议的第三条规定，安理会"将不承认1967年6月4日边界线的任何改变，包括耶路撒冷的边界线，除非各方通过谈判达成一致"。至于"双方通过谈判达成的"可能的改变，实际上并无意义，因为巴勒斯坦人在之前的谈判中拒绝了这些改变。

2004年4月14日，布什总统在给沙龙总理的信中明确承认：第242号决议已含蓄承认了对1949年停火线的修改。之前提到的信中说，"考虑到当地的新的现实情况，包括以色列已经存在的主要人口中心，期望最终边界问题谈判的结果是全面、彻底地回到1949年的停火线是不现实的"。2010年7月，奥巴马总统拒绝公开确认美国政府在这封信中所做的承诺。两个月前，也就是2011年5月19日，他宣布"以色列和巴勒斯坦的边界应以1967年的边界线和双方同意互换的领土为基础"。这份声明没有为以色列吞并1949年边界之外的领土留下任何余地（因为在交换中，吞并是相互的，没有净领土吞并）。奥巴马没有否决第2334号决议，这使得以色列在未来的谈判中几乎不可能改变1949年的边界线。

自2000年戴维营峰会以来，巴勒斯坦的策略似乎越来越倾向于否定和平提议，为争取时间而拖延，并期待未来更有利的和平提议和/或联合国的决策。随后的几年时间里，事实证明这一战略基本上是成功的，只是当巴勒斯坦人拖延不决时，以色列还在继续修建越来越多的定居点。

2017年1月特朗普宣誓就职改变了游戏规则，因为新一届政府不是很赞同巴勒斯坦人的要求和谈判策略。巴勒斯坦民族权力机构意识到，与之前他们曾拒绝的和平提议相比，接下来美国的和平提议对巴勒斯坦不太有利。于是2018年1月14日，阿巴斯宣布巴勒斯坦人是迦南人的后裔[118]（例如，他们曾持续几千年居住在这片土地上）。阿巴斯表示，英国应该为通过《贝尔福宣言》的行为而道歉。为了英国的商业利益，早在1653年，奥利弗·克伦威尔就已经计划将犹太人大规模转移到中东。他把19世纪的犹太人描述为欧洲列强的棋子，但欧洲人并没有真正想要把他们移民到这片圣地。阿巴斯的观点是否认以色列存在的合法性，因为他面临接受这种合法性的压力。他还宣布，《奥斯陆协议》不再适用，这表明巴解组织对以色列的承认也不再有效。

因此，1937年首次提出的两国方案虽然在理论上行得通，但在实践中却失败了。虽然这在纸面上讲得通，但在现实世界中却行不通。

各政治派别中都有一些以色列人主张吞并西岸。这将实现犹太人和阿拉伯人之间的政治平等，但全部吞并将涉及同意约250万巴勒斯坦人拥有以色列公民身份，从而使得以色列境内的阿拉伯人口增加一倍以上，以色列会成为一个犹太人占少数的双民族国家。

尽管在逻辑上行不通，但另一些人（政治派别中的右翼人士）还是建议只吞并C区（根据《奥斯陆协议》，主权尚未移交给巴勒斯坦的地区）。这将在以色列主权领土范围内建立大约30个巴勒斯坦飞地（目前为A区和B区）。这些飞地之间没有领土连接，其中杰里科飞地偏远而又孤立。要将这些飞地连接起来，就需要开辟贯穿以色列主权领土的道路。此外，将这些飞地之间的领土连接起来需要拆除许多以色列定居点。即便如此，结果也会是巴勒斯坦成为一个内陆国家，这是巴勒斯坦人和国际社会都无法接受的。事实上，部分吞并只会增加国际社会对以色列的抗议和施压。

还有一些人（政治派别中的左翼人士）主张单方面撤退到安全隔离墙内。然而，2005年从加沙撤军的先例削弱了这一政策的可信度。单方面撤回到安全隔离墙将会使约旦河西岸5%的土地回到以色列手中,这实际上是对三个定居点的吞并(这可能会变成法律上的事实)。诚然,这样的设想将消除一个双民族国家的忧虑,但在终止国际社会对以色列施压方面,它所起的作用微乎甚微。此外,以色列有可能每隔两年左右就会被卷入西岸的军事行动中(自2005年撤军以来,加沙地带的情况就是如此)。以色列的国际形象和地位将再次受到威胁。正如以色列2009年在加沙的军事行动以及随后由联合国发起的《戈德斯通报告》(Goldstone Report)所明确表明的那样,军事行动导致不可避免的平民伤亡,使以色列无法回避战争罪的指控。

2020年1月,特朗普政府提交了等待已久的"世纪协议",以解决巴以冲突。该计划提出了以色列和未来非军事化的巴勒斯坦国之间的重大土地交换(以色列将吞并约旦河西岸C区大部分地区,而巴勒斯坦国将吞并面积与以色列1967年之前领土几乎等大的土地)。一条隧道将巴勒斯坦国的两部分(约旦河西岸和加沙地带)连接起来,而500亿美元的投资将提振巴勒斯坦的经济。以色列接受了美国的计划,而巴勒斯坦当局则断然拒绝。

在撰写本书时,以色列和巴勒斯坦之间还不可能达成协议。因此,以色列面临着一个糟糕的选择。然而,事实证明,在阿以冲突中,谨慎和耐心是明智的政策选择。以色列首任外交部部长摩西·夏里特被普遍认为是鸽派(尤其是与他的宿敌本-古里安相比),但他却是一个务实的政治家,他不相信可以彻底解决阿以冲突。他相信他所说的"减少冲突"(今天我们称之为"冲突管理")。[119]

早在1999年,以色列历史学家本尼·莫里斯(Benny Morris)就写道:"到目前为止,犹太复国主义者是这场冲突的赢家。"[120]二十年后,这个说法更加正确,因为以色列获得了成功,而周边几个国家均遭遇失败。既有效说明问题又具有讽刺意味的是，关于阿以冲突问题，以色列鸽派前和平谈判代表什洛莫·本-阿米写了以下这段话，既生动又具有讽刺意味："归根结底，是以色列的'不良行为'、亚博廷斯基的铁墙哲学和本-古里安的进攻性防御理论，再加上最终的核威慑，改变了阿拉伯人对这个犹太国家的态度。"[121]尽管到目前为止，以色列还未能与巴勒斯坦达成历史性的妥协，但它也成为担心伊朗核野心的阿拉伯国家所觊觎的一个主要大国。以色列目前与六个阿拉伯国家建立了外交关系：埃及、约旦、阿联酋、巴林、摩洛哥和苏丹（与苏丹的全面外交关系在撰写本书时尚未正式确立）。以色列还与沙特阿拉伯和阿曼保持着非正式关系。

从历史的角度来看，人们可能会认为以色列的铁墙战略是正确的。然而，这一战略尚未产生亚博廷斯基在1923年所希望和设想的结果，即最终实现巴以和平。

小结

以色列卷入黎巴嫩内战，在1982年的黎巴嫩战争中达到高潮。巴解组织被驱逐出黎巴嫩，取而代之的是伊朗支持的真主党民兵。至于黎巴嫩的基督徒，他们非但没有重新控制自己的国家，反而进一步被边缘化。1988年，"约旦选项"（即以色列和约旦谈判约旦河西岸的最终归属权）失败了。结果，让以色列沮丧的是，美国与巴解组织进行了对话。苏联的解体和阿拉法特在1991年海湾战争中的误判使巴解组织边缘化，并威胁到了它的地位。以色列迫使阿拉法特做出让步，而阿拉法特签署《奥斯陆协议》恰恰是因为他没有更好的选择。然而，当到了做决定和妥协的时候，阿拉法特却犹豫不决，最终诉诸暴力。通过发动第二次巴勒斯坦起义，阿拉法特无意中使他的死敌沙龙重新掌权。在基本平定起义后，沙龙采取了单边主义战略，这源于两个结论:1. 无法与巴解组织达成和平协议;2. 从人口统计学角度看,现状是无法维持的。

然而,2005年以色列单方面从加沙撤军使以色列人和巴勒斯坦人的处境更加糟糕。今天,鉴于加沙的试验,单方面从约旦河西岸大部分地区撤军的想法已不可能,特别是在伊朗和极端主义分子正在逐步填补阿拉伯国家内爆留下的空白的当下。另一方面,完全吞并会把以色列变成一个双民族(或接近双民族)的国家。巴以冲突仍不会得到解决。

第四部分
世界舞台上的以色列

13. 欧洲悖论

> 我一直不太明白为什么犹太人没有一个拥有学校和大学的主权国家,在那里他们可以自由地交谈和辩论。因为只有那时我们才能知道他们要说什么。
>
> ——卢梭《爱弥儿》

第一层面:英法德

英国

20世纪30年代中期以来,伊休夫与英国政府的关系开始恶化。阿拉伯领导人曾向英国施压阻止他们执行《贝尔福宣言》。1936年,随着纳粹德国废除第一次世界大战后签订的《凡尔赛和约》,阿拉伯人的反对演变成一场声势浩大的暴力浪潮。1933年,希特勒夺取政权后立即将德国撤出国际联盟,并开始重新武装。1936年,他把位于德国西部的鲁尔地区(德国西部的缓冲区,因《凡尔赛和约》而解除武装)重新武装起来。1938年,希特勒吞并奥地利,入侵捷克斯洛伐克。大家都清楚,战争即将来临,英国将不得不再次与德国作战。

随着战争的迫近,英国试图获得叛逆的中东盟友的支持,因此采取了绥靖政策。但这一政策后来被证明是无效的,因为无论如何,大英帝国治下的阿拉伯领导人都站在纳粹德国一边。耶路撒冷穆夫提哈吉·阿明崇拜希特勒,在二战前和二战期间均与德国合作。而在伊拉克,1941年拉希德·阿里·盖拉尼(Rashid Ali al-Gaylani)在侯赛尼和数百名流亡的巴勒斯坦人的协助下短暂推翻了亲英的阿卜杜拉·伊拉(Abd al-Ilah)政权,这些人都得到了希特勒的支持。[1] 1940年6月,纳粹德国击败法国后,大马士革街头流行的歌曲是:"再无法国先生,再无英国绅士,真主在天堂,希特勒在人间。"[2]许多阿拉伯人希望纳粹德国能使他们摆脱英法殖民主义。当英国和德国在中东的斗争达到高潮的时候(典型的例子是1942年英国陆军元帅蒙哥马利和他的德国对手隆美尔将军之间的阿拉曼战役),英国人几乎承受不起疏远阿拉伯人的代价,他们也不愿意承受。电影《阿拉伯的劳伦斯》(Lawrence of Arabia)体现出的与阿拉伯世界之间根深蒂固的浪漫情怀,对英国的外交政策传统有着深远的影响。

虽然丘吉尔对犹太人和犹太复国主义抱有同情,但他在1945年的大选中落败。克莱门特·艾德礼领导的新工党政府让伊休夫大失所望,最初的巴勒斯坦犹太政府由希望得到英国政府同情的工党主导。对此,阿巴·埃班讽刺道:"我们的朋友是前任首相,而现任首相是我们以前的朋友,这成了犹太复国主义的'老一套'。"[3]艾德礼的外交大臣欧内斯特·贝文曾将共产主义阐述为针对英国的"犹太阴谋"。[4]贝文对犹太人的敌意甚至让他的支持者都感到困惑,其中一人做了如下记录:"在我看来,欧内斯特毫无疑问憎恨犹太人。他说,是他们(犹太人)教会了希特勒恐怖技术,甚至现在犹太人在巴勒斯坦与纳粹一样。他们宣扬暴力和战争。'如果一个人在《旧约》影响下长大,你还能期待他做什么好事呢?'"[5]

甚至在大屠杀为人所知后,犹太幸存者拼命想要到达"应许之地"的海岸,贝文却拒绝让他们进入。魏茨曼在谈到英国战后政策时写道,"我们曾希望,当最终不需要安抚纳粹和阿拉伯领导人的可耻需求时，英国会放松对巴勒斯坦的反移民裁决。但实质上这并没有发生"。[6]

一方面，贝文把巴勒斯坦冲突提交到联合国；另一方面，他又不赞成联合国的分治决议。英国外交部认为，建立一个犹太国家将削弱英国在中东的影响力，影响英国在阿拉伯世界的利益。阿拉伯人早已对英国1917年的《贝尔福宣言》心生不满，英国不能再进一步疏远新兴的阿拉伯国家，因为这些国家的石油储量对英国经济至关重要。这不仅仅是地缘政治上的考虑。阿巴·埃班在贝文与犹太代办处的工作会议上写道，"贝文从未向我们表示过任何人与人之间的尊重，更不用说外交尊重了"。[7]

工党政府对犹太复国主义的反对让许多人惊讶和失望，因为在1944年4月，工党发布了一份报告，称"如果我们不让犹太人按照他们的意愿进入这块小小的土地，成为多数民族，那么建立一个犹太人的民族国家肯定没有希望也没有意义"。战前，这是一个强有力的理由；而现在，在冷血的、精于算计的德国纳粹计划杀害欧洲所有犹太人的暴行后，这也是一个不可抗拒的理由。[8]

但自1945年欧内斯特·贝文出任英国外交大臣以来，英国与犹太复国主义运动就一直处于冲突之中，并且在以色列独立后，恶化为军事冲突。1949年1月7日，以色列战斗机击落了五架在以色列上空执行侦察任务的英国皇家空军飞机。英国经过这次教训才意识到，它在巴勒斯坦的托管统治已经结束，但它仍然拒绝承认以色列。丘吉尔用他传奇般的修辞技巧严厉批评贝文的固执举措：

> 我十分确信，这位正义的、可敬的先生将不得不承认以色列政府，这不会拖延太久。如今欧洲有6个公认的国家领土边界尚未最终得到解决。……无论是否得到这位可敬的绅士的认同，我们是否喜欢，一个犹太国家在巴勒斯坦建

立,都是世界历史上的一件大事,这不是一代人的事情,也不是一个世纪的大事,而是一千年、二千年甚至三千年的大事。[9]

英国最终在1950年4月在法律上承认了以色列,但其中东政策仍包括试图遏制苏联影响的政策,因此,其在1955年决定签署《巴格达条约》,并推行"阿尔法计划"(见第9章)。然而,这些外交倡议并没有打动纳赛尔,他在1955年成为苏联的盟友,并在一年后将苏伊士运河国有化。

苏伊士运河国有化后,英国与埃及开战。然而,英国未曾料到美国会如此强烈地谴责其通过武力重新控制苏伊士运河的企图。1956年的耻辱使英国避免与美国发生进一步冲突,并加强了大西洋联盟。在肯尼迪政府执政时期(1961—1963),美国开始重新评估其中东外交政策,英国予以支持。此外,1956年,以色列的军事实力以及它对苏联盟友埃及使用军事力量的意愿给英国留下了深刻的印象。[10]

1964年,哈罗德·威尔逊组建了自艾德礼和贝文之后的首个工党政府,以色列总理艾希科尔受邀到访唐宁街,并受到礼待。这次会晤的根本原因并不单纯:英国请求以色列帮助其打击中东地区的反英势力。以色列同意了,1964年至1967年,以色列在也门与英国合作,支持也门的亲英(反纳赛尔)战士。[11]以色列空军向也门负责处理地面后勤的亲英部队空投军事装备。[12]纳赛尔在也门的反英活动促成了英国和以色列之间的和解。

两国间的合作扩大到阿曼。以色列在也门的高效率和1967年6月令人震惊的军事胜利给英国留下了深刻印象,英国要求以色列建立一条从阿曼经埃拉特向欧洲输送石油的秘密路线。[13]在1967年联合国安理会关于第242号决议的谈判中,英国对以色列不应被胁迫无条件全部撤回到1949年停火线的立场表示支持。

然而,英国的中东政策仍然受到其石油利益和外交部阿拉伯主义传统的影响,这种传统使得其与以色列的外交关系十分低调,不允许王室成员对以色列进行正式访问。以色列独立多年后,外交部官员仍在抱怨《贝尔福宣言》及其对英国在阿拉伯世界地位的灾难性影响。"我们与许多阿拉伯国家的关系因为我们对以色列建国负有的历史责任而恶化。"1985年英国外交部的一份文件如是说。[14]

1979年至1990年担任英国首相的玛格丽特·撒切尔对犹太人和以色列很友好。她的芬奇利(Finchley)选区有大量的犹太人,她的女儿卡罗尔在基布兹做过志愿者。1980年,欧洲经济共同体(EEC)通过《威尼斯宣言》(Venice Declaration),呼吁以色列与巴解组织进行谈判,得到了撒切尔夫人的全力支持。同20世纪50年代英国和美国的外交政策决策者一样,撒切尔认为只有全面解决阿以冲突才能阻止苏联进一步影响中东。[15]她强烈谴责以色列空军1981年轰炸伊拉克核反应堆的行为,尽管伊拉克曾是苏联的盟友。此外,虽然以色列和美国提出了要求,但由于担心遭到阿拉伯国家的报复,撒切尔政府拒绝向以色列出售石油。事实上,以色列驻英国大使什洛莫·阿尔戈夫表示,在撒切尔执政期间,以色列和英国的关系达到克莱门特·艾德礼和欧内斯特·贝文时代以来的最低点。[16] 1982年马岛战争期间,英国抱怨以色列向阿根廷出售军事装备(包括加布里埃尔反舰导弹),两国之间的紧张关系进一步恶化。1982年,为阻止巴解组织成员炮轰以色列北部城镇,以色列入侵黎巴嫩,撒切尔对此进行了强烈谴责。奇怪的是,她将之与阿根廷入侵马岛相提并论(就好像从马岛向阿根廷发射过雨点般的导弹一样)。[17]此外,撒切尔政府向约旦出售坦克,向沙特阿拉伯出售军用飞机,却对以色列实施军事禁运。

另一方面,玛格丽特·撒切尔是1986年第一位对以色列进行正式访问的英国政府首脑。她还坚决反对萨达姆·侯赛因1990年入侵科威特后提出的"联系"(linkage)提议(即把伊拉克撤出科威特与以色列撤出约旦河西岸和加沙联系起来)。[18]

近年来,以色列已成为英国政治中的一个党派问题。卡梅伦(任期2010—2016年)和特蕾莎·梅(任期2016—2019年)的保守党政府是以色列的坚定支持者,视以色列为打击恐怖主义的盟友。而杰里米·科尔宾(2015至今)领导下的工党反以色列,亲哈马斯和真主党(2009年,科尔宾曾称哈马斯和真主党为"朋友")。[19]英国前首席拉比乔纳森·萨克斯(Jonathan Sacks)指责科尔宾是反犹分子。[20]

与此同时,英以之间的经济关系蓬勃发展。尽管针对以色列的BDS〔即抵制(Boycott)、撤资(Divestment)、制裁(Sanctions)〕运动有众多的英国支持者,但这对两国之间的贸易关系影响不大。2017年,英以之间的贸易增长了26%,32家以色列公司在英国设立了永久性的分支机构,之前在该国运营的就有近340家以色列高科技公司。[21]以色列的技术受到英国的追捧,英国的主要银行都受以色列网络安全技术的保护。以色列和英国是D7(世界上数字化程度最高的国家/地区组成的网络)的创始成员,近年来,以色列和英国之间的防务合作得以加强。2017年,英国空军司令斯图尔特·皮奇爵士(Sir Stuart Peach)对以色列进行了正式访问,英国皇家空军与以色列空军在塞浦路斯举行了联合演习。2018年6月,威廉王子(英国王位第二顺位继承人)成为首位正式访问以色列的英国王室成员。

法国

1947年,法国支持巴勒斯坦分治主要是因为英国反对分治。第二次世界大战期间,戴高乐指责英国破坏法国在叙利亚和黎巴嫩的主权(英国和自由法国军队1941年从维希政权手中夺取了这两块领土)。叙利亚和黎巴嫩于1946年完全独立,一年后,当英国即将结束在巴勒斯坦的托管时,法国急切地自愿"提供帮助"。

但与此同时,法国必须谨慎:不能忽视和疏远其在北非的穆斯林臣民。阿拉伯国家强烈要求法国不去支持建立犹太国家。然而,法国总统奥里奥尔(Vincent Auriol)和总理保罗·拉马迪埃(Paul Ramadier)支持巴勒斯坦分治和建立一个独立的犹太国家。两者都是法国社会党(SFIO)的成员,该党与以色列的社会主义政党工党有密切的联系。[22]莱昂·布卢姆(Léon Blum,1936年首位担任法国总理的犹太人)的个人因素对法国投票赞成分治也起了决定性作用。[23]第一批以色列护照就是以希伯来语和法语印刷的(因为英语是被人唾骂的欧内斯特·贝文的语言)。

1954年,阿尔及利亚战争爆发,法国和以色列成为心照不宣的盟友,因为领导阿拉伯国家与以色列抗争的埃及总统贾迈勒·阿卜杜·纳赛尔也支持阿尔及利亚民族主义者反对法国。这种共同的敌意最终使法国和以色列结成军事同盟,导致1956年法以对埃发动战争。

除共同利益外,法国和以色列政客与将领之间也存在一些私人关系。玛丽·皮埃尔·柯尼希(Marie-Pierre Koenig,1954年至1955年担任法国国防部部长),曾在1942年带领自由法国军团第一旅,在北非比尔哈凯姆战役中与一支巴勒斯坦犹太人军队并肩作战。柯尼希无视英国的命令,允许犹太士兵悬挂大卫之星(犹太民族六角星)的旗帜。还有法国总理居伊·摩勒(Guy Mollet),他在苏伊士运动期间领导法国政府,全力支持以色列。"奥赛码头"(法国外交部的别称)和其他法国政府部委反对摩勒的政策,并经常无视他的指示,[24]但亲以的克里斯蒂安·皮诺(Christian Pineau)最终对顽固的政府部门施加压力,使得法国于1956年2月取消了对以色列的军事禁运。[25]此后,法国交付了数十架幻影战斗机和AMX–13坦克。两国之间的军事合作甚至扩展到核技术领域。[26]

然而,本-古里安知道法国与以色列建立军事同盟的根本原因是阿尔及利亚战争,这场战争不会永远持续下去。实际上,法以联盟的破裂甚至在1962年战争结束前就开始出现。1958年戴高乐一上台便削弱了法以关系。他认为第四共和国(1946年至1958年法国的政治政权)不负责任地将法国拖入了与以色列的愚蠢军事冒险之中。戴高乐在回忆录中阐述了他对以色列的模糊态度:

> 尽管法国没有正式参与以色列的建国,这是英、美、苏共同决定的结果,但法国还是对此表示热烈欢迎。我本人对允许犹太人在他们19个世纪之前拥有的土地上实现他们的自决权这一崇高的想法表示同情,这片土地见证了他们的辉煌历史。从人道主义的角度来看,犹太人有权拥有一个民族家园,作为他们多年来所忍受的苦难的补偿,这种苦难在希特勒的德国统治下达到了可怕的顶点。虽然以色列的存在是合理的,但是它对阿拉伯人的态度应该是谨慎的。以色列是在阿拉伯人的土地上违背他们的意愿建立起来的。以色列伤害了他们的自尊,侮辱了他们的宗教。[27]

不清楚戴高乐所说的"英、美、苏联合决定"建立以色列是什么意思。1918年2月,法国曾支持《贝尔福宣言》。[28]第一次世界大战后,它和英国一起建立了对中东的托管统治。自1939年以来,英国政府一直试图阻止犹太国家的建立,英国对联合国1947年的分治计划投了弃权票。至于美国,罗斯福和国务院都反对建立一个犹太国家。如果不是杜鲁门的个人决定,美国就不会批准联合国的分治计划。

戴高乐不仅改写了法国对犹太复国主义态度的历史,他还在1960年告诉本-古里安,他的政府将反对以色列的任何领土扩张。此外,他还终止了他所谓的"自以法在苏伊士远征以来建立的军事合作的滥用行为,因为这种合作让以色列接触到了法国情报部门和法国军队的各个层面",以及法国对"(在以色列的)铀浓缩工厂的援助,这也许将在某一天制造出核弹"。[29]

果不其然,当1962年阿尔及利亚战争结束时,法以联盟失去了存在的理由。戴高乐急于修复法国在阿拉伯世界的形象和经济利益,如果不削弱与以色列的关系,这是不可能实现的。尽管他知道当时法国的公众舆论大多对以色列有利,但他的首要任务仍然是恢复法国与阿拉伯世界的关系。事实上,他也如此明确地向英国首相哈罗德·威尔逊表示,他反问道:"为什么仅仅因为法国公众对以色列有一些'肤浅的同情'就破坏与阿拉伯世界的关系?"[30]

然而,直到六日战争爆发,双方才正式决裂。1966年,法国仍然是以色列的主要军火供应国。然而,1967年6月的战争给戴高乐提供了一个绝佳的机会,向阿拉伯世界证明法国的中东政策已经改变了方向。

1967年6月,戴高乐违背了法国1957年做出的承诺,即在埃及封锁蒂朗海峡时承认以色列的自卫权("那是1957年,现在是1967年。"他告诉阿巴·埃班)。[31]他警告以色列不要"第一个开枪"。[32]从技术上讲,以色列是第一个开枪的,尽管是纳赛尔发动了战争。戴高乐从未原谅以色列不听从他的命令。"埃班先生坐在那儿,"戴高乐后来说,"我告诉他不要发动战争,但我们的命令没有被听从。"[33]

作为对六日战争的回应,戴高乐实施了法国的军事禁运,主要影响对象就是以色列。1967年11月27日,他在新闻发布会上宣布,在以色列建国的时候,"一些人担心被迫分散在世界各地但从未放弃犹太身份的犹太人,也就是说,一个精英的、自信的和盛气凌人的民族再次聚集在他们历史上曾经伟大的土地上,或许会将他们在过去19个世纪中所表达的感人愿望'明年在耶路撒冷'变成一种炙热的、征服的野心。³⁴这一声明震惊了法国的犹太人社区,事实上,他们和以色列人一起被列为"犹太人"。犹太人和非犹太人都想知道,在大屠杀期间,一个"盛气凌人"的民族是如何被关进集中营和毒气室的。³⁵

在他声名狼藉的声明中,戴高乐也承认了他终止法以联盟的最终动机:"阿尔及利亚问题解决后,我们恢复了与中东阿拉伯人友好合作的政策,这是法国几个世纪以来的政策。"³⁶戴高乐提出了另一个终止法国与以色列联盟的理由:美国已经取代法国成为以色列的主要盟友,法国现在不赞成美国的外交政策。戴高乐解释说,他"觉得只要(美国)在(越南)打这场可恶的战争,就达不成协议……如果没有越南的悲剧,以色列和阿拉伯人之间的冲突就不会演变成这样"。³⁷戴高乐外交政策的核心原则是挑战美国,减少法国对美国实力的依赖。因此,他决定把法国变成一个核国家(法国在 1960 年引爆了第一颗核弹),并在 1966 年从北约军事指挥部撤出。

随着美国和以色列在 20 世纪 60 年代的联盟愈加稳固,戴高乐对以色列的批评愈发严厉。然而,拥有核武器和从北约的军事力量中撤出并不足以恢复法国作为一个大国的地位,这一地位在 1956 年耻辱的苏伊士运河危机中就丧失了。1967 年 5 月,当阿巴·埃班告诉约翰逊总统,戴高乐希望"四大国"采取统一行动时,约翰逊以其标志性的机智问道:"另外两个大国到底是谁?"³⁸

戴高乐将以色列 1967 年的胜利视为挑战,这不仅违背了他的警告,也挑战了他的判断。讽刺的是,以色列依靠法国战机赢得六日战争,而战争胜利却标志着两国历史同盟的终结。戴高乐的外交大臣莫里斯·顾夫·德姆维尔(Maurice Couve de Murville)承认,自六日战争以来,法国不再有中东政策,而只有"阿拉伯政策"。³⁹

戴高乐于 1969 年辞职,但他的保守派继任者保留了他的外交政策传统。1980年3月,法国总统瓦勒里·吉斯卡尔·德斯坦(Valéry Giscard d'Estaing, 1974—1981)访问中东,直接跳过以色列。吉斯卡尔·德斯坦从约旦用双筒望远镜凝视以色列的画面胜过千言万语。在社会主义者弗朗索瓦·密特朗(François Mitterrand, 1981—1995)的领导下,法国重新评估了戴高乐主义的"阿拉伯政策"。密特朗是第一位正式访问以色列的法国国家元首(1982)。他是一名亲犹太主义者,尽管他的过去错综复杂,有时甚至有些不光彩(他曾在维希政府担任低级职位后加入抵抗运动;他仍然是前维希政府官员勒内·布斯凯特的朋友,后者因参与驱逐法国犹太人被起诉)。

他的继任者雅克·希拉克(Jacques Chirac, 1995—2007)在外交政策上奉行教条式戴高乐主义。作为法国总理,希拉克在1976年将一座核电站出售给萨达姆·侯赛因的过程中发挥了关键作用。1996年10月当选总统后,希拉克开启中东之行,并访问了以色列,在耶路撒冷老城,他羞辱了以色列安全部队,要求他们让开。希拉克对以色列士兵大喊大叫的画面让他在巴勒斯坦人和阿拉伯世界中非常受欢迎。

希拉克的政策最终破坏了美国为建立和平所做的安排,因为阿拉法特知道他可以指望法国将和平进程的失败归咎于以色列。不出所料,2000年10月,第二次大起义爆发后,美国国务卿奥尔布赖特在美国驻巴黎大使馆召见了以色列总理巴拉克和巴勒斯坦权力机构主席阿拉法特,以达成停火协议。然而,希拉克建议阿拉法特要求在约旦河西岸和加沙地带设立国际机构,特别派驻一个国际调查委员会[40],而巴拉克坚决反对这一要求,美国斡旋达成的协议也没有包括这一要求。[41]阿拉法特发出最后通牒,但没有得到满足,因此阿拉法特也没有签署双方同意的停火协议。

在希拉克之后,法国和以色列的关系有所改善,因为他的继任者(萨科齐、奥朗德和马克龙)对以色列采取友好和更平衡的态度。2008年6月,萨科齐(2007—2012)在以色列议会上宣布:"法国是以色列的朋友,无论何时以色列的安全和生存受到威胁,法国都会站在以色列一边。"2013年11月,奥朗德(2012—2017)也在以色列议会说,以色列可以信赖法国的友谊。2017年7月,马克龙(2017—)谴责反犹太复国主义是反犹主义的伪装形式。这三位领导人都表示坚决反对伊朗的核项目。

德国

在以色列独立早期,德国人不被允许进入以色列,以色列人也不被允许到德国旅行。以色列护照上有一个印章,表明除德国外对所有国家都有效。大屠杀就像是一个开放性的伤口,德国被完全禁止。

官方甚至不允许以色列外交官与德国同行交谈。[42]然而,在这一官方立场的背后,以色列和西德之间进行了接触,明确目的是达成赔偿协议。协议签署于1952年,要求西德为犹太难民和大屠杀幸存者融入以色列社会支付经济赔偿。

此协议当时在以色列引起了极大争议。以色列总理本-古里安表示,如果没有赔偿,以色列经济无法承受大规模移民的成本;而反对派领导人梅纳赫姆·贝京则声称,以色列政府实际上是在为德国的罪行用金钱开脱。在以色列,反对协议的示威演变成了暴力行动。

对德国总理康拉德·阿登纳(Konrad Adenaur)来说,1952年与以色列达成的赔偿协议是德国"补偿"政策的一部分。然而,当以色列官员坚持在没有照片和握手的情况下签署协议时,阿登纳抱怨以色列的"《圣经》式的不宽恕"。[43]

以色列和德国之间的关系存在痛苦的历史伤疤。1960年以色列审判阿道夫·艾希曼(Adolf Eichmann),以及德国科学家为埃及政府提供导弹开发建议的报道,重新揭开了这些伤疤。在20世纪50年代末和60年代初,以色列的摩萨德通过消灭为埃及工作的德国科学家来阻止德国科学家帮助埃及建立火箭工业。例如，1962年9月11日，德国科学家海因茨·克鲁格（Heinz Krug）失踪，此后再没出现过。他在摩萨德通缉的为埃及工作的德国科学家名单上列榜首。克鲁格是被前纳粹军官奥托·斯科泽尼（Otto Skorzeny）枪杀的，摩萨德招募奥托来对付其他纳粹分子，[44]目的是恐吓其他也在帮助埃及制造火箭的德国科学家。以色列的恐吓行动取得了成功，大多数德国科学家最终离开了埃及。

摩萨德曾试图将德国科学家赶出埃及，但未能成功抓获约瑟夫·门格勒（Joseph Mengele）。门格勒因在奥斯维辛集中营的囚犯身上进行残酷的"医学"实验而臭名昭著。1962年7月，门格勒被摩萨德控制。然而，摩萨德当时的负责人伊塞尔·哈雷尔（Isser Harel）下令放弃抓捕门格勒，转而专注于为埃及制造导弹的德国科学家[45]。哈雷尔的继任者梅尔·阿米特（Meir Amit）含蓄地为放弃门格勒的战略决定辩护，他宣称，以色列情报部门应该"停止追逐过去的幽灵，把我们所有的人力和资源都投入处理当下对国家安全的威胁中去"。[46]

以色列与西德之间的关系在20世纪50年代后期也具有军事意义。由于以色列与法国之间的关系逐渐冷淡，以色列与美国尚未建立战略关系，因此以色列需要军事同盟和武器装备。同时，德国联邦情报局负责人莱因哈德·盖伦（Reinhard Gehlen）对1956年以色列针对埃及作战取得的快速军事胜利印象深刻，并认为以色列可以成为有价值的伙伴。[47]1957年，盖伦联系了摩萨德，伊塞尔·哈雷尔最终批准了一项互利的情报行动。德国国防部部长弗朗茨-约瑟夫·施特劳斯（Franz-Josef Strauss）和以色列国防部副部长西蒙·佩雷斯制定了德国向以色列提供坦克和直升机的秘密军事协议。[48]1958年，德国总理康拉德·阿登纳在严格保密的条件下批准了这项交易（德国害怕阿拉伯国家会对其进行经济报复），行动开始了。

1964年10月,当多家报纸披露这一交易时,两国之间秘密的军事关系被打破。在阿拉伯世界的巨大压力下(阿拉伯国家威胁承认东德),西德于1965年取消了对以色列的武器供应。

以色列在1962年除掉了海因茨·克鲁格,并在1965年停止了德国对以色列的武器供应,这些都削弱了德国重新获得尊重的努力。正如阿巴·埃班所解释的那样,德国"因为对犹太悲剧记忆的麻木不仁,对与阿拉伯人关系的漠不关心,对武器阴谋和仓促怯懦的撤退完全缺乏骨气而受到抨击"。[49]

阿巴·埃班(时任以色列副总理)和库尔特·比伦巴赫(Kurt Birrenbach,德国总理的密友)进行了建立两国全面外交关系的谈判。两国于1965年建立了全面外交关系。

建立全面外交关系后,西德成为以色列在欧洲经济共同体和北约内部最强有力的支持之一。以色列和德国也建立了先进的军事合作关系。在20世纪70年代初,当德国(与英国和意大利一起)开发"龙卷风"战斗机时,以色列的飞机工业被选中开发新飞机的电子战系统,摩萨德受命保守这项合作的秘密。[50]

近年来,以色列购买了德国制造的潜艇,这些潜艇加强了以色列对伊朗的威慑。此外,历届德国政府都一直推进大屠杀教育,加强德国和以色列青年之间的教育和文化交流。陆续有越来越多的德国犹太人和来自以色列的犹太人生活在柏林,2005年柏林还设立了欧洲被害犹太人纪念碑,每年勃兰登堡门前都会点亮巨大的光明节灯台,这些都既代表了悲惨的过去也展现出蓬勃发展的现在。

以色列在欧洲的复杂关系

西班牙

西班牙和以色列直到1986年才建立外交关系,那一年西班牙加入了欧洲经济共同体。1492年西班牙驱逐犹太人以及随后的宗教裁判所留下的历史伤疤从未从犹太人的集体记忆中消失。此外,弗朗西斯科·佛朗哥(Francisco Franco,西班牙1939年至1975年的军事独裁者)在第二次世界大战期间站在轴心国一边,虽然西班牙没有正式参加反对同盟国的战争。关于佛朗哥在大屠杀期间针对犹太人的政策有相互矛盾的说法:他向一些犹太人提供庇护,但也被怀疑把犹太人的名单交给了德国人。由于这些原因,以色列认为西班牙是"不可触碰的"。以色列在独立建国的时候没有寻求承认的国家只有两个:德国和西班牙。1949年5月,以色列在联合国投票反对解除对西班牙的外交制裁,尽管许多同情佛朗哥的拉美国家向以色列施加了压力。[51]

然而,如果以色列能在1952年与德国签署赔偿协议,并在苏联苛待犹太人的情况下与苏联保持外交关系,那么为什么不与佛朗哥的西班牙建立外交关系呢?这就是以色列外交部的"实用主义"观点。然而,佛朗哥对与以色列建立外交关系不感兴趣。西班牙与阿拉伯世界的关系很复杂。西班牙赢得了收复失地运动(8世纪早期到15世纪晚期对抗阿拉伯人的战争),传奇的西班牙英雄圣地亚哥(圣詹姆斯)的姓氏是"摩尔-杀手"(Matamoros,意为"the Moor-slayer")。与此同时,佛朗哥与北非阿拉伯人关系密切,其中一些人曾在他的警卫中服役。在捍卫西班牙在直布罗陀、摩洛哥北部、西撒哈拉和加那利群岛的殖民地时,阿拉伯人在联合国的投票对西班牙至关重要。西班牙外交部部长费尔南多·马里亚·卡斯蒂拉(Fernando María Castiella)坦率地承认,不与以色列建立外交关系符合西班牙在阿拉伯世界的利益。[52]

尽管1975年佛朗哥去世后,西班牙并没有立即向民主过渡,但1982年西班牙社会主义工人党(PSOE)在选举中获胜,这促进了与以色列的外交关系的建立。西班牙总理费利佩·岗萨雷斯(Felipe Gonzáles)是社会主义国际(第二国际)的成员,这点与西蒙·佩雷斯(1984年成为以色列总理)一样。西班牙于1986年1月加入欧洲经济共同体,成为一个与以色列签订自由贸易协定的组织的成员国。但与某个欧共体伙伴还没有建立外交关系有点尴尬,因此以色列和西班牙在1986年建立了全面外交关系。

2015年10月,西班牙通过了一项法律,允许1492年被驱逐出西班牙的犹太人的后代申请西班牙国籍。该法律还指出,1492年的驱逐和宗教裁判是"历史错误"。

意大利

1871年意大利统一后,意大利犹太人全部得到解放,他们中的许多人开始担任政府高级官员。20世纪初,意大利有两位犹太总理:亚历桑德罗·福蒂斯(Alessandro Fortis,1905—1906)和路易吉·鲁萨蒂(Luigi Luzzatti,1910—1911)。西德尼·桑尼诺(Sidney Sonnino)是第一次世界大战期间及之后的意大利外交部部长,事实证明他有点像意大利的迪斯雷利,他在1919年巴黎和会期间全力支持犹太复国主义计划(桑尼诺有一个犹太父亲,他觉得自己与犹太人民有一种联系)。《贝尔福宣言》被纳入英国对巴勒斯坦的托管,这在一定程度上要归功于桑尼诺。

桑尼诺从巴黎和会回国后不久就去世了。1922年,墨索里尼组建政府,最终将意大利变成了一个与纳粹德国结盟的警察国家。尽管如此,意大利并没有直接参与大屠杀。1942年,驻克罗地亚的意大利军事指挥官拒绝将犹太人交给德国人,而1943年1月,纳粹在意大利占领的法国区围捕犹太人时,意大利人也不与他们合作。1943年9月,德国人入侵意大利北部,意大利向盟军投降后,意大利的犹太人开始被驱逐到纳粹死亡集中营。

近年来,意大利总理多为他们与以色列的友谊感到自豪。

西尔维奥·贝卢斯科尼（Silvio Berlusconi）和马泰奥·伦齐（Matteo Renzi）在以色列议会的演讲中（分别于2010年2月和2015年7月）对以色列大加赞赏。然而，在这种温暖的背后，现实有时更为严峻。2018年2月，意大利新闻杂志《快讯》（*L'Espresso*）披露，在贝卢斯科尼总理因非法资助贝蒂诺·克拉克西（Bettino Craxi）的意大利社会党而受审期间，阿拉法特帮助了他。阿拉法特谎称500万欧元不是给意大利社会党的，而是给巴解组织的，贝卢斯科尼因为他向检察官撒谎而付给他回扣。《快讯》进一步透露，历届意大利政府都与阿拉法特达成了一项秘密协议，以保护意大利免受巴勒斯坦极端分子的袭击：巴勒斯坦极端分子不会在意大利发动袭击，作为交换，他们可以在意大利全境自由行动。由于这个互不侵犯条约，意大利当局让1985年劫持意大利班轮"阿基莱·劳伦"号的巴勒斯坦恐怖分子逃脱，当时坐在轮椅上的美国犹太乘客列昂·柯林豪弗（Leon Klinghoffer）被谋杀并被扔到了海里。意大利总理朱利奥·安德烈奥蒂（Giulio Andreotti）帮助劫机主谋穆罕默德·扎伊丹（Muhammad Zaidan，又名阿布·阿巴斯）逃脱了美国的引渡，从意大利（经保加利亚）逃往突尼斯。[53]

近年来，以色列和意大利在向欧洲出口天然气方面建立了密切的合作伙伴关系。2018年11月，以色列与塞浦路斯、希腊和意大利签署了谅解备忘录，建设世界上最长的天然气管道，该管道将通过塞浦路斯和希腊连接以色列和意大利。2019年1月，以色列、埃及、希腊、塞浦路斯、意大利、约旦和巴勒斯坦民族权力机构之间成立了"东地中海天然气论坛"。

希腊

希腊是1947年唯一投票反对联合国分治巴勒斯坦计划的欧洲国家。在以色列独立42年后，希腊拒绝在法律上承认以色列并与以色列建立全面外交关系。

希腊担心的主要原因是阿拉伯世界的报复。埃及有一个古老、庞大而富裕的希腊侨民群体。埃及领导人威胁，如果希腊与以色列建立全面外交关系，他们将驱逐或掠夺这个群体。经过四年的德国占领（1940—1944）和六年的内战（1945—1951），国力被削弱的希腊对这些压力非常敏感（尽管如此，埃及人最终还是没收了希腊侨民的大部分资产）。1960年塞浦路斯宣布独立时，希腊游说联合国承认其对该岛的主权。由于塞浦路斯居住着希腊人和土耳其人，希腊和土耳其都有主权要求，在这场外交斗争中，希腊很容易被阿拉伯和伊斯兰国家勒索，这些国家天生同情土耳其（一个伊斯兰国家）。1982年黎巴嫩战争期间，希腊总理安德烈亚斯·帕潘德里欧（Andreas Papandreou）指责以色列犯下了"反人类罪"，并将以色列与纳粹德国相提并论："我们已经看到纳粹对犹太人做了什么，现在犹太人也在对巴勒斯坦人做同样的事情。"[54] 在帕潘德里欧的领导下，巴解组织在雅典的"大使馆"成为该组织强大的国际据点之一。

直到1990年帕潘德里欧在选举中失败，希腊组建了一个中间偏右政府之后，才在1991年与以色列建立了全面外交关系。近年来，由于以色列和土耳其关系恶化（见第10章），以及以色列成为天然气出口国所带来的共同的地缘政治利益（见第21章），以色列和希腊的关系明显升温。

瑞典

瑞典有一段令人不安的"犹太历史"，与以色列的关系也很紧张。希特勒上台后，瑞典禁止犹太人移民（尽管1940年德国占领挪威后，瑞典仍接纳了犹太难民）。战争期间，瑞典官方保持中立，但它允许德国使用它的领土，并向德国出售原材料。1951年之前，瑞典法律禁止犹太人担任政府部长。[55] 1948年，莱希武装分子暗杀了福尔克·伯纳多特伯爵（Folke Bernadotte，瑞典皇室成员，代表联合国，建议减少以色列的领土并减少犹太移民），这让瑞典人愤愤不平，无法原谅。

瑞典与以色列的关系受到瑞典总理奥洛夫·帕尔默（Olof Palme，任期为1969—1976、1982—1986）的影响，他赞扬古巴和柬埔寨的革命者，并坚定地为巴解组织辩护。赎罪日战争之后，瑞典公开支持巴解组织。1975年12月4日，瑞典是唯一在联合国安理会投票赞成邀请巴解组织在安理会发言的西方国家（以色列召回其驻斯德哥尔摩大使以抗议此投票）。1986年11月28日，瑞典驻联合国大使宣布，瑞典不承认对1947年联合国分治计划的任何修改，56 从而否定了自1949年罗德岛协议以来以色列的实际边界。2014年，瑞典也是第一个承认巴勒斯坦国的欧盟国家。

瑞典官员、机构和媒体针对以色列的言辞通常比欧洲其他国家更为严苛。2004年，瑞典历史博物馆展出了把巴勒斯坦自杀式炸弹袭击者哈纳迪·贾拉达特（Hanadi Jaradat）描绘成白雪公主的装置艺术作品。2009年8月，瑞典小报《瑞典晚报》（*Aftonbladet*）发表了一篇由自由撰稿人唐纳德·博斯特罗姆（Donald Boström）撰写的文章，声称以色列国防军从在羁押中死亡的巴勒斯坦人身上摘取器官。2015年11月巴黎恐怖袭击后，瑞典外交部部长玛戈特·瓦尔斯特隆（Margot Wallström）说，"要消解激进行为，我们必须回到像中东那样的局势，尤其是在我们看来巴勒斯坦人丝毫看不到任何未来：我们要么接受绝望的局面，要么诉诸暴力"，从而暗示这些攻击的最终原因是巴勒斯坦人的失望。57

由于瑞典宽松的移民政策，近年来穆斯林人口大幅增长，不仅对该国的中东政策产生了影响，而且对瑞典犹太人的生活也产生了影响。在马尔默市，针对犹太人的骚扰变得非常频繁和激烈，西蒙·维森塔尔中心在2010年发出警告，建议犹太人"前往瑞典南部时要格外小心"。

梵蒂冈

教皇是赫茨尔争取支持的世界领导人之一。赫茨尔在1904年2月25日与教皇庇护十世（Pope Piux X）会面，想要说服他支持在圣地建立犹太国家。庇护十三世拒绝了赫茨尔的请求，解释了天主教会不能支持犹太复国主义的原因："耶路撒冷的土地是由耶稣基督神圣化的。犹太人不承认我们的主，因此，我们也不承认犹太人。以色列的宗教是我们宗教的基础，但它被《新约》取代，所以我们也不能承认它。"[58]

在以色列建国成为现实后，梵蒂冈不仅不承认这个犹太国家，而且还试图把以色列这个新国家描绘成与历史上的犹太人无关的国家。梵蒂冈日报《罗马观察报》（*L'osservatore Romano*）在1948年5月29日发表评论说："犹太复国主义不是出自《圣经》中的以色列，而是出自20世纪《贝尔福宣言》中的以色列，是现代世俗国家。"[59]

然而，这种理论本身并不能使梵蒂冈拒绝承认以色列正当性的行为合理化。此后，梵蒂冈用三个理由来解释拒绝的原因：1. 以色列的领导人大多是社会主义者，有俄罗斯血统，因此以色列很可能成为苏联共产主义的盟友；2. 以色列部分控制了耶路撒冷（其西部地区），根据联合国分治计划，耶路撒冷本应成为一个国际城市；3. 在得到以色列承认之前，应该允许阿拉伯巴勒斯坦难民返回他们自己的家园。此外，梵蒂冈还指出，苏联曾在1948年迫不及待地承认以色列，并向这个新国家提供武器（见第15章），证明以色列是布尔什维克主义的代理人。1949年停火协议和以色列同约旦实际分割了耶路撒冷之后，梵蒂冈继续呼吁根据联合国的分治计划对耶路撒冷实行国际化。事实上，教皇曾试图说服法国外交部部长罗伯特·舒曼（Robert Schuman，一位虔诚的天主教徒）在各基督教圣地地位没有得到保证的情况下不要承认以色列，但没有成功。[60] 1949年5月，梵蒂冈还试图说服天主教国家投票反对以色列加入联合国，或者至少以耶路撒冷的国际化作为以色列加入联合国的条件。

事实上，梵蒂冈在建立天主教国家联盟方面发挥了重要作用。1949年12月9日，这些国家投票支持联合国大会呼吁耶路撒冷国际化的决议。作为回应，本-古里安将以色列政府和议会从特拉维夫转移到了耶路撒冷。

到1952年，梵蒂冈停止了对耶路撒冷国际化的呼吁，在三年徒劳的外交努力之后，梵蒂冈意识到1949年后的现状将会持续下去。

以色列和梵蒂冈的关系在教皇约翰二十三世（1958—1963）的领导下得到了改善，他召开了第二次梵蒂冈会议，审议最终产生了1965年的《教会对非基督宗教态度宣言》(Nostra Aetate)，免除了犹太人杀害耶稣的集体责任。值得注意的是，宣言也声明（尽管不是很明确），上帝不会撤销神圣的承诺——这意味着圣地仍然是许诺给犹太人的。

尽管巴解组织在对黎巴嫩基督徒构成威胁的黎巴嫩内战（1975—1990）中发挥了主要作用，但巴解组织和梵蒂冈之间也建立了联系：红衣主教保罗·贝托利（Paolo Bertoli）于1975年11月在贝鲁特会见了阿拉法特。1976年6月，梵蒂冈投票赞成在温哥华举行的联合国"联合国人居会议"（通称"栖息地会议"，Habitat Conference）所发表的最终宣言，会议将犹太复国主义和种族主义相提并论。[61]

1978年教皇约翰·保罗二世的当选是梵蒂冈对以色列政策的转折点。约翰·保罗二世以卡罗尔·约瑟夫·沃伊蒂瓦的名字在波兰长大，在那里他经历了大屠杀，失去了许多犹太朋友。第二次世界大战刚结束，一对天主教夫妇就如何处置他们在战争期间藏起来的两个犹太孩子向他征求意见。孩子们的父母死于奥斯威辛集中营，他们信奉天主教的养父母想知道是否应该给他们施洗，把他们培养成基督徒。"'不行。不能给他们施洗。'沃伊蒂瓦告诉他们。'他们交给你们时本是犹太人,他们必须还是犹太人,你们也必须把他们当作犹太人来培养。'"[62]约翰·保罗二世是第一位正式访问罗马犹太大教堂的教皇(1986),在那里,他称犹太人为教会的"兄长"。

尽管约翰·保罗二世对犹太人的态度更为有利,但他的中东政策也并非没有矛盾。例如,1982年9月15日,在黎巴嫩新当选的基督徒总统杰马耶勒被暗杀的第二天,约翰·保罗二世在梵蒂冈会见了阿拉法特,对此以色列和黎巴嫩基督徒都很失望。

1986年,教皇在私下谈话中宣布,他已决定与以色列建立外交关系。然而,1987年12月爆发的第一次巴勒斯坦大起义让他推迟了这个决定。在1991年10月的马德里和平会议上,约翰·保罗二世决定重新与以色列讨论建立外交关系。美国总统老布什鼓励他正式承认以色列。1993年12月,以色列和梵蒂冈签署了一项协议,主要涉及教会在以色列的财产权。两国于1994年6月建立了全面外交关系。

以色列与欧盟

欧盟(EU)的前身分别是欧洲煤钢共同体(ECSC,成立于1951年)和欧洲经济共同体(EEC,成立于1957年)。1964年,欧洲经济共同体和以色列签署了一项贸易协议,降低以色列出口产品的关税。1975年5月,这一贸易协定扩大为欧洲经济共同体和以色列之间的工业产品自由贸易区,欧洲对以色列出口的农产品所征关税降低了85%,鼓励与以色列之间进行资本投资以及研发合作。

1975年签订的协议是以色列外交部部长伊加尔·阿隆在外交和经济方面取得的重大成就。以色列资深外交官吉迪恩·

拉斐尔（Gideon Rafael）解释道："阿隆认识到与欧洲关系的恶化给以色列造成的损害。他付出了相当大的个人努力来遏制这种趋势。自从赎罪日战争以来，拉宾就不再认为欧洲是世界事务中的一个重要因素，与拉宾总理不同，阿隆意识到以色列在欧洲的地位直接影响其经济和政治命运。"[63]

尽管以色列和欧洲经济共同体之间的政治氛围紧张，但双方还是签订了该协议。石油禁运造成了紧张局势，也使欧洲各国更加支持阿拉伯国家的要求，并对以色列持批评态度。在1973年赎罪日战争期间，欧洲经济共同体的9个成员国政府拒绝了美国的正式请求，即允许一架飞往以色列的美国飞机降落在欧洲领土上。当以色列和埃及签署《戴维营协议》时，法国不满未将巴勒斯坦解放组织纳入1978年的协议中，并说服其他欧洲经济共同体成员国签署一项共同决议，呼吁以色列和美国在未来的和平谈判中加入巴解组织。欧洲经济共同体最终于1980年在威尼斯通过了《威尼斯宣言》，公开主张让巴解组织参与未来的谈判。

法国利用1973年赎罪日战争后阿拉伯国家实施的石油禁运，说服欧洲经济共同体成员国签署了这份宣言。在1973年石油禁运之前，同情以色列的欧洲国家（如荷兰和西德）不愿支持法国的中东政策。1973年阿拉伯石油输出国威胁不向支持以色列的国家出售石油后，法国的中东政策得到了欧洲经济共同体成员国的默许和支持。

欧洲经济共同体和以色列在1975年签署了自由贸易协定，这在石油禁运扩大政治分歧的情况下似乎显得自相矛盾。然而，那时欧共体成员国已经能够确保他们的石油供应来源，而且他们在中东问题上的声明始终对以色列持批评态度。签署自由贸易协议对欧洲经济共同体和以色列都有利，而且由于该协议不适用于约旦河西岸、加沙、东耶路撒冷、西奈和戈兰高地等有争议的领土，阿拉伯世界并不认为这是一种"挑衅"。

直到 1995 年，整整又过了 20 年，欧盟才更新并进一步升级 1975 年与以色列签订的自由贸易协定。1993 年的《奥斯陆协议》促成了欧盟对以色列的态度转变。得益于 1995 年的协议，以色列在 1996 年成为第一个加入享有盛誉的研发"框架计划"的非欧洲国家。[64]

虽然《奥斯陆协议》最初是由挪威（一个欧洲国家，但不是欧盟成员国）从中斡旋的，但以色列和巴解组织之间的谈判是在 1993 年 9 月《原则宣言》签署仪式后由美国协调的。欧盟坚持在巴以谈判中发挥作用，但在处理南斯拉夫内战问题上的失败严重影响了欧盟的外交信誉。伊扎克·拉宾说出了内心对于欧盟在欧洲自身如此无助的情况下，为何认为自己在中东会发挥很大的作用的疑惑："欧洲人自愿参与世界各地的和平进程，而当麻烦出现在他们家门口时，他们在哪里？"[65]

虽然多年来，政治分歧并没有显著影响以色列与欧共体/欧盟之间经济联系的深化，但近年来，欧盟一直在将政治分歧与经济合作脱钩。自 1997 年《阿姆斯特丹条约》（1999 年生效）以来，欧盟一直有一位负责外交事务和安全政策的高级代表（其权力和作用在 2009 年《里斯本条约》中确定）。尽管欧盟成员国仍在执行各自的外交政策，在许多外交政策问题上仍存在分歧，但他们至少在重大国际问题上试图采取共同的政策，高级代表理应代表和捍卫此政策。

近年来，欧盟在以色列定居点问题上基本保持了一致的声音。有一种明显的趋势是确保以色列和欧盟之间的贸易和科学研究协定不适用于 1949 年停火线以外的地区。2013 年，以色列与欧盟签署了《地平线 2020》（Horizon 2020）研发协议，此前以色列同意将在绿线以外运营的以色列公司排除在协议之外。2015 年 11 月，欧盟委员会指示成员国对在绿线之外制造或生产的以色列产品贴特殊标签（这些产品仍然可以在欧洲销售，但不能享有欧盟-以色列贸易协定的优惠条款）。以色列在维持与欧盟（以色列的第一个贸易伙伴）的贸易关系上有经济利益，而欧盟在维持以色列参与欧洲研发项目上也有经济利益（基于以色列的技术专长）。

与此同时，以色列通过提升与欧盟中的东欧"叛逆"政府的关系，抵消了欧盟委员会的中东政策。2017年7月，内塔尼亚胡总理出席了"维谢格拉德集团"（Visegrád Group）布达佩斯峰会，维谢格拉德集团是波兰、匈牙利、捷克共和国和斯洛伐克之间的政治联盟，它（以及其他东欧国家政府）公开反对欧盟的传统中东政策。例如，2018年，捷克共和国、匈牙利和罗马尼亚阻止了欧盟签署一项旨在谴责美国大使馆迁往耶路撒冷的决定。捷克总统和罗马尼亚总理都表示支持将各自国家的大使馆迁往耶路撒冷。2018年8月，当内塔尼亚胡总理对立陶宛进行正式访问时，谈到了转让问题以及以色列对伊朗核协议的看法，立陶宛总理宣布："立陶宛确实对以色列有更好的理解，这种理解可以传播到其他欧盟国家。"[66]

对以色列来说，东欧各国政府成为其防止欧盟通过对以不利决议的有力筹码。以色列与欧洲的"叛逆"国家的特殊关系，使之能够采取"分而治之"的战术，从而使欧盟内部无法就谴责美国迁移大使馆及退出伊核协议达成一致。维谢格拉德集团也让欧盟更难绕过美国对伊朗的新一轮制裁。

不过，民粹主义政府也有缺点。由于欧盟是以色列的第一个贸易伙伴，而以色列又是美国的盟友，以色列不会从亲俄重商主义者主导的欧洲获益。但是，与东欧和意大利政府进行特别而有计划的交往，目前确实符合以色列的国家利益。

以色列还将与希腊和意大利关系的改善视为其崛起为能源输出国的副产品。于2018年11月与塞浦路斯、希腊和意大利签署谅解备忘录，建设一条天然气管道，使以色列能够向欧洲出口天然气。

一些评论家和政治家建议以色列应该成为欧盟的正式成

员。[67]然而,以色列成为正式成员的可能性非常小,而且可能适得其反。以色列不是一个欧洲国家。即使是欧洲国家,完全的欧盟成员资格也不符合它的利益。事实上,并不是所有的欧洲国家都是欧盟成员国,因为他们认为完全的成员国身份并不最符合他们的利益:挪威、瑞士和列支敦士登从未加入欧盟,而英国 2020 年脱欧。这些国家与欧盟有自己的联盟和贸易协定(如以色列)。作为一个小国,以色列在欧盟决策中的影响力将被完全削弱。完全的欧盟成员国身份还意味着欧洲法律凌驾于国内法之上,而与以色列犹太人身份相关的法律(如回归法,或家庭法领域的宗教法庭的地位)可能被认为与欧盟法律不相容。还有欧盟公民在成员国(申根区内)自由流动的问题。再加上欧洲不断增长的穆斯林人口和一些欧洲穆斯林的激进化,完全加入欧盟是不现实的。

虽然欧洲穆斯林人口不断增长使人们对欧以关系的长期前景产生怀疑,但随着 2008 年金融危机、难民潮的出现,以及"伊斯兰国"宣称要对欧洲进行恐怖袭击,欧洲与以色列加强了新的情报和军事合作。2015 年以来,以色列对欧军售大幅增长,年军售额超 15 亿美元。[68]与此同时,一些国家(波兰、匈牙利、奥地利、希腊)和德国选择党(AfD)、法国"国民阵线"等政党逐渐恢复对本国经济政策、移民政策的全部权力。这些政府及政党大多赞赏以色列在经济、国防和反恐方面的成就。

小结

西奥多·赫茨尔在巴黎写了犹太复国主义宣言《犹太国》,希望能得到欧洲各国领导人的支持,建立犹太国。国际联盟授权英国托管巴勒斯坦,帮助犹太人建立犹太民族家园。以色列用从欧洲(捷克斯洛伐克)购买的武器进行了独立战争。独立后,以色列唯一的军事和外交盟友是欧洲(法国),其主要的财政支持来源也是欧洲(德国)。然而,多年来,以色列和欧洲之间的关系经常会变味并越来越复杂。

由于纳赛尔对阿尔及利亚民族主义者的支持,以色列和法国之间的友好关系在20世纪50年代中期发展成联盟关系。随着1958年戴高乐重掌政权和1962年阿尔及利亚战争结束,法国对以色列失去了兴趣。1967年的六日战争宣告了两国的分裂。相比之下,与英国的关系在20世纪60年代有所改善,因为以色列在帮助也门和阿曼的亲英军队方面是一个有用而谨慎的伙伴。至于与德国(西德)的关系,近代历史留下的伤疤以及20世纪50年代德国科学家与埃及的合作,让两国关系蒙上了阴影。然而实用主义最终占了上风:以色列和德国签署了赔偿协议,建立了全面外交关系,并成为军事伙伴。随着1957年欧洲经济共同体(EEC)的建立,以色列与欧洲的关系发展至一个新的多边维度。

在1973年赎罪日战争和随后的石油禁运后,欧洲经济共同体开始要求以色列完全撤回到1967年前的边界。1980年,欧共体开始正式支持巴解组织,当时巴解组织刚刚被美国斡旋的《戴维营协议》边缘化。尽管欧共体和以色列在政治上存在分歧,但贸易和科研关系得以维持甚至扩大。然而,近年来,欧盟(欧共体的继承者)将约旦河西岸和戈兰高地排除在所有欧盟-以色列贸易和科学协议之外。以色列通过与希腊、匈牙利、波兰、捷克和斯洛伐克以及立陶宛等同样对欧盟中东政策不满的成员国发展特殊关系,打破了欧盟在伊朗核协议和向耶路撒冷搬迁大使馆等问题上的共识。此外,以色列正越来越多地利用相对于欧洲的优势,特别是在反恐方面的专长、技术优势和天然气资源来处理对欧关系。

14. 美国联盟

> 理查德·尼克松:"我们的外交部部长都是犹太人(亨利·基辛格和阿巴·埃班)。"
>
> 果尔达·梅厄:"是的,你说的没错,但是我的外交部部长说的英语没有口音"。

从外交负担到战略资产

美国总统罗斯福并不支持建立犹太国家。大卫·奈尔斯(David Niles)在罗斯福执政期间担任种族问题顾问和犹太社区非正式联络员,他写道:如果罗斯福在二战结束后这一关键时期掌权,以色列就不会建国(罗斯福于 1945 年 4 月 12 日去世)。1945 年 2 月 14 日,罗斯福和沙特国王伊本·沙特(Ibn Sand)举行会晤时称:"在与伊本·沙特交谈的一个小时里,我对中东的了解比以往任何时候都多。"[1]

罗斯福并不是唯一反对犹太国家独立的人。1947 年 11 月 29 日,联合国就巴勒斯坦分治决议发起投票,美国的石油公司因为依赖中东的油田,所以都极力游说反对该决议。[2]美国军事及外交政策部门(美国国务院、五角大楼及中央情报局)并不支持分治决议,他们认为冷战已经开始,美国和苏联在中东和世界各国都在争夺影响力和效忠国。美国国防部部长詹姆斯·福雷斯特尔宣称："这个国家的任何组织都不允许影响我国的政策，乃至危及国家安全的地步。"³ 同样，美国国务卿乔治·马歇尔也表示反对联合国的分治计划。马歇尔和国务院的大部分成员都赞成延长英国在联合国托管下的统治。马歇尔向接替罗斯福的哈里·杜鲁门解释说：承认犹太国家将疏远阿拉伯世界。然而，杜鲁门不顾其外交和国防政策顾问们的建议，决定亲自做出决策。

他的决定受到老友爱德华·雅各布森（Edward Jacobson）的影响。杜鲁门和雅各布森（犹太人，其家人从立陶宛移居到堪萨斯城）在一战期间一起服役，两人因此关系密切。一战结束后，两人共同经商，在经济大萧条时期破产。他们一直都是亲密的朋友，杜鲁门担任总统后，总统办公室的大门也一直向雅各布森敞开。

在说服杜鲁门支持巴勒斯坦分治决议、承认以色列方面，雅各布森发挥了关键作用。犹太复国主义说客们激怒过杜鲁门，他曾下令禁止他们进入白宫。这一命令适用于所有人，包括哈伊姆·魏茨曼。此时雅各布森介入并告诉杜鲁门："你的英雄是安德鲁·杰克逊。我也有我的英雄，他就是哈伊姆·魏茨曼，他是世界上活着的最伟大的犹太人。他年老还多病，跋涉数千英里来见你，而你却将他拒之门外。这可不像你啊，哈里。"杜鲁门回复他说："你这个死秃头，你赢了，我会见他的。"⁴

1948年3月18日，杜鲁门会见了魏茨曼，会面持续了近两个小时。最终，杜鲁门作出承诺：他将支持以色列独立。后来，杜鲁门生动地描述了他在巴勒斯坦问题上是如何违背国务院意愿的：

> 在巴勒斯坦问题上，国务院官员们一直试图糊弄我，他们告诉我说我不了解巴勒斯坦正在发生的事，所以应该将这些事交给专家们解决。我很遗憾地说，他们中有的是反

犹主义者。应付这些官员相当麻烦。他们最不希望美国承认犹太人建国,对此我也有自己的想法和一些疑惑,但我已经向魏茨曼博士做出了承诺。我个人的态度是,只要我还是总统,我必须保证自己是做决策的人,而不是国务院的第二或第三梯队。所以,在宣布成立犹太国家的那天,我给了那些官员大约提前三十分钟的时间,通知他们我打算做什么,不留更多的时间,这样他们就不能把事情搅乱了。然后,就在以色列宣布独立 11 分钟后,我让我的新闻秘书查理·罗斯发布公告,宣布美国事实上承认以色列。[5]

在此次重要会面中,杜鲁门和魏茨曼围绕内盖夫沙漠展开了讨论。1947 年 11 月初,美国国务院(经英国政府劝说)已要求犹太代办处放弃内盖夫沙漠南部。美国驻联合国代表甚至暗示说,如果以色列不做出让步,他们将放弃支持巴勒斯坦分治决议。魏茨曼向杜鲁门解释说,阿拉伯国家已经可以通过约旦、埃及和沙特阿拉伯进入红海。犹太国家也需要这样的通道作为通往非洲和亚洲的门户。杜鲁门同意了,并再次将自己的意愿强加于他顽固的外交官们。

然而,国务院试图撤销总统的决策。1948 年 3 月,美国驻联合国大使沃伦·奥斯汀(Warren Austin)建议用巴勒斯坦托管制度代替分治决议。同时,美国国务卿乔治·马歇尔警告英国不要在 5 月 15 日结束对巴勒斯坦的托管。时任以色列驻联合国大使阿巴·埃班解释说:"到 1948 年 5 月初,英国'只是'试图缩小犹太国家的国土面积,而美国仍试图阻止建立犹太国家。"[6]马歇尔也警告摩西·夏里特(在犹太国家独立之前负责处理伊休夫的对外关系)说,如果犹太人仍要在 1948 年 5 月 15 日宣布建国,美国将不会向犹太国提供军事帮助。马歇尔言出必行。尽管杜鲁门决定在 1948 年 5 月承认以色列建国,但在以色列独立战争期间,美国对以色列实行了军事禁运。

马歇尔坚定不移地攻击犹太人。在以色列宣布独立后不久,在白宫总统办公室召开了一次会议,讨论承认以色列独立,这次会议最终变成了一场激烈的争吵。据报道,马歇尔大叫道:"他们不配建国,他们的国家是偷来的!总统先生,如果你承认以色列,下次选举我将不会给你投票!"7 即使是在 1948 年 9 月联合国调解员福尔克·贝纳多特伯爵遭到暗杀之后,马歇尔仍继续支持贝纳多特的想法——将内盖夫沙漠移出以色列领土。

其他批评杜鲁门的人士认为,他选择承认以色列建国是一场零和游戏。在这场游戏中杜鲁门过度受到影响,从而选择牺牲美国的利益去支持犹太人的民族愿望。迪安·艾奇逊(Dean Acheson)1949 年至 1953 年在杜鲁门政府担任国务卿,他写道:"从我尊敬的布兰代斯大法官以及我的挚友费利克斯·法兰克福特(二者都是犹太复国主义者)那里,我学会了理解但不是分担犹太人返回巴勒斯坦并结束流散的神秘情感。我认为,他们把犹太复国主义作为美国政府的一项政策,是允许他们的情绪掩盖了美国的整体利益。"8

美国国务院不认为 1949 年的停火线是合法的和最终边界。它呼吁以色列回到 1947 年的分割线,并否认以色列战后获得领土的权利(它至多愿意考虑商定的土地交换)。美国国务院还要求以色列遣返 1948 年战争中 70 万巴勒斯坦难民中的至少一半。9

当德怀特·艾森豪威尔在 1953 年成为总统时,他的政府试图消除杜鲁门政府对阿拉伯世界造成的"损害"。许多政府官员认为:美国承认以色列建国疏远了阿拉伯国家,助长了苏联在中东地区的影响力。美国驻安曼大使馆敦促艾森豪威尔政府迫使以色列做出领土让步(即在 1947 年的分割线和 1949 年的停战线之间做出妥协)、遣返和/或补偿巴勒斯坦难民,以及使耶路撒冷国际化。10 其他驻阿拉伯世界的美国大使警告白宫和国务院说,美国对以色列的支持将把阿拉伯国家推入苏联的怀抱。11 负责中东、南亚和非洲事务的助理国务卿亨利·拜罗德（Henry Byroade）让以色列接受领土让步，因为它已经占领了联合国分治计划之外的领土。[12] 1953年，艾森豪威尔政府强烈反对来自苏联的犹太移民，声称这样的移民会疏远阿拉伯人，阻碍经济的可持续发展。[13]

艾森豪威尔政府在至少两种场合下充分证明了其"更为平衡的方式"：1953年的博诺特·雅科夫桥（Bnot Yaakov Bridge）危机以及紧随其后的1956年的苏伊士运河危机。第一场危机起源于以色列和叙利亚之间关于水的冲突。以色列曾选择博诺特·雅科夫桥作为其国家蓄水层的进水口。叙利亚反对以色列的决定，宣称以色列违反了1949年停战协议，因为该桥位于以色列和叙利亚之间的非军事化区域。叙利亚向联合国安理会提出申诉，要求以色列赔偿，美国政府选择支持叙利亚。至于1956年的苏伊士运河危机，美国政府威胁说，如果以色列不撤出西奈半岛，美国将对以色列实施制裁和报复（包括将以色列从联合国除名）（参见第11章）。

除此之外，美国政府向以色列施压，要求以色列撤出在1948年独立战争中获得的部分领土。1953年夏天，美国国务卿约翰·福斯特·杜勒斯出访中东，之后他向以色列驻美国大使阿巴·埃班暗示：因为以色列违反了和平协定，所以应该向埃及和约旦做出领土让步。1955年8月，杜勒斯宣布，以色列、约旦以及埃及之间的分界线"由1949年的停战协议确定，从各方面来说，他们之间的边界线并不是永久不变的"。[14]严格地说，杜勒斯是正确的。但是，他的声明意味着美国政府正试图通过令以色列让步领土来收买埃及。

1954年11月，为使以色列、埃及以及约旦之间达成和解，美国国务院构想了一个代号为"阿尔法"的计划。"阿尔法计划"呼吁以色列退还从1949年停战协议中获取的部分领土，增加约旦河西岸的面积（考虑到约旦的利益），同时在内盖夫沙漠南部为埃及和约旦之间搭建一条走廊（详见第9章的"阿尔法计划"规划图）。该计划还要求以色列接受75000名巴勒斯坦难民，并允许约旦使用以色列海法港。而埃及则需要向以色列船只开放苏伊士运河。此外，埃及和约旦要结束对以色列的联合抵制。[15]然而，由于埃及总统纳赛尔想要整个贝尔谢巴南部的内盖夫沙漠地区，而不仅仅是美国人所建议的小小走廊，所以"阿尔法计划"在1955年被搁置了。[16]

即使艾森豪威尔政府采取绥靖政策，埃及仍在1955年9月通过捷克斯洛伐克与苏联结成军事联盟。由于苏联此时已在埃及站住了脚，阿巴·埃班试图说服艾森豪威尔政府向以色列出售武器，但是艾森豪威尔政府认为"没必要"支持以色列。[17]埃班随后指责艾森豪威尔政府拒绝为埃及的苏联军备向以色列提供补偿，从而间接促成了1956年的苏伊士战争："如果艾森豪威尔和杜勒斯给我们提供了最少量的喷气式飞机，我们就不会有什么理由去巴黎与法国合作了。"[18]然而，1956年战争过后，以色列总理戴维·本-古里安意识到日渐衰败的法国不能成为长期可靠的同盟，于是他试图和美国建立战略伙伴关系，但艾森豪威尔政府对此有所保留。

艾森豪威尔似乎认为，他可以通过在以色列和埃及之间斡旋达成协议，阻止苏联在中东推进。1956年1月，艾森豪威尔宣布他将派遣特使罗伯特·安德森（Robert B. Anderson）前往中东，在两国之间进行斡旋。然而，安德森三个月的任务失败了：纳赛尔积极支持中东地区的亲苏叛乱，而本-古里安拒绝承认以色列是其在1947年联合国分治计划之后所占领土上的占领者。与此同时，苏联在中东不断取得进展。1956年11月，叙利亚与苏联签署了一项条约。1958年7月，伊拉克发生了支持纳赛尔主义的政变，推翻王室，与苏联结盟。纳赛尔还鼓励反抗黎巴嫩的基督政府和约旦的哈希姆君主制。美国正在失去中东。艾森豪威尔和杜勒斯的战略显然失败了。

伊拉克政变之后，美国派出海军陆战队前往贝鲁特，英国也加强了在约旦的军事力量。美国针对以色列以及中东地区的外交政策开始改变。阿巴·埃班说，以色列"现在不再是需要骑士精神承担的负担，而是值得尊重的合作伙伴"。[19]

然而，艾森豪威尔政府对以色列政策的重新评估并没有得到华盛顿的一致认可。事实上，关于以色列和中东仍然有两种观点：一种认为以色列是美国在中东影响力的障碍；另一种则认为，阿拉伯国家不稳定，也不可靠，美国支持以色列不会有任何损失。到了1958年，第二种观点的影响开始扩大，但没有占据主导地位。[20]

随着1962年肯尼迪政府上台，美国再次评估中东政策。肯尼迪是第一位谈到美国和以色列之间"特殊关系"的美国总统。他也是第一位结束其前任对以色列实施的军事禁运的总统。肯尼迪批准向以色列出售"隼式"防空导弹，这是之前艾森豪威尔拒绝做的事。

一些历史学家声称，肯尼迪同意向以色列提供武器，阻止以色列进行疑似核计划，但这似乎并没有证据证实。[21]无论如何，美国没能阻止以色列所谓的核计划。以色列同意美国对位于迪莫纳镇由法国人建造的以色列核反应堆进行安全检查。但是以色列也在美国人的检查过程中欺骗他们。以色列与美国检查员们之间猫捉老鼠的游戏让肯尼迪总统非常恼怒。他在1963年夏天给本-古里安写信，措辞强硬地警告他说："如果美国政府不能获得关于以色列核工程的可靠信息，美国将不再遵守对以色列的承诺……"[22]然而，肯尼迪从未采取强有力的实际措施来阻止以色列所谓的核项目。1967年6月14日，《纽约时报》发表了一篇题为《据说以色列计划制造原子弹》("Israel Said to Plan to Make Atom Bomb")的文章，引发公众猜测。[23]

1963年，林登·约翰逊成为肯尼迪之后的下一位总统。他增加了美国对以色列的军事物资供应以应对苏联和埃及日益紧密的军事关系(1963年6月,苏联和埃及签署了价值5亿美元的额外军事协议)。1963年12月,五角大楼表示:美国之前针对中东的政策并未阻止苏联向埃及、叙利亚以及伊拉克提供武器,因此,美国有理由向以色列提供军事援助。[24]

纳赛尔在中东(特别是也门,从1962年起)积极参与支持反美势力,因此美国决定在1965年断绝与埃及的外交关系。在这种情况下,以色列总理列维·艾希科尔于1964年6月正式访问美国。艾希科尔是第一位受邀访问白宫的以色列总理。

艾希科尔访美期间,约翰逊邀请他参观自己在得克萨斯州的大农场。以色列外交官耶胡达·阿夫纳(Yehuda Avner)也在场,他在自己的书《总理》(*The Prime Ministers*)中记录了这次经历:"总统……把他的车开到满是车辙的土路上,把我们颠得七上八下。当我们开到某个牧场时,一群奶牛一看到我们就惊慌地跑开了,只剩下一头奶牛顽固地不肯移动。总统按响了喇叭,用汽车的挡泥板推了推奶牛,直到它也逃走了。'那是黛西,'约翰逊大笑起来,'她固执得像一个患有腹绞痛的得州参议员。'艾希科尔紧紧地抓着他的小礼帽,生怕它飞走。他带着疑问的目光望着赫尔佐格博士,在引擎的轰鸣声中问道:'Vus rett der goy?'(意第绪语,意思是'那异教徒在说什么?')"[25]

对于以色列来说,艾希科尔访美非常及时,因为以色列与法国的联盟已经到了极限。1965年,美国决定向以色列提供先进武器,同时向埃及减少小麦供应。1967年6月六日战争(第三次中东战争)爆发时,以色列和美国已结为同盟。1969年9月,第一架美国幻影战斗机抵达以色列。由于戴高乐对以色列实行禁运,法国不再向以色列出售由法国达索飞机制造公司制造的战斗机;因此,以色列空军从法国战斗机向美国战斗机的过渡开始了。约翰逊最终也放弃了要求以色列签署核不扩散条约作为供应武器的条件。

重新评估联盟

理查德·尼克松于1969年当选美国总统,那一年利比亚发生了亲苏政变。这一重大事件提醒人们苏联的影响力在北非和中东的扩张产生的危险。虽然尼克松维持与以色列的同盟关系,但在阿拉伯-以色列冲突问题上却持两种对立的态度。国务卿威廉·罗杰斯(William Rogers)指责阿以冲突是苏联介入中东的原因,而国家安全顾问亨利·基辛格则指责苏联介入中东是阿以冲突持续的原因。罗杰斯认为,解决阿以冲突将减少阿拉伯国家邀请苏联介入中东的影响。"罗杰斯计划"(1969年12月正式公布)要求以色列撤回到1967年划定的边界(包括约旦河西岸),但条件是"对和平的承诺"。基辛格反驳说,为了增加以色列与其阿拉伯邻国达成协议的机会,美国首先必须减少苏联在中东的影响力。基辛格认为,要做到这一点,可以让埃及等阿拉伯国家相信,他们只有通过美国对以色列施加压力,而不是通过苏联的武器,才能收回自己的土地。[26] 与罗杰斯不同,基辛格希望随着苏联在中东影响力的减弱,以色列也做出让步。

1970年9月约旦和巴勒斯坦解放组织之间的战争(也被称作"黑色九月")暗示了中东冷战的两极化:美国和以色列支持约旦,而苏联和叙利亚支持巴勒斯坦解放组织。尼克松总统亲自向以色列总理果尔达·梅厄表示感谢,感谢以色列在帮助侯赛因国王击败叙利亚时发挥的重要作用(叙利亚得到苏联的支持,企图接管约旦的国土)。[27] 1970年的约旦危机证实了基辛格的分析,即苏联的影响力是维护中东和平的主要阻碍。1973年9月,基辛格取代罗杰斯成为国务卿,占了上风。基辛格上任两周内,赎罪日战争(第四次中东战争)爆发,中东陷入战火之中。

第四次中东战争是地区和国际局势的转折点,它改变了美国对中东及以色列的态度。在此之前,美国的外交主要集中于结束越南战争、与苏联协商军备控制协议以及和新中国建交。赎罪日战争是一个惨痛的教训,让人们意识到中东冲突可能会严重影响美国的利益。这场战争变成了两个超级大国之间的代理人战争:美国和苏联在战争期间都向各自的中东盟友提供了军事支援,同时两国的军事力量都处于高度戒备状态。这场战争还引发了石油禁运,导致油价飞涨,扰乱了世界经济,损害了美国的利益。

实际上,赎罪日战争改变了美国对中东的大部分设想。美国曾认为以色列的军事优势会阻止阿拉伯国家的任何攻击,而阿拉伯国家将不会使用石油垄断作为政治勒索的工具,同时苏联的影响力将会减弱。然而,事实证明所有这些设想都是错误的。

战争结束后,埃及总统安瓦尔·萨达特充分意识到:以色列会受到打击但是在军事上不会被击败。因此,他愿意通过美国寻求可能的外交解决方案。对埃及而言,这一做法比和苏联建立军事联盟更有效。为了收回西奈半岛,萨达特愿意转变埃及的冷战联盟,从苏联转向与美国结盟,但是他希望美国能兑现承诺。

作为现实政治大师,基辛格不需要做更多的解释。1973年10月24日,以色列和埃及签署停战协议,以色列军队驻扎在苏伊士运河西岸。萨达特希望签署一项附加协议,包括以色列从西奈半岛撤军。尽管以色列总理伊扎克·拉宾愿同基辛格合作,从而使埃及摆脱苏联的影响,但是他不愿意割让萨达特想要的领土(基辛格默许了萨达特的这一要求)。在美国总统杰拉尔德·福特(他在1974年8月接替辞职的尼克松成为下一任总统)的压力之下,拉宾接受了这一协议。美国要求以色列在西奈半岛重新部署兵力,福特甚至威胁以色列,如果拒绝这一要求美国就要"重新评估"和以色列之间的关系。

福特和基辛格决定强迫以色列同埃及签署第二个撤离协议,因为他们确信美国需要(至少在一定程度上)结束石油禁运。另外,美国在国际上遭受了重大的挫折——土耳其于1975年入侵塞浦路斯北部;1975年北越共产党攻入越南南部,越南和平协议随之破裂。基辛格认为他需要向萨达特证明美国能够兑现承诺。

1975年9月,以色列和埃及签署了《西奈2号协议》。埃及收回了苏伊士运河、吉迪和米尔塔通道以及阿布罗迪斯油田的完全支配权。两国之间建立了由联合国监管的缓冲区。

1975年拉宾被迫同埃及签订临时协定,但至少他同意基辛格的目标,赞同他的战略。然而,1976年吉米·卡特当选美国总统,基辛格的现实政治为一种完全不同的策略所替代。与前任不同,卡特愿意同苏联及中东交战。此外,卡特的外交政策受到其宗教信仰以及他对人权承诺的影响。1977年3月,卡特和伊扎克·拉宾在白宫举行会晤。会上,卡特坚持认为巴勒斯坦问题是人权问题。他认为和巴勒斯坦解放组织协商是不可避免的。[28]这是美国总统第一次要求以色列和巴勒斯坦解放组织协商。对于边境问题,卡特认为以色列应该撤退到1949年的停战线,在领土不发生大的改变的前提下,允许巴勒斯坦在约旦河西岸和加沙地带建国。最终,卡特认为巴勒斯坦问题是巴以冲突的核心根源。

拉宾强烈反对卡特的观点和建议。他后来描述和卡特的会面时写道:"离开美国时,我觉得我们面临一个严重的问题。"[29]

卡特与拉宾的会晤结束3个月之后,梅纳赫姆·贝京在1977年大选中当选以色列总理。卡特和贝京性格不同,各自的立场也不一致。1977年7月,两人在白宫的会晤有悲有喜。贝京的顾问耶胡达·阿夫纳说,谈及犹太人大屠杀和犹太人在以色列圣地的历史权利时,贝京表现得非常伤感。卡特有其他的想法:巴勒斯坦解放组织和1949年停战线。两国领导人的冲突达到了顶峰,"会议室里鸦雀无声,周围一片安静,连大理石壁炉上挂着的古钟的滴答声都听得到。时间似乎禁止了。两个人都垂下了眼"。[30]最终,卡特问贝京,如果巴勒斯坦解放组织承认以色列并支持联合国第242号以及第338号决议,以色列是否愿意和巴勒斯坦解放组织进行协商。贝京大叫道:"不!绝不!"[31]美国国家安全顾问兹比格涅夫·布热津斯基就承认以色列存在的问题向贝京施压,贝京反驳说:"美国肯定以色列存在的权利不是恩惠,也不是可以协商的让步。我不与任何人商议我的生存,我不需要任何人的肯定。"[32]

尽管埃及和以色列之间的谈判是由埃及总统安瓦尔·萨达特直接与以色列发起的,但卡特政府积极参与了谈判,并最终在1978年9月的戴维营峰会上达成了协议。以色列和埃及代表团在戴维营进行了为期13天的谈判(9月5日至9月17日)。事实证明,吉米·卡特个人对谈判的深入参与至关重要。当谈及以色列定居点问题时,双方的谈判陷入僵局,卡特权衡后决定:以色列将拆除西奈半岛的定居点(这是萨达特的要求),但未来的谈判将决定约旦河西岸的命运(这是贝京的要求)。卡特做出这一权衡并向两国施压,这使得该协议有实现可能。

虽然人们普遍认为是卡特政府促成了这一和平协议,但与美国在国际上的三大败笔相比,这一成就黯然失色。这三大败笔都发生在1979年:伊朗爆发伊斯兰革命、美国驻德黑兰大使馆遭袭,苏联入侵阿富汗,以及尼加拉瓜爆发共产主义政变。卡特在1980年的总统选举中落败。

1981年1月卡特卸任时,《戴维营协议》已经在埃及实施,但巴勒斯坦却没有实现自治。和卡特不同,罗纳德·里根想要打败苏联,他并不想和苏联的盟友(如巴勒斯坦解放组织)接触,所以里根就任美国总统对贝京而言是一种解脱。

然而贝京高估了发生的变化。1981年,里根政府和以色列签署了战略合作谅解备忘录。依照协议,美以双方将举行军事演习以阻止苏联带来的威胁。但是,美国政府同时还向沙特阿拉伯出售机载空中警报控制系统侦察机。以色列正与沙特阿拉伯交战,以色列对美国向沙特阿拉伯交付技术先进的战斗机表示担心。然而,沙特阿拉伯是美国对抗苏联的盟友,挫败苏联的影响是里根的首要任务。美国在中东的利益并不仅仅依赖以色列。

1981年,美国谴责以色列吞并戈兰高地。当时,贝京召见了美国大使,对他大喊:"你说美国考虑惩罚以色列吞并戈兰高地是什么意思?我们是你们的附庸国还是香蕉共和国(指中南美洲发展中国家)?还是该打屁股的坏孩子?"[33]

1982年的黎巴嫩战争让美国和以色列之间的关系彻底恶化。1982年8月12日,里根表示,对于以色列近期对贝鲁特港口的轰炸,他感到非常愤怒。他表示,以色列对贝鲁特港口的攻击导致了"不必要的破坏和杀戮"。[34] 黎巴嫩战争同样影响了以色列在美国的形象:这是CNN第一次报道中东战争,对以色列的形象造成了毁灭性的影响。

1982年9月,里根宣布了美国政府针对中东的和平倡议。他说:"要巴勒斯坦人民离开贝鲁特港口,这比让他们无家可归更夸张。巴勒斯坦人民深刻感受到他们要解决的不只是难民问题。我对此表示赞同。"[35] 由于里根的声明暗示了巴勒斯坦建国,贝京愤怒地拒绝了里根的提议。六年后,在失败的"伦敦协定"和第一次阿拉伯大起义开始时(见第12章),里根政府不顾以色列的强烈抗议,开始与巴勒斯坦解放组织接触。

同时,里根坚定支持苏联的犹太人移居以色列。1986年10月,里根与戈尔巴乔夫在冰岛首都雷克雅未克会面,会上他提出了苏联的犹太人问题。在之后与苏联领导人的会面中,里根继续讨论这一问题。[36]

尽管存在各种各样的分歧,冷战使以色列成为美国在中东地区不可或缺的盟友。因此,对美国而言,随着苏联对美国的威胁减弱,以色列在战略意义上变得不再重要。正因为如此,布什政府(1989—1993)对以色列不再宽容。1990年,以色列总理伊扎克·沙米尔成立了一个小的右翼联盟,美国国务卿詹姆斯·贝克公开谴责以色列这一行为是想破坏和平。1990年6月,贝克告诉众议院外交事务委员会,如果沙米尔想要和平,他会打电话给白宫。贝克说:"我必须告诉沙米尔,在座的每一位都应该知道白宫的电话是1-202-456-1414……如果你认真想要和平,打电话给我们。"[37]

随着贝克和沙米尔关系的恶化,意想不到的事情发生了:1990年8月,伊拉克入侵科威特,紧接着,1991年年初海湾战争爆发。伊拉克向以色列发射了9枚飞毛腿导弹,而美国始终要求以色列不要进行报复。布什政府担心以色列回击伊拉克会破坏美国与阿拉伯国家的军事联盟,这其中包括沙特阿拉伯、埃及以及叙利亚。这一联盟是美国辛苦建立的。沙米尔违背了自己的原则和意识形态,他不同意政府的要求,也不进行报复,这是一个令人不安的政治现实主义的行为。沙米尔在他的回忆录中这样描述:"作为一个犹太人和犹太复国主义者,我认为没有什么比我在海湾战争前的危机中所做的决定更违背我的本性,更违背我的生活所基于的意识形态——要求以色列人民在面对袭击时保持克制、履行责任。"[38]

布什政府之所以能够与阿拉伯国家一起建立针对伊拉克的国际联盟,是因为它承诺在战后立即处理巴以冲突。战争结束后,美国在中东地区享有霸权地位,布什政府决心利用其影响力。

虽然马德里和平会议(1991年10月30日至11月1日)由美国和苏联正式联合主办,但以色列和巴勒斯坦人是在美国的压力下同意参加的。与此同时,以色列要求美国政府为一笔100亿美元的贷款提供担保,以接收大量突然从苏联涌入的移民。而布什政府则要求沙米尔政府承诺不将贷款用于绿线之外的建设,冻结定居点建设,并要求其"彻底搁置建立大以色列这一不切实际的愿景"。[39]美方官员认为,美国不可能在主持中东和平会议的同时,又允许以色列建立定居点,而美国政府一贯反对建立定居点,认为这是原则性问题。然而,沙米尔拒绝满足美国当局的要求,因此他失去了以色列所需的贷款担保。

以色列工党无疑从这场危机和许多以色列选民的困惑中受益,它赢得了1992年6月的大选。伊扎克·沙米尔的一名高级助手声称,工党领袖西蒙·佩雷斯曾要求布什政府不要无条件同意贷款担保,以提高工党在1992年以色列大选中的机会。[40]以色列外交部部长阿伦斯随后指责布什政府"干涉以色列内政,毫不掩饰地企图推翻民选的以色列政府",以"推进自己的政策"。[41]布什政府和沙米尔政府之间的紧张关系前所未有。詹姆斯·贝克禁止本杰明·内塔尼亚胡(时任外交部副部长)进入美国国务院的决定也是如此。[42]与此同时,乔治·布什一直愿意利用他作为副总统和总统的影响力,说服埃塞俄比亚和苏联领导人允许他们的犹太公民移民到以色列。

1993年,乔治·布什和伊扎克·沙米尔之间的敌意被比尔·克林顿和伊扎克·拉宾之间的亲密友谊取代。虽然《奥斯陆协议》最初由挪威促成,但是在华盛顿正式签署。《原则宣言》原计划由以色列外交部部长西蒙·佩雷斯和巴解组织官员马哈茂德·阿巴斯(阿布·马赞)在华盛顿签署,但克林顿政府决定同时邀请拉宾和阿拉法特。拉宾起初表示反对,但后来决定飞往华盛顿。阿拉法特乘坐萨达姆·侯赛因捐赠的飞机前往华盛顿。由于伊拉克飞机在美国被禁止飞行,飞机被匆忙地重新涂上了阿尔及利亚的颜色。克林顿总统亲自安排了拉宾和阿拉法特之间历史性的握手,并与拉宾建立了独特的友谊。克林顿对拉宾的悼词(Shalom Haver——"再见,朋友")发自内心、令人难忘,他后来形容说:得知拉宾遇刺消息的那天,"可能是我在白宫度过的最糟糕的一天"。

比尔·克林顿亲自参与以色列和巴勒斯坦当局之间的谈判,2000年7月,伴随着戴维营峰会的失败,双方谈判以失败告终(详见第12章)。这次失败对克林顿个人来说是一种耻辱。阿拉法特在任期结束前打电话给克林顿祝他好运,他称赞克林顿是一位伟大的总统,对此克林顿却回答说:"我是一个巨大的失败,是你让我成为这个失败。"[43]

鉴于比尔·克林顿在中东遭遇的挫折,他的继任者乔治·W.布什(2001年1月上任)并不急于冒信誉受损的风险斡旋阿以冲突。然而,"9·11"恐怖袭击迫使他不得不处理这一难题。与此同时,美国政府官员在如何处理中东问题上存在严重分歧。美国国务卿科林·鲍威尔(Colin Powell)认为,为了压制阿拉伯世界的反美情绪,美国需要解决阿以冲突。另一方面,国防部部长唐纳德·拉姆斯菲尔德(Donald Rumsfeld)认为不击败激进的伊斯兰主义、不解决伊朗核威胁,美国就不可能消除以色列和巴勒斯坦之间的隔阂,因为在他看来只要巴勒斯坦人可以依赖伊朗的支持和力量,他们就不太可能做出让步。正如时任国家安全顾问康多莉扎·赖斯在谈及布什政府内部的紧张局势时所写的那样:"白宫的亲以色列立场与国务院传统的亲阿拉伯立场之间的分歧暗流涌动。"[44]

双方最终达成的妥协略显尴尬,2002年6月24日布什总统在其演讲中公布了美国政府内部针对中东问题的最终意见。一方面,明确呼吁建立巴勒斯坦国。另一方面,他还宣布,在巴勒斯坦建国之前,必须实现巴勒斯坦社会及其政治机构的全面民主化,必须进行巴勒斯坦人反对恐怖主义的斗争。建立巴勒斯坦国是有条件的:巴勒斯坦人必须打击恐怖主义和建立民主制度。赖斯说:"国务院的阿拉伯问题专家对此感到震惊。"[45]的确,这是以色列总理阿里尔·沙龙梦寐以求的演讲,因为要求阿拉法特打击恐怖主义就像要求阿尔·卡彭打击黑手党一样。

2003年，伊拉克战争爆发。1991年，老布什说服阿拉伯国家加入以美国为首的联盟，共同打击萨达姆·侯赛因，他承诺海湾战争之后立即和平解决巴以冲突。[47]布什向阿拉伯国家领导人承诺，在推翻萨达姆·侯赛因之后，他将认真致力于解决巴以冲突。在2003年入侵伊拉克并推翻萨达姆·侯赛因之后，乔治·W.布什确实表现出了处理巴以冲突的决心。2003年4月，乔治·W.布什政府公布了"中东和平路线图"计划的最终草案，该草案要求在2005年之前建立巴勒斯坦国。2003年5月，以色列政府宣布接受这一草案，但有前提条件：建立巴勒斯坦国之前，巴勒斯坦必须承诺根除恐怖主义，建立正常运转的机构。

然而，2003年12月，阿里尔·沙龙宣布以色列将单方面撤出加沙地带，并试图说服乔治·W.布什政府支持他的倡议（相关原因解释见第12章）。时任美国国务卿康多莉扎·赖斯在听到这一消息之后表示很"震惊"。[47]

沙龙卸任之后，埃胡德·奥尔默特在2006年的总理选举中胜出，他主张以色列单方面从约旦河西岸大部分地区撤军。然而，奥尔默特的任期之始，以色列和黎巴嫩真主党之间爆发战争，这提醒了以色列人单边主义的危险。以色列在2000年单方面从黎巴嫩南部撤出，真主党填补了以色列撤出之后的势力真空，以色列现在正在为这一政策付出代价。

奥尔默特后来放弃了奉行单边主义的做法，同意在2007年恢复与巴勒斯坦当局的谈判。这次谈判在美国安纳波利斯举行，由乔治·W.布什政府主持，这也令布什总统不得不面对他在2001年1月就职典礼上希望避免的一个问题：美国直接介入巴以冲突。

"以色列游说团"和伊朗核协议

2006年12月，《伊拉克研究小组报告》（The Iraq Study

Group Report)发表,由前国务卿詹姆斯·贝克和前国会议员李·汉密尔顿(Lee Hamilton)共同主持的该报告主张,如果不解决阿拉伯-以色列冲突,美国就无法赢得伊拉克战争,也无法维护在中东地区的利益。2007年8月,美国学者约翰·米尔斯海默(John Mearsheimer)和斯蒂芬·沃尔特(Stephen Walt)出版了《以色列游说集团与美国对外政策》(*The Israel Lobby and U.S. Foreign Policy*)一书,指责美国-以色列公共事务委员会(AIPAC)对美国外交政策产生了过度和破坏性的影响。这一指责多少让人想起艾森豪威尔政府在1953年的指控:美国外交政策必须捍卫国家利益,不能让自己受到亲以色列游说团体的影响。

虽然奥巴马总统(2009年上任)并不一定赞同米尔斯海默-沃尔特的理论,但他确实对以色列及其政策采取了更具批判性的态度。奥巴马相信,美国的全力支持会让以色列不那么倾向于和平,而给两国关系带来"曙光"将有助于和平。他于2009年6月在开罗发表讲话,呼吁西方和伊斯兰世界增进理解,并重申他的政府对巴勒斯坦建国的承诺,旨在重新调整美国与阿拉伯世界的关系。然而,阿拉伯世界很快就崩溃了:2011年1月开始的"阿拉伯之春"演变成了阿拉伯国家的普遍内爆,以及"伊斯兰国"在伊拉克和叙利亚的扩张。

在他的第二个任期(2013—2017),奥巴马总统集中精力通过外交手段遏制伊朗的核野心,与伊朗就核协议展开谈判。与此同时,以色列总理本雅明·内塔尼亚胡强烈批评伊朗核协议的计划,理由有三:1. 协议并没有阻止伊朗发展核武器,只是将伊朗的"突破时间"(即获得核武器的能力)推迟了10年,为伊朗争取了时间;2. 协议没有限制伊朗发展远程导弹;3. 协议并没有遏制伊朗在整个中东地区对恐怖主义民兵的支持。2015年3月,内塔尼亚胡在美国国会两院公开陈述了自己的观点。内塔尼亚胡问道:"当伊朗可以同时享受两个世界的好处:国外的侵略和国内的繁荣时,为什么伊朗的激进政权要向好(和平)的方向转变呢？"以色列总理在美国国会发表讲话批评美国总统的政策是前所未有的，奥巴马政府认为这是一种侮辱。与此同时，内塔尼亚胡未能说服三分之二的国会议员阻止奥巴马谈判达成的协议。伊朗核协议于2015年7月14日签署。

一年半之后，2016年12月，奥巴马政府没有否决联合国安理会第2334号决议（见第12章）。该决议由于否认了以色列在1949年停战线上的一切主权的正当性和合法性，废除了之前较为灵活的第242号决议，对以色列非常不利。

不出所料，2017年1月新任美国总统就职让以色列松了一口气。特朗普总统做出的两项重大决定受到了以色列政府的热烈欢迎：2018年5月，他宣布将美国驻以色列大使馆从特拉维夫迁至耶路撒冷，同时宣布美国退出伊朗核协议。特朗普还在2020年8月签署《亚伯拉罕协议》，并在2020年12月以色列和摩洛哥恢复外交关系方面发挥了关键作用。然而，与此同时，特朗普也是一个令人尴尬的盟友——尤其是在他否认自己在2020年11月的总统选举中失败，并煽动暴力导致2021年1月6日国会山的骚乱和袭击之后。至于拜登，他是以色列忠实的老朋友，自1973年首次当选参议员以来，他一直是以色列坚定的盟友。

尽管在过去的50年里，美以关系起伏不定，但在军事援助和公众舆论两个方面基本保持稳定。美国每年向以色列提供30亿美元的财政援助，其中四分之三必须用于采购美国的军事装备和服务。尽管这对以色列经济很有价值，但援助也有利于美国的军事工业，并帮助美国提高其在中东的防御能力。美以关系中另一个不变的因素是公众舆论的支持。2018年3月公布的一项盖洛普民意调查发现，74%的美国人对以色列持好感，这是自20世纪90年代初以来的最高数字；共和党（83%）的支持率高于民主党（64%）。根据调查报告，"共和党人一直比民主党人更支持以色列，部分原因是保守的基督徒相信以色列的《圣经》意义"。[48]调查还发现，三分之二的美国人对以色列的同情多于对巴勒斯坦人的同情。

小结

1948年，杜鲁门总统不顾国务院和石油游说团的反对，决定支持分治并承认以色列。艾森豪威尔政府(1953—1961)急于阻止阿拉伯国家投靠苏联，1953年站在叙利亚一边，1955年迫使以色列做出领土让步，1956年谴责以色列，并拒绝向以色列出售武器。尽管采取了这一政策，苏联还是在中东获得了新的盟友。肯尼迪总统随后重新评估了美国在中东的外交政策，并允许向以色列出售少量武器。在约翰逊总统的领导下，美国和以色列成了事实上的盟友。1970年，以色列帮助美国阻止了亲苏势力推翻约旦君主制，这证明了与以色列的联盟是有价值的。

但1973年的赎罪日战争和随之而来的石油禁运迫使美国向以色列施压，迫使其向埃及做出让步。对美国来说，以色列既是资产，也是负担：它是资产，因为它在中东对抗苏联的影响；它是负担，因为阿以冲突未解决，助长了阿拉伯人对美国的怨恨。

随着冷战的结束，美国更愿意也更有能力迫使以色列做出让步。然而，尽管做出了让步，2000年的戴维营峰会还是失败了，和平也没有实现。奥巴马政府与伊朗签署核协议，加剧了与以色列政府的紧张关系，美国决定不否决联合国安理会第2334号决议，这对以色列是沉重的打击。相比之下，以色列政府对特朗普总统决定将美国大使馆迁往耶路撒冷和退出与伊朗的核协议表示热烈欢迎。

15. 俄罗斯迷局

> 现在在犹太复国主义者和布尔什维克犹太人之间开始的斗争,不亚于为犹太人民的灵魂进行的斗争。
>
> ——温斯顿·丘吉尔

斯大林之赌

从一开始,犹太复国主义和马克思列宁主义在意识形态上的不相容就给以色列和俄罗斯之间的关系蒙上了阴影。1917年,英国政府颁布了犹太民族自决宪章(《贝尔福宣言》),一场共产主义革命席卷俄国。这两种解决"犹太人问题"的方法是相互竞争的:前者是民族自决;后者是共产主义。

考虑到布尔什维克革命中有大量的犹太人,犹太复国主义和布尔什维克之间的矛盾不容忽视。1920 年 2 月,温斯顿·丘吉尔发表了一篇题为《犹太复国主义与布尔什维克主义之对比》(Zionism Versus Bolshevism)的文章[1],信中称赞犹太人是"世界上有史以来最强大、最非凡的种族",他们"建立了一套道德体系,即使它与超自然完全分离,也将是人类无可比拟的最宝贵的财富,事实上,其他一切智慧和学问的果实加在一起价值与其相当"。但同时,丘吉尔强烈谴责无神论和反民族主义的犹太人在布尔什维克革命中所扮演的不成比例的角色,同时他赞扬了其他犹太人为恢复他们作为一个国家的身份和权利所做的努力。因此,丘吉尔明白犹太复国主义和马克思主义之间的斗争不仅是意识形态的斗争,也是犹太人之间的斗争,因此他支持犹太复国主义:

> 犹太复国主义已经成为俄国政治动荡的一个因素,因为它是布尔什维克圈子中与国际共产主义体系竞争的强大势力。没有什么比托洛茨基攻击犹太复国主义者的愤怒更重要的了,尤其是魏茨曼博士。残酷的渗透使他相信这种新的理想直接挫败和阻碍了他建立一个在犹太人统治下的全球的共产主义国家方案,这种理想把每一块土地上犹太人的能量和希望引向一个更简单、更真实、更可实现的目标。现在犹太复国主义者和布尔什维克犹太人之间的斗争,不亚于为犹太人民的灵魂进行的斗争。[2]

丘吉尔准确地注意到,对犹太复国主义最激烈的反对来自布尔什维克犹太人。列夫·托洛茨基(又名列夫·布朗斯坦)是一名国际主义者,他想发动一场世界性的社会主义革命。另一方面,约瑟夫·斯大林是俄国民族主义者(尽管他是格鲁吉亚人),他希望"在一个国家实行社会主义"。斯大林最终使托洛茨基靠边站,并将他流放(1929年)和暗杀(1940年)。在1941年11月7日的战争演说中,斯大林提到了俄国的民族历史,甚至东正教的人物。他赞扬了"我们光荣的祖国",并赞扬了被俄罗斯东正教会封为圣徒的古代俄罗斯领导人(如亚历山大·涅夫斯基和德米特里·东斯科伊)。事实上,斯大林将第二次世界大战正式命名为"伟大的卫国战争",而不是"伟大的马克思主义斗争"。

斯大林不仅是一个民族主义者,也是一位现实主义政治家,1939年8月与希特勒签署了一项协议,并在1941年6月纳粹入侵俄罗斯后与"资本家"结盟。他的外交政策缺乏意识形态上的考虑,因此他也相应地如此处理犹太复国主义的问题。如果托洛茨基在1924年列宁去世后战胜了斯大林,苏联就不会鼓励巴勒斯坦分治,也就不会承认以色列了。

对于斯大林来说,一个由信奉社会主义的俄国犹太人建立和管理的犹太国家很可能是一个有用的盟友,可以把英国赶出中东。1948年苏联公布的一份文件明确表示:"英国从巴勒斯坦的退出将对英国的殖民利益造成打击,因为英国的退出不会使中东的纷争结束。"英国将失去它在中东所控制的国家链中的一个重要环节,因此它在地中海和波斯湾之间的连续性将终止。[3] 1947年,斯大林决定在联合国支持巴勒斯坦的分治;1948年,他决定在以色列独立后立即承认以色列(1948年5月17日,苏联是第一个在法律上承认以色列的国家);1948年,他又决定在阿拉伯-以色列战争的关键时刻(通过捷克斯洛伐克)武装以色列。斯大林在1948年3月为以色列提供武器的决定是至关重要的,因为犹太人的军事力量处于守势,而美国则对中东地区实行严格的武器禁运。

苏联驻联合国大使安德烈·葛罗米柯(Andrei Gromyke)于1948年5月15日宣布,"阿拉伯人和犹太人都跟巴勒斯坦有着很深的历史渊源,否认犹太人民实现建立自己国家的权利是不公正的。"[4]犹太复国主义代表对此极为震惊。葛罗米科的副手萨雷普金(Semyon Tsarapkin)传达了类似的、同样明确的信息:"每个民族,包括犹太人,都有充分的权利要求他们的命运不应取决于某个特定国家的仁慈或善意。联合国成员国可以根据《宪章》要求保障每一个人民的独立和自决权利的原则采取行动,从而帮助犹太人民。"[5]

苏联和美国之间的冷战在第二次世界大战结束后不久就开始了。欧洲被这两个新的超级大国分裂了。其他地区,尤其是中东地区,则有待争夺。1947年,中东大部分地区仍处于英国的影响之下。叙利亚和黎巴嫩正式脱离法国独立。英国在埃及仍有强大的军事部署。伊拉克王室忠于英国。约旦虽然正式独立，但实际上是英国的自治领土，一名英国军官指挥着约旦军队。考虑到犹太复国主义地下组织和英国政府之间日益加剧的冲突，斯大林毫不怀疑，在将英国赶出中东方面，一个犹太国家会比另一个阿拉伯国家更有用。

从支持到对抗

一旦结束英国在巴勒斯坦的托管权的目标实现，斯大林就没有理由继续支持以色列了。随着英国逐步撤出中东，苏联的影响力将通过阿拉伯民族主义政权实现，而不是通过小国以色列。事实上，反西方的民族主义者在1952年推翻了亲英的埃及君主制，使埃及成为苏联的潜在盟友。

此外，苏联犹太人对新成立的以色列及其第一位驻苏联大使果尔达·梅厄表现出的热情令苏联领导层感到尴尬。1948年9月，当梅厄作为以色列首任大使抵达苏联时，莫斯科的犹太人社区给予她英雄般的欢迎。在她参加莫斯科犹太教堂的犹太新年和赎罪日仪式后，数千名犹太人包围着她，高呼她的名字。与此同时，以色列国的《独立宣言》公开呼吁犹太人移民以色列，"聚集流散者"。既然苏联理应是所有工人的幸福家园，且社会主义应该消除宗教和民族主义，欢呼的莫斯科犹太人公开表现出支持以色列的情绪是对苏联的冒犯。

斯大林支持以色列建国，并立即承认了这个犹太国家。鉴于以色列在苏联犹太人中的受欢迎程度，现在他又如何为自己的政策辩护呢？而且当时大约300万犹太人生活在苏联。为了回答这个问题，1948年9月21日，著名犹太作家伊利亚·爱伦堡(Ilya Ehrenburg)在《真理报》(*Pravda*)上发表了《支持以色列！反对犹太人从苏联移民到以色列！》("Support for Israel, Yes! Jewish Immigration from the Soviet Union to Israel? No!")。他写道："在对抗阿拉伯入侵者的战争中，苏联支持以色列","犹太人问题的解决并不取决于以色列的军事成功,而是取决于社会主义对资本主义的胜利……苏联犹太人为他们的国家而骄傲,认为这是他们的祖国。他们没有移民到以色列的打算,他们在东欧的同胞也没有"。爱伦堡后来承认,这篇文章是别人口授给他的。⁶

当时的基调是:苏联在1948年帮助犹太人,保护了他们的生命,但苏联犹太人只效忠于苏联和社会主义,而不是以色列和犹太复国主义。事实上,以色列领导人随后号召犹太人,包括苏联犹太人,移居以色列——这对苏联政权是一种威胁。根据苏联官方意识形态,社会主义已经取代了民族主义和宗教。苏联政府告知以色列,其鼓励苏联犹太人投身"阿利亚"（aliyah,移居以色列的运动）是对苏联国内事务不可接受的干涉,这让苏联无法接受⁷。然而,本-古里安拒绝了苏联的要求,他宣称:"犹太人已经实现了民族独立,我们不会放弃任何犹太人移居以色列并参与国家重建的权利。"⁸

在以色列建国六个月后,苏联对以色列的官方态度已开始改变。1948年12月16日,苏联周报《新报》（Novoye Vremya）写到,虽然以色列得到了苏联的帮助,但对莫斯科却并不领情,甚至还有敌意。⁹1950年,朝鲜战争期间,以色列改变中立政策,支持美国（见第9章）,斯大林指出,以色列对韩国的支持就是这个犹太国家加入帝国主义阵营的证据。以色列学者阿哈龙·克里曼（Aharon Klieman）说,"朝鲜战争为（苏联）修正1947年采取的政策提供了催化剂和借口"。¹⁰

1952年11月,苏联指控捷克共产党（其政策由莫斯科决定）的11名犹太创始成员参与了"犹太复国主义-帝国主义阴谋"。在捷克共产党总书记鲁道夫·斯兰斯基（Rudolf Slánský）与其他嫌疑人一起被处以绞刑之后,这一被称为"斯兰斯基审判"的事件引起了国际社会的强烈抗议。1952年至1953年,苏联政府逮捕并严刑拷打了数百名犹太医生,指控他们试图毒害斯大林。苏联政权还逮捕了其他数十名犹太医生,并将他们解雇。反对苏联的呼声随之而来,世界各地(包括以色列)举行了反斯大林的示威活动。1953年2月,在特拉维夫苏联大使馆前的一次示威活动中,一名示威者向大使馆投掷了一个爆炸装置,损坏了大使馆大楼。由于这一事件,苏联与以色列断绝了外交关系。

1953年3月斯大林去世后,遭逮捕的犹太医生得以释放,1953年12月,苏联与以色列恢复了外交关系。

然而,外交关系的恢复并不意味着苏联对以色列政策会有任何重大改变。1954年,苏联在联合国安理会否决了一项决议,该决议允许以色列在叙利亚边境的博诺特·雅科夫桥附近进行灌溉工程。这是苏联第一次否决以色列,标志着一种新的趋势,而且这种趋势在冷战期间不会减弱。

由于1956年的苏伊士战争针对的是苏联的盟友(埃及),苏联对英国、法国和以色列予以谴责并发出威胁(见第9章)。苏联总理尼古拉·布尔加宁(Nikolai Bulganin)警告本-古里安,如果以色列不从西奈半岛撤军,莫斯科可能对以色列采取军事行动。这一威胁令本-古里安不寒而栗,他在征服西奈后曾宣布以色列将留在那里,且沙姆沙伊赫(西奈南部的一个城镇)曾是一个古犹太王国的所在地。[11]

英国从中东撤离后,苏联试图与阿拉伯国家建立联盟。随着埃及(1955年)、叙利亚(1956年)和伊拉克(1958年)等阿拉伯国家逐渐加入苏联阵营,苏联的政策取得了成效。尽管如此,美国还是通过1962年的古巴导弹危机阻止了苏联在拉丁美洲的扩张。苏联曾试图为其盟友古巴引进弹道导弹,但肯尼迪总统冒着战争风险要求移除这些导弹,最终苏联放弃了这一计划。到1964年,勃列日涅夫取代赫鲁晓夫成为苏联领导人,1962年的教训已经被内化:美国决心不让任何拉美国家成为苏联的盟友。苏联放弃了在拉丁美洲扩大影响力的预期。

苏联也不能扩展到西欧，因为美国和西欧之间的北约军事联盟意在威慑苏联。在亚洲，中国已成为第三世界共产主义革命的领袖。非洲正式独立，但实际上仍受法国和英国的影响。在这些"封闭"的地区中，只剩下中东可以考虑结盟。

1964年勃列日涅夫执政，以色列总理列维·艾希科尔对美国进行了正式访问，标志着美国和以色列战略关系的开始。就在苏联将中东作为其地缘政治的首要任务时，以色列即将成为美国的盟友。1965年，由于纳赛尔对也门亲苏军队的支持，美国断绝了与埃及的外交关系。1966年，叙利亚的政变催生了该国历史上最激进（和亲苏联）的政权。同年，英国撤走了在也门的军事部署，法国也退出了北约的军事指挥。与此同时，国内和国际舆论对越南战争的敌意日益加深，美国处于防御状态。

这一系列事件使苏联领导人确信，苏联在中东地区扩大影响力的时机已经成熟。然而1967年6月的六日战争却产生了截然相反的效果：苏联的盟友被获胜的以色列羞辱。

苏联的第一反应是与以色列断绝外交关系。除罗马尼亚外，所有东欧国家都纷纷效仿。罗马尼亚齐奥塞斯库与苏联对抗，与华沙条约组织的其他成员决裂，从与华盛顿的良好关系中获益。一些历史学家推测，苏联希望罗马尼亚与以色列保持外交关系，以便利用罗马尼亚驻特拉维夫大使馆为苏联从事间谍活动。[12]但这一理论并不能解释齐奥塞斯库在其他问题上与共产主义国家的分歧。在共产主义国家谴责以色列的问题上，罗马尼亚并非一直投赞成票。例如：罗马尼亚既不支持联合国谴责《戴维营协议》的决议，也不支持将犹太复国主义定义为种族主义。而且，罗马尼亚对犹太人的政策总体上比其他东欧国家更为自由：罗马尼亚犹太人大多可以自由地信仰自己的宗教，他们可以按照配额要求和"家庭团聚"的官方政策，从而移民到以色列。

与此同时，苏联与中国发生冲突，这阻碍了其在中东的进一步扩张。苏联被迫向其东部边境输送更多的军队和军事物资。

以色列间接从中苏分裂中获益,美国则对其加以利用。尽管中国对越南共产党的支持是美中和解的障碍,但随着越南战争的结束,美国国家安全顾问亨利·基辛格开始与中国政府接触。1972年2月尼克松总统访华,象征并正式确立了美国对这个共产主义国家的新政策。

在中东,基辛格的策略是结束埃及和苏联之间的历史联盟;因此,他促成了1975年以色列和埃及之间的临时协议,最终促成了1979年的和平协议,并导致埃及放弃了它的盟友苏联(见第11章)。当时,苏联领导人意识到,1967年断绝与以色列的外交关系只会适得其反。[13] 1975年,苏联政府要求以色列总理伊扎克·拉宾重返日内瓦会议(1973年赎罪日战争后,苏联参加了该会议),并停止与亨利·基辛格的中东战略合作。[14]

"失去"埃及给苏联的外交带来严重打击。《戴维营协议》正式确立了埃及作为美国盟友的新地位。1979年,苏联入侵阿富汗。苏联政权试图将入侵阿富汗描述为与四面楚歌的共产主义政府团结一致的合法行动,但几乎没有人相信这种说法。苏联实际上入侵了一个伊斯兰国家,它的"反帝国主义"论调听起来比以往任何时候都空洞。以色列驻联合国大使耶胡达·布鲁姆(Yehuda Blum)评论说:"我国代表团注意到,苏联代表在发言中保证他的国家将坚决不允许通过战争获取领土的行为。代表团对这一发言极为满意。按照这一原则,苏联无疑愿意宣布它从立陶宛、拉脱维亚、爱沙尼亚、千岛群岛以及最重要的阿富汗撤军的时间表。"[15]

1979年,尼克松访华七年后,美国和中国建立了全面外交关系,中国领导人邓小平开始实施经济改革和现代化政策。当时苏联深陷经济过度扩张的困境,而中国开始缓慢地恢复其经济体系。

中国的决定是明智的,而苏联的冒险很愚蠢。1985年戈尔巴乔夫接过苏联领导权时，他已经来不及拯救这艘正在下沉的船了。然而，戈尔巴乔夫也明白，苏联无法再承受对抗性和扩张主义的外交政策。他承认与以色列断绝关系是荒谬和过时的。[16]

戈尔巴乔夫对美国态度温和，但里根政府要求释放犹太政治犯。1986年，戈尔巴乔夫同意释放著名的被拒绝移民者安纳托利（纳坦）·莎兰斯基（Anatoly Sharansky）。最终，戈尔巴乔夫在1989年同意犹太人离开苏联。

俄罗斯迎来了大规模的移民以色列浪潮。从1989年到2006年，大约有97.9万苏联（和前苏联）公民移民到以色列。虽然不是所有的苏联犹太人及其直系亲属都移民到以色列——许多人移民到美国和德国——但将近三分之二的移民者选择了以色列。事实上，戈尔巴乔夫本人在1992年6月宣布，在犹太复国主义和共产主义之间的意识形态斗争中，犹太复国主义占了上风，甚至取得了胜利。[17]

冷战的结束及悖论

1991年，戈尔巴乔夫没有在联合国安理会行使否决权阻止美国领导的反伊拉克联盟。同年，苏联与美国共同主办了马德里和平会议，并与以色列恢复了外交关系。

然而，自1991年苏联解体以来，两国重新恢复的外交关系只是昙花一现。就在苏联解体前两周，苏联大使亚历山大·鲍文（Alexander Bovin）还向以色列总统哈伊姆·赫尔佐格（Chaim Herzog）递交了国书。

冷战末期，以色列与俄罗斯建立了全面外交关系。苏联解体后，以色列还与中亚和高加索的前苏联加盟共和国建立了战略关系，旨在实现三个目标：先发制人，遏制伊朗在这些新独立的伊斯兰国家的影响力，阻止向其他伊斯兰国家出口核技术，并从这些国家的石油和天然气资源获取利益。

迄今为止,以色列在中亚和高加索地区的政策基本上是成功的。例如,阿塞拜疆已经成为以色列军事工业的主要客户。[18] 以色列与哈萨克斯坦建立了牢固的关系,包括1992年建立全面的外交关系,这要归功于其与水有关的先进技术,这是哈萨克斯坦干旱气候急需的技术。2016年12月,内塔尼亚胡正式访问阿塞拜疆和哈萨克斯坦,表明了以色列与这两个前苏联加盟共和国的特殊关系。据报道,以色列40%的石油进口自阿塞拜疆,[19] 20%来自哈萨克斯坦。[20]

至于俄罗斯本身,虽然与以色列恢复了外交关系,但俄罗斯和以色列的利益经常发生冲突。俄罗斯在中东的主要盟友是以色列的主要敌人,即伊朗和叙利亚。

俄罗斯的地缘政治利益和计划一直没变。虽然俄罗斯负担不起苏联曾经向阿拉伯国家提供的军事和财政支持,但仍一直将阿拉伯国家视为盟友。正是因为俄罗斯在20世纪90年代破产,它才试图利用其与能源相关的资产,包括在核能方面的专业知识。以色列曾警告,伊朗可能将其核技术用于军事目的,但俄罗斯仍坚持它的政策。

2000年,弗拉基米尔·普京当选俄罗斯总统,加剧了俄以关系的复杂性。普京决心为苏联解体报仇雪耻(他称这是"20世纪最严重的地缘政治灾难"),恢复俄罗斯的国际影响力和威望。他重新控制了俄罗斯的石油和天然气生产商,同时通过出售油气和核技术来补充俄罗斯的金库,同时与美国之间的对抗也愈演愈烈。

与此同时,以色列和俄罗斯也在协调各自在叙利亚的行动。冷战时期的对抗已经被俄罗斯和以色列领导人之间的定期会晤取代。2018年的头几个月,以色列和俄罗斯似乎一直处在冲突的轨道上,因为俄罗斯不顾以色列的抗议,让伊朗超过了叙利亚,而以色列也开始轰炸叙利亚境内的伊朗目标,这让俄罗斯感到沮丧。然而,在以色列威胁要打击叙利亚巴沙尔·阿萨德

(Bashar Assad)之后，普京最终同意了以色列的要求，并解决了以色列的担忧。2018年5月，普京似乎在放任以色列对叙利亚境内的伊朗目标发动的空袭。[21] 2018年5月9日，内塔尼亚胡作为普京的贵宾出席了俄罗斯军队二战胜利73周年纪念仪式（不可否认，这是一个值得怀疑的荣誉，因为大多数西方领导人抵制该纪念仪式，以抗议俄罗斯吞并克里米亚）。仪式结束时，俄罗斯军乐团在红场演奏了以色列国歌《希望》。这些姿态和形象与冷战时期的敌对状态相去甚远。

然而，除了象征和形象之外，俄罗斯和以色列在中东利益的不相容也不容忽视。这种不相容性在俄罗斯于2022年2月对乌克兰采取军事行动时重新浮出水面。最初，以色列在事件发生后一直试图保持低调，以免妨碍俄罗斯默许以色列空军对叙利亚境内伊朗目标进行空袭（俄罗斯自2015年以来实际上控制了叙利亚领空）。然而，以色列自我施加的中立很快就站不住脚了。乌克兰的抵抗，西方的团结，以及美国期望其盟友加入对俄罗斯制裁的态度，说服以色列向乌克兰提供医疗援助和防御性军事装备，并在联合国大会上加入对俄罗斯的谴责。随着俄罗斯开始为其对乌克兰的军事行动购买伊朗无人机，以色列和俄罗斯之间的裂痕进一步扩大。伊朗和俄罗斯之间军事关系的收紧，以及俄罗斯对美国在中东利益的系统性挑战，都显示了以色列和俄罗斯关系正常化存在的局限性。

小结

斯大林支持以色列建国，因为他想把英国赶出中东。这个目标一旦实现，苏联就没有理由再支持以色列。苏联犹太人以英雄般的方式欢迎以色列首任驻莫斯科大使，这对共产主义政权来说是一场公关灾难。1950年，以色列决定站在韩国一边，这为斯大林提供了一个绝佳的借口,让他有理由改变对以色列的态度。为了提升苏联在中东的影响力和利益,斯大林需要与阿拉伯国家建立联盟,因此他终止了对以色列的短期支持。

20世纪60年代,以色列和美国逐渐恢复邦交,使以色列和苏联之间的关系愈加疏远。1967年六日战争爆发,莫斯科断绝了与以色列的外交关系。

戈尔巴乔夫意识到苏联的中东政策效果适得其反,于是在1991年与以色列恢复了外交关系。然而,尽管恢复了外交关系,俄罗斯和以色列的利益冲突仍时有发生,因为俄罗斯在中东的主要盟友是以色列的主要敌人:伊朗和叙利亚。

与此同时,以色列近年来一直在设法同俄罗斯建立相互信任、相互谅解的良好关系,使两国能够在协调各自在叙利亚的行动的同时,捍卫彼此冲突的利益。

16. 通往亚洲的长征

> 巴勒斯坦解放组织(PLO)总来找我,就如何摆脱以色列寻求意见。毕竟,我们越南人打败了法国和美国。而我的回答只有一个:"法国人战败了可以回到法国,美国人战败了可以回到美国,而犹太人无处可去。所以,你们不会打败他们。"
>
> ——越南将军武元甲对以色列将军梅尔·达甘如是说

中国:寻求共同立场

当以色列在1948年宣布独立时,世界已经被冷战分裂。然而,并不是所有国家都认同美国或苏联。20世纪50年代初,法国地理学家、人口学家阿尔弗雷德·索维(Alfred Sauvy)首次提出"第三世界"(Tier Morde)[1]的概念,用于描述不属于美苏任何阵营的新独立国家。这个"第三世界"对以色列的重要性不及对美国、苏联和欧洲的重要性,因为美国、苏联和欧洲能够提供关键的外交、经济和军事支持。然而,以色列在1955年的万隆会议上注意到了第三世界潜在的地缘政治影响力。万隆会议是由新近独立的亚洲和非洲国家在印度尼西亚举行的一次国际会议。最初,缅甸邀请以色列参加会议,印度也确认参加,但随后取消。埃及总统纳赛尔威胁抵制会议,并说服其他阿拉伯和伊斯兰国家也参与抵制。

万隆会议象征着以色列在亚洲受到孤立,在此之前,中以建交存在一定可能性。早在1918年12月,中国政府就曾表示支持《贝尔福宣言》。[2] 1938年,纳粹德国侵吞奥地利后,中国国民党主席蒋介石和其他中国官员认为,中国应该帮助被禁止移民到其他国家的犹太人。1939年,政府制定了一项计划,将欧洲犹太人安置在靠近缅甸边境的云南省,[3]但计划最终被取消,很可能是因为蒋介石害怕疏远德国。[4]不过,种族大屠杀期间中国确实为犹太人提供了避难所。20世纪30年代末和40年代初,大约2万名犹太人从德国、奥地利和波兰移民到上海,在那里已有的犹太人社区生活。第二次世界大战期间,当世界其他地方都对犹太难民关闭大门时,犹太人得以移民到上海。(犹太移民早在近半个世纪前就开始了。随着1895年俄国入侵满洲和东方铁路的修建,沙皇鼓励俄国犹太人移民到被征服的地区。其中大多数人定居在哈尔滨,包括以色列前总理奥尔默特的家人。)

尽管犹太人在中国生活,但曾经某些中国官员却对他们缺乏了解。1945年4月至6月,在旧金山召开的联合国成立大会上,中国代表团成员吴贻芳问美国犹太人委员会主席:犹太人是天主教徒还是新教徒?[5]

1947年,中国已经决定投票赞成联合国的分治计划。1947年11月22日,中国驻联合国大使宣布:中国政府将投票支持分治。但身为穆斯林的国防部部长白崇禧听说这一决定后警告蒋介石,如果中国投赞成票,将会疏远与伊斯兰邻国(特别是巴基斯坦和阿富汗)的关系。[6]最终,蒋介石决定弃权。

蒋介石最终于1949年承认以色列,并投票赞成以色列加入联合国。然而同年,毛泽东带领共产党战胜了蒋介石,蒋撤退至台湾岛。

当中国成为共产主义国家之时,以色列官方实行中立的外交政策,本可以与中国建立外交关系。然而,机会却错失了。以色列确实1950年1月在法律上承认了中国共产党政府。事实上,以色列是第一个承认中国共产党政府的中东国家。1950年9月,以色列投票赞成由苏联和印度联合发起的一项决议,要求承认共产党政府为中国的合法和法定代表。[7]与此同时,以色列也表示支持联合国所有针对朝鲜的决议,并向韩国运送食品和药品。本-古里安甚至提出派遣以色列军队在朝鲜作战(尽管议会在此问题上投了否决票)。因此,中国认为以色列的政策是敌视朝鲜而亲西方的。

1953年朝鲜战争结束后,中国在国际上受到孤立。同年,苏联在与以色列短暂断交后恢复了外交关系(见第15章)。这两个事态的发展似乎在一定程度上影响了中国是否与以色列就建立外交关系的可能性进行非正式接触。[8]

一方面,以色列想要与这个世界上人口最多的国家建立外交关系;另一方面,以色列担心与一个被艾森豪威尔政府排斥的共产主义政府建立全面外交关系会疏远美国。1953年,以色列驻美国和驻联合国大使阿巴·埃班警告说,与共产主义中国建立外交关系将疏远美国和法国,因为当时这两个国家的士兵在朝鲜和印度支那正与中国军队交火。[9]然而,1954年印度支那战争结束后,埃班又主张与中国建立外交关系。[10]以色列外交部一些官员认为,与共产主义中国建立外交关系将对美以关系造成毁灭性和无法挽回的影响,其他官员则持相反态度。

据外交档案记载,1953年7月朝鲜战争结束后,以色列立刻试图改善与中国的关系。[11]1954年2月,以色列向中国表示有兴趣加强贸易关系,但在建立外交关系上却一直态度模糊。1955年2月,以色列官方代表团访问中国,探讨双边关系,但当时中国并没有意愿与其建立全面外交关系。[12]中国试图打破外交孤立困境。事实上,中国也在与埃及、叙利亚等阿拉伯国家进行接触。

当时，中国的外交政策大部分仍与苏联保持一致（两国之间的冲突，即所谓的"中苏关系破裂"始于1956年）。苏联1953年采取亲阿拉伯政策，也影响了中国对以色列的态度。1953年，中国官方出版物开始将以色列描述为"美帝国主义"在中东的代理人。[13]

1955年召开的万隆会议也是中国认识到阿拉伯世界地缘政治重要性的转折点。周恩来和纳赛尔在万隆举行了会谈，中国开始支持阿拉伯国家，中国领导人决定成为第三世界反"帝国主义"的倡导者。1955年4月29日，即万隆会议结束5天后，以色列意识到要输给纳赛尔，因此向中国提出建立全面外交关系的要求，但此时中国采取回避态度。中国并没有正式拒绝以色列，而是给出了一个态度不甚明朗的答复。

1956年，中国与埃及、叙利亚和也门建立外交关系。彼时（甚至在苏伊士运河危机之前），中国开始对以色列采取敌对态度。[14]中国随后强烈谴责1956年苏伊士战争是英国、法国和以色列之间的"帝国主义勾结"。1959年，当以色列再次提出与中国建立外交关系时，中国政府没有做出回应。[15]两国关系越发紧张，1962年中印边界争端爆发时，以色列甚至还向印度提供军事支持。

1965年6月，周恩来总理在访问中东期间重申：中国"反对在巴勒斯坦问题上做出任何妥协"。[16]1965年，中国允许巴解组织在北京开设官方办事处。[17]1966年（即六日战争爆发前一年），中国外交部亚非司谴责犹太复国主义运动以及以色列在被占领巴勒斯坦领土上的行为；认为巴勒斯坦人民有解放家园的权利，有权进行自卫和自决；要求与以色列断绝一切政治、经济和文化关系，并对犹太移民持续不断在巴勒斯坦定居表示强烈谴责。[18]

然而，双方敌对态度掩盖了一系列复杂的利益冲突。自1956年中苏关系破裂以来。亨利·基辛格巧妙利用了社会主义国家之间的分歧（详见第15章）。1969年，中苏冲突爆发，两国矛盾达到了顶峰。以色列从中是受益的,因为苏联在东部边境部署军队,使它无暇在军事上顾及并介入中东。此外,在这一点上,中国也认为以色列在中东与苏联的斗争中处于最前线。

1973年12月,美国中央情报局估计:"中国的关键利益在于阻止苏联从东南亚渗透到欧洲。如果以色列能够阻碍苏联在中东的主导地位,那么中国会支持以色列的行动。"[18]

1979年,邓小平开始领导中国。1977年7月,中国外交部部长黄华发表声明说:"我们不支持某些极端左翼分子的片面观点,即以色列应该被消灭。以色列的犹太人也是一个民族,拥有民族生存权。"[19]中美正式建交(1979年)前后,中以开始进行接触。[20]

1991年11月,以色列主流媒体《国土报》(Ha'aretz)称,以色列与中国的武器交易额达"数十亿美元"。[21]以色列还在非军事技术方面与中国有所交流。1983年和1984年,以色列农业工程师帮助中国提高农作物产量。1986年,以色列水文学家和地质学家为中国灌溉工程提供建议。[23]

总体来说,中以恢复邦交是从非官方渠道开始逐渐发展起来的。直到1991年,在苏联解体、海湾战争和马德里会议这三个地缘政治事件影响下,中国和以色列终于在1992年建立了全面外交关系。海湾战争中,以色列对伊拉克的无端攻击采取了克制态度。马德里和平会议让人们对阿以冲突即将结束产生了希望。

然而,与此同时,美国对以色列不断为中国提供军事技术很恼火。1992年3月,美国政府指责以色列向中国转让军事技术。2000年,美国阻止以色列向中国出售机载预警和控制系统。尽管该系统由以色列独家开发,并不涉及美国技术,但美国政府担心此交易会对中国有利。2004年12月,美国政府要求以色列不要向中国出售无人机。同样,这也是以色列自己的技术,但美国担心可能会为中国提供过多军事优势。同年,以色列和美国签署了一项协议,承诺不会向中国出售任何可能包括美国技术的军事装备。[29]

虽然以色列不得不降低与中国的军事关系级别,但两国之间的经济关系仍在蓬勃发展。2013年,中国宣布将参与建设"地中海-红海"项目,这是一条从红海到地中海的商业铁路。2015年,以色列成为中国亚洲基础设施投资银行(AIIB,简称亚投行)的创始成员国之一,尽管美国对此持强烈保留态度。2016年3月,以色列和中国宣布就自由贸易协定进行谈判。同年,中国在中东和非洲的基础设施投资达215亿美元。[30]中国"一带一路"倡议由亚投行提供部分资金,其中大量投资用于交通基础设施(如公路、铁路和海港)建设,将中国与欧洲、非洲市场连接起来。中国还参与了以色列基础设施建设,如海法的卡梅尔隧道、特拉维夫轻轨以及阿什杜德和海法港口的扩建。

中以交往的基础之一是卓越科技和创新技术,特别是在高科技、农业、水技术和生物技术方面。例如,山东寿光的水城,就采用了以色列的水处理技术。2013年以来,中国赴以访问的商务代表团数量稳步增加。2015年,中国在以色列的投资总额达5亿美元。[31]2016年,以色列驻北京大使馆向1万多名中国商人发放了签证。[32]中国商人李嘉诚(身价约340亿美元)大量投资以色列企业,并在2013年向以色列理工学院捐款1.3亿美元。2018年,以色列对华出口增长了56%。[33]

尽管以色列与中国日益加深的关系主要是商业和技术方面,但仍然引起了美国的担忧。美国将中国视为全球范围内的经济竞争对手,因此美国高级官员曾警告以色列官员,认为中以贸易关系和技术交流过于频繁和密切。例如,2019年1月,美国国家安全顾问约翰·博尔顿(John Bolton)向以色列领导人表达了他的政府对中国公司华为和中兴在以色列投资以及一家中国公司正在建设新的海法港的不满。

印度：从拒绝到合作

19世纪的印度教僧侣斯瓦米·维韦卡南达（Swami Vivekananda）自豪地说，"就在他们的圣殿被罗马暴政摧毁的那一年"，犹太人在印度找到了安全的避难所。[34] 许多印度犹太人声称自己是传说中以色列"消失的十个部落"（公元前722年，被亚述征服者流放的十二个部落中的十个）的后裔。根据一些记载和传统，来自犹大王国的商人在公元前562年到达印度南部城市科钦。公元70年第二圣殿被摧毁后，更多犹太难民来到印度。这些早期移民被称为"科钦犹太人"。印度犹太人还包括马德拉斯犹太人（17世纪中叶抵达印度的葡萄牙裔犹太移民）、本尼以色列人（自称是以色列消失部落的后裔）、巴格达迪犹太人（18世纪定居印度的伊拉克犹太人）、玛拿西犹太人（信奉犹太教的印度人，自称是玛拿西部落后裔）和以法莲犹太人（奉行犹太教的印度人，自称是以法莲部落后裔）。

20世纪初，大约3万名犹太人生活在英国统治下的印度，他们中大多数人在1948年后移民到以色列。尽管印度对犹太难民持宽容态度，但印度领导人并不都同情犹太人的民族抱负。例如，甘地（1947年8月领导印度获得独立，1948年1月遇刺身亡）就反对犹太复国主义。[35] 他于1938年11月写道："巴勒斯坦属于阿拉伯人。"[36] 他还补充说，在阿拉伯国家巴勒斯坦，应当容忍犹太人作为宗教少数派。甘地承认："为犹太人建立民族家园的呼声对我没有多大吸引力。"他无法理解为什么犹太人不"把他们出生和生活的国家当作自己的家园"。[32] 20世纪30年代，甘地与犹太复国主义领导人的会晤也未能改变他对犹太人自决问题的看法。

贾瓦哈拉尔·尼赫鲁（1947—1964年任印度总理）也持类

似观点。例如,1936年,伊曼纽尔·奥尔斯万格(Immanuel Olsvanger,出生于波兰的巴勒斯坦犹太人,掌握梵语等多种语言技能)访问印度,并会见尼赫鲁。尼赫鲁坚决反对犹太复国主义。[33]即使1938年7月哈伊姆·魏茨曼与尼赫鲁会面后,也未能使其相信犹太人在巴勒斯坦拥有民族权利。相反,尼赫鲁却提出允许德国犹太人移民印度。[34]因此,尼赫鲁竭力劝阻犹太人移民至英属巴勒斯坦。

1939年4月,希伯来大学教授马丁·布伯(Martin Buber)和耶胡达·马格纳斯(Yehuda Magnes)给甘地写信,阐述犹太人在巴勒斯坦的民族权利,但均未收到回信。即使在大屠杀发生后,甘地仍然坚持反对犹太复国主义。1947年11月,尼赫鲁不顾哈伊姆·魏茨曼在最后一刻的恳求,指示投票反对联合国分治决议。

甘地和尼赫鲁反对犹太复国主义是出于信念还是出于政治考量尚不清楚。事实上,二人确实想为国大党尽可能团结更多穆斯林,因此不能站在以色列一边而疏远印度穆斯林。[35]

但并非所有的印度政治和精神领袖都认同甘地和尼赫鲁对犹太复国主义的立场。例如,第一位获得诺贝尔文学奖的亚洲人泰戈尔就对犹太复国主义颇有好感。[36]印度作家、外交官潘尼迦也是如此,他本人也是国大党的重要人物。

1950年,尼赫鲁承认以色列的法律地位,但没有与以色列建立全面外交关系。据报道,他本人支持建立全面外交关系,而他的穆斯林部长们却反对,因此尼赫鲁也就没有坚持。[37]总体而言,印度政府认为必须对以色列保持谨慎态度。印度人口中,约15%是穆斯林,执政的国大党无意因与以色列的关系而疏远印度穆斯林。此外,印度此时已卷入与巴基斯坦的冲突中(在克什米尔地区),因此无法承担与阿拉伯和其他伊斯兰国家关系进一步复杂化的后果。

1955年万隆会议和1956苏伊士运河危机后,印度意识到与以色列建立更紧密的联系不会为印度带来任何好处。相反，它在第三世界的领导地位取决于与阿拉伯和伊斯兰世界的关系。印度强烈谴责以色列参与1956年苏伊士战争。

然而，尽管印度官方与以色列保持距离，尼赫鲁仍在中印边境战争期间秘密向本-古里安寻求军事援助，本-古里安同意了，于1962年向印度提供武器。以色列国防军参谋长甚至在冲突期间访问了印度。[38] 在1965年与巴基斯坦的战争中，以色列还向印度提供了军事装备和建议。然而，印度政府试图保守这个短暂合作的秘密。当此消息被揭露时，印度坚决予以否认。

冷战期间，印度官方采取"不结盟"外交政策，但仍与苏联结盟（尼赫鲁在冷战开始时宣布印度中立，但他与其继任者的外交政策实际上是亲苏的）。这进一步加大了印度和以色列之间的裂痕，尤其在苏联于1967年六日战争期间切断了与以色列的外交关系之后。英迪拉·甘地担任总理期间（1966—1977，1980—1984），印度的亲苏外交政策逐渐制度化。1982年，为抗议黎巴嫩战争，印度政府驱逐了以色列驻孟买领事。

这一事件或标志着两国关系的最低点。同时，印度反对党成员对亲阿拉伯政策提出质疑，并指出在1962年中印、1965年和1971年印巴等领土争端和边境冲突中印度从对阿拉伯国家的支持中几乎没有获得任何好处。1965年和1971年印巴冲突中，阿拉伯国家都站在巴基斯坦一边。

冷战结束后，苏联和以色列于1991年建立全面外交关系，开始影响印度的中东政策。印度前外交秘书迪克西特（Jyotindra Nath Dixit）在回忆录中写道，随着冷战的结束，印度意识到，与以色列断绝关系已经毫无意义。[39] 1991年马德里和平会议是印度重新考虑与以色列关系的一个重要原因，因为以色列坚持拒绝邀请与阿拉伯国家有全面外交关系但与以色列没有外交关系的国家参加会议。[40] 冷战后的国际体系为印度这样的新兴大国提供了新的机遇。但要想抓住机遇，印度需要改善与美国的关系。1991年,印度投票支持废除联合国1975年将犹太复国主义定义为种族主义的决议。1992年中国与以色列建立外交关系后,印度认为自己在外交上输给了中国。[41]此外,印度总理拉奥(Narashima Rao)需要美国的财政帮助,以实施经济改革,许多美国领导人,包括世界犹太人大会主席伊斯·莱布勒(Isi Leibler)[42]都明确表示,印度必须改变对以色列的敌对态度,才能得到美国的支持。[43]

最终,印度与以色列于1992年建立了全面外交关系。在拉奥总理访美前夕,印度宣布了这一决定。印度政府因此放弃了先前的条件,即要与以色列实现关系正常化,以色列必须撤回到1947年联合国分治计划中划定的边界(而不只是如大多数国家预期的撤到1949年的停火线)。[44]

冷战后的国际体系中,美印关系也发生了变化。失去了苏联支持的印度需要一个国际盟友来对抗巴基斯坦,并与中国展开地缘政治竞争。在美国看来,印度是制衡中国崛起的重要力量。此外,由于巴基斯坦几乎没有表现出任何打击伊斯兰恐怖主义的迹象,美国也开始对这一前冷战盟友失去耐心。2008年美国国会通过一项允许印度使用核技术的法案,由此可以看出美国外交政策已经发生了转变。

随着核知识和伊斯兰恐怖主义的传播,印巴冲突上升到了全球层面。在这种情况下,印度向美国和以色列寻求军事和情报援助。1998年巴基斯坦引爆第一枚核弹后(印度自1974年以来一直是军事核大国),印巴在克什米尔地区的紧张局势持续升级。与阿拉伯国家相反,以色列一贯支持印度在克什米尔问题上的立场。两国很快建立了战略和军事伙伴关系。仅1998年,以色列和印度之间就签订了价值数亿美元的军事合同。[45]1999年在印控克什米尔的"卡吉尔之战"中,以色列为印度提供了无人侦察机和激光制导导弹。

印度与以色列恢复邦交也受到了印度国内政治的影响。事实上，两国的政治史有着惊人的相似之处。两国均在被分割后从英国殖民统治下获得独立（印度于 1947 年获得独立，以色列于 1948 年独立）。获得独立后的头三十年里，印度和以色列都一直由社会主义政党统治：印度的国大党和以色列的工党。与此同时，两国都有遭边缘化和排斥的民族主义右翼政党：印度人民同盟（今人民党）和以色列的自由党（今利库德集团）。印度和以色列的右翼政党都在 1977 年赢得了第一次选举。而在印度，民族主义政府只维持了两年，几乎没有改变印度对中东的政策。然而，人民党在 1998 年的大选中赢得胜利，重新调整了外交政策，其中包括与以色列和解。印度右翼力量一直坚定地支持以色列，批评国大党亲苏和亲阿拉伯的外交政策。2014 年印度大选，人民党领导的联盟在大选中获胜，在野十年后重新掌权，纳伦德拉·莫迪担任第 14 任总理，完善了人民党亲美、亲以色列的外交政策。2017 年 7 月，莫迪成为首位对以色列进行正式访问的印度总理。2018 年 1 月，以色列总理内塔尼亚胡也对印度进行了正式访问。

如今，至少是在人民党执政期间，对"穆斯林敌对"的恐惧似乎再难阻止印度加深与以色列的关系。2018 年 1 月，一名印度评论员写道，以色列"是一个值得拥有的朋友"，"一直是印度在国际舞台上最坚定的朋友之一"，这是"以色列的伊斯兰敌人没有做到的。几十年来对巴勒斯坦事业的资助和支持似乎并没有在关键时刻为印度赢得任何额外的外交善意"。[46]

如今，印度是以色列最大的军事装备客户，而以色列是印度第三大军事装备供应国，仅次于美国和俄罗斯。印度总理莫迪已经批准了一项价值 2500 亿美元的多年计划，实现印度军队的现代化。印度已经让以色列成为印度现代化计划中的重要角色。例如，2017 年 4 月，印度国防部与以色列飞机工业公司签署了价值 20 亿美元的导弹防御系统供应合同。[47]

以色列在亚洲和大洋洲的特殊关系

日本

1904年至1905年日俄战争期间,一位名叫雅各布·希夫(Jacob Schiff)的美国犹太金融家为日本的战争提供了资金,作为对抗反犹太的沙皇俄国的个人献礼。[48]美国的犹太人筹集资金帮助日本购买了一艘战舰,并坚持将其命名为"基什尼奥夫"(1903年发生大屠杀的俄罗斯城市)。日本支持《贝尔福宣言》和犹太民族自决的主张。[49]1919年1月,日本驻伦敦大使致函魏茨曼,称日本政府完全支持在巴勒斯坦建立犹太民族家园的主张。[50]1927年12月,日本参谋长派了一名官员安江仙弘前往巴勒斯坦,了解犹太人民族家园的发展情况。安江仙弘对伊休夫高度认可。他在报告中写道,日本应该支持犹太人在巴勒斯坦地区实行民族自决。[51]

然而,随着日本开始接触俄国,他们也开始翻译俄国反犹小册子,包括《锡安长老会纪要》。1940年至1945年日德军事同盟期间,希特勒的自传《我的奋斗》等纳粹宣传资料被翻译成日语。日本人试图让他们在东南亚(今天的马来西亚和印度尼西亚)征服的伊斯兰民族相信,他们是反英国和反犹太复国主义者。自从哈吉·阿明呼吁东南亚的穆斯林接受日本的统治后,这种伎俩就起作用了。[52]

尽管日本在第二次世界大战期间与德国结成了军事同盟,但并没有参与犹太人大屠杀。日本在其占领区,甚至在日本国内为犹太人提供庇护。日本驻立陶宛领事杉原千亩给犹太人发放日本签证,帮助他们逃离欧洲。1985年,杉原千亩被授予"国际义人"称号,这是以色列人对那些冒着生命危险拯救犹太人生命的非犹太人的尊敬和感激。

20 世纪 40 年代,日本出现两大宗教运动:"基督的幕屋"（Makuya）——1948 年由手岛郁郎（Ikurō Teshima）创立,及贝斯索隆（Beit Shalom）——1946 年由大月武次（Ōtsuki Takeji）创立。两个运动都十分支持以色列。然而,也是在 20 世纪 40 年代,"犹太人统治世界"的说法一直在日本广为流传。许多以色列外交官和政治家报告称,他们的日本同行认为,以色列的人口远远超过其实际规模,犹太人控制着美国。1966 年,阿巴·埃班在东京称以色列有 250 万人口的时候,日本东道主哄堂大笑。[53] 以色列总理伊扎克·沙米尔在其回忆录中写他听到日本官员说:"你们这些人真是幸运,无论何时何地,你们都拥有无限的机会和影响力。你们多么强大,看看你们如何将美国控制在股掌之间。"[54] 1972 年,日本企业家藤田田（Den Fujita,在日本开办及运营麦当劳连锁店）撰写的《犹太人生意经:控制世界经济》（*Jewish Business Methods：Controlling the Economy of the World*）一书出版。该书从根本来说是反犹主义的,但其认为犹太人的做法应该得到效仿,因为他们在世界范围内的成功能够极大地鼓舞人心。

1952 年日本从美国占领下完全独立后,以色列是第一个在东京开设大使馆的中东国家。在接下来的几十年里,日本对以色列的外交政策基本上与美国保持一致。20 世纪 60 年代,美国升级了与以色列的关系,日本也升级了与以色列的关系。1963 年,以色列和日本建立了全面外交关系。

然而,由于日本严重依赖中东石油进口,它对以色列的政策受到 1973 年石油禁运的很大影响。早在 20 世纪 50 年代,日本就已经成为亚洲最大的中东石油消费国。20 世纪 60 年代,日本 80％以上的燃料依赖进口,其中 70％来自中东;20 世纪 70 年代,日本 90％的燃料依赖进口。[55] 1973 年后,日本陷入两难境地,原因是阿拉伯国家要求其与以色列断绝关系,而美国对此表示反对并作出警告。

最后,日本拒绝了阿拉伯国家提出的与以色列断绝外交关系的要求,但也发表了措辞强硬的声明,要求以色列撤出1967年占领的所有领土。1976年,日本政府还允许巴解组织在东京开设办事处。1980年,日本全国农业协同组合联合会停止从以色列进口钾肥,承认必须在钾和石油之间做出选择。[56]

然而,到了20世纪80年代,日本开始质疑,出于对石油的依赖而在外交上向阿拉伯国家屈服,是否完全符合日本的最佳利益。20世纪80年代,油价下跌,从而降低了石油输出国家组织(OPEC)的政治影响力。由于未对1979年伊朗武装人员攻击美国驻德黑兰大使馆事件表示谴责,也未对1986年美国轰炸利比亚表示支持,日本激怒了美国。日本决策者越来越清楚地认识到,他们必须在与美国的特权关系和他们在阿拉伯世界的受欢迎地位之间做出选择。与此同时,在说服日本官员放松对以色列的非官方经济抵制方面,犹太裔美国商人伊莱·斯特恩(Eli Stern)也发挥了重要而谨慎的作用。

1991年的海湾战争也是一个转折点。美国政府对日本、科威特和沙特阿拉伯明确表示,如果三国继续抵制美国和以色列的商业往来,美国士兵不可能浴血奋战,以解放科威特、保护沙特阿拉伯并保障日本的石油输送。随后,日本逐步结束了对以色列公司的经济抵制。1995年,日本首相村山富市首次对以色列进行了正式访问。

如今,距1973年石油禁运已过去40多年,日本减少了对石油的依赖,但近20年来其经济一直停滞不前。这两种趋势改变了日本对以色列的态度。"石油勒索"不再是有效的外交武器。此外,由于经济疲软和人口老龄化,日本需要以色列的技术创新促进经济增长。其结果是两国在经济上的协同作用:日本公司大量投资以色列的高科技产业。

缅甸

缅甸是第一个向以色列寻求农业援助的亚洲国家。两国很快建立了密切的经济关系,并于 1953 年建立了全面外交关系。两国在军事上也关系紧密:1954 年,缅甸从以色列购买了老式喷火式战斗机。[57] 1955 年,缅甸总理吴努成为第一位正式访问以色列的外国领导人。英国一名高级外交官员当时评论说:"缅甸总理拒绝在阿拉伯压力的逼迫下采取反以色列政策,这进一步加强了以色列对吴努的钦佩之情。吴努是以色列在亚洲世界唯一的拥护者。"[58]

1988 年缅甸发生军事政变后,西方国家对缅甸实施了军事禁运。在军政府的接触下,以色列被要求填补美国和欧洲留下的军事空白。20 世纪 90 年代,以色列成为缅甸军事装备的主要供应商。[59] 2017 年,以色列《国土报》报道称,尽管罗兴亚少数民族(缅甸的一个穆斯林族群)受到暴力镇压,以色列仍向缅甸出售武器。[60] 据报道,以色列于 2019 年暂停了与缅甸的军事联系。

韩国与朝鲜

1950 年至 1953 年战争期间,以色列对韩国的支持使两国之间建立了特殊的关系,包括摩萨德和韩国情报机构之间的密切合作。[61]

1962 年,以色列和韩国正式建立外交关系。20 世纪 60 年代初,当韩国领导人努力将自己的国家建设成为亚洲"经济四小龙"之一时,他们将以色列视为灵感之源。1965 年,韩国总统朴正熙表示:"以色列,在世界上游荡了两千年,在 10 年的时间里变成了中东最富有、最强大的国家。"[62] 韩国从 20 世纪 60 年代末开始购买以色列的军事装备,并学习以色列的国防战略。[63]

相比之下,朝鲜自建国以来就对以色列表现出敌意。这不仅是平壤政权（1946年以来）的副产品，也是由于朝鲜向叙利亚和伊朗出售导弹和核技术。2007年以色列在叙利亚摧毁的核反应堆是由朝鲜建造的。早在1999年，朝鲜政府就向以色列表示，它愿意停止向伊朗提供核技术，但条件是10亿美元现金。以色列拒绝了这一提议。[64]

新加坡

1965年，以华人人口为主的城市国家新加坡脱离伊斯兰国家马来西亚独立，向以色列寻求帮助和建议，建立自己的军队。[65]新加坡的军队是在以色列顾问的帮助下，仿照以色列国防军建立起来的。[66] 1967年6月后，由于以色列在六日战争中的惊人表现，新加坡加强了与以色列的军事合作。

毫不奇怪，马来西亚对新加坡和以色列的密切关系持强烈批评态度。然而，新加坡总理李光耀态度坚决，毫无妥协之意。对于伊斯兰世界的批评者，他坦率解释了他的政策的基本原理："为研究一个被人口众多的邻国包围的小国的生存之道，我们做了一定的研究，比较了瑞士、芬兰和以色列的应对方法。最终，新加坡选择了以色列模式。"[67]新加坡执政党人民行动党（People's Action Party）通常称新加坡为"东南亚的以色列"。[68]

与此同时，新加坡对来自阿拉伯世界的压力也并非无动于衷。因此，在新加坡有45名以色列国防军官员正式注册为"墨西哥农业顾问"。

据报道，2010年，以色列向新加坡出售了海对海导弹，并对新加坡空军力量进行了升级。[69]

越南、老挝和柬埔寨

越南的分裂使其与以色列的关系变得尤为复杂，直到1975年北越统一南越后才有所好转。北越作为共产主义政权国家，曾被美国视为敌人。

根据冷战期间的惯例,一旦整个越南走共产主义道路,它就会对以色列产生敌意。然而越南共产党和以色列之间的关系非常复杂。越南共产党领导人胡志明并非反犹太复国主义者,他钦佩犹太复国主义者对抗英国的斗争,并于1946年给本-古里安在河内建立流亡政府的机会。[70]然而,胡志明个人的同情无法抗拒冷战政治的约束。20世纪60年代中期,以色列和美国成为盟友,但当时约翰逊政府正在加强与北越越共的战争。一名越共外交官直言不讳地说:"谁得到美国的支持,谁就是我们的敌人。这就是我们支持阿拉伯人的原因。"[71]越共领导人开始与巴解组织发展密切关系。到20世纪60年代末,巴解组织已经学习并模仿了越共军事战略家武元甲的游击战术。[72]

1975年,越共统一越南,并占领邻国老挝和柬埔寨。老挝和柬埔寨新的共产主义政府断绝了与以色列的外交关系。显然,这对以色列来说是一个打击,因为以色列与这两个国家都发展了密切的关系。

随着冷战的结束,1991年以色列与苏联建交,1992年与中国建交,1993年与巴解组织签署了《奥斯陆协议》。随后越南开始缓和其对中东的武断态度。此外,越南希望克林顿政府解除经济禁运。越南领导人认为,承认以色列将有助于修复与美国的关系,1993年,越南和以色列正式建立全面外交关系,两国经济关系蓬勃发展。柬埔寨和老挝也于1993年恢复了与以色列的外交关系。

泰国和菲律宾

菲律宾是唯一投票支持1947年联合国分治计划的亚洲国家。多年来,以色列与菲律宾和泰国发展了密切的关系,这两个国家在冷战期间的大部分时间都采取反共的外交政策。以色列于1954年与泰国建交,1958年与菲律宾建交。

尽管如此,两国对以色列的态度一直保持着平衡:一方面保持与美国的密切关系,另一方面应对数量庞大的穆斯林人口的压力(泰国人口5％为穆斯林,菲律宾人口6％为穆斯林)。利比亚的穆阿迈尔·卡扎菲曾支持菲律宾持不同政见的穆斯林。此举使菲律宾和以色列之间关系更加密切。此外,菲律宾急于减少对美国的军事依赖,从20世纪60年代起开始向以色列购买武器。[73]这种军事关系一直维持到现在。例如,2018年,菲律宾向以色列购买了地对地导弹。[74] 2018年9月,菲律宾总统访问以色列,双方签署了大型石油和武器合同。[75]

泰国是以色列人最喜欢的旅游目的地之一。与此同时,约有2万名泰国移民工人在以色列从事农业和亚洲餐馆厨师工作。

马来西亚、印度尼西亚和巴基斯坦

除了亚洲的伊斯兰国家(印度尼西亚、马来西亚、巴基斯坦和孟加拉国)和共产主义国家朝鲜之外,以色列几乎与所有亚洲国家都建立了外交关系。

印度尼西亚和马来西亚的伊斯兰国家身份一直是其发展外交关系的阻碍。虽然马来西亚第一任总理拉赫曼个人对以色列很有好感,但他领导的这个伊斯兰国家的领导层却强烈反对承认以色列。拉赫曼批评他的反对者阻止承认以色列,但却无力战胜他们。[76] 1959年,一位马来西亚高级官员私下承认,占马来西亚人口多数的穆斯林(约60％)拒绝与以色列建立外交关系。[77] 1963至1966年印尼与马来西亚对峙时期,马来西亚寻求国际支持,故而也不能因为与以色列建立外交关系而疏远阿拉伯世界。

马哈蒂尔·穆罕默德担任总理期间(1981—2003年和2018—2020年),马来西亚与以色列的关系从疏远转为敌对。马哈蒂尔在他1970年出版的《马来人的困境》(The Malay Dilemma)一书中,将犹太人描述为天生就懂金融的"鹰钩鼻"。[78] 马哈蒂尔上任两年后,《锡安长老会纪要》被译成马来文,并在马来西亚广泛传播。1984 年,马哈蒂尔下令取消纽约爱乐乐团在吉隆坡的演出,理由是该乐团的指挥拒绝将犹太作曲家埃内斯特·布洛赫(Ernst Bloch)创作的大提琴和管弦乐《希伯来狂想曲》(Hebrew Rhapsody for Cello and Orchestra)从演出节目中删除。在 1986 年 8 月的一次演讲中,马哈蒂尔声称《纽约时报》和《华尔街日报》被犹太人和犹太复国主义者控制;两个月后,他又指责犹太复国主义者试图暗中破坏马来西亚经济。[79] 1994 年,马哈蒂尔禁止电影《辛德勒的名单》进入马来西亚,声称这是一部犹太宣传片。他将 1997 年亚洲金融危机归咎于出生于匈牙利的美国金融家乔治·索罗斯(George Soros),且明确指出索罗斯是犹太人。在 2003 年召开的伊斯兰国家首脑会议上,马哈蒂尔宣称:"13 亿穆斯林绝不能被几百万犹太人打败……今天,犹太人通过代理人统治这个世界。他们让别人为他们而战,为他们而死。他们已经控制了世界上最强大的国家,并且这一个小小的团体已经成为世界强国。"[80] 2016 年 6 月,马哈蒂尔在一次电视采访中重申,"犹太人通过代理人统治世界"。[81] 近年来,许多巴勒斯坦学生搬到了马来西亚。在那里,哈马斯正积极招募他们加入。该组织在马来西亚训练其成员进行针对以色列的袭击。[82]

尽管以色列一直到今天都没有与亚洲主要伊斯兰国家正式建立外交关系,但以色列的"军售外交"也已延伸到了这些国家。以色列向印尼出售军事装备,而印尼为以色列提供煤炭。[83] 印度尼西亚同意在雅加达秘密部署摩萨德特工。到 20 世纪 80 年代初,以色列同印尼达成了重要的军事协议。[84] 尽管没有正式建交,但印尼-以色列贸易局于 2010 年成立,一些以色列大型公司在印尼设立了分公司。[85]

至于巴基斯坦,它与以色列的关系并不总是敌对的。1956 年 9 月,巴基斯坦外交部部长宣称"以色列已成为现实"。1956

年苏伊士战争后,一位巴基斯坦外交官对以色列的军事成就表示赞赏。[86] 20世纪80年代,以色列和巴基斯坦就巴基斯坦核项目进行了非公开交流。由于担心以色列袭击其核设施,巴基斯坦政府向以色列保证不会向阿拉伯国家转让核技术。[87]

巴基斯坦社会本身在如何处理与以色列的关系上也存在分歧。例如,1992年8月,巴基斯坦驻美国大使建议巴基斯坦也应该像印度那样承认以色列。巴基斯坦的宗教领袖和伊斯兰政党严厉谴责了大使的声明,并要求她辞职。[88] 1995年11月,一名巴基斯坦官员在耶路撒冷参加了以色列总理伊扎克·拉宾的葬礼。然而,1992年后,随着以色列与印度军事和情报合作的加强,巴基斯坦对印以关系的不满随之加深。

澳大利亚、新西兰、大洋洲

在两次世界大战中,澳大利亚军队曾在中东与英国并肩作战。然而,在1947年联合国关于巴勒斯坦分治问题的辩论中,澳大利亚外交部部长赫伯特·维尔·伊瓦特(Herbert Vere Evatt)不顾英国施加压力,投了赞成票。伊瓦特对犹太复国主义的强烈同情压倒了英国和阿拉伯国家对澳大利亚施加的压力。澳大利亚于1949年承认以色列。

近年来,澳大利亚一直是以色列的坚定支持者,尤其是在保守派政府的领导下。2006年黎巴嫩战争期间,澳大利亚政府全力支持以色列。2016年12月,澳大利亚外交部部长茱莉·毕绍普(Julie Bishop)宣布,澳大利亚将投票反对联合国安理会第2334号决议,而美国并未否决该决议(详见第12章)。2018年7月,澳大利亚政府决定将1000万美元从世界银行的多重捐助信托基金转出,原因是担心巴勒斯坦权力机构将这笔钱支付给恐怖分子。[89]

与澳大利亚一样,新西兰在两次世界大战中均派兵前往中东,同样也不顾英国压力,投票支持巴勒斯坦分治,并于1949年承认以色列。然而，与澳大利亚不同的是，新西兰支持联合国安理会第 2334 号决议，该决议促使以色列召回驻新西兰大使，并于 2016 年降低了与新西兰的外交关系级别。在新西兰政府对支持第 2334 号决议表示遗憾后，两国关系全面恢复。

在大洋洲，以色列还与马绍尔群岛、密克罗尼西亚、瑙鲁和帕劳建立了牢固的双边关系。这些可靠的盟友在联合国大会上一直投票反对反以色列的决议。例如，2017 年 12 月，这四个国家都投票反对一项谴责美国将大使馆迁往耶路撒冷的决议。

小结

1949 年，以色列加入联合国。同年，中华人民共和国成立。然而，当时以色列的外交政策是中立的，因而本可以与中国建交，但却错失了机会。万隆会议（1955 年）和苏伊士战争（1956 年）后，中以间采取敌对政策。中苏分裂，美国承认共产主义中国，中以逐渐恢复邦交。早在 1992 年两国正式建立外交关系之前，中国就开始购买以色列的技术和装备。这些军事联系，以及随后日渐紧密的经济联系导致以色列和美国之间产生了摩擦。

印度是以色列军事装备和技术的主要进口国。起初，印度一直与以色列保持距离：国大党不想疏远穆斯林选民，并试图安抚那些对巴基斯坦有好感的伊斯兰国家。印度在冷战期间与苏联结盟，进一步扩大了与以色列的裂痕。冷战结束后，印度寻求改善与美国的关系，并于 1992 年与以色列建交。1998 年巴基斯坦拥有核武器后，印巴之间旷日持久的冲突进一步升级。随后在亲以色列的印度人民党的领导下，印度加强了与以色列的军事关系。

至于日本，两国关系一度因石油禁运而蒙上阴影。但随着以色列作为技术强国的崛起和阿拉伯石油武器的衰落，两国关系又重新焕发了生机。

以色列的军事专长和技术优势有助于加强与大多数亚洲国家的关系。尽管以色列从未与亚洲的伊斯兰国家建立全面的外交关系,但以色列与其中大多数国家都建立了非正式的贸易关系甚至军事关系。

17. 非洲之争

> 我在有生之年见证了犹太人复国；我也要为非洲复兴铺平道路。
>
> ——西奥多·赫茨尔《古老的新国家》

从外交边缘到战略要地

1947年，当犹太代办处在联合国努力争取国际社会支持犹太人建国时，非洲仍处于殖民统治之下，因此在联合国并没有发言权。非洲当时只有两个独立的国家：利比里亚和埃塞俄比亚（前者投票赞成分治；后者弃权）。

利比里亚早在100年前（1847年）由前非裔美国奴隶建立，利比里亚人对以前被流放的人重返家园的想法表示同情。19世纪的利比里亚政治家和作家爱德华·威尔莫特·布莱登（Edward Wilmot Blyden）将犹太复国主义视为非裔美国人重返祖辈大陆的典范。美国民权活动家威廉·爱德华·伯格哈特·杜波依斯（William Edward Burghardt Dubois）说，泛非洲主义运动受到犹太复国主义的启发，泛非大会从犹太复国主义大会获得灵感。[1]

只有非洲国家在非殖民化和国家独立的前提下，以色列才会考虑与非洲国家建立外交关系。20世纪50年代末到70年代初，以色列的"外围战略"包括埃塞俄比亚（见第10章）。然而随着非洲的非殖民化进程加快，从20世纪60年代初开始，"外围战略"开始扩展到非洲大陆的其他地区。

1956年苏伊士战争后，蒂朗海峡重新开放，以色列得以进入东非地区，促进了以色列和非洲大陆之间的贸易往来。在1956年至1966年担任以色列外交部部长的果尔达·梅厄，对非洲采取积极政策。她引用赫茨尔《古老的新国家》（*Altneuland*）中的一句名言——"我在有生之年见证了犹太人复国；我也要为非洲复兴铺平道路"，但其对非政策主要是由现实政治驱动的。以色列需要提高国际地位，改变地缘孤立状态；因此，非洲新独立的国家对以色列来说很重要。

以色列对非洲的外交不仅得益于非洲国家对以色列实力的钦佩，也因为他们对先前的阿拉伯奴隶主的历史怨恨。当沙特驻联合国大使艾哈迈德·舒凯里指责科特迪瓦大使被"犹太人收买"时，后者回应说：把非洲人卖为奴隶的是阿拉伯人，而不是犹太人。[2]

以色列的非洲政策从埃塞俄比亚开始是很自然的。埃塞俄比亚皇帝海尔·塞拉西声称自己是所罗门国王的后裔，因此他的王朝叫作所罗门王朝，他的印章上有犹太符号，如犹大之狮。1935年墨索里尼领导的意大利入侵埃塞俄比亚后，塞拉西皇帝在暂时定居英国之前，曾前往耶路撒冷朝圣。1941年4月，当英国军队将意大利军队赶出埃塞俄比亚时，他们得到了哈加纳士兵的帮助，这些士兵是由支持犹太复国主义的英国军官奥德·温盖特（Orde Wingate）招募的。埃塞俄比亚有一个重要的犹太人社区（在20世纪中期估计有5万人），甚至一些埃塞俄比亚基督徒也接受了犹太习俗，如割礼、禁止吃猪肉，以及在周六不下地劳作等。[3]

因此，以色列很快便与新独立的非洲国家建立了外交关系。

以色列同非洲外交的起起伏伏

矛盾的是，以色列对非洲外交的首要目标之一是苏丹——一个阿拉伯人占多数的伊斯兰国家。1956年秋，当一位苏丹官员宣称"苏丹认为埃及的军事授权是对其独立的直接威胁"时，耶路撒冷的决策者提出了与苏丹发展关系的可能性，因为他们对纳赛尔统治下的埃及怀有共同的敌意。英国情报部门（军情六处）帮助建立了以色列和苏丹之间的非正式联系，1956年8月，一名苏丹高级官员秘密访问了以色列。[4]一年后，以色列外长果尔达·梅厄在巴黎会见了苏丹总理阿卜杜拉·哈利勒。[5]然而，这些早期接触因1958年苏丹的军事政变而中断。苏丹新领导人决定与纳赛尔的埃及结盟。

果尔达·梅厄于1958年访问利比里亚、塞内加尔、尼日利亚、加纳和科特迪瓦，正式开启了积极的对非政策。1960年法属赤道区非洲和法属西非的独立为以色列带来了新的机会。于以色列而言，尼日利亚因其庞大的人口（1960年人口数量为4500万，如今人口数量达1.86亿人）及丰富的石油资源而极为重要。1960年尼日利亚独立后，当局不顾国内穆斯林的反对，与以色列建立了外交关系。[6]

1960年科特迪瓦独立，以色列也同该国建立了牢固的外交关系。科特迪瓦总统费利克斯·乌弗埃-博瓦尼是以色列的朋友与推崇者。他把以色列看作经济发展、民族凝聚力和成功的典范，[7]并在非洲统一组织（成立于1963年，旨在促进非洲政治和经济一体化，2002年更名为"非洲联盟"）反对反以色列的各项决议。1962年7月，费利克斯·乌弗埃-博瓦尼作为国家元首的首次外交出访目的地就是以色列。

1962年，以色列总统伊扎克·本-兹维对西非国家进行了正式访问，1966年，以色列总理列维·艾希科尔也正式访问了西非国家。20世纪60年代，除了毛里塔尼亚和索马里这两个阿拉伯联盟成员外，以色列同所有撒哈拉以南的非洲国家都建立了外交关系。到1972年，以色列在非洲的大使馆和领事馆已从1960年的6个增至32个。事实上，到20世纪70年代初，以色列已同非洲所有非阿拉伯国家建立了外交关系，甚至成为非洲统一组织的观察员国（非正式成员，但获准参加该组织的会议）。当时，除了美国，以色列在非洲的大使馆比其他任何国家都多。[8]

20世纪60年代，非洲国家抵制住了来自阿拉伯国家（尤其是埃及总统纳赛尔）要求它们断绝或至少减少与以色列联系的压力。到1968年，已有22个非洲国家同以色列签署了经济合作协定。以色列向非洲国家提供了农业、医药和军事训练方面的培训及技术援助。以色列为肯尼亚、乌干达、坦桑尼亚、扎伊尔和加纳培养了第一批空军飞行员。20世纪60年代，7000多名非洲人在以色列接受了专业训练。以色列和非洲国家签署了大约20项合作协议，以色列还是世界上最受非洲欢迎的农业、医疗和国防合作伙伴之一。[9]即使是1967年的六日战争以及随后阿拉伯国家的施压也没有破坏这些牢固的外交关系。事实上，正是由于非洲国家的投票，以色列才能够阻止一项要求以色列完全和无条件撤出其所占领土的决议。[10]

然而，20世纪70年代后期，以色列在非洲的特殊地位开始恶化。当一些小国在冷战的全球地缘政治竞赛中改变立场时，越来越多的非洲国家成为苏联的盟友：1972年的贝宁，1975年的安哥拉、莫桑比克和马达加斯加，1977年的埃塞俄比亚和1979年的刚果（布）。在成为苏联盟友后，这些国家切断了与以色列的联系（苏联于1967年断绝了与以色列的外交关系，并希望其新盟友也能如此）。此外，由于在六日战争后未能结束以色列与非洲的关系，阿拉伯国家开始加紧在非洲进行外交活动。

1968年,埃及宣布它打算在非洲孤立以色列。同年,埃及在非洲开设了8个新的大使馆。到1972年,驻非洲的阿拉伯大使馆已从1967年的78个增加到100多个。

在所有试图切断以色列与非洲关系的阿拉伯领导人中,利比亚卡扎菲表现得最为主动。就在1969年成为利比亚新任领导人之后,他试图破坏以色列与非洲的关系。1970年至1973年,8位非洲领导人访问了的黎波里,以获得卡扎菲的财政和军事援助。[11]卡扎菲在非洲的主要胜利之一就是乌干达。直到1971年伊迪·阿明在乌干达掌权之前,该国一直是以色列的亲密盟友。在阿明的领导下,乌干达转而与利比亚结盟,成为暴力反以色列的国家,甚至参与了1976年劫持飞往恩德培的法航班机的行动。事实上,在他"转化"之前,反复无常的阿明自己却是以色列的推崇者。他曾在以色列上过伞兵课程(未完成),与以色列驻乌干达武官巴鲁克·巴-列夫上校关系友好。(巴-列夫被怀疑在阿明1971年发动军事政变之前曾向阿明提供建议,[12]不过巴-列夫否认与政变的任何关系,并表示阿明发动的政变让他很吃惊。[13])掌权后,阿明要求以色列给他1000万英镑的贷款,并向他出售幻影战斗机,以征服坦桑尼亚的部分地区(阿明寻求直接进入印度洋的途径)。[14]以色列拒绝以上要求后,阿明随后将目光转向了卡扎菲。卡扎菲答应了阿明要求,而阿明也热切地接受了卡扎菲提出的条件。就这样,阿明断绝了与以色列的外交关系,将所有以色列人驱逐出乌干达,把巴解组织安置在前以色列大使馆,并在坎帕拉建造了一座巨大的清真寺。他还指示他的外交部长发电报给果尔达·梅厄(当时的以色列总理)——"穿上你的灯笼裤,回到你来的美国去"(幸亏乌干达外交部部长没有服从该命令)。[15]利比亚和沙特阿拉伯也都向乌干达政府提供了大量的资助和贷款。[16]

沙特阿拉伯也试图用石油美元购买善意,切断以色列与非洲的关系。1972年11月,沙特阿拉伯国王费萨尔访问了乌干达、乍得、尼日尔、塞内加尔和毛里塔尼亚,为切断与以色列的关系提供了资金和相应指示。这次访问后不久,乍得断绝了与以色列的关系。乌干达总统伊迪·阿明切断乌干达与以色列的关系时,利比亚承诺给他3000万美元,沙特阿拉伯承诺给他1500万美元。同样,利比亚向乍得提供了9200万美元的贷款,向塞内加尔提供了5000万美元的贷款。[17]卡扎菲吹嘘说,"利比亚在两年内成功地将以色列从非洲孤立出去"。[18]

1973年的赎罪日战争也导致阿拉伯国家要求非洲国家与以色列断绝外交关系。阿拉伯国家深知他们无法在军事上与以色列抗衡,于是决定利用石油资源在国际社会上孤立以色列。他们承诺降低油价,以说服石油进口国与以色列断绝关系,或者至少对以色列持谴责态度(见第11章)。此外,埃及总统萨达特还亲自要求非洲领导人切断与以色列的联系,这种有效的、毁灭性的压力使得在战争结束之时,除了四个非洲国家(莱索托、马拉维、斯威士兰和毛里求斯)之外,其他所有非洲国家都断绝了与以色列的外交关系。[19]共有30个非洲国家在战争后断绝了与以色列的关系,其中21个国家在1973年10月4日至12日之间断绝关系。即使是亲以色列的乌弗埃-博瓦尼也不得不屈服于压力:1973年11月,科特迪瓦断绝了与以色列的关系。这对以色列的外交和国际地位来说无疑是严重的打击。阿巴·埃班谴责非洲的转变是"对国际友谊的严重背叛"。以色列报纸《国土报》称这种变化是"疯狂而匆忙之举","没有给非洲国家带来荣誉"。[20]

乍得总统弗朗索瓦·托姆巴巴耶向以色列外交官戴维·金奇(David Kimche)生动地解释了卡扎菲在切断以色列和非洲关系中所扮演的关键角色。乍得的叛军得到卡扎菲的支持,并在的黎波里设有办事处。"有一天,"托姆巴巴耶说,"卡扎菲的特使抵达恩贾梅纳。他告诉我,卡扎菲愿意结束对叛军的支持,将他们驱逐出利比亚,甚至愿意捐钱给乍得,但条件是我们要同以色列断绝外交关系。我们的情况太危险了，我真的别无选择。"[21]

虽然非洲国家同以色列的官方外交关系中断了，但双方在经济和军事上仍然保持联系。事实上，1973年至1977年，以色列与非洲的贸易额翻了一番。[22]以色列在加纳、科特迪瓦和肯尼亚设有非外交关系办事处。与肯尼亚保持的军事联系也使得1976年的恩德培救援行动成为可能。

此外，随着时间的推移，非洲领导人认识到，他们并没有得到结束同以色列的外交关系换来的承诺，阿拉伯国家承诺的降低石油价格并没有实现。在1974年于摩加迪沙（索马里）举行的非洲统一组织首脑会议上，非洲国家抱怨油价高，而阿拉伯国家没有采取任何措施来减轻它们的经济负担。[23]约尔·彼得斯（Joel Peters，以色列-非洲关系专家）讽刺说："非洲人发现，阿拉伯人愿意分享的只有敌人，但非能源。"[24]此外，卡扎菲几乎从未兑现过他的承诺。比如，卡扎菲曾承诺对乍得提供财政援助，并停止支持反政府叛军，乍得因此断绝了与以色列的外交关系。然而，当乍得总统要求卡扎菲兑现其诺言时，后者提出了一个新的要求：乍得总统必须皈依伊斯兰教，并将他的国家改名为"乍得伊斯兰共和国"。乍得拒绝了卡扎菲的最后通牒，卡扎菲也从未兑现他的承诺。[25]

非洲领导人大失所望，他们不由地回想起阿拉伯人在非洲的奴隶贸易，这些回忆最初使非洲人对以色列深表同情。《赞比亚每日邮报》（*Zambian Daily Mail*）写道："阿拉伯国家拒绝低价向非洲国家出售石油，这是一个不言而喻的例子，表明我们的前奴隶主阿拉伯人不准备放弃骑手和马匹的伙伴关系。我们没有忘记，他们曾经像对待畜生一样虐待我们，把我们当奴隶卖掉。"[26]此外，在其他基督教占多数的非洲国家中，赞比亚和肯尼亚对利比亚、苏丹和伊朗在他们国内鼓动伊斯兰激进主义越来越感到担忧。科特迪瓦总统乌弗埃-博瓦尼抗议说，阿拉伯石油美元在非洲唯一的"投资"是清真寺和伊斯兰学校。[27] 1983年9月,阿拉伯非洲发展银行发表了一份报告,称它在科特迪瓦投资了5800万美元。乌弗埃-博瓦尼宣布这是个谎言,表示他的国家从未收到过该银行一分钱。[28]

以色列本可以借机更积极主动地利用非洲国家对阿拉伯国家的失望情绪。然而,在以色列感到被背叛和孤立后,它对1973年后与非洲的外交分裂做出回应,加强了与南非的关系。南非的种族隔离政权的官方政策是种族歧视,因此受到非洲其他国家的抵制。正如一名以色列官员所辩解的那样,"这项新政策的动机来自失望情绪和现实政治……结果如何?在不到两年的时间里,1972年和1973年,他们一个接一个地与我们断交。他们被阿拉伯人的钱收买了。所以今天我们要和我们可以交往的国家交朋友。"[29]

1974年,以色列向比勒陀利亚(南非的行政首都)派遣了首位大使,在此之前,为了不冒犯其他非洲国家,以色列从未这样做过。1976年4月,拉宾政府在耶路撒冷正式接待了南非总理约翰·福斯特。由于南非的反共外交政策,在美国的默许甚至支持下,以色列和南非发展了密切的军事关系。1980年,南非购买了以色列35％的军事出口。[30] 1981年,以色列向南非出售了制造以色列加利尔步枪、雷谢夫和达布尔炮艇以及天使导弹的权利。以色列还被怀疑曾于1983年协助南非入侵安哥拉。[31]以色列和南非之间的军事合作还涉及核技术。1980年6月,中情局声称以色列和南非在南大西洋联合试验了一枚核弹。[32]

以色列与南非的军事合作在西方国家中并非孤例:美国、英国、法国和西德与南非也有紧密的军事联系。1980年,法国为比勒陀利亚提供了超过一半的进口军事武器。[33]西方国家心照不宣地支持种族隔离政权,担心它被具有马克思主义和亲苏联倾向的非洲人国民大会(African National Congress,ANC)推翻,防止南非成为苏联的盟友。

比勒陀利亚与美国、英国、西德和法国也有着紧密的经济联系。直到1985年比勒陀利亚宣布南非进入紧急状态后,美国和英国才于1986年对南非实施制裁。以色列紧随其后,于1987年加入对比勒陀利亚的制裁。

到20世纪70年代末,许多非洲领导人视以色列为对抗苏联支持的游击队及卡扎菲鼓励的伊斯兰武装力量的重要伙伴。非洲国家非但没有从卡扎菲的敲诈中得到什么好处,反而还感觉受到了卡扎菲的威胁。1978年至1987年,卡扎菲曾多次试图征服乍得并推翻其政府。卡扎菲支持乌干达、尼日利亚、乍得和布基纳法索的叛乱以及破坏国家稳定的伊斯兰运动。基督徒占多数的非洲国家对其伊斯兰扩张主义感到越来越担忧,这种担忧在1979年伊朗爆发伊斯兰革命之后更加严重。

自1973年赎罪日战争以来,非洲政治家们声称,他们抵制以色列的动机基于同埃及的团结一致,他们认为埃及本身就是一个部分被以色列占领的非洲国家(位于西奈半岛)。随着1979年以色列和埃及签署和平协议,且以色列随后从西奈半岛撤军,上述言论变得毫无意义。的确,当非洲国家在20世纪80年代开始恢复与以色列的外交关系时,它们经常提到以色列-埃及和平协议,以证明其行动的正当性。相比之下,即使在和平协议签署之后,尼日利亚政府仍拒绝恢复与以色列的外交关系,一位尼日利亚学者对此决定批判道:"当埃及决定为其国家利益同以色列和平相处之时,并没有求尼日利亚或是非洲统一组织的许可……谴责以色列对黎巴嫩的占领及入侵是正确的。但苏联入侵阿富汗或越南入侵老挝呢?尽管尼日利亚谴责这些国家,但并没有断绝与这些国家的外交关系。恢复与以色列的关系不仅将使尼日利亚基督徒更容易访问圣地,而且还将有利于尼日利亚的农业和技术发展。"[34]

到20世纪80年代初,以色列已经准备好抓住机会利用非洲对卡扎菲的失望情绪。国防部部长沙龙主张加强与非洲各地反苏和反卡扎菲政权的战略和军事关系。35 曾在非洲为摩萨德工作的以色列外交部总干事戴维·金奇说服以色列政府重建与非洲的外交关系,并帮助实施了这一政策。

1982年,第一个与以色列恢复关系的国家是扎伊尔(今天的刚果民主共和国)。扎伊尔的独裁者蒙博托·塞塞·塞科早在1963年就曾在以色列接受过短期伞兵训练,尽管1973年扎伊尔断绝了与以色列的外交关系,但他却一直同以色列保持着军事联系。36 蒙博托还认为恢复与以色列的关系将有助于他从美国获取财政援助。阿拉伯国家强烈谴责扎伊尔的决定,但蒙博托轻蔑地回答说,扎伊尔无意跟随"带着鞭子和头巾的奴隶商队"——这显然是指非洲的阿拉伯奴隶贸易。37

继扎伊尔之后,恢复同以色列外交关系的非洲国家分别是1983年利比里亚、1985年科特迪瓦、1986年喀麦隆、1987年多哥、1988年肯尼亚、1989年埃塞俄比亚、1991年赞比亚、1992年尼日利亚、1993年乌干达和厄立特里亚以及1994年坦桑尼亚。就赞比亚而言,同以色列外交关系的恢复不仅受地缘政治影响,政权更迭也是其中的影响因素。赞比亚新任总统弗雷德里克·奇卢巴在当选后主张立即恢复与以色列的外交关系。作为一名虔诚的基督徒,他向以色列驻肯尼亚大使解释说,他相信《创世记》第12章第3节中所述:"我必赐福予那赐福于你的人,我必咒诅予那咒诅于你的人。"他还表达了对非洲宗教激进主义的担忧,以及渴望从以色列的情报和军事专长中获益。38

至于厄立特里亚,同以色列建立关系并非不言自明。它是一个伊斯兰国家。阿拉伯世界支持厄立特里亚脱离埃塞俄比亚,而以色列则站在埃塞俄比亚一边(以色列不希望在红海沿岸再出现一个伊斯兰国家)。尽管如此,1993年,厄立特里亚第一任总统伊萨亚斯·阿费沃尔基在以色列医生救了他的命后,于1993年决定与以色列建立外交关系。39

在1987年加入对比勒陀利亚的制裁运动后,以色列也开始疏远南非。随着1991年苏联的解体,亲苏的非洲国家[如安哥拉、莫桑比克、埃塞俄比亚和刚果(布)]缓和了反以色列论调。1994年南非种族隔离政权结束后,非洲国家不能再以耶路撒冷与比勒陀利亚的关系作为不与以色列恢复关系的借口了。最后,1993年以色列和巴勒斯坦解放组织之间的《奥斯陆协议》以及1994年以色列和约旦之间的和平协定消除了以色列同谨慎的非洲国家(如乌干达和坦桑尼亚)恢复外交关系的最后障碍。

1999年10月,南非总统纳尔逊·曼德拉访问以色列,在那里他遇到了约翰内斯堡犹太律师(半个世纪前给了他第一份全职律师工作)的儿子。曼德拉与反对种族隔离的南非犹太人关系密切,他总是觉得自己受惠于他们。同时,他也记得在种族隔离制度下耶路撒冷和比勒陀利亚之间的特殊关系。在访问以色列期间,曼德拉传达了一种谴责与和解并存的信息:"以色列与种族隔离政权有过密切合作。而我与许多屠杀我们人民的人讲和了。以色列虽与种族隔离政权合作,但却没有参与任何暴行。"

曼德拉在非洲人国民大会的继任者则持不调和态度;南非对以色列采取了愈加敌对的外交政策。随着2000年9月第二次阿拉伯起义的爆发,历届非洲人国民大会政府都站在巴勒斯坦人一边,严厉批评以色列。2001年德班会议之后,南非开始对以色列进行学术抵制。2018年5月,南非召回驻以色列大使,抗议以色列因加沙发射火箭弹而采取的报复行动。

但总的来说,以色列在20世纪80、90年代还是同非洲重建了外交关系。然而,这一外交成就很快就受到了伊朗在非洲大陆影响力的挑战。

与非洲重建交往桥梁：成功与挑战

2008年，当时的伊朗总统马哈茂德·艾哈迈迪内贾德宣布，伊朗有意发展与非洲的外交关系。一年后，他与伊朗外交官和将军一起访问了许多非洲国家，签署了多个商业、外交和国防协议。

如今，伊朗在非洲的影响力依赖刚果、几内亚和塞内加尔等国富有且有影响力的黎巴嫩什叶派侨民，他们给黎巴嫩南部的反以色列什叶派民兵真主党捐款。与此同时，考虑到马里和尼日尔的"圣战"威胁，越来越多的非洲国家开始惧怕伊朗及其伊斯兰盟友。面对邻国索马里反政府武装支持的伊斯兰民兵组织，埃塞俄比亚已成为以色列最亲密的非洲盟友之一，同时它也是以色列国防装备的主要买家。[40]同样面临宗教极端主义的肯尼亚正在加强与以色列的军事联系。据报道，尼日利亚近年来也在以色列的军事装备上花费了大约5亿美元。[41]

2013年1月法国对马里进行军事干预后不久，马里总统表达了对阿拉伯国家的愤怒，尤其是埃及（当时由穆罕默德·穆尔西和穆斯林兄弟会统治），因为这些国家谴责法国，而不是计划占领马里的圣战分子。马里总统表达了非洲大部分国家对伊斯兰影响、圣战威胁和伊朗干预的恐惧心理，这些威胁及干预都是为了推翻非洲大陆的政府。2011年11月，肯尼亚总理和乌干达总统都访问了以色列，讨论合作打击侵入两国的激进主义势力。

2014年9月，"伊斯兰青年党"在内罗毕发动恐怖袭击，再一次提醒人们圣战主义分子给非洲带来的威胁。非洲与日俱增的担忧为以色列打开了一扇机会之窗，以色列可以提供反恐专长，这反过来又促进了以色列军事武器销售量的增长。仅2016

年,以色列对非军售就增长了70%。[42]

发动内罗毕袭击的索马里反政府武装组织青年党于2005年成立。1991年军事统治结束后,索马里没了官方政府和中央机构,国家陷入混乱之中,帮派和民兵互相争夺权力。到2009年,约5000名伊斯兰青年党武装分子控制了索马里南部(包括首都摩加迪沙)。青年党因此成为第一个部分统治伊斯兰国家的基地组织盟友。2011年,索马里过渡联邦政府的军队占领了摩加迪沙,从那以后,青年党失去了过去曾经控制的索马里南部大约三分之二的领土,但是在非洲其他地区,包括内罗毕,青年党仍然非常活跃。

青年党与萨赫勒地区(撒哈拉北部和苏丹大草原南部之间的非洲过渡地带)的伊斯兰马格里布基地组织(AQIM)和尼日利亚的博科圣地合作。伊斯兰马格里布基地组织在马里开展活动,目的是推翻阿尔及利亚政府,建立一个伊斯兰国家。博科圣地(意为"西方教育是罪恶的")的目标是在尼日利亚、喀麦隆和尼日尔确立伊斯兰教法。前美国非洲司令部司令卡特·汉姆将军警告说,青年党、AQIM和博科圣地在非洲各地都在合作。[43]在地理上说,这三个恐怖组织从东非经由马格里布(非洲西北部)延伸到西非。这条"伊斯兰弧"穿越了对非洲和世界经济都具有战略重要性的三个国家:马里是非洲第三大黄金生产国(仅次于南非和加纳);尼日利亚是非洲最大的石油生产国,拥有非洲最大的已探明天然气储量;索马里与国际贸易的一个主要海上通道接壤。

非洲的"伊斯兰弧"符合伊朗的利益。2013年2月,监督索马里武器禁运的联合国观察员报告称,青年党收到来自伊朗和也门的武器。[44]伊朗也是其在非洲的盟友真主党的积极支持者。2013年5月,部分归功于以色列,尼日利亚政府在北部城市卡诺发现了一个真主党组织和武器藏匿处。以色列和尼日利亚之间的合作是以色列打击真主党在西非活动的更广泛行动的一部分。以色列一直在向反对真主党在其领土上活动的西非国家政府提供安全培训和设备。

根据2003年叛逃的伊朗前高级外交官艾贝尔·阿撒迪纳（Abel Assadina）的说法，伊朗正在非洲建立地方权力基地，目的是影响地方政府，诱导它们采取不利于西方利益的行动。早在2010年11月，伊朗外交部部长就曾公开宣布，伊朗的"非洲外联"是首要任务。

在尼日利亚，除真主党和博科圣地外，伊斯兰组织还包括尼日利亚伊斯兰运动（IMN），该组织成立于20世纪80年代初，而且还得到了伊朗的财政和后勤支持。1979年以后，由伊朗伊斯兰共和国训练的来自穆斯林学生协会的尼日利亚学生为了在尼日利亚发动伊朗式的伊斯兰革命，创办了尼日利亚伊斯兰运动。该组织的创始人、同时也是尼日利亚什叶派的现任领导人易卜拉欣·扎克扎齐（Ibrahim Zakzaky）在向支持者发表演讲时，通常会坐在霍梅尼的肖像下。他的演讲带有强烈的反犹主义色彩。

从1997年基地组织对美国驻内罗毕大使馆的恐怖袭击开始，宗教极端主义渗透到非洲的后果便已展现出其致命性。2002年，基地组织在蒙巴萨向以色列游客发动了恐怖袭击。

以色列还协助肯尼亚铲除宗教极端主义。2013年5月，肯尼亚一家法院判定两名伊朗人在肯尼亚策划了针对西方目标的恐怖袭击，以色列调查人员在肯尼亚一座监狱里审问了这两名伊朗被告。以色列还向肯尼亚政府提供了反恐情报。类似的援助将会不断增加，且援助范围不仅仅局限在肯尼亚。

在某种程度上，以色列和伊朗正在非洲打一场代理人战争。在整个非洲大陆，越来越多的国家成为宗教极端主义的受害者，但也并不是所有国家都准备放弃与伊朗做生意的经济利益。

受到多年的外交忽视后，以色列如今在非洲更为积极主动。以色列总理内塔尼亚胡在2015年至2019年四次飞往非洲，宣称"以色列已经回到非洲"。[45] 2019年1月,乍得恢复了与以色列的外交关系(1972年,在卡扎菲施加的压力下,乍得断绝了与以色列的外交关系)。乍得是一个伊斯兰国家,与利比亚和苏丹有共同的国家边界,在这两个政府功能失调的国家,圣战分子为所欲为。如今,乍得视利比亚为威胁,将以色列视为打击圣战主义和边境渗透的伙伴。近年来,由于与苏丹和与摩洛哥在2020年达成了正常化协议,以色列与非洲的关系有所拓展。以色列还与有分离主义倾向的地区索马里兰(索马里境内)和昔兰尼加(利比亚境内)保持着非官方但享有特权的关系。

小结

以色列直到1956年苏伊士战争后才得以进入红海地区,不久之后,独立的非洲国家开始摆脱欧洲殖民主义。由于在经济发展和国家建设方面取得的成就,以色列在非洲广受欢迎(而非洲人却把阿拉伯人与阿拉伯奴隶贸易的始作俑者联系在一起),迅速与非洲新兴国家建立了外交关系。20世纪60年代,以色列在整个非洲发展了强大的外交和经济影响力,但由于沙特阿拉伯和利比亚的经济吸引,以及使一些非洲国家成为苏联盟友的政变频发,这种趋势在70年代遭到破坏。

1973年赎罪日战争后,几乎所有非洲国家都与以色列断绝了外交关系,但他们并没有获得预期的好处。1979年埃及与以色列签署和平协议后,非洲国家失去了他们不与以色列恢复关系的官方借口。两国关系在20世纪80年代逐步恢复。如今,伊朗试图破坏以色列与非洲国家的关系。另一方面,宗教极端主义在撒哈拉以南非洲的威胁使以色列成为非洲国家不可或缺的盟友。

18. 拉丁美洲困局

> 索摩查是个混蛋,但却是忠诚于我们的混蛋。
>
> ——富兰克林·罗斯福

从纳粹藏身之处获得外交救赎

与非洲不同,拉丁美洲在 20 世纪中期就已经独立。此外,组成联合国巴勒斯坦特别委员会的 11 个国家中有 3 个是拉丁美洲国家:危地马拉(以豪尔赫·加西亚·格拉纳多斯为代表)、秘鲁(以阿图罗·加西亚·萨拉扎为代表)和乌拉圭(以恩里克·罗德里格斯·法布雷加特为代表)。在犹太代办处试图为 1947 年联合国分治计划争取外交支持时,拉丁美洲成为犹太复国主义外交的焦点。

支持犹太复国主义的豪尔赫·加西亚·格拉纳多斯坚持与梅纳赫姆·贝京会面。二人曾在秘密地点会面两次。这让英国当局深感恐惧和不安(贝京是"通缉"名单上的头号人物)。格拉纳多斯和法布雷加特均提议将巴勒斯坦分治为一个犹太国家和一个阿拉伯国家。格拉纳多斯在联合国宣称:"两千多年来,无辜弱小的犹太民族遭受了太多侵略、迫害,建立犹太国是对它的一种补偿。"[1] 然而,萨拉扎(秘鲁驻梵蒂冈大使)坚持耶路撒冷国际化。

分治投票时联合国大会主席是来自巴西的奥斯瓦尔多·阿拉尼亚(Oswaldo Aranha)。同格拉纳多斯一样,阿拉尼亚也非常同情犹太复国主义。投票原定于1947年11月27日举行,但随着日期临近,显然大多数人并不赞成分治。需要更多的时间来争取支持,特别是在拉丁美洲国家那里争取支持。阿拉尼亚想出了一个挽救局面的办法:他提醒与会代表,11月28日是感恩节,让美国工作人员留在联合国是不公平的,他建议将最后的审议和投票推迟到感恩节之后。他的提议被接受了,这额外的48小时让犹太代办处在联合国代表团中争取到了更多的支持。

11月29日,联合国大会就分治问题进行投票时,拉美国家的支持果然起到了至关重要的作用。其中,33个国家投了赞成票,13个国家投了反对票,10个国家弃权。在33张赞成票中,有13张,相当于40%均来自拉丁美洲。此外,1948年承认以色列的22个国家中,有一半是拉丁美洲国家。1949年5月,20个拉丁美洲国家中有18个投票赞成接纳以色列为联合国成员国。

如何解释拉丁美洲对分治计划的决定性支持呢?这并不是迫于美国的压力,因为华盛顿对分治是持反对态度的(见第14章)。1948年2月,美国国务卿马歇尔要求新成立的美洲国家组织(为促进南北美洲大陆国家之间的合作而设立的跨区域组织)放弃分治原则,转而支持美国提出的在巴勒斯坦建立托管政权的建议。[2]同样,这次投票也不能被理解为拉丁美洲一些强大的犹太人团体游说的结果。大多数投赞成票的国家都不是民主国家,因此不会受到选举集团的压力和影响。事实上,大多数投票赞成分治的拉美国家都只有规模很小或无足轻重的犹太社区。当时拉丁美洲最大的犹太社区在阿根廷、墨西哥、巴西和智利等国家,这些国家都在投票时投了弃权票。

真正使天平向以色列倾斜的是犹太代办处的大力游说。与大国不同,拉丁美洲国家在中东没有战略利益,在投票中赞成分治不会有太多损失;同时,也不同于印度等国家,不需要担心大批穆斯林少数民族可能爆发骚乱。最后,拉美国家倾向于建立一个独立的犹太国家,因为他们并不愿接纳大屠杀幸存难民。

尽管在联合国得到了广泛支持,但由于纳粹战犯多在拉丁美洲藏身,以色列和拉丁美洲的关系蒙上了阴影。阿根廷总统胡安·庇隆(Juan Perón)对德国采取了"友好中立"的政策,同时帮助纳粹逃亡战犯。在梵蒂冈、阿根廷天主教会和瑞士政府的帮助下,庇隆积极为纳粹战犯提供掩护,使他们在战后过上了富足、安全的生活。[3] 1946年,海因里希·希姆莱(Heinrich Himmler)特勤处的特工们计划逃跑路线时,将总部设在布宜诺斯艾利斯的总统府。藏匿在拉丁美洲的纳粹战犯包括阿道夫·艾希曼(Adolf Eichmann,藏身于阿根廷)、克劳斯·巴比(Klaus Barbie,藏身于玻利维亚)和约瑟夫·门格勒(Joseph Mengele,先后藏于阿根廷、巴拉圭和巴西)。

1960年5月,阿道夫·艾希曼被摩萨德抓获,引发以色列和阿根廷之间的外交危机。阿根廷政府强烈抗议以色列对其主权的侵犯,要求将艾希曼送回阿根廷,并起诉逮捕他的人。[4] 以色列提醒阿根廷,艾希曼是用伪造的文件非法入境,阿根廷驻联合国大使则回应说,许多大屠杀中幸存的犹太人也是这样做的。[5]

如果阿根廷被要求引渡艾希曼,它是不会照做的。此前阿根廷政府已经拒绝了西德引渡前纳粹罪犯约瑟夫·门格勒和卡尔·克林杰弗斯(Karl Klingenfuss,德国前外交部官员,犹太人大屠杀的始作俑者之一)的要求。此外,阿根廷法律规定,与第二次世界大战有关的所有罪行在战争结束15年后都不能再受到审判。换句话说,1960年5月7日之后,阿根廷不可能合法引渡艾希曼。[6] 其他纳粹分子在阿根廷安享晚年。埃里希·普瑞布克(Erich Priebke)是一名纳粹党卫军指挥官,他参加了1944年3月在罗马的大屠杀,但从未接受审判。他在2013年10月以100岁高龄去世。多年来,他在阿根廷滑雪胜地巴里洛切经营一家熟食店,约瑟夫·门格勒就是在那里参加的驾照考试。这家熟食店据说是镇上最好的,顾客们都称它为"纳粹熟食店"。[7]

国际孤立的道德风险

1947年,大多数拉丁美洲国家投票赞成分治,但自20世纪60年代以后,他们在联合国的投票模式转而对以色列不利。1964年,一个由第三世界国家组成的投票集团("77国集团")在联合国大会成立,拉丁美洲国家是这个集团的一部分,由于联合国大会的政治交易惯例,该集团深受阿拉伯和伊斯兰成员国的影响:支持与它们没有利害关系或利害关系不大的决议,基于这样一种理解,即它们将来在需要时集团其他成员会给它们投票。对以色列来说,在外交上已经"失去"了拉丁美洲。但因为其石油储量,拉丁美洲在经济上仍然很重要。

然而,1973年赎罪日战争之后,拉丁美洲与以色列再次有了外交往来。当时在国际上,以色列受到孤立:大多数非洲国家与以色列断绝了外交关系,中国和印度未与以色列建立外交关系,西欧和日本也开始公开批评以色列。因此,拉丁美洲成为以色列在第三世界生存的最后堡垒。为了摆脱孤立,以色列在不提出太多问题的情况下,与任何感兴趣的国家谋求共同利益。就拉丁美洲而言,这意味着向阿根廷和智利等反苏联及道德上有问题的政权出售武器,并坚持"我们的混蛋"政策,支持反共产主义的独裁者。[8]这对以色列来说是一个改变,以色列直到20世纪70年代才成为武器供应国。过去,以色列一直从拉丁美洲国家购买武器(例如,1948年4月,尼加拉瓜向哈加纳交付了购买的武器)。[9]

在所有拉丁美洲国家中,只有古巴和圭亚那在赎罪日战争后与以色列断交。除了1959年后的古巴和1979年后的尼加拉瓜,拉丁美洲大多数国家在冷战期间并未加入社会主义阵营(圭亚那由一个社会主义政党统治,但不是共产主义国家)。美国急于防止共产主义的"多米诺骨牌效应"波及自家后院。1970年,社会主义者萨尔瓦多·阿连德(Salvador Allende)当选智利总统,后被美国中央情报局除掉。与此同时,美国向拉丁美洲的反共产主义独裁者主要以全权委托的方式出售军事武器。拉美领导人知道,他们可以指望美国不惜一切代价将共产党人拒之门外。

这一政策在吉米·卡特(1977—1981)总统任期内临时有所改变,虽时间不长,但为以色列打开了出售武器的大门。卡特不再给拉丁美洲的反共产主义独裁者们免费通行证,并要求他们首先清理他们的人权记录。1977年,他否决了向阿根廷提供贷款以购买美国武器的提案。卡特执政期间,美国在拉美军事进口中的份额从70%下降到20%。[10]以色列填补了美国暂时留下的空缺,成为阿根廷、厄瓜多尔、危地马拉和洪都拉斯等大多数拉美国家主要的武器供应国。[11]据报道,1980年,萨尔瓦多80%的军事装备均由以色列提供。[12]

除了1979年桑地诺革命后的尼加拉瓜,所有中美洲国家都从以色列购买武器。这是一种双赢的关系,因为拉美需要以色列的武器,以色列需要拉美的石油。特别是在1979年伊朗革命后,伊朗不再是以色列的主要石油供应国,且1982年西奈半岛最终归还埃及(西奈的阿布鲁代斯有油田),以色列转向委内瑞拉、墨西哥、巴西和厄瓜多尔等石油出口国寻求有价值的替代能源。[13]

以色列和拉丁美洲联系日趋紧密的同时,其共同的敌人,包括反政府游击队、巴解组织和反西方的阿拉伯领导人关系也愈加紧密。例如,尼加拉瓜的桑地诺解放阵线自1969年以来一直与巴解组织合作,并得到利比亚独裁者卡扎菲的军事和财政支持。相反,以色列曾暗中支持被罢黜的尼加拉瓜独裁者索莫扎,后来又与反桑地诺"反叛军"合作。以色列与中美洲国家关系变得非常密切,因此大多数中美洲国家对1975年联合国将犹太复国主义定义为种族主义的决议投了反对票,也没有谴责以色列在1982年入侵黎巴嫩。直到1980年,16个国家在西耶路撒冷设有大使馆,其中11个是拉丁美洲国家。[14]1980年,这16个国家中只有2个(哥斯达黎加和萨尔瓦多)没有把他们的大使馆从耶路撒冷迁到特拉维夫,其他14个国家以此抗议以色列宣布耶路撒冷为以色列"永恒首都"的新法律。

20世纪80年代早期,拉丁美洲购买了以色列三分之一到一半的出口武器。[15]众所周知,以色列的拉丁美洲客户有侵犯人权的不良名声,阿根廷军政府更是可怕,因此,以色列将武器销售给布宜诺斯艾利斯招致了很多批评和愤慨。1976年至1983年,以色列向布宜诺斯艾利斯销售武器,在此期间,犹太人(和其他阿根廷同胞一样)遭到压迫。据估计,从1976年到1981年,以色列提供了阿根廷军事武器进口份额的13%(在此期间最大的供应国是西德、美国和法国)。[16]1982年马岛战争期间,以色列继续向阿根廷出售武器。[17]此外,以色列无视北约对阿根廷的禁运条约,向阿根廷提供了先进的导弹系统,并帮助阿根廷空军维持打击能力。[18]

一些以色列政治家和评论家对以色列在拉丁美洲的外交政策表示不满,这一政策无疑将现实政治推向了极限。然而,即使是自由派的阿巴·埃班也承认,在外交孤立的艰难岁月里,以色列别无选择。他表示,"很多年的时间里,以色列非常渴望友谊,热切期望在全世界任何地方寻找友谊。但如果把接受以色列的社会理想作为友谊的条件,我们甚至不可能在世界外交中维持一个有限的立足之地"。[19]

就其本身而言,伊莎贝尔·庇隆(Isabel Perón)执政期间,反犹主义上升为暴力活动,所以阿根廷的犹太社区很乐于看到伊莎贝尔·庇隆政府被推翻。[20]在随后的军政府执政时期,阿根廷犹太人被允许移民到以色列（尽管很少有人这样做），1976年关闭了纳粹出版商"军事"（Milicia），1977年反犹周刊《卡比尔多》（Cabildo）被停刊。[21]军政府斗争的焦点不是犹太人，而是游击队。另一方面，在"肮脏战争"（军政府对疑似马克思主义分子的系统性消灭）估计的3万名受害者中，犹太人约占10％，尽管犹太人只占阿根廷总人口的1％。[22]此外，军政府逮捕并拷打了左派《舆论报》（La Opinion）的编辑哈科沃·蒂梅尔曼。以色列外交部长摩西·达扬向军政府表示，如果释放蒂梅尔曼，以色列将不会公开批评阿根廷，并将继续向阿根廷空军提供包括战斗机在内的军事装备。阿根廷独裁者豪尔赫·拉斐尔·魏地拉（Jorge Rafael Videl）拒绝了这一提议，以色列继续要求释放蒂梅尔曼，最终，1979年，蒂梅尔曼被释放。[23]此外，以色列驻布宜诺斯艾利斯大使馆有计划地释放那些被军政府任意逮捕的阿根廷犹太人。[24]以色列与军政府的军事关系一直受人诟病，但这确实给了以色列筹码，缓解了阿根廷犹太人的困境。

20世纪80和90年代，随着许多拉丁美洲国家的民主化，以色列在拉丁美洲的"军售外交"不再是道德困境。随着冷战的结束，以色列在国际上的孤立状态被打破，拉丁美洲的必要性也有所降低。

伊朗影响的阴影

1994年7月18日，布宜诺斯艾利斯的犹太社区中心遭到轰炸，85人死亡。2006年10月，有消息透露，是伊朗下令真主党实施了这次轰炸行动。2013年6月，阿根廷特别检察官阿尔贝托·尼斯曼发布了一份长达500页的报告，称伊朗一直在阿根廷建立情报网，达30年之久。尼斯曼的报告披露，伊朗官员一直通过真主党在拉美开展情报活动。尼斯曼于2015年1月被发现死亡。2017年12月，阿根廷法院裁定尼斯曼系遭人谋杀。一名阿根廷法官呼吁逮捕前总统克里斯蒂娜·费尔南德斯·基什内尔（Cristina Fernandez Kirchner），罪名是掩盖伊朗参与犹太社区中心爆炸案。[25]

真主党在20世纪80年代中期开始渗透到拉丁美洲，在三边地区（TBA）建立了第一个主要据点，这是阿根廷、巴西和巴拉圭边境上的"灰色地带"。在西班牙语中被称为"la triple frontera"的三边地区是一个大型什叶派黎巴嫩商人社区，他们在20世纪50年代定居于此。1965年连接巴拉圭和巴西的友谊桥和1984年伊泰普大坝的建设促进了该地区的经济发展，巴拉圭独裁者阿尔弗雷多·斯特罗斯纳（Alfredo Strossner）鼓励更多的黎巴嫩人移民，以推动该地经济发展。之后什叶派黎巴嫩人在伊朗伊斯兰共和国的支持下，充当了真主党渗透到拉丁美洲大陆的渠道。时至今日，巴拉圭、巴西和阿根廷仍有大量阿拉伯侨民，他们大多已融入拉丁美洲的生活和文化，而三边地区的阿拉伯居民与黎巴嫩和真主党保持着密切联系。三边地区的什叶派清真寺隶属于真主党，巴西一侧的什叶派学校由真主党管理。[26]三边地区与真主党既有财政上的，也有后勤上的联系。1994年伊朗下令轰炸犹太社区中心时，三边地区的真主党特工提供了后勤支援。[27]

如今，真主党开始在其位于南美腹地深处的基地经营非法企业——洗钱、制假、盗版和贩毒，为他们在中东和其他地区的活动提供资金。三边地区是真主党最重要的独立资金来源地。2004年海军战争学院的一项研究表明，真主党在三边地区的活动每年能带来大约1000万美元的收入。兰德公司2009年的一份报告称，真主党在该地区每年净赚大约2000万美元。[28]

与此同时，真主党在拉丁美洲的势力不断扩张，其经济能力及在该地区的活动部署都通过伊朗的外交和情报机构，及商业和投资的迅速扩张得以实现。伊朗与委内瑞拉、玻利维亚、厄瓜多尔和尼加拉瓜加强经济联系的同时,这些拉美国家也逐渐疏远以色列。2009年,委内瑞拉与以色列断绝外交关系;2010年,尼加拉瓜和玻利维亚也和以色列断绝了外交关系;厄瓜多尔在2010年召回了驻以色列大使。

2017年12月,美国杂志《政客》(Politico)报道称,奥巴马政府在缉毒机构打击来自拉丁美洲的真主党的贩毒活动之前,设置了"一系列越来越难以逾越的障碍",以免破坏2015年与伊朗达成的核协议。[29] 2018年1月,美国司法部部长杰夫·塞申斯(Jeff Sessions)下令对奥巴马政府司法部做出的决定进行审查,并成立了一个跨部门工作组,以监控和打击真主党在南美的活动。[30]

因担心伊朗和真主党发起恐怖活动,拉丁美洲各国政府一直在加强与以色列的合作。墨西哥在本国领土上打击真主党。哥伦比亚长期以来一直在打击哥伦比亚革命武装力量(FARC),这是一个与真主党和伊朗都有密切联系的极端组织。随着保守派的毛里西奥·马克里(Mauricio Macri)在2015年当选阿根廷总统,阿根廷改变了克里斯蒂娜的亲伊朗政策。2017年9月,以色列总理内塔尼亚胡访问了阿根廷、墨西哥和哥伦比亚这三个拉美国家,这并非巧合,这是以色列政府首脑首次对拉美进行正式访问。

2018年10月,雅伊尔·博尔索纳罗(Jair Bolsonaro)当选巴西总统,巴西也成为以色列的盟友。2019年1月,博尔索纳罗宣誓就职,本杰明·内塔尼亚胡出席了就职典礼,他是第一位正式访问巴西的以色列总理。不同于巴西前任总统(与伊朗政权关系密切,对真主党在巴西的存在视而不见),他宣布有意孤立伊朗,打击真主党在三边地区的活动。然而,博尔索纳罗也是一个令人尴尬的盟友,因为他赞扬巴西过去的军事政权,发表贬低少数民族的言论,钦佩唐纳德·特朗普,并与普京关系密切。回顾过去,罗斯福关于索摩查的杜撰也反映出以色列与拉美洲的关系。

小结

1947年，大多数拉丁美洲国家投票支持巴勒斯坦分治，这在一定程度上归功于犹太代办处的外交活动。拉丁美洲国家在中东没有既得利益，他们不想分担大屠杀后犹太难民问题的负担。尽管如此，以色列与阿根廷和其他拉美国家的关系仍因其官方发放给纳粹战犯签证而蒙上了阴影。在20世纪70和80年代，受拉丁美洲共产主义势力的影响，加上以色列的国际孤立，一轮新的协同效应形成了：以色列卖武器给拉丁美洲（尤其是卡特政府时期，美国因这些国家侵犯人权而拒绝向它们出售武器），拉丁美洲卖石油给以色列（1979年伊朗伊斯兰革命和西奈半岛重新"割让"给埃及之后，以色列失去了两个主要的石油来源）。世界各地的批判者及以色列的知识分子均谴责以色列对拉丁美洲的现实主义政治政策并不道德。

今天，以色列与拉美国家的关系在很大程度上受到它们在伊朗问题上立场的影响。与伊朗关系密切的国家（如委内瑞拉）与以色列为敌，但与伊朗和真主党的影响作斗争的国家（如2015年后的阿根廷和2019年后的巴西）则与以色列关系密切。

19. 联合国传奇

> 在纳粹暴政最终被消灭之后,他们(美国和英国)希望实现和平,让所有国家在国境内安然自存,并保障所有国家的所有人在没有恐惧和匮乏的自由中安度一生。
>
> ——1941年8月14日《大西洋宪章》

从庆祝到惩戒

1945年,联合国由对抗纳粹德国和日本帝国的反法西斯同盟国建立,最初对以色列有利,不仅因为巴勒斯坦犹太人参加了促成联合国成立的战争(如第7章所述,1944年,一支由巴勒斯坦犹太人组成的犹太旅在英国领导下在意大利北部作战),而且联合国在以色列的诞生中发挥了作用(尽管如第9章所述,联合国并没有建立以色列)。1947年,在联合国大会上,多数成员国投票赞成分治(33票赞成,13票反对,10票弃权)。联合国安理会五个常任理事国中,美国、苏联和法国投了赞成票;英国和中国弃权。1949年5月,以色列成为联合国成员国,并在联合国升起了自己的旗帜。当时,以色列外交部部长摩西·夏里特宣布,犹太人终于在世界各国中获得了自由和平等。以色列人看着位于曼哈顿第一大道联合国大楼对面的以赛亚墙(宣告犹太人把剑变成犁头的理想),并为自己是联合国的一员而怡然自得。

然而，风水轮流转。从理论上说，联合国是一个致力于普遍原则和崇高理想的世界机构，但实际上，它一直是一个有自身利益取向的主权国家组织。与任何其他议会的运作一样，联合国大会做出的决定由推动各自议程的投票集团建立的联盟做出。联合国的投票模式必然会随着各成员国不断变化的利益而变化。

以色列独立后，联合国经历了很多变化，包括安理会和联合国大会。第一次变化发生在安理会。苏联1947年至1948年一直支持以色列，但随着朝鲜战争爆发，苏联对以色列的态度转为敌对（见第15章）。20世纪50年代，法国是以色列的盟友，但在阿尔及利亚战争（1954—1962）之后，两国关系急转直下，并在1967年的六日战争后相互对抗（见第13章）。1973年赎罪日战争后，英国对以色列进行了猛烈的抨击。20世纪60年代中期，美国成为以色列的盟友，在安理会一直是以色列唯一也是最后的支持国。

以色列不仅在安理会失去了支持，在联合国大会也同样如此。1947年，联合国有51个成员国，其中只有6个是阿拉伯国家。（相比之下，今天的联合国有193个成员国，其中57个属于伊斯兰合作组织，22个属于阿拉伯联盟。）非殖民化给联合国带来了新的成员国，其中许多是伊斯兰国家：印度尼西亚1950年加入联合国，约旦和利比亚1955年，摩洛哥和突尼斯1956年，马来西亚1957年，阿尔及利亚1962年，科威特1963年，北也门1967年，巴林、卡塔尔和阿拉伯联合酋长国均在1971年加入联合国。到20世纪70年代初，联合国有120个会员国，其中16个阿拉伯国家，6个伊斯兰国家，37个来自非洲和亚洲。联合国大会上的阿拉伯和伊斯兰集团很快与1953年开始推行亲阿拉伯外交政策的苏联联合起来。这个投票集团还包括中国、印度、拉丁美洲，1973年后还包括非洲。

联合国与阿以冲突

1973年赎罪日战争后,阿拉伯和伊斯兰国家集团与第三世界和共产主义国家在联合国占了多数席位,从而利用联合国大会的"自动多数"来孤立以色列。"77国集团"是由发展中国家和不结盟国家于1964年组成的联盟(现包括联合国三分之二的成员国),通常会支持阿拉伯和伊斯兰国家集团提出的政治决议。随着1973年越南战争的结束,苏联需要一个新的重要关注点来团结第三世界,它选择了"巴勒斯坦事业"作为一个目标,通过联合国大会进行宣传。[1]因此,赎罪日战争后,苏联全力支持巴解组织。在冷战的全球地缘政治较量中,苏联巧妙利用了第三世界国家的反西方情绪,通过了针对美国及其盟国的联大决议。因此,针对以色列的决议成倍增长,并在1975年达到顶峰,当年的决议将犹太复国主义定义为种族主义的一种形式(见下文)。阿巴·埃班曾打趣说,如果阿拉伯世界想通过一项联合国大会决议,宣布地球是平的,必然会得到"自动多数"的支持。

自从联合国大会选出了安理会的10个非常任理事国和轮值理事国以来,联合国大会的新组成对安理会产生了影响。到20世纪70年代,联合国大会的投票方式开始影响安理会的投票方式。例如,由于缺乏多数优势,安理会从未谴责巴解组织在20世纪70年代实施的恐怖主义袭击,包括:1970年在以色列北部城镇阿维维姆杀害以色列儿童的恐怖袭击;1972年在慕尼黑杀害以色列运动员;1974年,在马阿拉特杀害以色列儿童;1979年,在纳哈里亚海滩当着孩子父亲的面杀害了一名两岁的小女孩;以及1980年,杀害米斯加夫·阿姆基布兹的孩子们。1981年,安理会谴责以色列吞并戈兰高地,但对苏联入侵阿富汗、越南入侵柬埔寨、伊拉克入侵伊朗、利比亚入侵乍得,以及同年苏联支持的波兰政府对要求独立的索里达诺运动的暴力镇压只字未提。1982年,安理会谴责以色列入侵黎巴嫩,但没有谴责引发入侵的炮击,也没有谴责叙利亚6年前入侵黎巴嫩。的确,20世纪80年代,安理会花在谴责以色列的时间比处理世界上所有冲突的时间还多。[2] 国际法学者利奥·格罗斯(Leo Gross)当时评价这种双重标准时说:"联合国成员国现在似乎只在某些情况下诉诸道德义愤,这剥夺了义愤的道德基础。"[3]

然而,在联合国大会上,"自动多数"产生了最令人不安的结果。1974年11月13日,在巴解组织对以色列平民发动袭击最严重的时候,巴解组织领导人阿拉法特应邀在联合国大会发表讲话,他还受到联合国秘书长(前德国国防军情报官员)库尔特·瓦尔德海姆(Kurt Waldheim)的热烈欢迎。阿拉法特在讲话中说,1947年联合国的分治计划是无效的,应该废除以色列国,代之以一个纯粹的阿拉伯国家,只有在19世纪末以前生活在巴勒斯坦的犹太人才可以留在这个国家[尽管当时没有巴勒斯坦,只有被称为"桑贾克斯(Sanjaks)"的奥斯曼帝国的一个行省]。这是第一次有发言者在大会讲台上呼吁消灭一个联合国成员国,阿拉法特受到全体起立鼓掌的待遇。在评论这一幕时,阿巴·埃班写道:"我们有一种感觉,这个世界属于我们的敌人。"[4]

一年后,1975年11月10日,联合国大会通过了一项决议,将犹太复国主义定义为一种种族主义。以色列驻联合国大使哈伊姆·赫尔佐格称,这次投票是二战以来针对犹太人的首次国际攻击。赫尔佐格指出,这是一个可悲的巧合,11月10日也是"水晶之夜"——1938年德国对其犹太公民进行的大规模大屠杀——的周年纪念日。"我不是作为一个乞求者站在这里的,"赫尔佐格在投票前对大会的其他成员说:"请凭着你们的道德良知投票。因为这个问题既不是关于以色列也不是关于犹太复国主义的,而是关于这个组织(联合国)是否应该继续存在,这个组织已经被一个暴君和种族主义者的联盟拖到其信誉的最低点。"

演讲结束时,赫尔佐格在大会前撕毁了决议。这一举动具有象征意义:哈伊姆·赫尔佐格的父亲伊扎克·赫尔佐格拉比(第一位阿什肯纳兹犹太人首席拉比)公开撕毁了1939年的白皮书(由英国政府发布,旨在限制犹太人移民和购买土地)。美国驻联合国大使丹尼尔·帕特里克·莫伊尼汉也发表了演讲,他问道:"当全世界的人们被告知种族主义是一个包括犹太民族解放运动在内的广泛理念时,他们会如何看待种族主义,以及与之斗争的必要性?"随后,他宣布美国"不承认、不遵守、绝不默许这一臭名昭著的行为"。

除了将犹太复国主义等同于种族主义的决议之外,联合国大会还在同一天设立了"巴勒斯坦人民行使不可剥夺权利委员会"。委员会最初的决定之一是支持《巴解宪章》(1976年批准),该宪章否认以色列存在的权利,并要求由一个纯粹的阿拉伯国家取代以色列。此外,1977年,联合国大会还设立了一个"巴勒斯坦权利特别小组",在联合国宣传巴解组织的信息。

所有这些新机构都要花钱,但时至今日,联合国近四分之一的资金来自美国,这个国家反对由苏联支持的巴解组织将联合国政治化。会员国根据其国内生产总值的大小按比例向联合国预算缴纳会费。在20世纪70、80年代,在阿拉伯国家对联合国进行政治影响的最鼎盛时期,这些国家对联合国预算的贡献微乎其微,而美国却贡献了联合国预算的25%(现在为联合国预算提供了22%)。[5] 换句话说,美国资助了一个亲苏联的机构,用来对付其最亲密的盟友之一以色列(也用来对付自己)。

"自动多数"也影响到大会各委员会的组成和议程。其中最突出的是人权委员会,法国法律学者勒内·卡森(René Cassin)于1946年主张成立该委员会,其首任主席是埃莉诺·罗斯福(Eleanor Roosevelt)。57年后的2003年,该委员会由利比亚穆阿迈尔·卡扎菲担任主席。从20世纪70年代中期开始,人权委员会就一再谴责以色列修建定居点,但却对1988年伊拉克独裁者萨达姆·侯赛因用毒气杀害库尔德人一事置之不理。

以色列被排除在区域投票集团之外，这加剧了它在联合国的被孤立。最初，为了联合国机构（如安理会、大会各委员会和国际法院）的公平代表权，联合国成员国被非正式地分为若干区域，但在1966年，区域集团进行了重组，以反映非殖民化导致的新成员国数量激增的情况。[6] 所有中东国家都属于亚洲集团，除了土耳其（它属于西方集团，即"西欧和其他国家集团"，或称WEOG）和以色列。由于阿拉伯国家的否决权，以色列被排除在亚洲集团之外，但它也没有被西方集团接受，该集团的成员国认为以色列应该向亚洲集团提出申请。这种排斥一直持续到2000年，阻止了以色列当选为联合国各机构的成员，包括安理会、国际法院和联合国大会各委员会等。2000年，经过多年的游说，以色列被临时接纳为西方集团成员国。其成员资格于2004年转为纽约联合国各机构（如安理会）的正式会员，2013年转为日内瓦联合国机构（如人权理事会）的正式会员。

联合国的"自动多数"对难民问题产生了特别负面的影响——这是阿以冲突的痛点。1948年以色列独立后，约有70万（58万至76万）英属巴勒斯坦的阿拉伯人逃离，约90万犹太人被驱逐出阿拉伯和伊斯兰国家。这种双重难民问题是一个更广泛的世界现象的一部分。自第一次世界大战结束以来，种族冲突往往使大量难民和流离失所者出现。1919年，希腊和保加利亚同意结束边境冲突，将4.6万名少数民族希腊人从保加利亚转移到希腊，又将9.6万名少数民族保加利亚人从希腊转移到保加利亚。1923年，希腊与土耳其达成了类似的协议，迫使120万希腊族人从土耳其迁往希腊，60万土耳其人从希腊迁往土耳其。第二次世界大战后，1200万德国人被驱逐出被波兰吞并的东德领土，以及捷克斯洛伐克和匈牙利等中欧国家。100万波兰人被驱逐出乌克兰和白俄罗斯，约30万意大利人被迫离开南斯拉夫。1947年印度次大陆分裂后，印度和巴基斯坦之间约有1500万难民和流离失所者；1971年,东巴基斯坦和西巴基斯坦的分裂使这些可怕的数字又增加了大约1000万。

然而,唯一拥有联合国专门机构的是巴勒斯坦难民,即联合国近东巴勒斯坦难民救济和工程处(UNRWA,简称"近东救济工程处")。相比之下,联合国难民事务高级专员公署(UNHCR,简称"联合国难民署")负责除巴勒斯坦难民以外的全世界所有难民。

近东救济工程处成立于1949年12月,当时难民署尚不存在。难民署成立后,近东救济工程处并没有被废除。这两个机构也一直未合并,是因为阿拉伯国家拒绝合并英属巴勒斯坦的阿拉伯难民。早在1948年12月,联合国大会第194号决议就设立了巴勒斯坦冲突调解委员会。1949年8月,调解委员会成立了自己的中东经济小组委员会,由美国田纳西流域管理局前局长戈登·克拉普担任主席。在以新身份访问中东地区后,克拉普得出结论:将70万阿拉伯难民遣返以色列是不现实的,也是不切实际的,他建议他们融入当时所在的国家,因为他们的种族、语言和宗教信仰都是一样的。随后,他决定为难民设立一个特别基金。阿拉伯国家的政府愿意接受这笔钱来帮助他们当中的难民,但不愿意让他们融入当地社会。克拉普决定继续推进,他认为随着时间的推移,阿拉伯国家政府迟早会把来自前英国托管区的难民融合在一起。他还发起成立了一个机构,负责分配和管理联合国对难民的援助。这个机构本来是临时的,只维持几年。然而,阿拉伯各国政府同意设立该机构的条件是,由联合国大会决定其任期的可续期。克拉普同意了,于是成立了新的机构——联合国近东救济工程处。联合国大会将把该机构的任期延长至七十年。

与近东救济工程处不同,联合国难民署是1950年12月成立的一个常设机构。难民署成立后,阿拉伯国家政府阻止了这两个组织的合并,正是因为难民署寻求"永久或持久的解决办法"来解决难民的困境,包括"当地融合"(难民在法律上、经济上和社会上融入东道国,利用东道国政府的国家保护)和"重新安置"(选择难民并将他们从避难国转移到第三国,第三国同意接纳他们为具有永久居留权的难民)。[7] 联合国难民署解释说:"当地融合是制定解决难民问题综合战略的一个重要方面,特别是那些旷日持久的问题……总体而言,与当地社区的种族、文化或语言联系可以增加成功融入当地社会的机会。"[8] 近东救济工程处则不适用这一原则。

从来没有其他难民能够享受这种特殊待遇,而且联合国也没有建立这样一个长期存在的独立难民机构的先例。唯一可比的案例是联合国朝鲜重建机构(UNKRA),该机构的成立是为了解救朝鲜战争(1950—1953)中的难民和流离失所者。然而,联合国朝鲜重建机构在完成任务后即于1958年解散。当美国政府推动解散该机构时,建议也解散近东救济工程处。然而,当时阿拉伯和伊斯兰国家在联合国大会已经拥有了一个庞大的投票集团,使它们能够阻止解散近东救济工程处。

近东救济工程处还制定了自己的规则,人为地增加巴勒斯坦难民的人数。1954年,近东救济工程处决定记录难民营内所有的出生情况,以便向难民儿童发放援助。从那时起,近东救济工程处有计划地赋予难民后代难民身份——这种做法既不符合联合国第194号决议(该决议推动了该机构的设立),也不符合联合国难民署的做法。第194号决议提到的是1948年的难民本身,而不是他们的后代。就难民署而言,它只是在核实难民的实际身份,例如确保他们没有获得某一国家的公民身份之后,才将难民身份转让给他们的后代。难民署还有一项"停止条款",适用于"难民身份停止的情况,一般是因为难民找到了持久的解决办法,或因为导致难民离开原籍国的事件已不复存在"。[9] 因此,难民专员办事处的记录中没有七十年来一直被定义为难民的人;难民署记录最长的难民是20世纪80年代初的阿富汗难民。

1947年，英属巴勒斯坦约有130万阿拉伯人。其中只有25万人（约占20%）离开英国托管地边界，前往邻近的阿拉伯国家。根据《联合国难民公约》（1951年）的标准和定义，剩下的45万人离开了他们的村庄，留在了英属巴勒斯坦边界内，1949年停战协议签订后，这些地方成为约旦河西岸和加沙地带，因此，根据1951年联合国难民公约的标准和定义，他们被认为是"国内流离失所者"。在联合国近东救济工程处定义的540万巴勒斯坦难民中，大约有220万人生活在约旦河西岸和加沙地带，但是联合国难民署并不把这些国内流离失所的人算作难民。

近东救济工程处单独计算的另外220万难民是1950年以后在西岸定居并获得约旦国籍的国内流离失所者及其后代。但是，难民署不承认他们是难民，因为他们是约旦公民（至少在1988年，约旦放弃了对西岸的主权要求之前）。

因此，在近东救济工程处登记的540万巴勒斯坦"难民"中，按照难民署的标准，有440万人并不是难民。

简而言之，由于其独立的地位、定义和做法，近东救济工程处造成了一种错误的印象，即有500万巴勒斯坦难民。事实上，1948年大约有25万巴勒斯坦难民和45万巴勒斯坦国内流离失所者。将难民地位移交给国内流离失所者的后代和获得公民身份者的后代，大大提高了难民署统计的难民数字。

因此，通过永久化和加重巴勒斯坦难民问题，联合国已成为问题的一部分，而不是解决问题的一方。

"新世界秩序"的希望与失望

随着冷战的结束，改革运转不良的联合国似乎近在眼前。1991年，苏联没有否决1991年联合国领导的针对伊拉克的军事联盟，联合国大会也废除了1975年谴责犹太复国主义为种族主义的决议。1993年，以色列和巴解组织相互承认。当时许多人认为，阿以冲突即将结束。如果是这样，阿拉伯国家在联合国大厅与以色列的外交战争也将最终停止。

然而，希望联合国恢复信誉的乐观主义者很快就会失望。尽管联合国安理会在1991年对萨达姆·侯赛因采取行动，允许使用武力将他驱逐出科威特，但1994年，当100万图西族人在卢旺达遭到屠杀时，联合国却袖手旁观。1995年7月，联合国驻波斯尼亚斯雷布雷尼察维和部队逃跑，致使8000名穆斯林惨遭屠杀。2003年，叙利亚当选为安理会成员国，利比亚被选为人权委员会主席国。

20世纪70年代为巴解组织设立的机构没有一个被废除，尽管以色列和巴解组织之间进行了谈判，但联合国针对以色列的诽谤言论——尤其是联合国人权委员会的言论几乎没有改变。例如，1997年3月11日，联合国人权委员会的巴勒斯坦代表纳比勒·拉姆拉维指责以色列在巴勒斯坦儿童中传播艾滋病病毒，并对巴勒斯坦人实施种族灭绝。[10] 1991年2月8日，叙利亚人权委员会的代表声称，犹太人杀害基督教儿童是为了用他们的血烤逾越节的面包。[11]

随着2000年秋天第二次大起义的爆发，巴解组织开始加倍利用联合国作为对付以色列的外交工具。2001年的德班会议（由联合国主办）使以色列成为世界谴责的焦点，谴责其种族主义和种族隔离。

联合国改革并不完善，而且往往适得其反。在2003年卡扎菲领导的利比亚当选为人权委员会主席国之前，人权委员会已经包括了诸如伊迪·阿明领导的乌干达、萨达姆·侯赛因领导的伊拉克和哈菲兹·阿萨德领导的叙利亚等国。当时，联合国秘书长科菲·安南（Kofi Annan）承认有些事情根本是错误的，他呼吁进行改革。2006年，人权委员会被废除，取而代之的是人权理事会。

人权理事会也是对以色列进行谴责的组织。人权理事会的创始宪章有一个特别条款（第7条），规定任何人权会议都必须单独讨论以色列问题。该条不适用于世界上任何其他国家，当然也不适用于人权事务委员会中侵犯人权的国家。2017年3月，英国通知人权理事会，由于安理会对以色列的偏见，它将投票反对人权理事会今后关于以色列的任何决议。英国驻人权理事会代表宣布：

> 在今天关于占领叙利亚戈兰高地的决议案中，对以色列的过分关注最为明显和荒谬……安理会议程上的常设议案不是关于叙利亚，而是关于以色列的……我们不能接受一项针对以色列的叙利亚戈兰高地决议所发出的错误信息……在世界70亿人口中，以色列有800万人口。然而，人权理事会自成立以来，已通过了135项和国家有关的决议，其中68个是反对以色列的……以色列是人权理事会唯一永久列入议程的国家。[12]

然而，卡夫卡式的人权理事会有时会无意中产生有趣的时刻。例如，2013年11月，一名联合国翻译不知道自己的麦克风开着，对她的同事说，一个只谴责以色列的组织一定有问题。代表们尴尬大笑的视频在网上疯传。

2017年9月，前哈马斯成员穆萨布·哈桑·优素福（Mosab Hassan Yousef）在人权理事会上严厉谴责了巴勒斯坦民族权力机构侵犯人权的行为。对于这样一个成员国之间相互保护、免受人权谴责，但同时又过分严厉地谴责以色列的机构来说，这是一个罕见的例外。

小结

虽然联合国没有建立以色列，但 1947 年的分治投票是一个里程碑事件。以色列于 1949 年加入联合国，并在当时得到了安理会和联合国大会的广泛支持。然而，这种情况并没有持续下去。非殖民化和冷战使联合国成员国激增，并在大会上形成了投票集团。这些集团受到阿拉伯和伊斯兰国家的操纵，孤立以色列，尤其在 1973 年赎罪日战争之后。阿拉伯国家对联合国"自动多数"席位的控制在 1975 年的联合国大会决议中将犹太复国主义等同于种族主义时达到顶峰。冷战的结束为联合国的改革提供了机会，1993 年以色列与巴解组织签署的《奥斯陆协议》本应结束联合国的反以色列宣传。然而，这些愿望都没有实现。联合国在卢旺达、南斯拉夫和伊拉克都失败了。以人权理事会取代人权委员会并没有结束联合国对侵犯人权国家的合法化，也没有结束对以色列不成比例的谴责。至于反以色列的宣传，在 2001 年的德班会议上更是翻了一番。尽管有这些失败和破灭的幻想，还是有一些向好的变化。以色列终于在 2000 年加入了一个区域集团，其他西方国家（如英国）也纷纷谴责对以色列不成比例的、政治化的谴责。

20. 犹太侨民面临的挑战

> 犹太人作为个人应该被赋予一切,但作为一个民族则不应被给予任何东西。
>
> ——斯坦尼斯拉斯·德克莱蒙特-托尔内

在不安与傲慢之间

从一开始,新成立的以色列国就明确表明了它与犹太流散侨民的密切联系。以色列的《独立宣言》宣称:"以色列国将为犹太移民和流散者回归敞开大门……我们呼吁流落他乡的犹太人团结在以色列犹太人周围,为移民和建设的任务而努力,支持他们,为实现拯救以色列的古老梦想而奋斗。"1950年,以色列通过了《回归法》,赋予每一个符合条件的犹太人自动移民以色列的权利,1952年,以色列通过了《公民权法》,自动赋予犹太移民以色列公民身份。随着这两项法律的通过,全世界所有的犹太人都成为新宣布成立的以色列国的潜在公民。

与此同时,这一政策引发了与拥有大量犹太少数民族的国家的外交摩擦,这些国家的政府出于意识形态原因反对犹太移民。首先(如第15章所述),苏联不允许犹太人从事宗教活动,也不允许他们离开苏联(即便是申请移民到以色列也被视为对苏联的侮辱),然而以色列公开宣扬他们的宗教和民族自由。因此，以色列外交政策的犹太复国主义特点形成了对苏联政权的挑战，成为与苏联摩擦的一个因素。

1950年5月，以色列总理本-古里安要求苏联政府允许苏联犹太人移民以色列。以色列政府随后于1951年12月正式提出这一要求。[1]多年来，以色列领导人一直要求苏联犹太人自由移民，苏联认为这是对其内政的干涉，拒绝接受这一要求。苏联政府强烈谴责1960年9月在巴黎举行的支持苏联犹太人的国际会议，声称犹太人并不构成一个国家，苏联犹太人是享有平等权利的公民，与以色列没有任何联系。[2]1966年，以色列总理艾希科尔表达了他的希望："犹太人民的压力和世界上开明的公众舆论将改变苏联政权在犹太人问题上的立场。"[3]1974年10月，以色列外交部部长伊加尔·阿隆在联合国大会上宣布："允许那些想去的人去以色列，不仅能解决人类历史上独一无二的犹太问题，而且，我相信，也将为苏联多年来苦苦挣扎的问题提供解决办法。"[4]几年后，摩西·达扬也在联合国大会上宣布："以色列政府再次呼吁苏联允许那些愿意离开的犹太人离开，与他们的人民和家人团聚。"[5]苏联领导人认为这些呼吁是一种挑衅。

以色列对苏联犹太人命运的承诺也构成了以色列和苏联恢复1967年断绝的外交关系的障碍。1977年9月，贝京对苏联外交官说，他不会在"锡安囚犯"获释前恢复外交关系。[6]1985年两国重新提出恢复外交关系的问题时，以色列坚持要求苏联解除对苏联犹太人移民的禁令。1985年10月，佩雷斯总理在联合国大会发表讲话时宣布："让我们的人走！把那些唯一的罪行就是忠于犹太传统和追求犹太复国主义梦想的人从监狱里释放出来！"这一呼吁超出了一般的政治考虑。[7]

以色列代表全世界犹太社区的主张也在法国引起不安。自法国大革命以来，犹太人获得了公民身份，但他们被要求放弃作为一个民族的自我认同。法国大革命期间，法国国民议会就犹太人的解放问题展开辩论，保守派议员斯坦尼斯拉斯·德·克莱蒙特-托尔内（Stanislas de Clermont-Tonnene）伯爵认为，犹太人应该享有一切作为个人的权利，但不能享有任何作为一个民族的权利。如第5章所述，拿破仑在埃及远征期间可能对犹太民族的复兴持同情态度，但他成为皇帝后便召集议会，要求法国的拉比最高法院正式宣布犹太人唯一效忠的国家是法国。法兰西第一共和国虽然给予了犹太人公民权利，但也极力否认犹太人作为一个民族的自我认同。因此，以色列宣布犹太民族为一个国家，并要求他们回归以色列，这对自法国大革命以来法国犹太人的身份构成了挑战。这个问题非常敏感，以至于在20世纪50年代末两国军事联盟的鼎盛时期，法国要求以色列不要公开鼓励阿尔及利亚犹太人（他们自1870年以来一直是法国公民）的阿利亚运动。[8]

尽管以色列自称是所有犹太人的监护人，与苏联和法国发生摩擦，但它几乎没有使这些国家的很多犹太人投身"阿利亚"（移民以色列）：20世纪50年代和60年代，苏联禁止犹太人移民，大多数法国犹太人也并不想离开法国。以色列独立初期，大多数犹太移民来自东欧、北非和中东。来自阿拉伯和伊斯兰国家的90万犹太难民中，只有三分之一移民到以色列。在某些情况下，以色列会协调组织犹太人从阿拉伯国家移民到以色列，例如，1950年的"以斯拉和尼希米行动"带来了伊拉克犹太人，而"魔毯行动"（1949—1950）[也被称为"鹰翼行动"（1949—1950）]，带来了也门犹太人。

20世纪40年代早期，伊拉克犹太人成了迫害和大屠杀的受害者。1941年6月，拉希德·阿里·盖拉尼的亲纳粹政变失败后，数百名伊拉克犹太人被杀害。在这次大屠杀之后，伊休夫开始派遣特使前往伊拉克，组织秘密移民到英国托管的巴勒斯坦。1948年以色列宣布独立后，伊拉克犹太人所受迫害加剧，但伊拉克政府禁止他们移民到以色列。然而，1950年3月，伊拉克政府改变了政策，允许犹太人离开，但条件是他们放弃伊拉克公民身份和财产。因此，以色列政府组织了名为"以斯拉行动"和"尼希米行动"（以公元前5世纪将犹太人从巴比伦带回以色列的两位《圣经》人物命名）的空运行动，将约12万名伊拉克犹太人运到了以色列国。

至于"魔毯行动"，它在1949年6月至1950年9月将大约47000名也门籍犹太人以及来自亚丁、吉布提和厄立特里亚的犹太人带到以色列。根据他们的传统，也门犹太人是公元前587年被巴比伦人驱逐出犹大王国的难民的后代。一些也门犹太人在1862年、1881年和1920年主动移民到以色列地，出于宗教信仰，他们相信以色列很快就会得到救赎。然而，以色列独立后，也门犹太人开始遭受迫害，因为以色列是阿拉伯世界转移注意力的工具。以色列政府秘密用美国阿拉斯加航空公司的飞机将他们运往以色列。参与这次行动的阿拉斯加航空公司年轻飞行员埃尔根·隆后来描述了这次经历：

> 连队发电报给我们说："你们往亚丁去，指挥官会在那里和你们会合。"我们着陆后，他告诉我们也门犹太人的困境，他们徒步穿越沙漠来到亚丁……他们死于疾病，他们必须尽快离开那里，到以色列去。因为这是生死攸关的事，所以哪怕是安息日，我们还在不停歇地飞行，来来回回……12次飞行，1800人，那是在"魔毯行动"正式开始之前的几个月……实际上，"魔毯"里有长凳和座椅，可以容纳107名乘客，很难容纳120名乘客。但我们离开后，这种情况持续了一年多。我是六名机组成员中的一员。我只是做好了领航员的工作；因为战争刚刚结束，我们不能在阿拉伯国家着陆。我们没有提交任何飞行计划，这都是秘密，报纸和电台都没有报道。我们从红海中部飞到亚喀巴湾，一直飞到乌姆拉什拉什（现在的埃拉特），然后转向贝尔谢巴，然后到吕大。[9]

经历了1949年到1950年的4.7万名也门犹太人和1950年的12万名伊拉克犹太人大规模移民潮之后,1956年,又有来自两个当年从法国独立出来的国家——摩洛哥和突尼斯的较小规模的犹太移民潮。同年,约1.5万名埃及犹太人在埃及与以色列的战争后被迫离开埃及,其中大部分移民到以色列。苏联干预匈牙利事件后,大约9000名匈牙利犹太人也移民到了以色列。相比之下,阿尔及利亚1962年脱离法国独立时,大多数犹太人移民到了法国。与摩洛哥和突尼斯犹太人不同,阿尔及利亚的犹太人自1870年以来一直是法国公民,他们主要是法国人。

1967年的六日战争为以色列和犹太侨民的关系带来了重大变化。以色列获得了出人意料的胜利,世界各地的犹太人普遍感到宽慰和自豪。在此之前,大多数到以色列的犹太移民都曾是难民,但在六日战争之后,一种受意识形态驱使的美国犹太人的"阿利亚"热潮开始出现(尽管人数不多)。

六日战争也唤醒了苏联犹太人的自豪感和自我意识。在苏联,以前隐藏身份的犹太人开始自豪地表明他们的犹太身份,并申请移民到以色列。前被拒绝移民者的纳坦·夏兰斯基在回忆录中写道:

> 和大多数苏联犹太人一样,六日战争给我留下了不可磨灭的印象,因为以色列除了为自己的生命而战之外,也是在捍卫我们的尊严。在战争前夕,当以色列的毁灭似乎不可避免时,苏联反犹分子欢欣鼓舞。但几天后,甚至反犹笑话也开始改变,在全国各地,尽管有支持阿拉伯的宣传,但你可以看到对以色列和犹太人勉强的尊重。对俄罗斯犹太人而言,一个基本的、永恒的真理正在回归——个人自由不是通过同化就能实现的,它只能通过恢复你的历史根源来实现。[10]

团结的年代

如果说1967年的六日战争激起了犹太人的自豪感和意识形态上的狂热,那么1973年的赎罪日战争以及以色列随后在国际上受到的孤立则强化了"一个孤独民族"的感觉。20世纪70年代发生的两件戏剧性事件——1975年联合国决议将犹太复国主义等同于种族主义(见第19章),以及1976年恩德培救援行动——加剧了这种情绪。联合国的决议激起了以色列和犹太人的愤怒。一年后的恩德培行动则唤起了人们对过去德国纳粹分子将犹太人质与非犹太人质分开的黑暗记忆,也展现出无论公民身份如何,以色列都会对犹太人负责的态度。1976年6月27日,阿拉伯和德国恐怖分子(分别属于巴勒斯坦解放人民阵线和巴德尔-迈因霍夫恐怖组织)劫持了一架从特拉维夫飞往巴黎的法航飞机,要求释放53名恐怖分子(其中40人被关押在以色列)。改变航线的飞机最终降落在乌干达的恩德培机场,乌干达总统伊迪·阿明欢迎劫机者的到来。随后几天,大多数非以色列乘客被释放并乘飞机飞往巴黎,而以色列和非以色列的犹太人质则受到死亡威胁。1976年7月4日,以色列国防军采取行动,解救了人质。恩德培行动[为纪念牺牲的指挥官乔纳森·内塔尼亚胡(Yonatan Netanyahu),后改为"乔纳森行动"]象征着以色列是犹太人安全保障者,无论犹太人是否拥有以色列国籍,他都会受到以色列的保护。

20世纪80年代和20世纪90年代,以色列在1984—1985年的"摩西行动"和1991年的"所罗门行动"中戏剧性地营救了埃塞俄比亚犹太人,这也更加剧了团结情绪。美国犹太人社区通过游说美国政府获取支持和筹集资金,成功协助完成了这两项行动,并为此感到自豪。

1977年6月,贝京要求埃塞俄比亚独裁者门格斯图·海尔·马里亚姆(Mengistu Haile Mariam)允许埃塞俄比亚犹太人前往以色列,发起了营救埃塞俄比亚犹太人的行动。[11] 20世纪70年代中后期,内战期间,数千名埃塞俄比亚犹太人徒步逃离埃塞俄比亚,在苏丹南部成为难民。许多人在途中死亡,还有许多到达难民营的犹太人死于疾病和营养不良。以色列政府决定营救他们,但这样做需要苏丹政府的合作,而以色列与苏丹政府没有外交关系。以色列请求并得到了美国的帮助,确保苏丹政府给予合作。当时的美国副总统乔治·布什亲自参与其中。1984年11月至1985年1月,喀土穆和特拉维夫之间的35次航班将大约7500名埃塞俄比亚犹太人带到了以色列。苏丹政府默许了以色列的撤离行动。

1991年,埃塞俄比亚独裁者门格斯图即将倒台,由于他的反对者和支持者之间暴力冲突不断,埃塞俄比亚犹太人处于危险之中。以色列政府计划将埃塞俄比亚的犹太人空运到以色列。以色列的"所罗门行动"由总理伊扎克·沙米尔监督,并严格保密,营救了14440名埃塞俄比亚犹太人。

关系受到威胁?

虽然为苏联犹太人争取自由的斗争和拯救埃塞俄比亚犹太人的行动使以色列和美国犹太人走到了一起,但在这个犹太国家和世界上最大的犹太人散居地之间,也存在着(现在仍然存在着)根本性的分歧。甚至在以色列独立之前,巴勒斯坦犹太人(1948年以前的称呼)和美国犹太人之间的分歧就已经非常明显。1940年10月,本-古里安前往美国宣传组建犹太军队的想法时,便意识到这种分歧的严重性。大多数美国犹太人认为犹太复国主义是对他们辛苦获得的美国人地位的威胁。犹太复国主义宣称犹太人不仅是一个宗教团体,更是一个民族团体,这一行为"破坏了游戏规则"。犹太复国主义和阿拉伯人之间的冲突更是雪上加霜:如果美国犹太人要支持他们最开始就不赞成的运动,至少这场运动不应该引起麻烦。因此,解决巴勒斯坦的阿拉伯人和犹太人之间的冲突"极为重要",以避免美国犹太人陷入被视为好战的犹太民族主义者的尴尬境地。本-古里安一抵达纽约,就被告知如何在巴勒斯坦实现和平:建立一个阿拉伯-犹太联邦和一支犹太-阿拉伯联合军队来对抗希特勒——尽管此时巴勒斯坦领导人哈吉·阿明已经宣誓效忠纳粹德国。本-古里安在日记中写道,他认为美国犹太人根本不知道自己在说什么。[12]

尽管原因不同,美国和巴勒斯坦犹太人之间的分歧在第二次世界大战后再次出现。虽然大屠杀已经使美国大部分犹太人成为犹太复国主义者,但一些新的"皈依者"仍然认为他们更了解犹太复国主义。1946年12月,当世界犹太复国主义大会在巴塞尔召开时,大屠杀的灾难性规模已广为人知,反抗英国的问题悬而未决。各地的犹太复国主义者都憎恨英国,因为它在巴勒斯坦犹太人最需要的时候限制犹太移民,并且在大屠杀幸存者试图到达应许之地的时候封锁了托管地的大门。在大会上,一位美国犹太复国主义领导人宣称:"巴勒斯坦犹太人应该反抗英国,而美国犹太人将给予充分的政治和道义支持。"对此,魏茨曼冷冷地回答道:"当你把其他人送到路障前面对坦克和枪炮时,道义和政治支持是远远不够的。"他补充道:"在内盖夫刚刚建立的11个新定居点比100个关于抵抗的演讲重要得多,特别是当演讲在纽约进行,而提议的抵抗却将在特拉维夫和耶路撒冷进行。"[13]

与此同时,即使已经很好地融入了美国社会,美国的主要犹太人也表达了他们对犹太复国主义的支持,其中最突出的代表是路易斯·布兰代斯(Louis Brandeis)和斯蒂芬·怀斯

(Stephen Wise)。布兰代斯是第一位被提名美国最高法院法官的犹太人(由伍德罗·威尔逊总统于1916年提名)。1912年,布兰代斯活跃于美国犹太复国主义者联合会。1914年,他被选为犹太复国主义事务临时执行委员会主席,成为美国犹太复国主义的领袖和发言人。与大多数美国自由主义犹太人不同,布兰代斯认为,建立一个重生的犹太家园是解决反犹主义的最佳方案,也是当时在欧洲和俄罗斯被称为"犹太问题"的解决方案。一些美国犹太人担心支持犹太复国主义会被指责为双重效忠,他向这些美国犹太人解释道:

> 不要让美国人认为犹太复国主义与爱国主义是不一致的。只有在不一致的情况下,多重效忠才令人反感。尽管美国犹太人觉得他和他的后代都不会住在那里,但每一个帮助推进巴勒斯坦犹太人建立定居点的美国犹太人,都会成为一个更好的人,一个更好的美国人。

布兰代斯利用与威尔逊总统的私人关系在巴黎和平会议上宣扬《贝尔福宣言》,并将其纳入英国对巴勒斯坦的托管(布兰代斯在1919年访问巴勒斯坦)。20世纪30年代,布兰代斯提倡犹太人移民到巴勒斯坦,并批评英国限制移民的政策。

另一个非典型的美国犹太复国主义者是斯蒂芬·怀斯。不同于19世纪末和20世纪初大多数改革派拉比,怀斯是犹太复国主义者。1897年,他创立了纽约犹太复国主义者联合会,该联合会最终成为美国的犹太复国主义组织。尽管怀斯并没有一直帮助犹太复国主义事业,1898年他作为美国代表参加了第二次犹太复国主义大会。[14]

1948年,当以色列在为生存而战时,也受到了美国志愿者的宝贵帮助。其中包括米奇·马库斯(Mickey Marcus,在以色列被称为戴维·马库斯)。第二次世界大战期间,马库斯作为一名律师和美国陆军军官,被任命为美国陆军作战部负责人。他为纽伦堡审判制定了法律程序计划,并公正地记录了纳粹战犯罪行。在参观达豪集中营之后,马库斯决定献身于重建以色列的事业当中,他自愿担任新成立的犹太军队的顾问。马库斯获得了美国陆军部的非正式批准,但为了不在英国政府那里惹麻烦,他只能改名为迈克尔·斯通。本-古里安任命他为将军,作为耶路撒冷前线的指挥官。他修建了通往耶路撒冷的著名的"滇缅公路",为通往被围困的城市开辟了另一条路。因一名以色列士兵的错误行动,马库斯牺牲了,他是唯一一个葬在西点公墓中却为其他国家战斗而丧生的美国人。布鲁克林联合圣殿纪念马库斯的牌匾上写着:"在锡安山的行动中牺牲,作为以色列军队的最高指挥官,为以色列的自由而战。"

另一个英勇的志愿者是阿尔·史威默(Al Schwimmer)。史威默是第二次世界大战期间美国飞行员和航空工程师,史威默决定在以色列独立战争期间将战机走私给以色列国防军,并招募飞行员驾驶走私来的飞机。1950年,史威默因违反《美国中立法案》被定罪,他的投票权和退伍军人福利被剥夺,并被罚款1万美元。史威默认罪,但宣称违反美国法律向以色列走私飞机是正确的道德决定,也是一种正当形式的道德的非暴力反抗。史威默随后定居在以色列,并创立了以色列飞机工业公司。2001年,比尔·克林顿总统赦免了他。

马库斯、史威默和其他流散在外的犹太人认为帮助以色列独立是他们的责任和使命。但是,以色列独立后,以色列和美国犹太人之间的意识形态分歧再次浮出水面。对于本-古里安来说,没有"阿利亚"的犹太人仍然在流散,因此处于一种不正常的状态。1950年8月,美国犹太人委员会主席雅各布·布劳斯坦(Jacob Blaustein)向本-古里安明确表示了自己的不同看法:

> 我们必须本着真正的友好精神向以色列及其领导人发

出警告。既然生产的阵痛已经过去,即使以色列正在经历成长之痛,它也必须认识到,本国公民与其他国家公民之间的善意是一个双向问题:在这种情况下,以色列也有责任,一种不影响其他国家犹太人的责任。如果我没有向你指出美国犹太人坚决否认他们处于流散状态的任何建议或暗示,那我就太不坦率了。……对于美国犹太人来说,美国就是家。

20世纪50年代,美国犹太人很少批评以色列。有争议的问题在于以色列领导人宣称所有散居地犹太人都生活在流散之中。然而,1956年的苏伊士战争是以色列在没有美国犹太人全力支持的情况下发动的第一场战争,因为这场战争并未被一致认为是防御性战争。阿巴·埃班指出,"1956年战争是有史以来我们第一次不愿毫无保留地为以色列行动辩护的战争"。[15]

随之而来的军事冲突加剧了以色列的不安和外界对以色列的批判。1982年的第一次黎巴嫩战争和1988年的第一次阿拉伯起义使许多美国犹太人感到无所适从,加剧了对以色列的批评。这种"家族争斗"的例子有很多,其中之一就是1988年1月美国希伯来会众协进会(改革运动的教友)会长亚历山大·M.辛德勒(Alexander M. Schindler)拉比和以色列总统哈伊姆·赫尔佐格之间的书信往来。辛德勒批评以色列对起义的处理方式,赫尔佐格在回应辛德勒时写道:"你唤起的犹太伦理和道德非常清楚,一个人在面临可能的致命危险时有自卫的责任。"[16]

以色列和美国的犹太人在宗教问题上也存在分歧。大多数美国犹太人都不是正统派教徒,而美国总体上主张政教分离,承认所有主要犹太运动代表主持的生命周期仪式。相比之下,在以色列,正统派拉比垄断宗教事务,国家只承认正统派的皈依和婚姻;同时,许多以色列人也对正统派的宗教垄断提出质疑和批评,因为这无法体现出以色列社会的多元化。

西墙(或哭墙)的祈祷也引发了争议。管理着西墙及广场的正统派拉比教堂仅允许按照正统派习俗进行礼拜,包括仅允许男人按照犹太习俗祈祷。因为以色列法律规定,圣地的信徒(无论是犹太人、穆斯林还是基督徒)和访客必须尊重这些场所的习俗和惯例,所以警察会强行驱逐佩戴护符和祈祷披巾的妇女,还有在广场上读律法卷轴的妇女。直到最近几年,一些妇女才尝试在西墙引入新的习俗,极端正统派认为这是对该地区惯例和做法的侵犯,因此也违反了法律。此外,极端正统派的支持者经常对"西墙妇女"进行言语和身体攻击。对于大多数美国犹太人以及许多以色列人来说,警察强行将犹太妇女从西墙广场赶走的行为是无法忍受的。甚至一些美国正统派拉比也对正统派拉比法院的强硬政策提出了抗议。例如,2010年7月,华盛顿特区现代正统派的欧亥吾·沙洛姆犹太教堂(Ohev Shalom synagogue)的什穆埃尔·赫兹菲尔德拉比宣布,他全力支持想要在西墙的女性区域读《妥拉》的"西墙妇女",以色列警方逮捕她们"并不代表我知道的正统派和正统犹太人的观点"。[17]同样,许多以色列人也发出了反对禁止"西墙妇女"的声音。例如,2013年3月,以色列议会女性成员加入"西墙妇女",从而阻止了警方的逮捕行动。[18]

更糟的是,自20世纪90年代初以来,苏联被拒绝移民者的命运不再是以色列和美国犹太人团结一致的原因。一旦苏联政府解除了对他们移民的禁令,他们就没有必要为"锡安囚犯"而共同战斗了。

2000年至2004年间的第二次阿拉伯大起义和以色列在全球被妖魔化(以2000年杜拉事件和2001年德班会议为例),都暂时恢复了以色列和侨民之间的团结。然而,最终,美国犹太人对以色列的态度带有党派倾向:右翼犹太人普遍追随以色列,而左翼犹太人则主张在以色列国旁边建立一个巴勒斯坦国,并越来越强烈地批评以色列的定居点政策。2008年,自由犹太人倡导组织"J街"成立,体现了美国犹太人内部分歧的日益严重。美国东北大学犹太历史和文化研究教授多夫·瓦克斯曼(Dov Waxman)表示:"以色列曾经把美国犹太人团结在一起。现在,它正在把他们分开。"[19] 2015年夏天,以色列前所未有地让美国犹太人分裂:国会要对美国和伊朗有争议的核协议进行表决,美国总统支持该协议,以色列总理反对该协议,美国犹太人陷入了两难境地。

以色列-散居地犹太人关系的特点不仅在于美国犹太人之间不断扩大的政治分歧,而且还在于以色列和美国犹太人之间的人口统计学差异。以色列在1948年宣布独立时,其人口仅占大屠杀后剩下的犹太人的一小部分。今天,大多数犹太人仍生活在以色列以外(约58%),但以色列拥有世界上最大的犹太人社区(超过600万)。以色列是世界上唯一一个犹太人口不断增长的国家,这是因为高出生率、各地的犹太人向以色列移居,以及几乎没有异族通婚。相比之下,在世界其他地方,由于同化和异族通婚,犹太人口正在减少。这种趋势在美国尤甚。世界上40%的犹太人生活在美国,它影响着以色列和美国犹太人的关系。最近的调查显示,美国犹太人对以色列的支持程度往往与其信教程度成正比。在宗教信仰上,越是正统派教徒,就越支持以色列,反之亦然。[20] 同时,改革派、保守派和其他自由派犹太人都与以色列在个人和组织上有着牢固的联系(例如,美国犹太复国主义改革协会,简称ARZA),他们提出的评论都极具建设性。

2017年6月,在极端正统党派的压力下,以色列政府放弃了与美国保守派和改革派运动达成的在西墙扩大非正统祈祷区的协议,这一决定令大多数美国犹太人感到震惊。(以色列政府由多党联盟组成,这往往迫使以色列总理屈服于联盟伙伴的压力,因为他们担心失去自己的政府。)2018年4月,在遭到强硬派选民的严厉批评后,内塔尼亚胡总理取消了一项将使一些非法非洲移民和寻求庇护者在以色列的身份合法化的协议,该协议的部分动机是希望缓和来自美国犹太人的批评。美国的犹太组织也强烈批评以色列议会2018年8月颁布的"民族国家"基本法，该法明确规定以色列国是犹太人的民族国家。这些情况表明，以色列和美国犹太人之间的意识形态分歧在不断扩大。2019年1月，华盛顿资深记者乔纳森·韦斯曼（Jonathan Weisman）在《纽约时报》专栏文章《美国犹太人和以色列犹太人正走向混乱的分裂》（"American Jews and Israeli Jews Are Headed for a Messy Break Up"）中公开表达了这种担忧。韦斯曼指出，大多数以色列人支持唐纳德·特朗普，而大多数美国犹太人不支持他，他还表示，以色列似乎已经放弃了自由派美国犹太人：

> 无论如何，以色列的政治家和公民对美国犹太人的观点越来越不屑一顾。热心支持以色列的福音派基督徒在华盛顿为耶路撒冷提供了一个比美国犹太人口更大、更强大的权力基础。由于正统派美国犹太人与福音派结盟，这个联盟至少有一种跨信仰的表象——即使没有保守派和改革派犹太人（美国犹太人的主体）的合作。[21]

韦斯曼提到，他的拉比最近要求他的教民采取行动，拯救以色列。美国出生的以色列作家丹尼尔·戈尔迪斯（Daniel Gordis）回答说："如果美国犹太进步主义者希望以色列人与他们对话，那么现在是时候结束那种认为道德、智慧和体面只存在于大西洋西部边缘的假设了。"[22]

尽管如此，其他在美国出生的以色列拉比和思想家仍然保持他们最初的观点。例如，杰出的保守派犹太教士鲁文·哈默（Reuven Hammer），通过"阿利亚"回归以色列数年后，曾在内塔尼亚胡的尼曼委员会任职，负责就以色列保守派和改革派组织的皈依引发的争议提出解决方案，这些派别威胁推翻政府。

（最终，首席拉比拒绝了尼曼委员会的提议，即成立一个由所有团体共同管理的新机构，该机构将为皈依者做好准备工作，而实际的皈依则是由特别的正统派法庭来执行，这些法庭要求由愿意温和行事及能够理解他人的拉比组成。）此外，以色列的正统犹太教本身并不是完全统一的，许多正统派拉比如什洛莫·里斯金和戴维·斯塔夫等在皈依等问题上都挑战过僵化的正统派拉比。

对于大多数以色列人来说，这些社会和宗教问题都不如安全问题重要。即使是世俗的以色列人，通常也对正统派在西墙的垄断地位漠不关心，他们倾向于将"西墙妇女"视为对以色列共识的不必要甚至是挑衅性的挑战。当涉及安全问题时，主流以色列人愿意考虑两国解决方案，但他们也认为，由于巴勒斯坦的拒绝主义，这种解决方案在可预见的未来是不可实施的。因此，从理论上讲，主流以色列人不会对2013年改革犹太教联盟和美国拉比中心会议（改革拉比组织）的声明提出异议，该声明称，"目前未能建立可行的和平环境，这为以色列带来了安全和其他风险，对那些希望子孙后代拥有和平未来的巴勒斯坦人也是一种伤害"。但同样的，主流以色列人也指出了这一声明缺失的内容：从1937年皮尔计划到2008年奥尔默特提议的七十余年间，无论犹太定居点的规模和位置如何，巴勒斯坦领导人都拒绝以任何形式与犹太复国主义者达成领土妥协。因此，以色列和美国犹太人之间的对话并不认真：后者倾向于认为以色列人并不真正对和平感兴趣，而前者强烈地感到，他们是遭受缺乏和平之苦的人，他们过去为实现和平所作的努力经常被忽视。

小结

呼吁散居犹太人加入"为实现以色列救赎的古老梦想而进

行的伟大斗争"(《独立宣言》),及所有犹太人成为以色列的潜在公民(以色列的《回归法》)给以色列的外交政策带来了挑战,因为这使它与反对犹太移民的国家(最重要的是苏联)的关系变得更加复杂。解放苏联犹太人的斗争使以色列和美国犹太人凝聚在一起。1975年联合国投票反对犹太复国主义,1976年恩德培行动加强了这种团结的感觉。然而,1982年发生的黎巴嫩战争、第一次阿拉伯大起义、以色列不承认保守和改革犹太教以及以色列继续在西岸建设定居点(该政策被批评者谴责为与两国方案不相容),使得以色列与流散犹太人的关系,尤其与美国犹太人之间的关系变得紧张起来。以色列一直重视与美国犹太人的关系,尤其是因为他们在美国的政治影响力。然而,这种影响随着宗教和政治取向的不同而日益分化。

21. 以色列和能源地缘政治

> 在能源领域,我们(以色列、希腊和塞浦路斯)重申对东地中海输油管道项目的支持和承诺,该项目符合我们三个国家和欧洲联盟的共同利益,也是可行性和战略性的选择。
> ——2018年12月20日,在以色列贝尔谢巴举办的以色列、希腊及塞浦路斯三边峰会上的联合声明

石油武器的兴衰

以色列自建国起就存在"石油问题"。1947年,出于担心疏远沙特阿拉伯,美国石油产业游说反对分治巴勒斯坦。1955年10月,在埃及通过捷克斯洛伐克与苏联签署军事协议后,美国国务卿约翰·福斯特·杜勒斯担心会影响西方石油供应,反对威胁埃及。[1] 1973年赎罪日战争后,石油输出国组织实施石油禁运,致使以色列国际地位严重受损:西欧和日本要求以色列无条件撤出1967年占领的所有领土,几乎所有非洲国家都与以色列断绝了外交关系。

石油输出国组织之所以能够胁迫石油进口国并孤立以色列,是因为石油资源的地理集中度和石油市场的卡特尔结构:中东和北非产油量占世界总产量的三分之一以上,并且石油输出国组织控制着世界原油储量的近80%和全球产量的40%,这实

际上是一种垄断,使得该组织能够操纵油价,从而对石油进口国家保持政治上的压力。

简而言之,能源资源长期以来对国家利益至关重要。正是能源资产,使得普京领导下的俄罗斯能够奉行强势的外交政策,并与前苏联盟友(包括中东地区)重建联盟。伊朗核项目得益于俄罗斯技术。伊朗能够在 2015 年与大国达成核协议,部分原因是各国对伊朗石油和天然气的需求。

在 1973 年石油禁运的冲击下,美国启动了一项旨在减少对中东石油依赖的政策。五十年过后,美国大致达成了这一目标,基本上实现了能源独立。自 2005 年以来,"页岩气繁荣"(即通过水力压裂法生产石油和天然气)使美国对化石燃料进口(即石油、天然气和煤炭)的依赖降低了 64%。[2] 如今,美国的化石燃料消耗量中进口仅占 13%,是十年前进口量的三分之一[3],而从北美以外地区进口的仅占 5%。在石油方面,美国国内石油消费的 40% 来自国内供应,剩余 60% 从加拿大、墨西哥、委内瑞拉、尼日利亚和波斯湾进口,但波斯湾国家(包括沙特阿拉伯)只占美国石油进口的 13%,仅占美国石油总需求的 7%。[4] 因此,美国对中东石油依赖程度并不高。中东石油出口国不能胁迫美国,特别在美国预计将进一步减少石油进口的情况下。

此外,自 2014 年以来,油价暴跌(从 2014 年 6 月每桶 110 美元到 2017 年 8 月每桶 45 美元,2016 年 1 月甚至跌至最低每桶 30 美元),这是由于 2014 年 11 月沙特阿拉伯为驱逐水力压裂公司及反对伊朗决定放水全球石油市场(通过降低油价)。与此同时,沙特阿拉伯的豪赌也以失败告终:事实证明,水力压裂行业具有很强的韧性,沙特产量的增加并未影响伊朗的石油销售(伊朗在 2016 年 1 月制裁解除后重新加入石油市场)。

总而言之,尽管能源一直都是以色列的阿喀琉斯之踵,但由于最近世界能源市场的趋势,以及以色列作为天然气出口国的崛起,以色列的地位已经有所转变并得到改善。在 1973 年石油禁运时期，石油占全球能源供应的46％，而今天，石油占31％（相比之下，煤炭占29％，天然气为21％）[5]——这是一个重大的变化。2015年12月达成的巴黎气候协定，要求签约国减少二氧化碳排放，从而减少石油消费。结合上述结构变化，这一政策选择，将使欧佩克成员国更难以出于政治目的操纵石油市场，这对以色列来说也是一个好消息。虽然在可预见的未来，石油仍将是主要的能源资源，但天然气正逐渐成为一种受欢迎的能源，因为其储量丰富且相对清洁。2017年，页岩气使美国成为60年来第一个天然气净出口国。全球液化天然气市场正以每年4％—6％的速度增长，液化天然气是天然气贸易中增长最快的方式，每年的液化天然气需求约为2.65亿吨。[6]因此，以色列的天然气资源正在成为经济和地缘政治资产。

以色列作为天然气出口国的崛起

2009年1月，得克萨斯的诺布尔能源公司在地中海东部的塔马（Tamar）气田发现了天然气，一夜之间转变了以色列的经济和国际地位。据估计，该气田的天然气储量为2000亿立方米，占欧盟27个成员国每年天然气消费量的一半以上。两年后的2010年12月，诺布尔能源公司发现了一个更大的气田—利维坦（Leviathan）气田，目前估计含5000亿立方米天然气。塔马和利维坦气田有望为以色列提供数十年的天然气，并将该国转变为一个能源出口国。

塔马和利维坦气田的发现改变了以色列的国际地位以及它和埃及、约旦、土耳其、希腊以及塞浦路斯等国的关系。约旦97％的能源需求依靠进口，其成本占GDP的20％，而88％的能源消费来自天然气。[7] 2016年10月，利维坦气田合作伙伴签署了一项价值100亿美元的合同，将在之后15年内向约旦国家电力公司出售天然气。2017年1月,在将约旦国有公司阿拉伯钾肥和约旦溴业公司连接到以色列国家天然气管网后,以色列开始向约旦出口天然气。[8]

以色列的天然气资源还帮助修复了和土耳其的关系。20世纪90年代,以色列和土耳其还是亲密的同盟关系,但在土耳其伊斯兰领袖雷杰普·塔伊普·埃尔多安于2002年成为总理后,两国关系开始恶化。甚至在2010年"马维·马尔马拉"号事件(详情见第10章)后更加恶化。虽然近年来埃尔多安对以色列发表了多次敌对和攻击性言论,但两国仍在2015年12月达成和解协议,很大程度上是因为土耳其希望减少对俄罗斯天然气进口的严重依赖。土耳其99%的天然气进口(总发电量的一半)中60%来自俄罗斯。[9]以色列和土耳其正商讨天然气供应协议,但由于严峻的政治问题(埃尔多安一直支持哈马斯,与伊朗和俄罗斯的密切联系,发表激进的反以色列言论),谈判并不顺利。[10]

天然气资源也使以色列和希腊的关系得以改善,希腊有传统的亲阿拉伯外交政策,直到1991年才和以色列建立外交关系(详见第13章)。2017年6月,以色列、希腊和塞浦路斯宣布将合作建设一条连接三国的管道,向欧盟输送天然气。因为塞浦路斯有大型天然气田(阿佛洛狄特),所以这种合作关系会使塞浦路斯成为一个天然气出口巨头。对于希腊来说,这种合作关系也很可能使希腊成为东地中海天然气到欧洲大陆的中转国,可发展它薄弱的经济。反过来,以色列也乐于进一步改善与希腊的关系,特别是考虑到2010年后以色列与土耳其关系的恶化。

以色列把欧洲看作本国天然气的重要潜在客户,尤其是因为欧洲正在试图减少对俄罗斯天然气的依赖。然而,建设从以色列到欧洲的天然气管道,在后勤上颇具挑战性。陆路管道必须经过黎巴嫩和叙利亚,而这两个国家饱受战争摧残,与以色列也实际上处于战争对抗状态。通往土耳其的水下管道技术上虽可行,但必须经过塞浦路斯领海,这又会使以色列卷入土耳其占领的北塞浦路斯和塞浦路斯共和国在该岛南部的领土争端中。在就该岛的重新统一达成协议之前,塞浦路斯不会允许以色列通过领海向土耳其修建管道。塞浦路斯也有自己的气田,愿意和以色列建立伙伴关系,将天然气出口到欧洲。然而,土耳其反对这种伙伴关系,除非土耳其族塞浦路斯人也能从中受益。

以色列在推进修建直通欧洲的海下通道。这条管道会通过塞浦路斯和希腊,将以色列和意大利连接起来,一旦建成它将成为世界最长的管道(2200千米)。该管道工程于2017年4月由以色列、意大利、希腊、塞浦路斯以及欧盟共同签订,预计将于2025年完工,耗资70亿美元。但是,大多数能源专家认为对完工时间及成本的预估都过于乐观,[11]称其为"管道梦",认为该工程需要几十年的时间,并需要更多已探明储量。[12]

还有一种备选策略,同样极具风险,就是注重与土耳其、约旦和埃及等国家发展能源合作伙伴关系。然而,到目前为止,有关以色列和土耳其之间海底天然气管道的谈判尚未取得重大进展。

2012年至2013年,当埃及由穆斯林兄弟会统治时,与埃及建立伙伴关系是不可想象的,而且由于埃及的政治不稳定,与埃及建立伙伴关系可能仍有风险。但撰写本文时,埃及总统阿卜杜勒-法塔赫·塞西(Abdel-Fattah al-Sisi)已经恢复并扩大了以色列与埃及的安全合作。并且在天然气方面,以色列和埃及享有共同利益。埃及和以色列一样,拥有巨大的天然气储量。事实上,埃及2015年在北部海岸发现的祖赫(Zohr)气田为地中海地区的最大气田,几乎是以色列利维坦气田的两倍——因为埃及有9500万居民,人口增长迅速,祖赫投入运营后可提供的天然气很可能都不足以满足其国内需求。这些需求可通过进口以色列天然气来解决。2017年8月,埃及总统签署了一项法律,允许私营公司进口天然气。2018年2月,塔马和利维坦气田与埃及多费努斯控股集团签署了一份150亿美元的合同,从以色列向埃及出口60亿立方米的天然气。[13]以色列与埃及发展能源伙伴关系是有意义的,因为埃及有两个天然气液化站(以色列没有),以色列可以通过这两个天然气站向欧洲出口液化天然气。

2019年1月,以色列、埃及、希腊、塞浦路斯、意大利、约旦还有巴勒斯坦民族权力机构成立了"东地中海天然气论坛"(EMGF)。这一重大举措正式确立了东地中海地区新的能源伙伴关系,为以色列和美国的双重地缘政治利益提供了更强大的推动力:1. 削弱俄罗斯在欧洲能源市场的主导地位;2. 制衡伊朗通过叙利亚进入地中海东部的通道。通过用天然气连接埃及和以色列,挫败了伊朗在中东地区的野心。在穆罕默德·穆尔西和穆斯林兄弟会在埃及短暂执政期间(2012年至2013年),伊朗曾希望把埃及变成天然气的客户国。在2015年签署伊朗核问题全面协议(JCPOA)和解除对伊朗的制裁之后,这种情况并非不可能发生。东地中海天然气论坛表明(至少目前)美国已经说服埃及总统塞西留在美国盟友的范围内,并降级埃及与伊朗的外交关系。

东地中海天然气论坛于2020年9月成为正式的政府间组织。法国于2021年3月加入该组织,阿联酋也将成为其中一员。俄罗斯于2022年2月入侵乌克兰的战争引发了能源危机,提升了以色列作为天然气出口国的地位,以及以色列与其邻国之间的能源伙伴关系。2022年6月,欧盟委员会主席乌尔苏拉·冯德莱恩(Ursula von der Leyen)访问以色列,代表欧盟签署天然气进口合同,使以色列成为正式向欧盟出口天然气的国家。得益于埃及的液化工厂,以色列以液化天然气的形式向欧盟出口天然气,从而也促进了以色列和埃及之间的合作。

以色列在能源转型中的角色

赎罪日战争后,石油输出国组织将油价提高了四倍,这让西方国家颇为震惊。尽管"石油武器"在短期内被证明是有效的,但从长期来看,它也产生了反作用,因为石油进口国也在逐步改革能源市场,并在一定程度上降低了对石油的依赖,这体现在电力生产方面。1973年石油禁运时,全球25%的电力来自石油;如今,这一比例已降至4%。[14]然而,世界经济仍然依赖石油,因为石油在交通运输中仍享有近乎垄断的地位,仍然为全球93%的交通运输提供燃料。[15]

到目前为止,这种垄断只在个别情况下被打破。1973年石油禁运后,巴西建立了大规模的甘蔗乙醇工业。如今,大多数巴西汽车的发动机既可以使用石油也可以使用乙醇(巴西的加油站为顾客提供两种选择)。此外,甘蔗乙醇并不是市场上唯一可用的生物燃料。多年来的研究已经生产出基于非消耗性作物、有机废物和藻类的"第二代"生物燃料。

与中国、美国、巴西等国不同,以色列无法在生物燃料的大规模生产方面具备竞争优势。(理论上,以色列可以在撒哈拉以南非洲生产生物燃料,但这样做将带来重大的物流和财政挑战。)相反,以色列的相对优势在于它的技术优势。以色列拥有世界知名的研究人员,他们专门研究第二代生物燃料和其他可以生产石油替代品的技术。

鉴于以色列有意逐步打破石油在交通运输领域的垄断地位,2011年1月,以色列政府启动了一项目标远大的多年计划,旨在推广"减少全球交通运输中石油使用量的技术"。[16]这项政策带来对科学研究的大量投入,投资激励当地公司开发石油替代品,鼓励投资给开发石油替代品的当地公司,以以色列作为初步应用场所实施替代品计划,并与跨国组织和寻求减少石油依赖的国家(如中国和印度)进行合作。

在交通运输方面,可替代石油的能源有天然气和电力。逐步用电动汽车取代内燃机(至少在地面交通方面)已不再是空想。由于锂电池的发展,电动汽车的性能有了显著提升。2019年,美国领先的电动汽车制造商特斯拉发布了一款充电一次可行驶1000公里(620英里)的车型。全球投资银行瑞银预测,到2025年,电动汽车将占全球汽车销量的14%,而2019年这一比例仅为1%。[17]电动汽车不仅更高效,而且更便宜:每千瓦时的成本已经从2010年的1000美元下降到2019年不足200美元。[18]在过去的十年里,电池成本降低了80%。[19]法国和英国都已宣布,到2040年,他们将禁止生产完全依赖内燃机的汽车。[20]

以色列技术正在为电动车的可靠性和自主性做出重大贡献。例如,法国汽车制造商标致正在测试一种电池驱动的车,这种车由以色列初创企业水瓶座引擎公司设计的车载发电机充电。[21]2017年5月,以色列初创企业StoreDot推出了一款汽车电池,充电5分钟即可行驶约300公里。[22]以色列政府正与另一家初创企业ElectRoad合作,在特拉维夫安装公共交通线路,使用一种地下无线技术,消除对充电站的需求。[23]

以色列的技术也为《巴黎协定》所要求的能源转型做出了贡献,并由德国的能源转型计划实施。德国2010年的能源转型立法要求:到2050年,德国60%的能源来自可再生能源。可再生能源(如风能和太阳能)仅占全球总发电量的7%。[24]扩大可再生能源在电力生产中的份额,将在很大程度上取决于进一步的研究和开发对可再生能源成本的降低。目前约有270家以色列公司在可再生能源领域开展业务,其中许多公司为世界领先企业。[25]

从本质上说,以色列的"石油问题"已经变成了一种优点,但这种优点能够而且必须通过明智和积极的政策加以充分利用。

以色列的能源政策也需要风险管理，风险包括埃及和土耳其的政治不稳定（因此需要多样化）和"荷兰病"（大量出口自然资源而导致国家货币升值）。此外，无可否认，能源市场是不可预测的。油价可能会稳定下来，甚至再次飙升，地中海新发现的天然气可能会影响以色列的市场价值。

然而，总的来说，以色列外交政策中的能源因素从负到正的转变是革命性的。尽管全球能源市场存在固有的不确定性，但以色列作为一个强大玩家的地位现在已得到其盟友和敌人的一致认可。

小结

能源曾是以色列外交政策的阿喀琉斯之踵，因为阿拉伯世界主宰着石油市场。1973年赎罪日战争后实施的石油禁运就是一个缩影。然而，如今，世界主要经济体已经大大减少了石油消耗，以色列作为天然气出口国的崛起改变了其地区和国际地位，以色列的技术优势在整个欧洲正在实施的能源转型中广受欢迎。2019年1月成立的"东地中海天然气论坛"证实，曾经处于劣势的能源因素，现在已明显成为以色列外交政策的有利资产。

结　语

正如本书在第1章中所述,在希伯来《圣经》中,"以色列"这个名字并没有完全替代"雅各"。甚至在表明"你的名字不再叫雅各,而叫以色列"(《创世记》32:28)之后,《圣经》中仍交替使用这两个名字。本书开头引用的诗句(本书书名的来源)表明了两种关系:其一是星与雅各,其二是权杖与以色列。星象征信仰(大卫之星是犹太教的象征),而权杖象征权力(在《以斯帖记》中,亚哈随鲁王的权杖是其绝对权力的象征)。由于犹太既指宗教也指民族,因此这种二元性也是犹太人身份的一部分。欧内斯特·勒南(Ernest Renan)对民族的定义为"一个灵魂,一种精神原则",这也同样适用于犹太人。然而,在犹太教和犹太民族之间的先天联系中,有一些独特的东西。其他民族有特殊的宗教忠诚,比如:神道教是日本人的宗教;天主教很难与波兰的民族身份分离;英国君主既是国家元首,也是圣公会领袖。然而,一个人可以既是日本人又是基督徒,既是波兰人又是新教徒,或既是英国人又是天主教徒。犹太人无论是无神论者还是皈依者,或者是批评以色列的人,仍然与一个宗教和一个民族不可分割。

在他们漫长的历史中,犹太人常常被剥夺权杖。他们的无国籍状态给他们留下了星,即雅各从亚伯拉罕和以撒那里继承来的精神启示。然而,在现实世界中,毫无防御能力的雅各总是处于肉体死亡的危险之中。因此,在雅各遭遇凶险的以扫之前,夜间与天使战斗的审判就是这样：只有在雅各表现出力量并愿意使用它之后，他才被重新命名为以色列。然而，力量本身并不是目的，而是服务和维护理想的手段。希伯来《圣经》反复警告说，犹太人的国家主权取决于他们对西奈盟约的忠诚。没有了权杖，这颗星就有灭绝的危险；没有星，权杖就失去了意义。

19世纪德国犹太哲学家认为犹太人不再需要权杖。赫尔曼·科恩称，犹太人的精神和道德使命与主权和权力本质上是不相容的，因此他强烈反对犹太复国主义。弗朗茨·罗森茨维格（Franz Rosenzweig）之所以批评犹太复国主义，正是因为在他看来，犹太教必须脱离权力。然而，对欧洲犹太人的种族灭绝是由纳粹统治下的德国政府发起和实施的。不幸的是，事实证明科恩和罗森茨维格都错了。灵性与力量、星与权杖之间的辩证还没有结束。

当犹太人在19世纪后期开始重建政治权力时，他们又面临新的困境：理想与现实的冲突。犹太复国主义领导人很快意识到，外交和外交政策是在意愿和约束之间达成妥协。1903年的乌干达提案和1937年的分治计划是对政治家才能的早期和痛苦的考验。英国托管时期（1920—1948）国际体系的演变对犹太复国主义领导人产生了强烈的影响。第一次世界大战后建立的国际联盟体系于20世纪30年代崩溃，英国出于政治上的权宜之计，违背了对建立"犹太民族家园"的承诺，犹太复国主义领导人艰难地学会了现实政治。《苏德互不侵犯条约》最终粉碎了那些仍对苏联抱有希望的社会主义犹太复国主义者的幻想。本-古里安年轻时是一名理想主义的社会主义犹太复国主义者，后来成为俾斯麦式的政治家。正是因为对人性做出了狭隘的假设，他开始将政治现实主义视为更安全的选择。正如意大利前总理朱利奥·安德烈奥蒂（Giulio Andreotti）曾开玩笑说"当你把别人往坏处想时，你就是在犯罪；但你通常都是对的。"

从历史上看，犹太人将信仰与实用主义相结合，正确处理了宗教与国家的关系。希伯来《圣经》创造了一种独特的末世论，这是犹太人生存下来的关键：带着强烈的历史使命感，犹太人将他们的挫折视为光明未来到来前应得的惩罚。在希腊和罗马的统治下，希腊化的犹太人最终消失，巴尔-科赫巴的追随者遭到镇压。流亡期间，弥赛亚主义和同化都进入了死胡同：萨巴泰·泽维皈依了伊斯兰教，阿尔弗雷德·德雷福斯尽管同化为法国人，但还是被认为是犹太人。犹太复国主义是对未兑现的解放承诺的回应：如果犹太人在被同化的情况下仍然被视为异族，那么他们应该恢复自己的国家地位。从本质上讲，犹太复国主义是一种实用主义的回归，遭到被同化的犹太人和宗教严格主义者的反对。

犹太复国主义外交官很快面临现实主义和意识形态之间的两难选择。他们拒绝了1903年的乌干达提议，但愿意考虑1937年的分治计划。通过将对过去坚定不移的忠诚（犹太人几个世纪以来一直发誓："耶路撒冷啊，我若忘记你，情愿我的右手忘记技巧。"）与追求务实的现在（本-古里安在建国之前说："不管是比特摩尔还是施密特摩尔，我们都需要一个犹太国家。"）相结合，以色列最终在1948年得以建国。

以色列在建国初期是一个脆弱且受多方威胁的国家，但最终却成为一个具有全球影响力的强国。如今，尽管它与巴勒斯坦之间的纠葛仍未解决，但以色列在与阿拉伯世界的冲突中占据了上风。尽管以色列与美国之间的关系起起落落，但如今两者的联盟较以往任何时候都更加牢固。尽管存在政治分歧，但以色列已经成为欧洲在贸易、研究、能源和安全方面的重要伙伴。尽管地缘政治利益常常不相容，但以色列还是与俄罗斯建立了牢固的工作关系。以色列与中国、印度和亚洲其他大多数国家之间也建立了重要关系；也重建了与非洲国家的关系，在那里它经常被视为对抗宗教激进主义的堡垒；并使它在拉丁美洲打击伊朗和真主党影响的斗争中成为不可或缺的角色。即使在联合国，以色列的地位近年来也有所提高：以色列现在是一个地区组织的一部分，并在一定程度上消除了多数选票集团的控制。尽管近年来以色列与美国犹太人的关系日渐紧张，但仍继续享有散居海外的犹太人及其政治力量的支持。能源曾经是以色列外交政策中的负债，现在却变成了资产。

然而，与此同时，以色列在未来几十年仍面临尚未解决的问题和挑战，尤其是一直难以解决的与巴勒斯坦人之间的冲突，以及正在减弱的美国犹太人的政治支持。

只有在犹太历史的大背景下，才能理解以色列所取得的外交成就和面临的挑战。以色列将继续发展繁荣，铭记它独特历史的终极教训：在现实世界中，它必须始终保持一种历史使命感，在信仰和权力（星与权杖）之间保持无止境的平衡。

术语表

阿利亚(aliyah)：犹太人到以色列地的移民运动（字面意思："上行"）。

阿什肯纳兹犹太人(Ashkenazi)：具备中欧或东欧血统的犹太人。

改宗者(Conversos)：14世纪和15世纪时被迫在西班牙和葡萄牙皈依天主教的犹太人。

希姆米(dhimmi)：穆斯林统治下的非穆斯林二等公民。

法特瓦(fatwa)：伊斯兰法律的裁决。

阿拉伯突击队员(fadayeen)：阿拉伯语中"牺牲自己的人"。20世纪50年代，阿拉伯游击队越过以色列与加沙和约旦河西岸的边界，在以色列境内制造恐怖袭击。

绿线(green line)：1949年至1967年将以色列与约旦（"西岸"）分隔开的停火线。

哈加纳(Haganah)：英属巴勒斯坦托管地的犹太准军事组织，后成为以色列国防军的核心。

伊尔贡(Irgun)：英国巴勒斯坦托管地的犹太准军事组织，1944年向英国宣战。

圣战(jihad)：阿拉伯语中意为"神圣的战争"，即伊斯兰教与异教徒的斗争。

莱希组织(Lehi)：英国巴勒斯坦托管地的犹太激进准军事组织。

以色列工人党（Mapai）：从以色列独立前到20世纪70年代中期一直主导以色列政治的中左翼政党；以色列工党的前身。

米德拉什（midrash）：对希伯来《圣经》的解释和注释。

密西拿（Mishnah）：犹太口头律法和传统的书面版本。

摩萨德（Mossad）：以色列国家情报机构。

德语中的"东方犹太人"（*Ostjude*）：德国犹太人对从东欧移民到德国和奥地利的犹太人的蔑称。

被禁止移民者（refuseniks）：被苏联禁止移民以色列的苏联犹太人。

古犹太最高评议会兼最高法院（Sanhedrin）：古代犹太人法庭。大犹太法庭（Grand Sanhedrin）是该法庭的现代版，由拿破仑·波拿巴于1807年召集以澄清法国犹太人的法律地位。

塞法迪犹太人（Sephardi）：有西班牙和葡萄牙血统的犹太人，后扩展到包含有北非和中东血统的犹太人。

塔木德（Talmud）：拉比犹太教的中心文本。

瓦克夫（Wakf）：控制和管理耶路撒冷圣殿山的伊斯兰信托机构

伊休夫（*Yishuv*）：英国巴勒斯坦托管地的犹太社区。

注 释

引言

1. Poliakov, *The History of Anti-Semitism*, 104–105.
2. Wisse, *Jews and Power*, 2 (Kindle™ edition).
3. Y. Herzog, *A People that Dwells Alone*, 45.
4. Jon D. Levenson, "The Contrast Between the Bible's Idea of History and the Modern Idea," *Mosaic*, August 13, 2018.

1.《摩西五经》

1.《圣经》上说雅各在埃及住了十七年,在七年饥荒开始的第二年他就到了埃及。因此,雅各在饥荒结束十二年后去世。

4. 从帝国到农奴

1. 巴尔·科赫巴起义:(也被称为第三次犹太-罗马战争,或第三次犹太人起义)是朱迪亚省反抗罗马帝国的起义。在西蒙·巴尔·科赫巴的领导下,这场战争在公元132年至136年间进行。

2. Eban, *Personal Witness*, 115.

3. Johnson, *A History of the Jews*, 59-64.

4. Bar-Kochva, *The Image of the Jews in Greek Literature*, 470.

5. Bar-Kochva, *The Image of the Jews in Greek Literature*, 506.

6. Naim, "Operation Solomon," 650.

7. 因此,在今天的以色列有大量被称为"Hirbet"(阿拉伯语意为"废墟")的地方。有趣的是,《密西拿》(《巴巴迦玛书》7:7)禁止在以色列地饲养山羊。

5. 在无能为力和赋权之间

1. Ayoun, *Les Juifs de France, de l'émancipation à l'intégration*, 66-70.

2. Milka Levy-Rubin, "The Plan Submitted to Napoléon Revealed: A State for the Jews, Funded by the Jews." *Ha'aretz* [Hebrew Edition], February 4, 2017.

3. Milka Levy-Rubin, "The Plan Submitted to Napoléon Revealed: A State for the Jews, Funded by the Jews." *Ha'aretz* [Hebrew Edition], February 4, 2017.

4. Kissinger, *Diplomacy*, 155.

5. Beker, *The Chosen: The History of an Idea, the Anatomy of an Obsession*, 82.

6. Beker, *The Chosen: The History of an Idea, the Anatomy of an Obsession*, 82-83.

7. Beker, *The Chosen: The History of an Idea, the Anatomy of an Obsession*, 86.

8. Beker, *The Chosen: The History of an Idea, the Anatomy of an Obsession*, 83-84.

9. Beker, *The Chosen: The History of an Idea, the Anatomy of an Obsession*, 85.

10. Wisse, *Jews and Power*, 83.

11. Johnson, *A History of the Jews*, 348-349. 1941年，希特勒下令摧毁海因里希·海涅位于巴黎蒙马特公墓的坟墓。

6. 犹太复国主义争论

1. Morris, *Righteous Victims*, 16.
2. Werner, "Dühring, Engen Karl," 191.
3. Wisse, *Jews and Power*, 91.
4. Wisse, *Jews and Power*, 89.
5. Weizmann, *Trial and Error*, 61-62.
6. Weizmann, *Trial and Error*, 73.
7. Weizmann, *Trial and Error*, 359.
8. Morris, *Righteous Victims*, 30.
9. Morris, *Righteous Victims*, 57.
10. Ben-Ami, *Scars of War, Wounds of Peace*, 5.

7. 一战后国际体系中的犹太复国主义外交

1. Weizmann, *Trial and Error*, 272-273.
2. Eban, *Personal Witness*, 20.

3. 俄罗斯出生的约瑟夫·特朗普多尔（Joseph Trumpeldor）是犹太军团著名的标志性英雄，他在1904—1905年的日俄战争中失去了左臂，是俄罗斯被授勋最多的士兵。他也是第一个在俄国军队中被任命为军官的犹太人。1911年，他移居以色列，加入德加尼亚基布兹。1920年，他在抵抗黎巴嫩南部什叶派，保卫特尔海犹太人定居点的战斗中牺牲。他的临终遗言（"没关系，为国捐躯是好事"）使他成了一位民族英雄。

4. Ben-Ami, *Scars of War, Wounds of Peace*, 15.

5. Eban, *Personal Witness*, 108.

6. Morris, *Righteous Victims*, 116.

7. Morris, *Righteous Victims*, 133.

8. Weizmann, *Trial and Error*, 501.

9. Yegar, *In the Foreign Service and Afterwards*, 332.

10. "British White Paper of 1939," Avalon Project, Yale Law School, http://avalon.law.yale.edu/20th_century/brwh1939.asp.

11. Eban, *Personal Witness*, 48.

12. Eban, *Personal Witness*, 23.

13. Morris, *Righteous Victims*, 155.

14. Sandler, *The Jewish Origins of Israeli Foreign Policy*, 94-95.

15. Johnson, *A History of the Jews*, 450.

16. Johnson, *A History of the Jews*, 453.

17. 第21届犹太复国主义大会于1939年在瑞士日内瓦举行，由于战争和纳粹占领欧洲，此后未能再召开。

18. Beker, *The Chosen*, 109.

19. Daladier, *Journal de captivité*, 349.

20. Rick Richman, "Jabotinsky's Lost Moment: June 1940," *Tower Magazine*, December 2013.

21. Rick Richman, "Jabotinsky's Lost Moment: June 1940," *Tower Magazine*, December 2013.

22. Rick Richman, "Jabotinsky's Lost Moment: June 1940," *Tower Magazine*, December 2013.

23. Rick Richman, "Jabotinsky's Lost Moment: June 1940," *Tower Magazine*, December 2013.

24. Tari, "Remarks on Fifty Years of Relations Between Israel and France," 369.

25. Tari, "Remarks on Fifty Years of Relations Between Israel and France," 369.

26. Eban, *Personal Witness*, 25.

27. Sofer, *Zionism and the Origins of Israel Diplomacy*, 253–254.

28. Morris, *Righteous Victims*, 157.

29. Wassertein, "New Light on the Moyne Murder," 30–38.

30. Eban, *Personal Witness*, 62.

31. Weizmann, *Trial and Error*, 536.

32. Weizmann, *Trial and Error*, 538.

33. Hoffman, *Anonymous Soldiers*, 3777 (page location in Kindle™ edition).

34. Hoffman, *Anonymous Soldiers*, 3943 (page location in Kindle™ edition).

35. Hoffman, *Anonymous Soldiers*, 3943 (page location in Kindle™ edition).

36. Wassertein, "New Light on the Moyne Murder," 30–38.

37. Eban, *Personal Witness*, 101.

8. 英国托管及两难境地

1. Eban, *Personal Witness*, 52.
2. Weizmann, *Trial and Error*, 111.
3. Weizmann, *Trial and Error*, 114.
4. Weizmann, *Trial and Error*, 115.
5. Weizmann, *Trial and Error*, 193.
6. Morris, *Righteous Victims*, 73.
7. Morris, *Righteous Victims*, 74.
8. Sasson, "On Negotiations with our Neighbors," 105.
9. Weizmann, *Trial and Error*, 307.
10. Morris, *Righteous Victims*, 82.
11. Morris, *Righteous Victims*, 82.
12. Owen, "Israel's Foreign Policy from a British Viewpoint," 113.
13. Weizmann, *Trial and Error*, 413.
14. Weizmann, *Trial and Error*, 469.
15. Sheffer, "Conflict Resolution vs. Conflict Management in the Arab-Israeli Conflict," 119.
16. Eban, *Personal Witness*, 56.
17. Eban, *Personal Witness*, 57.
18. Eban, *Personal Witness*, 108–109.
19. Weizmann, *Trial and Error*, 485.
20. Weizmann, *Trial and Error*, 485–486.
21. Eban, *Personal Witness*, 50.
22. Eban, *Personal Witness*, 23.
23. Sofer, *Zionism and the Foundations of Israeli Diplo-*

macy, 119.

24. Sofer, *Zionism and the Foundations of Israeli Diplomacy*, 142.

25. Sofer, *Zionism and the Foundations of Israeli Diplomacy*, 153.

26. Sofer, *Zionism and the Foundations of Israeli Diplomacy*, 159.

27. Sofer, *Zionism and the Foundations of Israeli Diplomacy*, 216.

28. Sofer, *Zionism and the Foundations of Israeli Diplomacy*, 227.

29. Weizmann, *Trial and Error*, 214.

30. Sofer, *Zionism and the Foundations of Israeli Diplomacy*, 256.

31. Sofer, *Zionism and the Foundations of Israeli Diplomacy*, 258.

32. Sofer, *Zionism and the Foundations of Israeli Diplomacy*, 286.

9. 冷战初期的以色列和中东

1. Eban, *Personal Witness*, 99.
2. Eban, *Personal Witness*, 101.
3. Eban, *Personal Witness*, 104.
4. Eban, *Personal Witness*, 88.
5. Eban, *Personal Witness*, 88–89.
6. Eban, *Personal Witness*, 115.
7. Eban, *Personal Witness*, 106.

8. Eban, *Personal Witness*, 107.

9. Eban, *Personal Witness*, 131.

10. Morris, *Righteous Victims*, 187.

11. Morris, *Righteous Victims*, 201.

12. Eban, *Personal Witness*, 110.

13. Crawford, "The Criteria for Statehood in International Law," 93-182.

14. "Mahmoud Abbas: The PLO Should Reexamine Its Agreements with Israel; We will No Longer Accept the U. S. as Mediator," MEMRI, January 15, 2018, https://www.facebook.com/memri.org/videos/10156092669729717/.

15. Opaz, *Israel's Foreign Relations*, 35.

16. Rosen, "Israel's First Letter of Credence," 30-31.

17. Eytan, *Between Israel and the Nations*, 189.

18. Eban, *Personal Witness*, 132.

19. C. Herzog, *The Arab-Israeli Wars*, 17-108.

20. Morris, *Righteous Victims*, 242.

21. Morris, *Righteous Victims*, 243.

22. Morris, *The Birth of the Palestinian Refugee Problem Revisited*.

23. Gilbert, *In Ishmael's House*; Fischbach, *Jewish Property Claims Against Arab Countries*.

24. Morris, *Righteous Victims*, 221.

25. Morris, *Righteous Victims*, 231.

26. 在格兰德艾尔伯格玫瑰酒店。

27. Eban, *Personal Witness*, 187.

28. Eytan, "The First Year," 15.

29. Morris, *Righteous Victims*, 262-265.

30. Kahana, "Israel in the Arena of the United Nations,"

796.

31. Kahana, "Israel in the Arena of the United Nations," 795.

32. Eytan, *Between Israel and the Nations*, 109.

33. Berkowits, *The Battle for the Holy Places*, 41–47; Berkowtis, *How Dreadful Is This Place*, 50–61.

34. Bialer, *Between East and West*.

35. Guvrin, "Israel-USSR Relations from Israel's Independence (1948) to the Demise of the Soviet Union (1991)," 449.

36. Shlaim, "Israel Between East and West, 1948—1956," 660.

37. Klieman, *Israel and the World After 40 Years*, 193.

38. Ma, "Israel's Rule in the UN During the Korean War," 83.

39. Eban, *Personal Witness*, 242.

40. Eban, *Personal Witness*, 245.

41. Eban, *Personal Witness*, 245.

42. Eban, *Personal Witness*, 242–243.

43. Sasson, "On Negotiations with Our Neighbors," 122.

44. Sasson, "On Negotiations with Our Neighbors," 122.

45. Eban, *Personal Witness*, 261.

10. 外围战略及其后果

1. Gilead, "Israel's Efforts to Connect with NATO (1957—1959)," 363.

2. De Gaulle, *Mémoires d'Espoir*, 285.

3. Alpher, *Periphery: Israel's Search for Middle East Allies*, 5.

4. Alpher, *Periphery: Israel's Search for Middle East Allies*, 5.

5. Alpher, *Periphery: Israel's Search for Middle East Allies*, 52-53.

6. Alpher, *Periphery: Israel's Search for Middle East Allies*, 53.

7. Gilead, "Relations Between Israel and Iran (1949—1979): Underground Diplomacy," 251.

8. Sasson, "On Negotiations with our Neighbors," 124.

9. Gazit, "The Iranian Who Established the Oil Trade with Israel," 255-256.

10. Bialer, "The Power of the Weak: Israel's Oil Diplomacy, 1948—57," 83.

11. Abadi, *Israel's Quest for Recognition and Acceptance in Asia*, 41.

12. Sasson, "On Negotiations with our Neighbors," 124.

13. Gilead, "Relations Between Israel and Iran (1949—1979): Underground Diplomacy," 254.

14. Alpher, *Periphery: Israel's Search for Middle East Allies*, 22.

15. Abadi, *Israel's Quest for Recognition and Acceptance in Asia*, 45.

16. Alpher, *Periphery: Israel's Search for Middle East Allies*, 22.

17. Klieman, *Israel's Global Reach: Arms Sales as Diplomacy*, 159.

18. Bergman, *The Secret War with Iran*, 45.

19. Klieman, *Israel's Global Reach: Arms Sales as Diplomacy*, 159.

20. Abadi, *Israel's Quest for Recognition and Acceptance in Asia*, 49.

21. Alpher, *Periphery: Israel's Search for Middle East Allies*, 81.

22. Abadi, *Israel's Quest for Recognition and Acceptance in Asia*, 55–56.

23. Ben-Ya'acov, "Two Stories," 415.

24. 1939年，土耳其从法属叙利亚手中夺取了亚历山大勒塔省。由于与德国的战争迫在眉睫，法国没有试图逆转这一形势，但叙利亚（1945年正式独立）从未承认土耳其对亚历山大勒塔省的主权。

25. Alpher, *Periphery: Israel's Search for Middle East Allies*, 11.

26. Gilad, "Our Neighbors: Turkey and Cyprus," 372.

27. Shlaim, *The Iron Wall: Israel and the Arab World*, 196.

28. Shlaim, *The Iron Wall: Israel and the Arab World*, 196.

29. Alpher, *Periphery: Israel's Search for Middle East Allies*, 15.

30. Inbar, "Regional Implications of the Israeli-Turkish Strategic Partnership," 54.

31. Alpher, *Periphery: Israel's Search for Middle East Allies*, 17.

32. Alpher, *Periphery: Israel's Search for Middle East Allies*, 17.

33. Chris McGreal, "Turkish PM Accuses Israel of

Practicing State Terrorism," *The Guardian*, June 4, 2004.

34. "Turkey PM: Israel War Crimes Worse Than Sudan," *Ha'aretz*, November 8, 2009.

35. "Rachel's Tomb War Never Jewish," *The Jerusalem Post*, March 7, 2010.

36. Inbar, "The Deterioration on Israeli-Turkish Relations and its International Ramifications," 4.

37. Raphael Ahren, "Erdogan Calls Zionism 'A Crime against Humanity,'" *The Times of Israel*, February 28, 2013.

38. Gavriel Fiske, "Turkish PM Accuses Israel of Engineering Egyptian Coup," *The Times of Israel*, August 20, 2013.

39. "Turkey Revealed Israeli Spy Ring to Iran-Report," *Reuters*, October 17, 2013.

40. 2010年5月,载有IHH武装分子的土耳其蓝色"马尔马拉"号船只试图突破加沙地带的海上封锁,遭到以色列海军突击队拦截,IHH武装分子猛烈攻击以色列海军。以色列海军突击队击毙了9名土耳其武装分子。

41. Inbar, "The Deterioration on Israeli-Turkish Relations and its International Ramifications," 11.

42. Sharon Udasin, "Report: Majority of Israeli Oil Imported from Kurdistan," *The Jerusalem Post*, August 24, 2015.

43. Alpher, *Periphery: Israel's Search for Middle East Allies*, 106.

44. Alpher, *Periphery: Israel's Search for Middle East Allies*, 108.

45. "The Ambitious United Arab Emirates," *The*

Economist, April 6, 2017.

46. Henderson, "From Bahrain to Jerusalem."
47. Yaalon and Freidman, "Israel and the Arab States."
48. "Saudi Arabia Purchased Iron Dome Missile Defense system from Israel: Report," *i24News*, September 13, 2018.

11. 以色列与阿拉伯国家

1. Sasson, "On Negotiations with our Neighbors," 119.
2. Sasson, "On Negotiations with our Neighbors," 120–121.
3. Sasson, "On Negotiations with our Neighbors," 111–114.
4. Sasson, "On Negotiations with our Neighbors," 114.
5. Sasson, "On Negotiations with our Neighbors," 114.
6. Sasson, "On Negotiations with our Neighbors," 116.
7. Morris, *Righteous Victims*, 267.
8. Eban, *Personal Witness*, 281.
9. Eban, *Personal Witness*, 291–292.
10. Eban, *Personal Witness*, 330.
11. Eban, *Personal Witness*, 346.
12. Eban, *Personal Witness*, 352.
13. Eban, *Personal Witness*, 348.
14. Eban, *Personal Witness*, 352.
15. Eban, *Personal Witness*, 353.
16. Eban, *Personal Witness*, 353.
17. Eban, *Personal Witness*, 354.
18. Oren, *Six Days of War*, 55.

19. Heller, *Israel and the Cold War from the War of Independence to the Six Day War*, 558.

20. Raviv, "The Six Day War," 91.

21. Eban, *Personal Witness*, 362.

22. Eban, *Personal Witness*, 444.

23. Eban, *Personal Witness*, 364.

24. Eban, *Personal Witness*, 372.

25. Eban, *Personal Witness*, 374.

26. Eban, *Personal Witness*, 388–389.

27. Eban, *Personal Witness*, 455.

28. Eban, *Personal Witness*, 366.

29. Eban, *Personal Witness*, 383.

30. Eban, *Personal Witness*, 400–401.

31. Raviv, "The Six Day War," 99.

32. Morris, *Righteous Victims*, 324.

33. Raviv, "The Six Day War," 93.

34. Eban, *Personal Witness*, 444.

35. Eban, *Personal Witness*, 435.

36. Lapidoth, "The Security Council in the May 1967 Crisis: A Study in Frustration," 534–550.

37. Sasson, "On Negotiations with our Neighbors," 125.

38. Sasson, "On Negotiations with our Neighbors," 124.

39. Sasson, "On Negotiations with our Neighbors," 126.

40. Eban, *Personal Witness*, 439.

41. Eban, *Personal Witness*, 452–453.

42. Eban, *Personal Witness*, 456.

43. Security Council Official Records, 1382nd Meeting, 22 November 1967, Paragraph 88.

44. Security Council Official Records, 1382nd Meeting,

22 November 1967, Paragraph 90.

45. Eban, *Personal Witness*, 457-458.

46. Eban, *Personal Witness*, 458-459.

47. Security Council Official Records, 1382nd Meeting, 22 November 1967, Paragraph 111.

48. Rosenne, "On Multi-Lingual Interpretation: UN Security Council 242," 360-366.

49. Lapidoth, "The Misleading Interpretation of Security Council 242 (1967)," 11.

50. Jones, "The Council and the Arab-Israeli Wars," 308.

51. Brown, *In My Way*, 233.

52. Lapidoth, "UNSC Resolution 242 from 1967," 845.

53. UN Press Release SG/SM/4718, March 19, 1992, 11.

54. Lapidoth, "UNSC Resolution 242 from 1967," 842.

55. Kissinger, *Years of Upheaval*, 847.

56. Morris, *Righteous Victims*, 359.

57. Eban, *Personal Witness*, 517.

58. Eban, *Personal Witness*, 517.

59. Eban, *Personal Witness*, 518.

60. Eban, *Personal Witness*, 518.

61. Kissinger, *Years of Upheaval*, 220-221.

62. Eban, *Personal Witness*, 516.

63. Morris, *Righteous Victims*, 395.

64. Ben-Ami, *Scars of War, Wounds of Peace*, 135.

65. Eban, *Personal Witness*, 535.

66. Eban, *Personal Witness*, 589.

67. Morris, *Righteous Victims*, 434.

68. Kissinger, *Crisis*, 352－354.
69. Morris, *Righteous Victims*, 454.
70. Eban, *Personal Witness*, 655.
71. Eban, *Personal Witness*, 543.
72. Kissinger, *Crisis*, 11.
73. Eban, *Personal Witness*, 560.
74. Rabin, *The Rabin Memoirs*, 256.
75. Nisan, "The PLO and Vietnam: National Liberation Models for Palestinian Struggle," 181－210.
76. Schwartz & Wilf, *The War of Return*, 154.
77. Karsh, *Arafat's War*, 154.
78. Morris, *Righteous Victims*, 454.
79. Medzini, *Israel's Foreign Relations. Selected Documents 1974—1977* (Volume 3), 552.
80. Shlaim, *The Iron Wall*, 359.
81. Dayan, *Breakthrough*, 53.
82. Gefen, "Ceauşescu's Independent Policy Toward Israel: 1978—1982," 493.
83. Eldad, *Things You See from Here*.
84. Inbar, *Rabin and Israel's National Security*, 21.
85. Medzini, *Israel's Foreign Relations. Selected Documents 1979—1980* (Volume 6).
86. Eban, *Personal Witness*, 592.
87. Kissinger, *Observations*, 94.
88. Morris, *Righteous Victims*, 460.
89. Ross, *The Missing Peace*, 691 (Kindle™ Edition).
90. Sher, *Just Beyond Reach*, 141.

12. 以色列和巴勒斯坦人

1. Medzini, *Israel's Foreign Relations: Selected Documents 1982—1984* (Volume 8), 161-163.
2. Morris, *Righteous Victims*, 496.
3. Morris, *Righteous Victims*, 498.
4. Schiff and Ya'ari, *Israel's Lebanon War*.
5. Eban, *Personal Witness*, 610.
6. Alpher, *Periphery: Israel's Search for Middle East Allies*, 48.
7. Medzini, *Israel's Foreign Relations: Selected Documents 1984—1988* (Volumes 9 and 10), 231.
8. Medzini, *Israel's Foreign Relations: Selected Documents 1984—1988* (Volumes 9 and 10), 427.
9. Pazner, *I Was in Paris and in Rome*, 218.
10. Shultz, *Turmoil and Triumph*, 948.
11. Morris, *Righteous Victims*, 587.
12. Lapidot and Hirsch, *The Arab-Israeli Conflict and Its Resolution*, 340.
13. Shlaim, *The Iron Wall*, 458.
14. Medzini, *Israel's Foreign Relations: Selected Documents 1984—1988* (Volumes 9 and 10), 1046-1047.
15. Medzini, *Israel's Foreign Relations: Selected Documents 1984—1988* (Volumes 9 and 10), 1047.
16. 巴解组织特工枪杀了纳布卢斯市长 Zafer al-Masri,因为他公开支持在没有巴解组织的情况下与以色列进行谈判。
17. Baker, *The Politics of Diplomacy*, 464.

18. Indyk, "Peace Without the PLO," 33–37.
19. Ben-Ami, *Scars of War, Wounds of Peace*, 164.
20. Said, *Peace and Its Discontents*, 193–194.
21. Noa Landau, "After a Quarter of a Century, Rabin's Man in Oslo Analyzes the Failures and the Successes," *Ha'aretz* [Hebrew], September 4, 2018.
22. Said, *Peace and Its Discontents*, 79.
23. Said, *Peace and Its Discontents*, 118.
24. Ross, *The Missing Peace*, 766 (Kindle™ edition).
25. Ben-Ami, *Scars of War, Wounds of Peace*, 207.
26. Sher, *Just Beyond Reach*, 32.
27. "Arafat Compares Oslo Accords to Muhammad's Hudaybiyyah Peace Treaty, Which led to defeat of the Peace Patners," Palestinian Media Watch, May 10, 1994, http://palwatch.org/main.aspx?fi=7118doc_id=486.
28. Rubin, *Yasir Arafat*, 125–127.
29. Shlaim, *The Iron Wall*, 609.
30. Morris, *Righteous Victims*, 621.
31. Karsh, *Arafat's War*, 138.
32. Karsh, *Arafat's War*, 5.
33. *MEMRI Special Dispatch No. 7676*, 2018.9.18.
34. Karsh, *Arafat's War*, 61.
35. Ben-Ami, *Scars of War, Wounds of Peace*, 214.
36. Karsh, *Arafat's War*, 148.
37. Ben-Ami, *Scars of War, Wounds of Peace*, 210–211.
38. "Faysal Husseini in his Last Interview: The Oslo Accords Were a Trojan Horse; The Strategic Goal Is the liberation from the [Jordan] River to the [Mediterranean]

Sea," MEMRI, July 6, 2001, https://www.memri.ogr/reports/faysal-al-husseini-his-last-interview-oslo-accords-were-trojan-horse-strategic-goal.

39. Karsh, *Arafat's War*, 78.
40. Karsh, *Arafat's War*, 80.
41. Karsh, *Arafat's War*, 81.
42. Ben-Ami, *Scars of War, Wounds of Peace*, 217–218.
43. Karsh, *Arafat's War*, 182.
44. Karsh, *Arafat's War*, 182.
45. Ross, *The Missing Peace*, 760 (Kindle™ edition).
46. Ben-Ami, *Scars of War, Wounds of Peace*, 265.
47. Sher, *Just Beyond Reach*, 210.
48. Ben-Ami, *Scars of War, Wounds of Peace*, 252.
49. Ross, *The Missing Peace*, 676 (Kindle™ edition).
50. Sher, *Just Beyond Reach*, 163.
51. Ross, *The Missing Peace*, 694 (Kindle™ edition).
52. Ross, *The Missing Peace*, 699 (Kindle™ edition).
53. Ross, *The Missing Peace*, 704–705 (Kindle™ edition).
54. Sher, *Just Beyond Reach*, 191.
55. Sher, *Just Beyond Reach*, 193.
56. Sher, *Just Beyond Reach*, 194.
57. Sher, *Just Beyond Reach*, 231.
58. Ben-Ami, *Scars of War, Wounds of Peace*, 250–251.
59. Ben-Ami, *Scars of War, Wounds of Peace*, 263.
60. Ben-Ami, *Scars of War, Wounds of Peace*, 251.
61. Ross, *The Missing Peace*, 714–715 (Kindle™

edition).

62. Ben-Ami, *Scars of War, Wounds of Peace*, 233.
63. Ben-Ami, *Scars of War, Wounds of Peace*, 235.
64. Karsh, *Arafat's War*, 193.
65. Karsh, *Arafat's War*, 194.
66. Benny Morris, "Camp David and After: An Exchange," *The New York Review of Books*, June 13, 2001.
67. State of Israel, Ministry of International Affairs and Strategy, "The France 2 Al Dura Report, Its Consequences and Implications," May 19, 2013.
68. Sher, *Just Beyond Reach*, 357.
69. Ross, *The Missing Peace*, 754 (Kindle™ edition).
70. Sher, *Just Beyond Reach*, 375.
71. Ross, *The Missing Peace*, 756 (Kindle™ edition).
72. Ross, *The Missing Peace*, 757 (Kindle™ edition).
73. Sher, *Just Beyond Reach*, 295–296.
74. Sher, *Just Beyond Reach*, 386.
75. Sher, *Just Beyond Reach*, 388–389.
76. Ross, *The Missing Peace*, 757 (Kindle™ edition).
77. Sher, *Just Beyond Reach*, 397–398.
78. Karsh, *Arafat's War*, 210.
79. Ari Shavit, "The Day Peace Died," (interview with Shlomo Ben-Ami) *Ha'aretz* (Friday Magazine), September 14, 2001.
80. Sher, *Just Beyond Reach*, 408.
81. Sher, *Just Beyond Reach*, 413.
82. Sher, *Just Beyond Reach*, 396.
83. Ben-Ami, *Scars of War*, 210.
84. Ben-Ami, *Scars of War*, 257.

85. Gold, *The Fight for Jerusalem*, 112.
86. Berkowitz, *How Dreadful Is This Place*, 255.
87. Berkowitz, *How Dreadful Is This Place*, 253.
88. Berkowitz, *How Dreadful Is This Place*, 254.
89. Berkowitz, *How Dreadful Is This Place*, 257.
90. Berkowitz, *How Dreadful Is This Place*, 258.
91. Berkowitz, *How Dreadful Is This Place*, 258.
92. Ross, *The Missing Peace*, 771 (Kindle™ edition).
93. Ben-Ami, *Scars of War, Wounds of Peace*, 247.
94. Rice, *No Higher Honor*, 54 (Kindle™ edition).
95. Rice, *No Higher Honor*, 135 (Kindle™ edition).
96. Arieli, *A Border Between Us and You*, 163.
97. Ben-Ami, *Scars of War, Wounds of Peace*, 240.
98. William Safire, "The Sharon Plan of Disengagement," *New York Times*, April 16, 2004.
99. 第二十二条军规是指由于无法解决的矛盾而陷入死胡同。1961年，约瑟夫·海勒(Joseph Heller)的小说《第二十二条军规》(Catch-22)出版后，这个表达变成了口语化的表达。在这部小说中，一名飞行员假装疯了，想要逃避一项危险任务；然而，他不可能在神志不清的情况下提交豁免请求。
100. Sher, *Just Beyond Reach*, 256.
101. 《沙龙总理与布什总统的信件》，2004年4月14日以色列外交部文件，http://mfa.gov.il/mfa/foreignpolicy/peace/mfadocuments/pages/exchange%20of%20letters%20sharon-bush%2014-apr-2004.aspx.
102. 第六次赫兹利亚年度会议闭幕词。
103. Rice, *No Higher Honor*, 650 (Kindle™ edition).
104. Rice, *No Higher Honor*, 652 (Kindle™ edition).
105. Rice, *No Higher Honor*, 723 (Kindle™ edition).

106. "Ehud Olmert: When Peace Was Within Arm's Reach, I Was Politically Assassinated," *The Times of Israel*, March 26, 2018.

107. Rice, *No Higher Honor*, 723 (Kindle™ edition).

108. Arieli, *A Border Between Us and You*, 171.

109. "Ehud Olmert: When Peace Was Within Arm's Reach, I Was Politically Assassinated," *The Times of Israel*, March 26, 2018.

110. "Ehud Olmert: When Peace Was Within Arm's Reach, I Was Politically Assassinated," *The Times of Israel*, March 26, 2018.

111. Rice, *No Higher Honor*, 724 (Kindle™ edition).

112. Caspit, *The Netanyahu Years*, 447–448 (Kindle™ edition).

113. Caspit, *The Netanyahu Years*, 455 (Kindle™ edition).

114. Amir Tibon, "Obama's Detailed Plans for Mideast Peace Revealed—And How Everything Fell Apart," *Ha'aretz*, June 7, 2017.

115. Caspit, *The Netanyahu Years*, 472 (Kindle™ edition).

116. Amir Tibon, "Obama's Detailed Plans for Mideast Peace Revealed—And How Everything Fell Apart," *Ha'aretz*, June 7, 2017.

117. Caspit, *The Netanyahu Years*, 473 (Kindle™ edition).

118. "Mahmoud Abbas: The PLO Should Reexamine Its Agreements with Israel; We will No Longer Accept the U. S. as Mediator," MEMRI, January 15, 2018, http://www.

falebook. com/memri. org/videos/10156092669 729717/.

119. Sheffer, "Conflict Resolution Vs. Conflict Management in the Arab-Israeli Conflict," 128.

120. Morris, *Righteous Victims*, 669.

121. Ben-Ami, *Scars of War, Wounds of Peace*, 351.

13. 欧洲悖论

1. Morris, *Righteous Victims*, 165.
2. Patterson, *A Genealogy of Evil*, 26.
3. Eban, *Personal Witness*, 24.
4. Weiler, *Ernest Bevin*, 170–171.
5. Eban, *Personal Witness*, 169–170.
6. Weizmann, *Trial and Error*, 512.
7. Eban, *Personal Witness*, 86.
8. Weizmann, *Trial and Error*, 535.
9. Eban, *Personal Witness*, 184–185.
10. Eban, *Personal Witness*, 324.
11. Alpher, *Periphery*, 5.
12. Alpher, *Periphery*, 38.
13. Alpher, *Periphery*, 39.
14. Bermant, *Margaret Thatcher and the Middle East*, 118.
15. Bermant, *Margaret Thatcher and the Middle East*, 11.
16. Bermant, *Margaret Thatcher and the Middle East*, 81.
17. Bermant, *Margaret Thatcher and the Middle East*, 88.
18. 在入侵科威特后，萨达姆·侯赛因说，他愿意撤军，条件是以色列从"巴勒斯坦、黎巴嫩和叙利亚的所有被占领的阿拉伯领土"撤出。

19. Robin Simcox, "Jeremy Corbyn Has a Soft Spot for Extremists," *Foreign Policy*, 3 October 2018.

20. George Eaton, "Corbyn's 'Zionist' Remarks were 'Most Offensive' since Enoch Powell, Says Ex-chief Rabbi," *New Statesman*, August 28, 2018.

21. "Momentum for Strengthening US-Israel Relationship?" ELNET, July 2, 2018, https://elnetwork.eu/country/uk/warming-uk-israel-ties-on-the-eve-of-brexit/.

22. Tari, "Remarks on Fifty Years of Relations Between Israel and France," 368.

23. Eban, *Personal Witness*, 123.

24. Tzur, "How Israel Was Compelled to Withdraw from Sinai in 1957," 84.

25. Charbit, "France-Israel Relations, 1948—2008: From the Delight of and Alliance to Post-Divorce Bitterness," 1034.

26. Charbit, "France-Israel Relations, 1948—2008: From the Delight of and Alliance to Post-Divorce Bitterness," 1035.

27. De Gaulle, *Mémoires d'Espoir*, 284.

28. Charbit, "France-Israel Relations, 1948—2008: From the Delight of and Alliance to Post-Divorce Bitterness,"1029.

29. De Gaulle, Memoires d'Espoir, 285

30. Wilson, *The Chariot of Israel*, 358.

31. Eban, *Personal Witness*, 374.

32. Eban, *Personal Witness*, 372.

33. Eban, *Personal Witness*, 376.

34. "Conférerce de Presse du 27 novembre 1967," Institut national de l'andiorisuel, https://fresques.ina.fr/de-ganlle/fiche-media/Gaulleoo139/coference-de-presse-du-27-novembre-1967.html.

35. 法国漫画家蒂姆(Louis Mitelberg 的笔名)在 1967 年 12 月 3 日至 4 日出版的《世界报》上刊登了一幅漫画,画的是一名在纳粹集中营里傲慢、目中无人的犹太人囚犯,副标题是"自信、专横"。

36. "Conférerce de Presse du 27 novembre 1967," Institut national de l'andiorisuel, https://fr.wikisource.org/wiki/Conf%C3%A9rence_de_presse_du_27_novembre_1967.html.

37. "Conférerce de Presse du 27 novembre 1967," Institut national de l'andiorisuel, https://fr.wikisource.org/wiki/Conf%C3%A9rence_de_presse_du_27_novembre_1967.html.

38. Eban, *Personal Witness*, 279.

39. Meroz, "Europe in the State's Foreign Policy System," 336.

40. Sher, *Just Beyond Reach*, 299.

41. Ross, *The Missing Peace*, 735 (Kindle™ edition).

42. Neuberger, "Feelings, Realpolitik and Morals in Israel's Policy Toward Germany," 270.

43. Levavi, "Konrad Adenauer Visits Israel," 360.

44. Dan Raviv and Yossi Melman, "The Nazi Who Became a Mossad Hitman," *Forward*, March 27, 2016.

45. Ronen Bergman, "Why Did Israel Let Mengele Go?" *New York Times*, September 6, 2017.

46. Ronen Bergman, "Why Did Israel Let Mengele Go?" *New York Times*, September 6, 2017.

47. Shapiro, "Shadow Interests: West German-Israeli Intelligence and Military Cooperation, 1957—82," 172.

48. Neuberger, "Feelings, Realpolitik and Morals in Israel's Policy toward Germany," 276.

49. Eban, *Personal Witness*, 334.

50. Shapiro, "Shadow Interests: West German-Israeli Intelligence and Military Cooperation, 1957—82," 180.

51. Lorch, "Israel-Spain: The Establishment of Diplomatic Relations," 398.

52. Hadas, "Israel and Spain: Split Ways," 407.

53. Lirio Abbate, "L'Espresso Reveals the Secret Diaries of Arafat," *L'Espresso*, February 2, 2018.

54. Greilsammer and Weiler, *Europe's Middle East Dilemma*, 73.

55. Yegar, "Israel-Sweden: History of Complicated Relationships," 431.

56. Yegar, "Israel-Sweden: History of Complicated Relationships," 436.

57. "Margot Wallström," Wikipedia (English), accessed February 24, 2020, http://en.wikipedia.org/wiki/Margot_Wall str％C3％Bbm.

58. Ben-Horin, "Israel-Vatican Relations: Between Theology and Interest," 994.

59. Ben-Horin, "Israel-Vatican Relations: Between Theology and Interest," 996.

60. Ben-Horin, "Israel-Vatican Relations: Between Theology and Interest," 998.

61. Ben-Horin, "Israel-Vatican Relations: Between Theology and Interest," 1013.

62. Pazner, *I Was in Paris and in Rome*, 295.

63. Rafael, *Destination Peace*, 358.

64. 然而,在1988年启动"第五框架计划"之前,由于对中东和平进程的政治分歧,以色列的成员资格必须努力去争取。

65. Inbar, *Rabin and Israel's National Security*, 50.

66. "After meeting Netanyahu, Lithuanian Leader Proposes Closer EU Ties," *The Times of Israel*, 24 August 2018.

67. Herbkeinon, "Berlusconi Dreams of Israel Joining EU," *Jerusalem Post*, February 2, 2010.

68. Ora Cohen and Cili Cohen, "Record Europe Sales Push Israeli Defense Exports to ＄6.5 Billion in 2016," *Ha'aretz*, March 29, 2017.

14. 美国联盟

1. Eban, *Personal Witness*, 80.
2. Eban, *Personal Witness*, 123.
3. Johnson, *A History of the Jews*, 525.
4. Avner, *The Prime Ministers*, 121.
5. Avner, *The Prime Ministers*, 122.
6. Eban, *Personal Witness*, 136.
7. Eban, *Personal Witness*, 149.
8. Eban, *Personal Witness*, 213.
9. Sasson, "On Negotiations with Our Neighbors," 119.
10. Heller, *Israel and the Cold War from the War of Independence to the Six Day War*, 126.
11. Heller, *Israel and the Cold War from the War of Independence to the Six Day War*, 127.
12. Heller, *Israel and the Cold War from the War of Independence to the Six Day War*, 128.
13. Heller, *Israel and the Cold War from the War of Independence to the Six Day War*, 132.
14. Eban, *Personal Witness*, 245.

15. Heller, *Israel and the Cold War from the War of Independence to the Six Day War*, 144–145.

16. Heller, *Israel and the Cold War from the War of Independence to the Six Day War*, 147.

17. Heller, *Israel and the Cold War from the War of Independence to the Six Day War*, 149.

18. Eban, *Personal Witness*, 286.

19. Eban, *Personal Witness*, 290.

20. Heller, *Israel and the Cold War from the War of Independence to the Six Day War*, 272.

21. Gazit, "Early Warnings on the Way to the Strengthening of Security Ties Between Israel and the United States," 295.

22. Gazit, "Early Warnings on the Way to the Strengthening of Security Ties Between Israel and the United States," 295.

23. Cohen, *Israel and the Bomb*, 359.

24. Cohen, *Israel and the Bomb*, 359.

25. Avner, *The Prime Ministers*, 167.

26. Bar-On, "Five Decades of Israel-US Relations," 272.

27. Bar-Siman-Tov, "Israel and the United States (1948—1998): A Special Relationship," 54.

28. Rabin, *The Rabin Memoirs*, 296.

29. Rabin, *The Rabin Memoirs*, 300.

30. Avner, *The Prime Ministers*, 422.

31. Avner, *The Prime Ministers*, 426.

32. Avner, *The Prime Ministers*, 440.

33. Medzini, *Israel's Foreign Relations: Selected Documents 1981—1982* (Volume 7), 239.

34. Bernard Weinraub, "Reagan Demands End to Attacks in Blunt Telephone Call to Begin," *The New York Times*, August 13, 1982.

35. Medzini, *Israel's Foreign Relations: Selected Documents 1982—1984* (Volume 8), 167.

36. Lou Cannon, "Reagan-Gorbachev Summit Talks Collapse as Deadlock on SDI Wipes Out Other Gains," *Washington Post*, October 13, 1986.

37. Friedman, "Baker Rebukes Israel on Peace Terms," *The New York Times*, June 14, 1990.

38. Shamir, *Summing-Up*, 217.

39. Medzini, *Israel's Foreign Relations: Selected Documents 1988—1992* (Volumes 11 and 12), 169.

40. Ben-Aharon, "Political Struggles, 1981—1992," 172.

41. Arens, *Broken Covenant*.

42. Baker, *The Politics of Diplomacy*, 129.

43. Michael Hirsch, "Clinton to Arafat: It's All Your Fault," *Newsweek*, June 26, 2001.

44. Rice, *No Higher Honor*, 55 (Kindle™ edition).

45. Rice, *No Higher Honor*, 145 (Kindle™ edition).

46. Ross, *The Missing Peace*, 789 (Kindle™ edition).

47. Rice, *No Higher Honor*, 280 (Kindle™ edition).

48. Amir Tibon, "Poll: American Support for Israel at Highest Rates Since Early 1990s as Partisan Gap Widens," *Ha'aretz*, March 14, 2018.

15. 俄罗斯迷局

1. Winston Churchill, "Zionism versus Bolshevism: A

Struggle for the Soul of the Jewish People," *Illustrated Sunday Herald*, February 8, 1920.

2. Winston Churchill, "Zionism versus Bolshevism: A Struggle for the Soul of the Jewish People," *Illustrated Sunday Herald*, February 8, 1920.

3. Palmor, "Israel, the Soviet Union and East European Countries," 522.

4. Eban, *Personal Witness*, 95.

5. Eban, *Personal Witness*, 112.

6. Guvrin, "Israel-USSR Relations from Israel's Independence (1948) to the Demise of the Soviet Union (1991)," 447-448.

7. Guvrin, "Israel-USSR Relations from Israel's Independence (1948) to the Demise of the Soviet Union (1991)," 448.

8. Guvrin, "Israel-USSR Relations from Israel's Independence (1948) to the Demise of the Soviet Union (1991)," 449.

9. Guvrin, "Israel-USSR Relations from Israel's Independence (1948) to the Demise of the Soviet Union (1991)," 448.

10. Klieman, *Israel and the World After* 40 *Years*, 193.

11. Eban, *Personal Witness*, 275.

12. Guvrin, "Israel-Romania Relations in the Twilight of Ceauşescu's Regime," 501.

13. Roei, "Relations Between Israel and the Soviet Union/Russia, 1948—2008," 920.

14. Roei, "Relations Between Israel and the Soviet Union/Russia, 1948—2008," 920.

15. Medzini, *Israel's Foreign Relations: Selected Documents 1979—1980* (Volume 6), 312.

16. Roei, "Relations Between Israel and the Soviet Union/Russia, 1948—2008," 922.

17. Medzini, *Israel's Foreign Relations: Selected Documents 1988—1992* (Volumes 11 and 12), 735.

18. "Israel's Military Exports: Growth in Africa, Record in Europe," *Ha'aretz* [Hebrew], March 29, 2017.

19. Herb Keinon, "Top Aide to Azerbaijan President: Israel Important Strategic Partner," *The Jerusalem Post*, January 27, 2015.

20. Yossi Melman and Herb Keinon, "Netanyahu in Kazakhstan Seeks Help in Winning Israel Spot on UN Security Council," *The Jerusalem Post*, December 14, 2016.

21. Raphael Ahren, "After Putin Meet, PM Indicates Moscow Won't Curtail Israeli Strikes in Syria," *The Times of Israel*, May 9, 2018.

16. 通往亚洲的长征

1. "Tiers monde"为法语"Tiers État"(第三等级)的变体,即1789年法国大革命前既不属于贵族也不属于神职人员的法国臣民。

2. Yegar, *In the Foreign Service and Afterwards* [Hebrew], 181.

3. Aharon Shai, "Revealed: In 1939, China Planned to Settle Persecuted European Jews in Remote Part of Country," *Ha'aretz*, August 5, 2017.

4. Aharon Shai, "Revealed: In 1939, China Planned to Settle Persecuted European Jews in Remote Part of Country," *Ha'aretz*, August 5, 2017.

5. Yegar, *In the Foreign Service and Afterwards* [Hebrew], 215.

6. Yegar, *In the Foreign Service and Afterwards* [Hebrew], 223.

7. Shichor, "The Middle East in China's Foreign Policy," 968.

8. Sufott, "Israel's China Policy, 1950—1992," 582.

9. Sufott, "Israel's China Policy, 1950—1992," 582.

10. Sufott, "Israel's China Policy, 1950—1992," 585.

11 Yegar, *In the Foreign Service and Afterwards* [Hebrew], 230.

12. Shichor, "The Middle East in China's Foreign Policy," 972-973.

13. Shichor, "The Middle East in China's Foreign Policy," 970.

14. Sufott, "Israel's China Policy, 1950—1992," 586.

15. Sufott, "Israel's China Policy, 1950—1992," 586.

16. Shichor, *The Middle East in China's Foreign Policy, 1949—1977*, 111.

17. Shichor, "The Middle East in China's Foreign Policy," 987.

18. Kumaraswamy, *Israel's China Odyssey*, 31.

19. Melman and Sinai, "Israeli-Chinese Relations and the Future Prospects: From Shadow to Sunlight," 403.

20. Segal, "China and Israel," 207.

21. Sufott, "Israel's China Policy, 1950—1992," 588.

22. Abadi, *Israel's Quest for Recognition and Acceptance in Asia*, 80.

23. Calabrese, *China's Changing Relations with the Middle East*, 136.

24. Sobin, "The China-Israel Connection," 118–120.

25. Abadi, *Israel's Quest for Recognition and Aueptance in Asia*, 82.

26. Abadi, *Israel's Quest for Recognition and Aueptance in Asia*, 83.

27. Abadi, *Israel's Quest for Recognition and Acceptance in Asia*, 88.

28. Siegel, *Let There Be Water*, 198 (Kindle™ edition).

29. Ben-Meir, *Foreign Policy* [Hebrew], 634.

30. Galia Lavi, Assaf Orion, Matan Vilnai, "Israel and China: Toward a Comprehensive Innovative Partnership," *INSS Insight No. 906*, March 19, 2017.

31. Galia Lavi, Assaf Orion, Matan Vilnai, "Israel and China: Toward a Comprehensive Innovative Partnership," *INSS Insight No. 906*, March 19, 2017.

32. Galia Lavi, Assaf Orion, Matan Vilnai, "Israel and China: Toward a Comprehensive Innovative Partnership," *INSS Insight No. 906*, March 19, 2017.

33. Amos Harel, "US Opposition to Tightening of Ties Between Israel and China is becoming Open and Constraining," *Ha'aretz* [Hebrew], January 7, 2019.

34. "Full Text of Swami Vivekananda's Chicago Speech of 1893," *Business Standard*, September 11, 2017.

35. G. Shimoni, *Gandhi, Satyagraha and the Jews*.

36. Yegar, *In the Foreign Service and Afterwards*

[Hebrew], 200.

37. Abadi, *Israel's Quest for Recognition and Acceptance in Asia*, 258.

38. Yegar, *In the Foreign Service and Afterwards* [Hebrew], 192–193.

39. Yegar, *In the Foreign Service and Afterwards* [Hebrew], 198–200.

40. Yegar, *In the Foreign Service and Afterwards* [Hebrew], 190–191.

41. Yegar, *In the Foreign Service and Afterwards* [Hebrew], 256–261.

42. Y. Shimoni, "India," 540.

43. Y. Shimoni, "India," 541.

44. Yegar, *In the Foreign Service and Afterwards* [Hebrew], 249.

45. Yegar, *In the Foreign Service and Afterwards* [Hebrew], 231.

46. Bachar, "Normalization in India-Israel Relations," 547.

47. Yegar, *In the Foreign Service and Afterwards* [Hebrew], 243.

48. Yegar, "Basic Factors in Relations Between Israel and Asia," 535.

49. Yegar, *In the Foreign Service and Afterwards* [Hebrew], 248.

50. Yegar, *In the Foreign Service and Afterwards* [Hebrew], 248.

51. Swapan Dasgupta, "Modi Ends Hypocrisy on India's Israel Policy," *The Pioneer*, January 21, 2018.

52. Efraim Inbar, "Modi is Coming to Jerusalem," *BESA Center Perspective Papers* 515 (July 1, 2017).

53. Y. Cohen, "Israel-Japan," 553.

54. Yegar, *In the Foreign Service and Afterwards* [Hebrew], 176.

55. Y. Cohen, "Israel-Japan," 552.

56. Yegar, *In the Foreign Service and Afterwards* [Hebrew], 179–180.

57. Yegar, *In the Foreign Service and Afterwards* [Hebrew], 180.

58. Eban, *Personal Witness*, 344.

59. Shamir, *Summing-Up*, 194.

60. Y. Cohen, "Israel-Japan," 553.

61. Y. Cohen, "Israel-Japan," 557.

62. Abadi, *Israel's Quest for Recognition and Acceptance in Asia*, xvii.

63. Abadi, *Israel's Quest for Recognition and Acceptance in Asia*, 153.

64. Ben-Meir, *Foreign Policy* [Hebrew], 603.

65. Gili Cohen, "Israel Sold Advanced Weapons to Myanmar During Anti-Rohingya Ethnic Cleansing Campaign," *Ha'aretz*, October 24, 2017.

66. Abadi, *Israel's Quest for Recognition and Acceptance in Asia*, 125.

67. Abadi, *Israel's Quest for Recognition and Acceptance in Asia*, 126.

68. Yegar, *The Long Journey to Asia* [Hebrew], 322–323.

69. Raphael Ahren, "North Korea Offered Israel a Halt

to Its Missiles Sales to Iran for $1b-Report," *The Times of Israel*, July 9, 2018.

70. Friedfeld and Metoudi, *Israel and China*, 55.

71. Abadi, *Israel's Quest for Recognition and Acceptance in Asia*, 176.

72. Abadi, *Israel's Quest for Recognition and Acceptance in Asia*, 177.

73. Abadi, *Israel's Quest for Recognition and Acceptance in Asia*, 179.

74. Ben-Meir, *Foreign Policy* [Hebrew], 640.

75. Yegar, *The long Journey to Asia* [Hebrew], 288.

76. Yegar, *The long Journey to Asia* [Hebrew], 290.

77. Abadi, *Israel's Quest for Recognition and Acceptance in Asia*, 200.

78. Abadi, *Israel's Quest for Recognition and Acceptance in Asia*, 203.

79. Sharon, *Warrior: An Autobiography*, 248.

80. Abadi, *Israel's Quest for Recognition and Acceptance in Asia*, 238.

81. Gabriel Dominguez, "Philippine Navy Receives Spike ER Missile Systems," *Jane's Defense Weekly*, May 3, 2018.

82. Noa Landau, "The Quiet Side of Duterte's Visit to Israel: Large Oil and Arms Deals" [Hebrew], *Ha'aretz*, September 2, 2018.

83. Abadi, *Israel's Quest for Recognition and Acceptance in Asia*, 390.

84. Yegar, *In the Foreign Service and Afterwards* [Hebrew], 274.

85. Yegar, *In the Foreign Service and Afterwards*

[Hebrew], 278.

86. Yegar, *In the Foreign Service and Afterwards* [Hebrew], 279-280.

87. Manfred Gerstenfeld, "Mahathir, 10 Years Ago: Jews Rule the World," *The Jerusalem Post*, November 27, 2013.

88. Ishaan Tharoor, "Former Asia Leader Won't Stop Claiming 'Jews Rule the World,'" *The Washington Post*, June 27, 2016.

89. Avi Issacharoff, "Israel-Hamas Shadow War Follows Palestinian Expats to Malaysia," *The Times of Israel*, April 22, 2018.

90. Ben-Meir, *Foreign Policy* [Hebrew], 662.

91. Abadi, *Israel's Quest for Recognition and Acceptance in Asia*, 374.

92. Friedfeld and Metoudi, *Israel and China*, 60.

93. Abadi, *Israel's Quest for Recognition and Acceptance in Asia*, 337.

94. Abadi, *Israel's Quest for Recognition and Acceptance in Asia*, 343.

95. Abadi, *Israel's Quest for Recognition and Acceptance in Asia*, 345.

96. "No Paying for Slaying," *The Jerusalem Post*, July 5, 2018.

17. 非洲之争

1. Oded, "Israel and Africa: Historical and Political

Aspects," 617.

2. Inor, "Relations with Côte d'Ivoire," 682.

3. Inor, "Ethiopia and Israel," 646.

4. Ronen, "Israel's Clandestine Diplomacy with Sudan," 157.

5. Ronen, "Israel's Clandestine Diplomacy with Sudan," 158.

6. Gilboa, "Israel and Nigeria," 631.

7. Ojo, *Africa and Israel: Relations in Perspective*, 11–12.

8. Neuberger, "Israel's Relations with African, Asia, and Latin America (1948—2008)," 1058.

9. Oded, "Israel and Africa: Historical and Political Aspects," 618.

10. Oded, "Israel and Africa: Historical and Political Aspects," 618.

11. Peters, *Israel and Africa: The Problematic Friendship*, 45.

12. Helen Epstein, "Idi Amin's Israeli Connection," *The New Yorker*, June 27, 2016.

13. Oded, "Relations with Uganda," 676.

14. Oded, "Relations with Uganda," 676.

15. Helen Epstein, "Idi Amin's Israeli Connection," *The New Yorker*, June 27, 2016.

16. Oded, "Relations with Uganda," 677.

17. Peters, *Israel and Africa: The Problematic Friendship*, 46.

18. Peters, *Israel and Africa: The Problematic Friendship*, 47.

19. 在卡扎菲施压下,毛里求斯最终于1976年与以色列断交。

20. Ojo, *Africa and Israel: Relations in Perspective*,

64.

21. Kimche, "Israel's Struggle Against Its Isolation," 66.

22. Ojo, *Africa and Israel*, 69.

23. Oded, "Israel and Africa: Historical and Political Aspects," 623.

24. Peters, *Israel and Africa*, 78.

25. Kimche, "Israel's Struggle Against Its Isolation," 66.

26. Peters, *Israel and Africa*, 78-79.

27. Inor, "Relations with Côte d'Ivoire," 689.

28. Inor, "Relations with Côte d'Ivoire," 689.

29. Osia, *Israel, South Africa and Black Africa*, 31.

30. Klieman, *Israel's Global Reach*, 139.

31. Peters, *Israel and Africa*, 159.

32. Navon, *A Plight Among the Nations*, 198.

33. Klieman, *Israel's Global Reach*, 152.

34. Gilboa, "Israel and Nigeria: Relations in the Shadow of Crises," 638.

35. Klieman, *Israel's Global Reach*, 34.

36. Alan Cowell, "Israel's Toehold in Africa Mat Falls Victim to War," *The New York Times*, June 19, 1982.

37. Ojo, *Africa and Israel*, 96.

38. Oded, "Israel and Africa: Historical and Political Aspects," 625.

39. Divon, "The Moves that Lead to the Establishment of Relations Between Israel and Eritrea," 670.

40. "A Search for Allies in a Hostile World," *The Economist*, February 4, 2010.

41. "A Search for Allies in a Hostile World," *The*

Economist, February 4, 2010.

42. Ora Coren and Gili Cohen, "Record Europe Sales Push Israeli Defense Exports to ＄6.5 Billion in 2016," *Ha'aretz*, March 29, 2017.

43. Lauren French, "African Extremist Groups Linking Up: U.S. General," *Reuters*, June 26, 2012.

44. Louis Charbonneau, "Exclusive: UN Monitors See Arms Reaching Somalia from Yemen, Iran," *Reuters*, February 11, 2013.

45. Herb Keinon, "Netanyahu Departs for Liberia: Israel Has Returned to Africa," *The Jerusalem Post*, June 4, 2017.

18. 拉丁美洲困局

1. Lorch, "Israel-Latin American Relations Until 1972," 726.

2. Lorch, "Israel-Latin American Relations Until 1972," 727.

3. Goñi, *The Real Odessa*.

4. Lorch, "Israel-Latin American Relations Until 1972," 739.

5. Lorch, "Israel-Latin American Relations Until 1972," 742.

6. Arendt, *Eichmann à Jérusalem* [French], 459.

7. "Just Following Orders," *The Economist*, October 24, 2013.

8. 据称,富兰克林·罗斯福曾说:"他可能是个混蛋,但他是我们的混蛋。"(本章引言)这指的是尼加拉瓜的独裁者安纳斯塔西奥·索摩查·加西亚。并没有证据表明罗斯福说过此话，然而，这句话已经以讹传讹，并被其他美国总统在处理拉丁美洲反共独裁者时使用。

9. Lorch, "Israel-Latin American Relations Until 1972," 734.

10. Klieman, *Israel's Global Reach*, 136.

11. Klieman, *Israel's Global Reach*, 133.

12. Klieman, *Israel's Global Reach*, 134.

13. 这几乎是肯定的，但以色列政府对石油进口严守机密——这一直是研究者面对的挑战。只有某些以色列国家档案在四十年后公开时，研究者才能确定。

14. 玻利维亚、智利、哥伦比亚、哥斯达黎加、多米尼加共和国、厄瓜多尔、萨尔瓦多、危地马拉、巴拿马、乌拉圭、委内瑞拉。其他在耶路撒冷设立大使馆的国家包括荷兰、海地、科特迪瓦、扎伊尔（如今的刚果民主共和国）和肯尼亚。

15. Klieman, *Israel's Global Reach*, 132.

16. Bar-Romi, "Argentina Under the Junta, 1977—1983," 778.

17. Neuberger, "Israel's Relations with Africa, Asia, and Latin America (1948—2008)," 1060.

18. Klieman, *Israel's Global Reach*, 156.

19. Eban, *Personal Witness*, 544.

20. Bar-Romi, "Argentina Under the Junta, 1977—1983," 771.

21. Bar-Romi, "Argentina Under the Junta, 1977—1983," 772.

22. Bar-Romi, "Argentina Under the Junta, 1977—1983," 777.

23. Bar-Romi, "Argentina Under the Junta, 1977—1983,"

773–775.

24. Bar-Romi, "Argentina Under the Junta, 1977—1983," 776.

25. "Argentine Court Rules Prosecutor in AMIA Bombing Case was Murdered," *The Times of Israel*, December 27, 2017.

26. Emanuele Ottolenghi, "The Mystery Martyr," *Weekly Standard*, February 23, 2018.

27. Emanuele Ottolenghi, "The Mystery Martyr," *Weekly Standard*, February 23, 2018.

28. Emanuele Ottolenghi, "Hezbollah in Latin America is a Threat the U.S. Cannot Ignore," *The Hill*, June 11, 2017.

29. Josh Meyer, "The Secret Backstory of How Obama Let Hezbollah off the Hook," *Politico*, December 2017.

30. Emanuele Ottolenghi, "The Mystery Martyr," *Weekly Standard*, February 23, 2018.

19. 联合国传奇

1. Kimche, "Israel's Struggle Against Its Isolation," 67.
2. Blum, "Israel and the United Nations," 827.
3. Gross, "On the Degradation of the Constitutional Environment of the United Nations," 589.
4. Eban, Personal Witness, 576.
5. United Nations Secretariat, *Assessment of Member States' Contributions to the United Nations Regular Budget for the Year* 2017. ST/ADM/SER. B/955, 28 December 2016.

6. 五个区域集团为：非洲；亚太；拉美和加勒比；东欧（包括俄罗斯）；西欧和其他（除西欧外，还有美国、加拿大、澳大利亚和土耳其）。

7. *UNHCR Resettlement Handbook* (United Nations High Commissioner for Refugees, 2011), 28.

8. *UNHCR Resettlement Handbook* (United Nations High Commissioner for Refugees, 2011), 35.

9. *UNHCR Resettlement Handbook* (United Nations High Commissioner for Refugees, 2011), 27.

10. Lamdan, "Blood Libels at the UN Human Rights Commission: A Chapter in the History of the UN, of the PLO, and of Anti-Semitism," 889.

11. Lamdan, "Blood Libels at the UN Human Rights Commission: A Chapter in the History of the UN, of the PLO, and of Anti-Semitism," 890-891.

12. "After UNHRC adopts 5 anti-Israel resolutions, UK vows to all future such moves." *The Times of Israel*, 24 March 2017.

20. 犹太侨民面临的挑战

1. Guvrin, "Soviet Jews and Israel," 469.

2. Heller, *Israel and the Cold War from the War of Independence to the Six Day War*, 365.

3. Roei, "Relations Between Israel and the Soviet Union/Russia, 1948—2008," 917.

4. Medzini, *Israel's Foreign Relations: Selected Documents 1974—1977* (Volume 3), 90.

5. Medzini, *Israel's Foreign Relations: Selected Documents 1977—1979* (Volumes 4 & 5), 135.

6. Zak, *Forty Years of Dialogue with Moscow* [Hebrew], 428.

7. Medzini, *Israel's Foreign Relations: Selected Documents 1984—1988* (Volumes 9 and 10), 281.

8. Charbit,"France-Israel Relations, 1948—2008," 1036.

9. Ahiya Raved, "Operations on Wings of Eagles Remembered by Volunteer Pilot," *Ynet News*, October 3, 2018.

10. Sharansky, *Fear No Evil*, xx.

11. Parfitt, *Operation Moses*, 37.

12. Rick Richman, "David Ben-Gurion's 1940 Mission to Rouse the Fighting Spirit of American Jews," *Mosaic*, January 17, 2018.

13. Eban, *Personal Witness*, 82.

14. Medoff, *The Jews Should Keep Quiet*.

15. Eban, *Personal Witness*, 263.

16. Medzini, *Israel's Foreign Relations: Selected Documents 1984—1988* (Volumes 9 & 10), 844–845.

17. "Protest Over Women of the Wall Arrest Held Outside Israel's U.S. Embassy," *The Forward*, July 22, 2010.

18. Jonathan Lis, "Female Israeli MKs Join Women of the Wall; No Arrests for First Time in Months."*Ha'aretz*, March 12, 2013.

19. Waxman, *Trouble in the Tribe*, 3.

20. Waxman, *Trouble in the Tribe*, 27.

21. Jonathan Weisman, "American Jews and Israeli Jews are Headed for a Messy Breakup." *The New York Times*,

January 4, 2019.

22. Daniel Gordis, "The American 'Zionist' Assault on Israel," *The Times of Israel*, January 9, 2019.

21. 以色列和能源地缘政治

1. Heller, *Israel and the Cold War*, 152.
2. Liam Denning, "The Day After Energy Independence Day," *Bloomberg*, March 29, 2017.
3. Liam Denning, "The Day After Energy Independence Day," *Bloomberg*, March 29, 2017.
4. United States Energy Information Administration (www.eia.org).
5. "The Future of Oil," *The Economist*, November 26, 2016.
6. "The Rapidly Expanding Global Liquefied Natural Gas Market," *Forbes*, July 9, 2017.
7. International Energy Agency (www.iea.org).
8. "Israel Quietly Begins Exporting Natural Gas to Jordan Amid Political Sensitivities," *Ha'aretz*, March 2, 2017.
9. "Turkey's Rising Natural Gas Demand Needs U. S. LNG," *Forbes*, February 7, 2016.
10. "Turkey-Israel Natural Gas Deal Important Step for Regional Stability," *Daily Sabah*, April 27, 2017.
11. "Israel Has a Gas Conundrum," *The Economist*, August 17, 2017.
12. "Israel Signs Pipeline Deal in Push to Export Gas to Europe," *Financial Times*, April 3, 2017.

13. Oded Eran, Elai Rettig, and Ofir Winter, "The Gas Deal with Egypt: Israel Deepens its Anchor in the Eastern Mediterranean," *INSS Insight*, 1033, March 12, 2018.

14. *Key World Energy Statistics*. International Energy Agency (2016), 24.

15. "The Future of Oil," *The Economist*, November 26, 2016.

16. Eugene Kandel and Oded Netanel, "Staring Down the Barrel: Israel's Oil Problem," 42.

17. "The Death of the Internal Combustion Engine," *The Economist*, August 12, 2017.

18. "The Death of the Internal Combustion Engine," *The Economist*, August 12, 2017.

19. "The Coming Revolution in Transport," *The Economist*, November 24, 2016.

20, "After Electric Cars, What More Will it Take for Batteries to Change the Face of Energy?" *The Economist*, August 12, 2017.

21. "Peugeot Tests Israeli Range-Extender Technology in Electric Car Push," *Reuters*, July 13, 2016.

22. "This Israeli Car Battery Can Charge in Five Minutes," *The Jerusalem Post*, May 18, 2017.

23. Abigail Fagan, "Israel Tests Wireless Charging Roads for Electric Vehicles," *Scientific American*, May 11, 2017.

24. "A World Turned Upside Down," *The Economist*, February 25, 2017.

25. "Israel Gears Up to Forge Renewable Energy Nation," *Ha'aretz*, November 27, 2015.

参考文献

Abadi, Jacob. *Israel's Quest for Recognition and Acceptance in Asia*. New York: Frank Cass, 2004.

Alpher, Yossi. *Periphery: Israel's Search for Middle East Allies*. London: Rowman & Littlefield, 2015.

Arendt, Hannah. *Eichmann à Jérusalem: Essai sur la banalité du mal* [French]. Paris: Gallimard, 2006.

Arens, Moshe. *Broken Covenant: American Foreign Policy and the Crisis between the U. S. and Israel*. New York: Simon & Schuster, 1995.

Ariel, David. "Remarks on the Israel-South Africa Relation during the Collapse of Apartheid." In *Ministry of Foreign Affairs* [Hebrew], edited by Yossef Guvrin, Aryeh Oded, and Moshe Yeger. Jerusalem: Keter, 2002.

Arieli, Shaul. *A Border between Us and You* [Hebrew]. Tel Aviv: Yediot, 2013.

Avner, Yehuda. *The Prime Ministers: An Intimate Narrative of Israeli Leadership*. London: Toby, 2010.

Ayoun, Richard. *Les Juifs de France, de l'émancipation à l'intégration* [French]. Paris: L'Harmattan, 1997.

Bachar, Giora. "Normalization in India-Israel Relations." In *Ministry of Foreign Affairs* [Hebrew], edited by Yossef Guvrin, Aryeh Oded, and Moshe Yeger. Jerusalem: Keter, 2002.

Bahbah, Bishara, and Linda Butler. *Israel and Latin America: The*

Military Connection. New York: Saint Martin's, 1986.

Baker, James. The Politics of Diplomacy: Revolution, War and Peace 1989-1992. New York: Putnam's Sons, 1995.

Bar-Kochva, Bezalel. The Image of the Jews in Greek Literature: The Hellenistic Period. Berkeley: University of California Press, 2016.

Bar-On, Hanan. "Five Decades of Israel-US Relations." In Ministry of Foreign Affairs [Hebrew], edited by Yossef Guvrin, Aryeh Oded, and Moshe Yeger. Jerusalem: Keter, 2002.

Bar-Romi, Yoel. "Argentina under the Junta, 1977-1983." In Ministry of Foreign Affairs [Hebrew], edited by Yossef Guvrin, Aryeh Oded, and Moshe Yeger. Jerusalem: Keter, 2002.

Bar-Siman-Tov, Ya'acov. "Israel and the United States (1948-1998): A Special Relationship." In Israel's Foreign Relations [Hebrew], edited by Haim Opaz. Jerusalem: Israel's Ministry of Foreign Affairs, 1999.

Beilin, Yossi. Touching Peace [Hebrew]. Tel Aviv: Yediot, 1997.

Beker, Avi. The Chosen: The History of an Idea, the Anatomy of an Obsession. London: Palgrave Macmillan, 2008.

—. The United Nations and Israel: From Recognition to Reprehension. Washington DC: Lexington, 1988.

Ben-Aharon, Yossef. "Political Struggles, 1981-1992." In Ministry of Foreign Affairs [Hebrew], edited by Yossef Guvrin, Aryeh Oded, and Moshe Yeger. Jerusalem: Keter, 2002.

Ben-Ami, Shlomo. Scars of War, Wounds of Peace: The Israeli-Arab Tragedy. Oxford: Oxford University Press, 2006.

Ben-Horin, Nathan. "Israel-Vatican Relations: Between Theology and Interest." In Ministry of Foreign Affairs [Hebrew], edited by Yossef Guvrin, Aryeh Oded, and Moshe Yeger. Jerusalem: Keter, 2002.

Ben-Meir, Dov. Foreign Policy [Hebrew]. Tel Aviv: Yediot, 2011.

Ben-Ya'acov, Yitzhak. "Two Stories." In Ministry of Foreign Affairs [Hebrew], edited by Yossef Guvrin, Aryeh Oded, and Moshe

Yeger. Jerusalem: Keter, 2002.

Ben-Zvi, Avraham. *The United States and Israel: The Limits of the Special Relationship.* New York: Columbia University Press, 1993.

Benz, Wolfgang, ed. *Handbuch des Antisemitismus. Judenfeinschaft in Geschichte und Gegenwart* [German]. Berlin: Walter de Gruyter, 2009.

Bergman, Ronen. *The Secret War with Iran.* New York: Free Press, 2008.

Bergmann, Werner. "Dühring, Engen Karl." In *Handbuch des Antisemitismus. Judenfeinschaft in Geschichte und Gegenwart* [German], edited by Wolfgang Benz. Berlin: Walter de Gruyter, 2009.

Berkowits, Shmuel. *The Battle for the Holy Places: The Struggle over Jerusalem and the Holy Sites in Israel, Judea, Samaria and the Gaza District* [Hebrew]. Or Yehuda: Hed Arzi, 2000.

—. *How Dreadful Is This Place! Holiness, Politics and Justice in Jerusalem and the Holy Places in Israel* [Hebrew]. Jerusalem: Carta, 2006.

Bermant, Azriel. *Margaret Thatcher and the Middle East.* Cambridge: Cambridge University Press, 2016.

Biale, David. *Power and Powerlessness in Jewish History.* Tel Aviv: Schocken, 1986.

Bialer, Uri. *Between East and West: Israel's Foreign Policy Orientation 1948 – 1956.* Cambridge: Cambridge University Press, 1990.

—. "The Power of the Weak: Israel's Oil Diplomacy, 1948 – 57." In *Israel's Clandestine Diplomacies*, edited by Jones Clive and Tore Peterson. London: Hurst & Company, 2013.

Blum, Yehuda. "Israel and the United Nations." In *Ministry of Foreign Affairs* [Hebrew], edited by Yossef Guvrin, Aryeh Oded, and Moshe Yeger. Jerusalem: Keter, 2002.

Brecher, Michael. *Decisions in Israel's Foreign Policy.* Oxford: Oxford University Press, 1974.

—. *The Foreign Policy System of Israel: Settings, Images, Process.* New Haven: Yale University Press, 1972.

Brown, George. *In My Way: Political Memoirs*. New York: St. Martin's, 1971.

Calabrese, John. *China's Changing Relations with the Middle East*. London: Pinter, 1991.

Caspit, Ben. *The Netanyahu Years*. New York: St. Martin's, 2017.

Charbit, Denis. "France-Israel Relations, 1948–2008: From the Delight of and Alliance to Post-Divorce Bitterness." In *Foreign Policy Between Confrontations and Agreements: Israel 1948–2008* [Hebrew], edited by Benjamin Neuberger and Arieh Grunik. Ra'anana: Open University Press, 2008.

Cohen, Avner. *Israel and the Bomb* [Hebrew]. Tel Aviv: Shocken, 2000.

Cohen, Ya'acov. "Israel-Japan: Fifty Years of Relations." In *Ministry of Foreign Affairs* [Hebrew], edited by Yossef Guvrin, Aryeh Oded, and Moshe Yeger. Jerusalem: Keter, 2002.

Crawford, James. "The Criteria for Statehood in International Law." *British Yearbook of International Law* 48, no. 1 (1976): 93–182.

Curtis, Michael. "The United Nations against Israel." *Middle East Review* 13 (1981): 32–35.

Daladier, Édouard. *Journal de captivité (1940–1945)* [French]. Paris: Calmann-Lévy, 1991.

Dayan, Moshe. *Breakthrough: A Personal Account of the Egypt-Israel Peace Negotiations*. New York: Weidenfeld & Nicholson, 1981.

De Gaulle, Charles. *Mémoires d'espoir* [French]. Paris: Plon, 1970.

Divon, Haim. "The Moves That Lead to the Establishment of Relations between Israel and Eritrea." In *Ministry of Foreign Affairs* [Hebrew], edited by Yossef Guvrin, Aryeh Oded, and Moshe Yeger. Jerusalem: Keter, 2002.

Dror, Yehezkel. *Israeli Statecraft: National Security Challenges and Responses*. Abingdon-on-Thames: Routledge, 2011.

Eban, Abba. *Personal Witness: Israel through My Eyes*. New York: Putnam's Sons, 1992.

448　Eldad, Aryeh. *Things You See from Here: What Happens to Right-Wing Leaders When They Reach Power?* [Hebrew]. Tel Aviv: Kinneret Zmora Bitan, 2016.

Eytan, Walter. *Between Israel and the Nations* [Hebrew]. Tel Aviv: Massada, 1958.

—. "The First Year." In *Ministry of Foreign Affairs* [Hebrew], edited by Yossef Guvrin, Aryeh Oded, and Moshe Yeger. Jerusalem: Keter, 2002.

Fischbach, Michael. *Jewish Property Claims against Arab Countries.* New York: Columbia University Press, 2008.

Freedman, Robert. *Soviet Policy toward Israel under Gorbachev.* New York: Praeger, 1991.

—. *Soviet Policy toward the Middle East since 1970.* New York: Praeger, 1978.

Freilich, Charles. *Zion's Dilemmas: How Israel Makes National Security Policy.* Ithaca: Cornell University Press, 2012.

Friedfeld, Lionel, and Philippe Metoudi. *Israel and China: From Silk Road to Innovation Highway.* Bloomington in: Partridge, 2015.

Gazit, Mordechai. "Early Warnings on the Way to the Strengthening of Security Ties between Israel and the United States." In *Ministry of Foreign Affairs* [Hebrew], edited by Yossef Guvrin, Aryeh Oded, and Moshe Yeger. Jerusalem: Keter, 2002.

—. "The Iranian Who Established the Oil Trade with Israel." In *Ministry of Foreign Affairs* [Hebrew], edited by Yossef Guvrin, Aryeh Oded, and Moshe Yeger. Jerusalem: Keter, 2002.

Gefen, Abba. "Ceauşescu's Independent Policy toward Israel: 1978 – 1982." In *Ministry of Foreign Affairs* [Hebrew], edited by Yossef Guvrin, Aryeh Oded, and Moshe Yeger. Jerusalem: Keter, 2002.

Gilbert, Martin. *The Atlas of Jewish History.* New York: William Morrow, 1992.

—. *Churchill and the Jews.* New York: Simon & Schuster, 2008.

—. *In Ishmael's House: A History of Jews in Muslim Lands.* New

Haven: Yale University Press, 2010.

Gilboa, Moshe. "Israel and Nigeria: Relations in the Shadow of Crises." In *Ministry of Foreign Affairs* [Hebrew], edited by Yossef Guvrin, Aryeh Oded, and Moshe Yeger. Jerusalem: Keter, 2002.

Gilead, Baruch. "Israel's Efforts to Connect with nato (1957 - 1959)." In *Ministry of Foreign Affairs* [Hebrew], edited by Yossef Guvrin, Aryeh Oded, and Moshe Yeger. Jerusalem: Keter, 2002.

—. "Our Neighbors: Turkey and Cyprus." In *Ministry of Foreign Affairs* [Hebrew], edited by Yossef Guvrin, Aryeh Oded, and Moshe Yeger. Jerusalem: Keter, 2002.

—. "Relations between Israel and Iran (1949 - 1979): Underground Diplomacy." In *Ministry of Foreign Affairs* [Hebrew], edited by Yossef Guvrin, Aryeh Oded, and Moshe Yeger. Jerusalem: Keter, 2002.

Golan, Galia. *Soviet Policies in the Middle East from World War Two to Gorbachev*. Cambridge: Cambridge University Press, 1990.

Gold, Dore. *The Fight for Jerusalem: Radical Islam, the West, and the Future of the Holy City*. Washington dc: Regnery, 2007.

—. *Tower of Babble: How the United Nations Has Fueled Global Chaos*. New York: Crown Forum, 2005.

Goñi, Uri. *The Real Odessa: Smuggling the Nazis to Peron's Argentina*. London: Granta, 2002.

Govrin, Moshe, Aryeh Oded, and Moshe Yeger, eds. *Ministry of Foreign Affairs: The First Fifty Years* [Hebrew]. Jerusalem: Keter, 2002.

Greilsammer, Ilan, and Joseph Weiler. *Europe's Middle East Dilemma*. Boulder co: Westview, 1987.

Gross, Leo. "On the Degradation of the Constitutional Environment of the United Nations." *American Journal of International Law* 77 (1983): 569 - 84.

Guvrin, Yossef. "Israel-Romania Relations in the Twilight of Ceauşescu's Regime." In *Ministry of Foreign Affairs* [Hebrew], edited by

Yossef Guvrin, Aryeh Oded, and Moshe Yeger. Jerusalem: Keter, 2002.

—. "Israel-USSR Relations from Israel's Independence (1948) to the Demise of the Soviet Union (1991)." In *Ministry of Foreign Affairs* [Hebrew], edited by Yossef Guvrin, Aryeh Oded, and Moshe Yeger. Jerusalem: Keter, 2002.

—. "Soviet Jews and Israel." In *Ministry of Foreign Affairs* [Hebrew], edited by Yossef Guvrin, Aryeh Oded, and Moshe Yeger. Jerusalem: Keter, 2002.

Hadas, Shmuel. "Israel and Spain: Split Ways." In *Ministry of Foreign Affairs* [Hebrew], edited by Yossef Guvrin, Aryeh Oded, and Moshe Yeger. Jerusalem: Keter, 2002.

Hammes, Thomas. *The Sling and the Stone: On War in the 21st Century*. St. Paul MN: Zenith, 2006.

Heller, Joseph. *Israel and the Cold War from the War of Independence to the Six Day War* [Hebrew]. Beer-Sheva: Ben-Gurion University Press, 2010.

—. *The Stern Gang: Ideology, Politics and Terror, 1940 – 1949*. London: Frank Cass, 1995.

Henderson, Simon. "From Bahrain to Jerusalem." *Foreign Policy*, December 2017.

Herzog, Chaim. *The Arab-Israeli Wars: War and Peace in the Middle East from the War of Independence through Lebanon*. New York: Vintage, 1984.

Herzog, Yaacov. *A People That Dwells Alone*. London: Weidenfeld & Nicolson, 1975.

Hoffman, Bruce. *Anonymous Soldiers: The Struggle for Israel, 1917 – 1947*. New York: Alfred Knopf, 2015.

Inbar, Efraim. "The Deterioration on Israeli-Turkish Relations and Its International Ramifications." *Begin-Sadat Center for Strategic Studies, Mideast Security and Policy Studies* 89 (February 2011): 1 – 26.

———. *Rabin and Israel's National Security*. Washington DC: Woodrow Wilson Center Press, 1999.

———. "Regional Implications of the Israeli-Turkish Strategic Partnership." *Middle East Review of International Affairs* 5, no. 2 (Summer 2001): 48 – 65.

Indyk, Martin. "Peace without the PLO." *Foreign Policy* 83 (1991): 30 – 38.

Inor, Hanan. "Ethiopia and Israel." In *Ministry of Foreign Affairs* [Hebrew], edited by Yossef Guvrin, Aryeh Oded, and Moshe Yeger. Jerusalem: Keter, 2002.

———. "Relations with Côte d'Ivoire." In *Ministry of Foreign Affairs* [Hebrew], edited by Yossef Guvrin, Aryeh Oded, and Moshe Yeger. Jerusalem: Keter, 2002.

Johnson, Paul. *A History of the Jews*. New York: Harper & Row, 1987.

Jones, Bruce D. "The Council and the Arab-Israeli Wars." In *The United Nations Security Council and War: The Evolution of Thought and Practice since 1945*, edited by Vaughan Lowe, Adam Roberts, Jennifer Welsh, and Dominik Zaum. Oxford: Oxford University Press, 2008.

Jones, Clive, and Tore Petersen. *Israel's Clandestine Diplomacies*. London: Hurst, 2013.

Kahana, Shamai. "Israel in the Arena of the United Nations." In *Ministry of Foreign Affairs* [Hebrew], edited by Yossef Guvrin, Aryeh Oded, and Moshe Yeger. Jerusalem: Keter, 2002.

Kandel, Eugene, and Netanel Oded. "Staring Down the Barrel: Israel's Oil Problem." *Azure* 45 (Summer 2011): 31 – 46.

Karsh, Efraim. *Arafat's War: The Man and His Battle for Israeli Conquest*. New York: Grove, 2003.

Katz, Yaacov, and Amir Bohbot. *The Weapon Wizards: How Israel Became a High-Tech Military Superpower*. New York: St. Martin's, 2017.

Kaufman, Edy, Yoram Shapira, and Joel Barromi. *Israel-Latin American*

Relations. Piscataway NJ: Transaction, 1979.

Kimche, David. "Israel's Struggle against Its Isolation." In *Ministry of Foreign Affairs* [Hebrew], edited by Yossef Guvrin, Aryeh Oded, and Moshe Yeger. Jerusalem: Keter, 2002.

Kissinger, Henry. *Crisis: The Anatomy of Two Major Foreign Policy Crises*. New York: Simon & Schuster, 2003.

—. *Diplomacy*. New York: Simon & Schuster, 1994.

—. *Does America Need a Foreign Policy? Toward a Diplomacy for the 21st Century*. New York: Simon & Schuster, 2001.

—. *Observations*. London: Weidenfeld & Nicolson, 1984.

—. *Years of Upheaval*. Boston: Little, Brown, 1982.

Klein Halevi, Yossi. *Like Dreamers: The Story of the Israeli Paratroopers Who Reunited Jerusalem and Divided a Nation*. New York: HarperCollins, 2014.

Klieman, Aaron. *Israel and the World after Forty Years*. Oxford: Pergamon-Brassey's, 1990.

—. *Israel's Global Reach: Arms Sales as Diplomacy*. Oxford: Pergamon-Brassey's, 1985.

—. *Statecraft in the Dark: Israel's Practice of Quiet Diplomacy*. Boulder CO: Westview Press, 1988.

Klinghoffer, Arthur, and Judith Apter. *Israel and the Soviet Union: Alienation or Reconciliation?* Boulder CO: Westview, 1985.

Kowitt-Crosbie, Sylvia. *A Tacit Alliance: France and Israel from Suez to the Six Day War*. Princeton NJ: Princeton University Press, 1974.

Kumaraswamy, P. R. *India's Israel Policy*. New York: Columbia University Press, 2010.

—. *Israel's China Odyssey*. New Dehli: New Dehli Institute for Defense Studies and Analysis, 1994.

Lamdan, Yossef. "Blood Libels at the UN Human Rights Commission: A Chapter in the History of the UN, of the PLO, and of Anti-Semitism." In *Ministry of Foreign Affairs* [Hebrew], edited by

Yossef Guvrin, Aryeh Oded, and Moshe Yeger. Jerusalem: Keter, 2002.

Lapidoth, Ruth. "The Misleading Interpretation of Security Council 242 (1967)." *Jewish Political Studies Review* 23, no. 3 (2011): 7–17.

—. "The Security Council in the May 1967 Crisis: A Study in Frustration." *Israel Law Review* 4, no. 4 (1969): 534–50.

—. "UNSC Resolution 242 from 1967." In *Ministry of Foreign Affairs* [Hebrew], edited by Yossef Guvrin, Aryeh Oded, and Moshe Yeger. Jeru-salem: Keter, 2002.

Lapidoth, Ruth, and Moshe Hirsch. *The Arab-Israeli Conflict and Its Resolution: Selected Documents*. Leiden: Martinus Nijhoff, 1992.

Levavi, Aryeh. "Konrad Adenauer Visits Israel." In *Ministry of Foreign Affairs* [Hebrew], edited by Yossef Guvrin, Aryeh Oded, and Moshe Yeger. Jeru-salem: Keter, 2002.

Lorch, Netanel. "Israel-Latin American Relations until 1972." In *Ministry of Foreign Affairs* [Hebrew], edited by Yossef Guvrin, Aryeh Oded, and Moshe Yeger. Jerusalem: Keter, 2002.

—. "Israel-Spain: The Establishment of Diplomatic Relations." In *Ministry of Foreign Affairs* [Hebrew], edited by Yossef Guvrin, Aryeh Oded, and Moshe Yeger. Jerusalem: Keter, 2002.

Ma, Young-sam. "Israel's Rule in the Un during the Korean War." *Israel Journal of Foreign Affairs* 4, no. 3 (2010): 81–89.

Medoff, Rafael. *The Jews Should Keep Quiet: FDR, Stephen S. Wise, and the Holocaust*. Philadelphia: The Jewish Publication Society, 2019.

Medzini, Meron, ed. *Israel's Foreign Relations*. Vol. 3, *Selected Documents 1974–1977*. Jerusalem: Israel's Ministry of Foreign Affairs, 1981.

—. *Israel's Foreign Relations*. Vols. 4–5, *Selected Documents 1977–1979*. Jerusalem: Israel's Ministry of Foreign Affairs, 1981.

—. *Israel's Foreign Relations*. Vol. 6, *Selected Documents 1979–1980*. Jerusalem: Israel's Ministry of Foreign Affairs, 1984.

—. *Israel's Foreign Relations*. Vol. 7, *Selected Documents 1981–1982*.

Jerusalem: Israel's Ministry of Foreign Affairs, 1987.

——. *Israel's Foreign Relations*. Vol. 8, *Selected Documents 1982 – 1984*. Jerusalem: Israel's Ministry of Foreign Affairs, 1990.

——. *Israel's Foreign Relations*. Vols. 9 – 10, *Selected Documents 1984 –1988*. Jerusalem: Israel's Ministry of Foreign Affairs, 1992.

——. *Israel's Foreign Relations*. Vols. 11 – 12, *Selected Documents 1988 – 1992*. Jerusalem: Israel's Ministry of Foreign Affairs, 1993.

Melman, Yossi, and Ruth Sinai. "Israeli-Chinese Relations and the Future Prospects: From Shadow to Sunlight." *Asian Survey* 27, no. 4 (April 1987): 395 – 407.

Meroz, Yohanan. "Europe in the State's Foreign Policy System." In *Ministry of Foreign Affairs* [Hebrew], edited by Yossef Guvrin, Aryeh Oded, and Moshe Yeger. Jerusalem: Keter, 2002.

Morris, Benny. *The Birth of the Palestinian Refugee Problem Revisited*. Cambridge: Cambridge University Press, 2004.

——. "Camp David and After: An Exchange." *New York Review of Books*, June 13, 2001.

——. *Righteous Victims: A History of the Zionist-Arab Conflict, 1881 – 2001*. New York: Knopf, 2001.

Naim, Asher. "Operation Solomon." In *Ministry of Foreign Affairs* [Hebrew], edited by Yossef Guvrin, Aryeh Oded, and Moshe Yeger. Jerusalem: Keter, 2002.

Navon, Emmanuel. *A Plight among the Nations: Israel's Foreign Policy between Nationalism and Realism*. Saarbrücken: VDM Verlag, 2009.

Neuberger, Benjamin. "Feelings, Realpolitik and Morals in Israel's Policy toward Germany." In *Foreign Policy between Confrontations and Agreements* [Hebrew], edited by Benjamin Neuberger and Arieh Grunik. Ra'anana: Open University Press, 2008.

——. "Israel's Relations with Africa, Asia, and Latin America (1948 – 2008)." In *Foreign Policy between Confrontations and Agreements* [Hebrew], edited by Benjamin Neuberger and Arieh Grunik.

Ra'anana: Open University Press, 2008.

Neuberger, Benjamin, and Arieh Grunik, eds. *Foreign Policy between Confrontations and Agreements: Israel 1948 - 2008* [Hebrew]. Ra'anana: Open University Press, 2008.

Nisan, Mordechai. "The PLO and Vietnam: National Liberation Models for Palestinian Struggle." *Small Wars and Insurgencies* 4, no. 2 (1993): 181-210.

Oded, Aryeh. "Israel and Africa: Historical and Political Aspects." In *Ministry of Foreign Affairs* [Hebrew], edited by Yossef Guvrin, Aryeh Oded, and Moshe Yeger. Jerusalem: Keter, 2002.

—. "Relations with Uganda." In *Ministry of Foreign Affairs* [Hebrew], edited by Yossef Guvrin, Aryeh Oded, and Moshe Yeger. Jerusalem: Keter, 2002.

Ojo, Olusula. *Africa and Israel: Relations in Perspective*. Boulder CO: Westview, 1988.

Olmert, Ehud. *First Person* [Hebrew]. Tel Aviv: Yediot, 2018.

Opaz, Haim, ed. *Israel's Foreign Relations* [Hebrew]. Jerusalem: Israel's Ministry of Foreign Affairs, 1999.

Oren, Michael. *Six Days of War: June 1967 and the Making of the Modern Middle East*. Oxford: Oxford University Press, 2002.

Osia, Kunirum. *Israel, South Africa and Black Africa: A Study of the Primacy of the Politics of Expediency*. Lanham MD: University Press of America, 1981.

Owen, David. "Israel's Foreign Policy from a British Viewpoint." In *Israel's Foreign Relations* [Hebrew], edited by Haim Opaz. Jerusalem: Israel's Ministry of Foreign Affairs, 1999.

Palmor, Eliezer. "Israel, the Soviet Union and East European Countries: Concluding Remarks on Fifty Years of Unique Relations." In *Ministry of Foreign Affairs* [Hebrew], edited by Yossef Guvrin, Aryeh Oded, and Moshe Yeger. Jerusalem: Keter, 2002.

Parfitt, Tudor. *Operation Moses: The Story of the Exodus of the Falasha Jews from Ethiopia*. London: Weidenfeld & Nicolson, 1985.

Patterson, David. *A Genealogy of Evil: Anti-Semitism from Nazism to Islamic Jihad*. Cambridge: Cambridge University Press, 2011.

Pazner, Avi. *I Was in Paris and in Rome* [Hebrew]. Tel Aviv: ContentoNow, 2017.

Peters, Joel. *Israel and Africa: The Problematic Friendship*. London: British Academic Press, 1991.

Poliakov, Leon. *The History of Anti-Semitism*. London: Routledge and Kegan Paul, 1975.

Pryce-Jones, David. *Betrayal: France, the Arabs, and the Jews*. New York: Encounter, 2008.

Rabin, Yitzhak. *The Rabin Memoirs*. 3rd ed. Berkeley: University of California Press, 1996.

Radosh, Allis, and Ronald Radosh. *A Safe Haven: Harry S. Truman and the Founding of Israel*. New York: HarperCollins, 2009.

Rafael, Gideon. *Destination Peace: Three Decades of Israeli Foreign Policy*. London: Weidenfeld & Nicolson, 1981.

Rapoport, Louis. *Redemption Song: The Story of Operation Moses*. San Diego CA: Harcourt, 1986.

Raviv, Moshe. "The Six Day War." In *Ministry of Foreign Affairs* [Hebrew], edited by Yossef Guvrin, Aryeh Oded, and Moshe Yeger. Jerusalem: Keter, 2002.

Rice, Condoleezza. *No Higher Honor: A Memoir of My Years in Washington*. New York: Broadway Paperbacks, 2012.

Richman, Rick. *Racing against History: The 1940 Campaign for a Jewish Army to Fight Hitler*. New York: Encounter, 2018.

Roi, Yaacov. "Relations between Israel and the Soviet Union/Russia, 1948 – 2008." In *Foreign Policy between Confrontations and Agreements: Israel 1948 – 2008* [Hebrew], edited by Benjamin Neuberger and Arieh Grunik. Ra'anana: Open University Press, 2008.

—. *Soviet Decision-Making in Practice: The ussr and Israel, 1947 – 1954*. Piscataway NJ: Transaction, 1980.

Ronen, Yehudit. "Israel's Clandestine Diplomacy with Sudan: Two

Rounds of Extraordinary Collaboration." In *Israel's Clandestine Diplomacies*, edited by Jones Clive and Tore Peterson. London: Hurst, 2013.

Rosenne, Shabtai. "Israel's First Letter of Credence." In *Ministry of Foreign Affairs* [Hebrew], edited by Yossef Guvrin, Aryeh Oded, and Moshe Yeger. Jerusalem: Keter, 2002.

—. "On Multi-lingual Interpretation: Un Security Council 242." *Israel Law Review* 6, no. 3 (1971): 360-66.

Ross, Dennis. *The Missing Peace: The Inside Story of the Fight for Middle East Peace*. New York: Farrar, Straus and Giroux, 2004.

Rubin, Barry. *Yasir Arafat: A Political Biography*. Oxford: Oxford University Press, 2003.

Said, Edward. *Peace and Its Discontents*. New York: Vintage, 1995.

Sandler, Shmuel. *The Jewish Origins of Israeli Foreign Policy: A Study in Tradi-tion and Survival*. Abingdon-on-Thames: Routledge, 2018.

—. *The State of Israel, the Land of Israel: The Statist and Ethnonational Dimensions of Foreign Policy*. Santa Barbara CA: Greenwood, 1993.

Sasson, Moshe. "On Negotiations with Our Neighbors." In *Ministry of Foreign Affairs* [Hebrew], edited by Yossef Guvrin, Aryeh Oded, and Moshe Yeger. Jerusalem: Keter, 2002.

Savir, Uri. *The Process*. New York: Random House, 1998.

Schama, Simon. *Belonging: The Story of the Jews 1492-1900*. London: Bodley Head, 2017.

—. *The Story of the Jews: Finding the Words 1000 BCE, 1492 CE*. London: Bodley Head, 2013.

Sharansky, Natan. *Fear No Evil*. New York: Vintage, 1989.

Sharon, Ariel. *Warrior: An Autobiography*. New York: Simon & Schuster, 2002.

Schiff, Ze'ev, and Ehud Ya'ari. *Israel's Lebanon War*. New York: Simon & Schuster, 1984.

Schwartz, Adi, and Einat Wilf. *The War of Return* [Hebrew]. Tel Aviv:

Dvir, 2018.

Segal, Gerald. "China and Israel: Pragmatic Politics." *SAIS Review* 7, no. 2 (1987): 195–210.

Shamir, Yitzhak. *Summing-Up*. Boston: Little, Brown, 1994.

Shapiro, Shlomo. "Shadow Interests: West German-Israeli Intelligence and Military Cooperation, 1957 – 82." In *Israel's Clandestine Diplomacies*, edited by Jones Clive and Tore Peterson. London: Hurst & Company, 2013.

Shavit, Ari. *My Promised Land: The Triumph and Tragedy of Israel*. Melbourne: Scribe, 2014.

Sheffer, Gabriel. "Conflict Resolution vs. Conflict Management in the Arab-Israeli Conflict: Reevaluating the Clash Between Moshe Sharett and David Ben-Gurion." In *Foreign Policy between Confrontations and Agreements: Israel 1948 – 2008* [Hebrew], edited by Benjamin Neuberger and Arieh Grunik. Ra'anana: Open University Press, 2008.

—. *Modern Diasporas in International Politics*. New York: Saint Martin's, 1986.

—. *Moshe Sharett: Biography of a Political Moderate*. Oxford: Clarendon, 1997.

Sher, Gilead. *Just Beyond Reach: The Israeli-Palestinian Peace Negotiations 1999 – 2001* [Hebrew]. Tel Aviv: Yediot, 2001.

Shichor, Yitzhak. "The Middle East in China's Foreign Policy." In *Foreign Policy between Confrontations and Agreements: Israel 1948 – 2008* [Hebrew], edited by Benjamin Neuberger and Arieh Grunik. Ra'anana: Open University Press, 2008.

—. *The Middle East in China's Foreign Policy, 1949 – 1977*. Cambridge: Cambridge University Press, 1979.

Shimoni, Gideon. *Gandhi, Satyagraha and the Jews: A Formative Factor in India's Policy toward Israel*. Jerusalem: Leonard Davis Institute for International Relations, Hebrew University, 1977.

Shimoni, Ya'acov. "India: The Years of Estrangement." In *Ministry of*

Foreign Affairs [Hebrew], edited by Yossef Guvrin, Aryeh Oded, and Moshe Yeger. Jerusalem: Keter, 2002.

Shlaim, Avi. *The Iron Wall: Israel and the Arab World.* New York: Norton & Company, 2000.

—. "Israel between East and West, 1948 – 1956." *International Journal of Middle East Studies* 36, no. 4 (2004): 657 – 73.

Shultz, George. *Turmoil and Triumph: My Years as Secretary of State.* New York: Scribner's, 1993.

Siegel, Seth. *Let There Be Water: Israel's Solution for a Water-Starved World.* New York: St. Martin's, 2015.

Sobin, Julian M. "The China-Israel Connection: New Motivations for Rapprochement." *Fletcher Forum of World Affairs* 15, no. 1 (Winter 1991): 111 – 25.

Sofer, Sasson. *Zionism and the Foundations of Israeli Diplomacy.* Cambridge: Cambridge University Press, 1998.

Sufott, Zev. *A China Diary: Toward the Establishment of China-Israel Relations.* London: Frank Cass, 1997.

—. "Israel's China Policy, 1950 – 1992." In *Ministry of Foreign Affairs* [Hebrew], edited by Yossef Guvrin, Aryeh Oded, and Moshe Yeger. Jerusalem: Keter, 2002.

Tari, Ephraim. "Remarks on Fifty Years of Relations between Israel and France." In *Ministry of Foreign Affairs* [Hebrew], edited by Yossef Guvrin, Aryeh Oded, and Moshe Yeger. Jerusalem: Keter, 2002.

Timerman, Jacobo. *Prisoner without a Name, Cell without a Number.* New York: Knopf, 1981.

Tzur, Ya'acov. "Early Days." In *Ministry of Foreign Affairs* [Hebrew], edited by Yossef Guvrin, Aryeh Oded, and Moshe Yeger. Jerusalem: Keter, 2002.

—. "How Israel Was Compelled to Withdraw from Sinai in 1957." In *Ministry of Foreign Affairs* [Hebrew], edited by Yossef Guvrin, Aryeh Oded, and Moshe Yeger. Jerusalem: Keter, 2002.

Van Creveld, Martin. *The Land of Blood and Honey: The Rise of Modern Israel*. New York: St. Martin's, 2010.

Wasserstein, Bernard. "New Light on the Moyne Murder." *Midstream* 26, no. 3 (1980): 30–38.

Waxman, Dov. *Trouble in the Tribe: The American Jewish Conflict over Israel*. Princeton: Princeton University Press, 2016.

Weiler, Peter. *Ernest Bevin*. Manchester: Manchester University Press, 1993.

Weizmann, Chaim. *Trial and Error*. New York: Hamish Hamilton, 1949.

Wilson, Harold. *The Chariot of Israel*. London: Weidenfeld and Michael Joseph, 1981.

Wisse, Ruth. *Jews and Power*. Tel Aviv: Schocken, 2008.

Yaalon, Moshe, and Leehe Friedman. "Israel and the Arab States: A Historic Opportunity to Normalize Relations?" *Foreign Affairs*, January 2018.

Yegar, Moshe. "Basic Factors in Relations between Israel and Asia." In *Ministry of Foreign Affairs* [Hebrew], edited by Yossef Guvrin, Aryeh Oded, and Moshe Yeger. Jerusalem: Keter, 2002.

—. *In the Foreign Service and Afterwards* [Hebrew]. Tel Aviv: Yuvalim, 2014.

—. "Israel-Sweden: History of Complicated Relationships." In *Ministry of Foreign Affairs* [Hebrew], edited by Yossef Guvrin, Aryeh Oded, and Moshe Yeger. Jerusalem: Keter, 2002.

—. *The Long Journey to Asia: A Chapter in the Diplomatic History of Israel* [Hebrew]. Haifa: Haifa University Press, 2004.

Zak, Moshe. *Forty Years of Dialogue with Moscow* [Hebrew]. Tel Aviv: Maariv, 1988.

索 引 *

*Page numbers in italic
indicate maps*

10 Downing Street, 179, 250
9/11 terrorist attacks, 229, 294

Aaron, 11, 12
Abarbanel, Isaac, xvi
Abbas, Abu. *See* Zaidan, Muham-mad
Abbas, Mahmoud, 133, 234-35, 237-40, 294
Abdel Shafi, Haidar, 208
Abdullah, king of Jordan, 165
Abed-Rabbo, Yasser, 222, 225, 231
Abijah, 19
Abijam, 20
Abimelech, King, 6-7
Abraham, xix, 3-6, 9, 13, 14, 411
Abu Nidal terror group, 200
Abu Rahma, Talal, 221
Abu Rudeis, 288, 362
Abyssinia, 109, 110. *See also* Ethiopia
Acheson, Dean, 280
Achille Lauro, 265
Acre, Sanjak of, 108
Adam, 5
Aden, 385, 386
Adenauer, Konrad, 260, 261
AEG, 77
Afewerki, Isaias, 350
Afghanistan, 130, 194, 290, 308, 309
Africa: appeal for Jewish state restoration in, 61, 103; interna-tional alignment of, 306; Islamic threat in, 355; Israeli relations with, 340, 342-52, 355, 356, 414; Israeli trade with, 147, 172, 173, 279; Jewish emigration from, 385, 396; in UN, 370; U.S. policy in, 281

* 此为原书索引,页码对应本书边码,斜体页码表示地图。

African National Congress, 348, 351
African Union, 343
Afrika Korps, 97
Aftonbladet, 267
Afula, 210
Agag, King, 32
Agagites, 32
Agha, Hussein, 237
Agudat Israel, 117, 120
Ahab, king of Israel, 20–23
Ahasuerus, king of Persia, 31–33, 37, 411
Ahazia, king of Israel, 22, 23
Ahdut Ha-Avoda party, 85, 116
Ahijah the Shilonite, 14, 19
Ahmadinejad, Mahmoud, 352
Air France, 388
Akedat Yitzhak (Arama), 14
Alami, Musa al-, 111
Al-Aqsa Mosque, 214, 220, 227
Al-Arabi (newspaper), 214
Alaska Airlines, 385–86
Albright, Madeleine, 217, 258
Al Dura, Mohammed, 221
Al Dura Affair, 395
Alexander the Great, 46
Alexander II, Czar, 66
Alexandra, Queen Salome, 50
Alexandretta/Hatay Province, 156, 158, 423n24
Alexandria, 64

al-Fatat. *See* Society of the Young Arab Nation
Algeria, 137, 146, 169, 196, 294, 353, 369, 384, 386
Algerian War, 169, 254, 256, 257, 276
Algiers, 204
al-Haram al-Sharif, 220
aliyah, 78, 154, 304, 309, 369, 384, 387, 392, 397
Aliya Hadasha, 117
Al-Jihad al Maqdis, 227
Alkalai, Judah, 69
Al-Kibla (newspaper), 104
Allenby, Edmund, 81
Allende, Salvador, 361
Allon, Yigal, 118, 178, 182, 271, 383
Al-Mada'in. *See* Mahuza
Alpha Plan, 144, 145, 165–66, 250, 282
al-Qaida, 353, 354
Alroy (Disraeli), 62
Alsace-Lorraine, 71
al-Shabab, 353, 354
the *Altalena*, 135
Alternative for Germany, 275
Amalek, xvii, 10, 18, 29, 32
Amaziah, king of Judah, 24
American Israel Public Affairs Com-mittee, 296
American Jews, 388, 389–96,

399, 414. *See also* Jewish people; United States
Amin, Idi, 344, 345, 388
Amit, Meir, 152, 174, 175
Amman, 144, 165, 191, 202, 281
Ammonites, 30, 31
Amon, king of Judah, 26
Amorites, 12-13
Amos, Book of, 59
Amsterdam Treaty (1997), 272
AMX-13 tanks, 254
Anastasiades, Nicos, 161
Anatolian Eagle exercise, 159
Anderson, Robert B., 283
Andreotti, Giulio, 265, 413
Anglo-American Committee of Inquiry, 127
Angola, 344, 348, 351
Ankara, 156, 158
Annan, Kofi, 181, 379
Annapolis Conference, 234, 235, 236, 296
Ansar Bayt al-Maqdis, 227
anti-clericalism, 62
Antiochus Epiphanes, King, 46, 51
Antiochus Sidetes, King, 51
Antipater the Idumaean, 50
antisemitism: of Argentinian presi-dent, 363; of British government officials, 248, 252; coining of term, 72-73; effect on Zionism, 71, 75-77, 79, 90, 259, 391; in Germany, 81; of Greeks, 51; of Hamas covenant, 204; against Russian Jews, 66, 67; in U.S. government, 279
Antonius, Roman emperor, 8
AQIM (al-Qaida in the Islamic Maghreb), 353
Aquarius Engines, 408
Arab Cold War, 183
Arabia, 109
Arabian Peninsula, 227
Arab-Israeli conflict, xv, 286, 289, 294-96, 299, 370-78, 413
Arab-Israeli war (1948): arming of Israel during, 302; armistice in, 137-40, 139, 144, 148, 164, 180, 192, 231, 232, 238-39, 251, 268, 273, 280, 281, 282, 289, 298; refugees from, 137; unresolved issues of, 196
Arab League, 129, 131, 132, 148, 178, 181-82, 192, 201, 343
Arab Legion, 134
Arab Liberation Army, 131
Arab Potash, 403
Arabs: access to Red Sea, 279; in

Africa, 347, 350, 352, 355, 356; alignment in Cold War, 143, 144, 147, 148, 150, 196, 199, 303; allegiance in WWII, 90, 95, 96, 100, 247-49; approval of Jacques Chirac's treatment of Israeli soldiers, 258; attitude toward Balfour Declaration, 104-6, 109; Barack Obama's approachto relations with, 297; British relations with, 81-84, 86, 99, 100, 109, 110, 112, 121, 126, 247, 248, 249, 251, 252; cooperation with Jews, 390; dispute of Israeli borders, 140; effect of annexation of West Bank on, 240; European relations with, 271; failure to declare independence in Palestine, 133; in "framework for peace," 195; Gamal Abdel Nasser's leadership of, 167-69; Germany's fear of reprisals from, 261; Greek relations with, 265, 266; influence in Latin America, 360; influence on French-Israeli relationship, 253, 256, 257, 258; intelligence operations against, 157; Israeli allies against, 151-52; Israeliunity government's position on, 201; Jewish emigration from countries of, 385; Jordanian citizenship of in West Bank, 182; Latin American opposition of, 362; military action after Israeli declaration of independence, 134, 136; nationalism of, 78, 79, 85, 111, 121, 126; nato's fear of alienating, 151; occupation of Land of Israel, 46, 54, 80; oil supply of, 161, 271, 272, 287, 409; Ottoman relationship with, 74; as part of Israeli population, 240, 241, 243; as Philistines, 44; political and military ineffec-tiveness of, 184-85; proposal of state for, 127-29, 178; recognition of rights in Palestine, 302; as refugees, 137, 140-41, 268, 375, 377; rejection of partitioning, Arabs (*cont.*) 112, 114, 115, 128-31, 133, 136; resentment of U. S. , 299; Russia's relations with states of, 310-

11; as Soviet allies, 171,
177, 189, 306, 312; Spain's
relationship with, 263;
support of Adolf Hitler, 111 –
12; Turks' grudge against,
156; in UN, 369, 370, 373,
381; U. S. coalition of in
Gulf War, 292; U. S.
coalition of in Iraq War, 295;
U. S. fear of alienating, 167,
281, 299; U. S.-Soviet
interest in conflict with
Israel, 187, 278, 284;
violence against Jews in
Palestine, 86 – 88, 109 – 12,
117, 118, 121, 122, 127,
227; in West Bank and
surrounding areas, 136, 137;
on wording of Resolution
242, 180; world standing of
after Six-Day War, 183; and
Zionist movement, 120, 389

Arab Spring, 297
Araf, Araf al-, 228
Arafat, Yasser: address to UN,
371, 372; attempt to take
over Jordan, 183; calls for
violence to protect mosque,
220; at Camp David summit
with Bill Clinton, 217, 226 –
27; dinner with Ehud Barak,
220 – 21; exclusion from
peace negotiations, 207;
French advice to regarding
ceasefire, 258 – 59; George
W. Bush's assessment of,
229; intention to repeat
Hezbollah precedent, 216;
Israeli negotiation with, 182;
Israel's promise not to
target, 230; lack of
compliance with Oslo agree-
ment, 211, 213; meetings
with Catholic officials, 269,
270; and Palestinian
autonomy negotiations, 201;
proclamation of State of
Palestine, 204; recognition
by Reagan administration,
205; refusal of Camp David
Agreements, 195 – 96;
refusal to share sovereignty
of Temple Mount, 218;
rejection of Resolution 242,
202; renunciation of
terrorism, 205, 208, 210,
214, 215; response to
Clinton Parameters, 224,
226; secret peace negotiations
of, 208 – 9; signing of Gaza-
Jericho Agreement, 210; at
signing of Oslo Agreements,
294; as Soviet ally, 189;
terrorist attacks by, 213 –

14, 228, 229, 230, 265; ties to Italian government scandal, 264; in Tunis, 200, 203; war strategy of, 191, 226, 242

Aram, Kingdom of, 20–22, 24. *See also* Syria

Arama, Isaac, 14

Arens, Moshe, 205, 293

Argentina, 130–31, 252, 359–63, 366, 367

Argov, Shlomo, 200, 252

Arida, Antoine Pierre, 199

Ariel, 235

Ark of the Covenant, 17

Armenia, 156, 158, 161

Armenian Quarter, 222

Artaxerxes, king of Persia, 38–39

Arzila (Morocco), xvi

Asa, king of Judah, 20

Ashkelon, 211

Ashkenazic Jews, 64, 372. *See also* Jewish people

Ashrawi, Hanan, 208

Ashtoreth, 20

Ashur, king of Assyria, 24

Asia, 53, 56, 61, 147, 172, 173, 279, 306, 414

Asquith, Herbert Henry, 104

Assad, Bashar al-, 311, 380

Assad, Hafez al-, 157, 189

Assadina, Abel, 354

Assembly of Representatives in Palestine, 83–84

Assyrian Empire, xvi, 24–25, 44, 46

Aswan Dam, 166

Athaliah, 23

Athens, 5, 266

Attlee, Clement, 98–99, 126, 248, 250, 252

Auriol, Vincent, 253

Auschwitz, 260, 269

Austin, Warren, 279

Australia, 107, 127, 128, 130, 337–38

Austria, 64, 70, 110, 247, 275

Austro-Hungarian Empire, 81

Avineri, Uri, 120

Avner, Yehuda, 285, 289

AWACS fighter jets, 291

Axis powers, 119, 262

Azariah, 35

Azerbaijan, 161, 163, 310

Azouri, Najib, 78

Baader-Meinhof, 388

Baal, 20, 23, 24

Baal-zebub, 22

Baasha, king of Israel, 20

Babylon, 53, 56

Babylonian Empire, xvi, 26, 28–29, 34–35, 38, 39, 46,

62, 385
Baden, 65
Baghdad, 144, 154
Baghdad Pact, 143–44, 150, 153, 156, 250
Bahais, 152
Bahrain, 370
Baker, James, 206–7, 292, 293, 296
Balaam, 13, 30
Balak, king of Moab, 13
Balfour, Arthur, 63, 82, 104, 107
Balfour Declaration: Arabs' view of, 86, 109, 240, 247, 249; British opposition to, 251; Communist Party objection to, 118; compar-ison to Biltmore Program, 92; French support of, 255; history of, 40; international recognition of, 107, 121; issuing of, 80, 300; limitations and failure of, 83, 88, 89, 100, 103–4, 121; Sidney Sonnino's support of, 264; Transjordan excluded from, 106; U. S. promotion of, 391
Baltic Sea, 65
Bandung Conference, 313, 338, 369

Barak, Ehud: on Ariel Sharon's visit to Temple Mount, 220; concessions in peace process, 218–20, 224–25; dinner with Yasser Arafat, 220–21; in elections, 211, 225, 229; role in Israeli-Palestinian peace negotiations, 211–13, 215–20, 232, 258, 259
Barbie, Klaus, 359
Barghouti, Marwan, 216
Bari Atwan, Abd Al-, 213
"Bar-Ilan Speech," 237
Bar Kokhba revolt, xvi, 43, 53, 56, 118, 413, 417n1
Bar-Lev, Baruch, 344
Bar Lev Line, 186
Barras, Paul, 61
Basel, Switzerland, 73, 103, 390
Bashir, Omar al-, 159
Basra, 154
Battle of Bir Hakeim, 254
Bayt al-Maqdis, 227. *See also* Jerusalem
BDS (Boycott, Divestment, Sanctions) movement, 252–53
Beck, József, 93
Beersheba, 282
Begin, Aliza, 201
Begin, Menachem: acceptance of "framework for peace," 195;

on acceptance of German repa-rations, 259; attitude toward territory, 194; background of, 95–96; declaration of revolt against British Empire, 95; delay of hotel bombing, 99; exclusion from "founding fathers," 135; involvement in *Exodus* incident, 128; meeting with Jorge García Granados, 357; objection to Palestinian autonomy, 178; on outcome of Iran-Iraq War, 154; political views of, 119, 193; reelection of, 196, 198; relationship with Jimmy Carter, 289–90; relationship with Ronald Reagan, 290, 291; rescue of Ethiopian Jews, 388; resignation of, 201; on Soviet Jews' emigration, 383–84; support of Maronites, 200

Beilin, Yossi, 207, 208, 225, 231

Beirut: IDF in, 200; Jewish freedom fighters' attempt to negotiate with Germans in, 96; Jewish immigrants confined to, 75; Jews' role in Free French Forces in, 95; massacre of Palestinians in, 200; as part of British Palestine, 108; Ronald Reagan's objection to Israeli bombing in, 291; U. S. marines to, 283; Yasser Arafat's meeting with cardinal in, 269

Beit ha-Mikdash, 227. *See also* Jerusalem

Belarus, 81, 374

Belgium, 95, 130

Belgrade, 157

Belshazzar, king of Babylon, 36–37

Ben-Aharon, Yitzhak, 118

Ben-Ali, Hussein, 104

Ben-Ami, Shlomo: on amendment of Palestinian national covenant, 215; on Egypt's willingness to switch Cold War allegiance, 186; on failure of Oslo Agreements, 229; on failure of peace negotiations, 218–20, 231; on "iron wall" approach, 85; negotiation over Temple Mount, 221–22, 226; on Palestinian nationalism, 78; response to IDF withdrawal from Lebanon, 216; on status of Arab-Israeli conflict, 242; on Yasser Arafat's approach to

peace, 209
Beneš, Edvard, 89
Ben-Gurion, David: acceptance of German reparations, 259; admiration of Theodor Herzl, 74; appointments in Jewish army, 392; attacks on Levi Eshkol, 172; attempt at alliance with U. S., 283; attitude toward partitioning, 99, 101, 114, 117 - 18, 122, 128, 129, 132; at Biltmore congress, 91; blamed for Arab-Israeli conflict, 242; comparison with Moshe Sharett, 241; criticism of, 120; distrust of Menachem Begin, 135; establishment of Arab-Jewish federation, 390 - 91; on "iron wall" approach, 85; on Israeli borders, 136, 148; on Israeli position in Cold War, 141 - 42; as Israeli prime minister, 85; leadership style of, 412 - 13; on need for Jewish state, 100, 413; planning of joint military operation against Egypt, 167; political views of, 111, 117; preparation for war with Arabs, 130; reaction to internationalization of Jerusalem, 141, 269; reaction to nationalization of Suez canal, 146, 147; relations with France, 254, 255; response to Soviet threat over Sinai withdrawal, 306; search for international allies, 90, 112, 150 - 52, 156, 163; support of Maronites, 199; support of Soviet Jews' immigration to Israel, 304 - 5; treatment of Diaspora Jews, 392 - 93; visit to U. S., 389; on withdrawal from Gaza Strip, 168

Ben-Gurion Airport, 193 - 94
Ben-hadad, king of Aram, 21 - 22
Bénin, 344
Ben-Israel, Menashe, xvi, 60
Benjamin, tribe of, 19
Bérard, Armand, 180
Ber Borochov, Dov, 117
Berlin, 262
Berlusconi, Silvio, 264
Bernadotte, Count Folke, 266, 280
Bernstein, Peretz, 130
Bertoli, Cardinal Paolo, 269
Betar, 119
Bethel, 23
Bethlehem, 136, 159, 211

Bevin, Ernest, 99, 126, 128, 134, 248–50, 252, 254
Bharatiya Janata Party (BJP), 326, 327, 339
Bible: English leaders' knowledge of Hebrew, 59; as historical source, 43; influence on Jewish world-view, xvii, 413; interpreters of, 38; on Israel's contractual obligations and rewards, 4–5, 15–16; Jacob and Israel references in, xviii–xix, 9, 411; on Jewish sovereignty, 412; Jews as carriers of message of, 32; and Zionism, 268. *See also* Pentateuch; *specific books of*
Biltmore Program, 91–92, 99
Bin Salman, Muhammad, 162
Birrenbach, Kurt, 261
Bismarck, Otto von, 62, 65
Black Plague, 57
Black Sea, 65
Black September, 184, 199, 286
Blaustein, Jacob, 392–93
blood libel, xvii, 57, 58, 59, 64
Blum, Léon, 253–54
Blum, Yehuda, 309
Bnot Yaakov Bridge, 281, 306
Boaz, 30–31
Boko Haram, 353, 354

Bolan Amendment, 155
Bolivia, 130, 365
Bolling Air Force Base, 221
Bolshevik party, 91
Bolshevik revolution, 86, 300, 301
Bolsonaro, Jair, 366
Bonaparte, Napoléon, 61–62, 384
Book of Records, 33
Boström, Donald, 267
Bourges-Maunoury, Maurice, 167
Bousquet, René, 258
Bovin, Alexander, 310
Brandeis, Louis, 280, 390–91
Brandenburg Gate, 262
Brazil, 130, 362, 364, 365, 366, 406
Brezhnev, Leonid, 187, 306, 307
British Committee of Imperial Defense, 90
British Empire, 40
British Mandate: alterations to, 86, 106–7, 109; cause of pogrom in (1929), 227; division of following Arab-Israeli war, 138; effect on Zionism, 122, 412; end of, 132–34, 253, 303; granting of, 127; incorporation of Balfour Declaration in, 264; independence of, 88; Israeli-

British relations after dissolution of, 249; Jews' objection to dividing, 118; loss of control of, 100, 112, 126–28, 132–33; partition plan for (1947), 128–29, 132–33; refugees from, 375, 377; U. S. in favor of maintaining, 279; Zion-ist government under, 85, 133–34. See also Great Britain; Palestine
Bronstein, Lev. See Trotsky, Leon
Brown, George, 174, 179, 181
Brussels, 274, 276
Brzezinski, Zbigniew, 289–90
Buber, Martin, 120, 121
Bucharest, 188
Budapest, 166, 168, 273
Buenos Aires, 155, 363, 364, 365
Bulan, 53
Bulganin, Nikolai, 306
Bulgaria, 265, 374
Bunche, Ralph, 138
Bundesnachrichtendienst (BND),261
Burkina Faso, 349
Burma. See Myanmar "Burma Road," 392
Bush, George H. W. , 206, 270, 292, 293, 389

Bush, George W. , 225, 229, 230, 232, 234, 237, 239, 294–96
Byelorussia, 130
Byroade, Henry, 281

Cabildo, 363
Caesarea, 51
Cairo, 97, 185, 209, 228, 297
Caleb, 11
Caligula, Emperor, 51
Cambodia, 267, 333–34
Cameron, David, 252
Cameroon, 350, 353
Camp David: aftermath of peace talks at, 220, 224–25, 231, 232, 239; Egyptian-Israeli peace negotiations at, 290; Israeli-Palestinian peace conference at, 216–18, 294, 299; proposed map of Israeli and Palestinian territories at, 219; Yasser Arafat's behavior at, 226, 230
Camp David Agreements, 178, 195, 271, 276, 290, 307, 308
Canaan, 6, 8, 9, 20, 43
Canaanites, 117, 120, 240
Canada, 107, 127, 128, 130, 401
Canary Islands, 263
Caradon, Lord, 179, 180, 181

Carter, Jimmy, 192-94, 288-89, 290, 361, 367
Cassin, René, 373
Catholic Church, xix, 58, 62, 71, 268-69, 270, 411. *See also* Vatican
Caucasus, 157, 310
Ceaușescu, Nicolai, 188, 193, 307
Cecrops, 5
Central America, 362
Central Asia, 157, 159, 310
Central Intelligence Agency, 170, 174, 277, 348
Central Treaty Organization (CENTO). *See* Baghdad Pact
Chad, 345-49, 355
Chamberlain, Joseph, 75, 103, 112
Chamberlain, Neville, 88-90, 100
Chancellor, Sir John, 88
Charles I, king of England, 59
Chatham House, 81
Cheka, 91
Chiang Kai-shek, 314, 315
Chile, 131, 361
Chiluba, Frederick, 350
China: conflict with Soviet Union, 308; energy needs of, 401, 407; and India, 327; Israeli relations with, 313-21, 338, 414; in League of Nations, 107; relations with Egypt, 166; in UN, 370, 379; U.S. relations with, 287, 308, 309; vote on partition, 131
Chirac, Jacques, 224-25, 258-59
Christianity: in Ethiopia, 160; Ethiopian Jews' refusal to convert to, 53; German Jews converted to, 77; hostility to Jews, 57, 71; Jews' forced conversions to, 57-58; Jews role in, 65, 72; in post-WWI Middle East, 104; Reform congregations modeled on, 66; roots of, 56, 65, 72; sites in Israel significant to, 136-37; view of Jews' fate, 53-54
Christians: in Africa, 341, 347, 349, 350; and blood libel, 57, 64; debt to Jews, 63; as Israeli allies, 152, 162; Jews' pretending to be, 60; in Lebanon, 199-201, 242, 269, 270, 283; Palestinian sovereignty over quarters of, 222; support of Israel, 291; as Zionists, 63-64, 75. *See also* Maronites

church and state separation,
    60, 71
Churchill, Lord Randolph, 63
Churchill, Winston: agreement
    with Abdullah Faisal, 106,
    108; approval of Jewish
    army, 95; defeat in election
    (1945), 126; "finest hour"
    speech of, 94; permitting of
    Jewish immigration to
    Palestine, 87; pro-Zionist
    position of, 97–98, 248–
    50, 300–301
Chuvakhin, Soviet
    ambassador, 171
circumcision, 51
Cis-Jordan, 138. See also
    West Bank
Civil Right, 117, 119, 121
Clapp, Gordon, 375–76
Clémenceau, Georges, 107
Clermont-Tonnerre, Stanislas de,
    60–61, 384
Clinton, Bill: criticism of Yasser
    Arafat, 226; in Gaza, 215;
    pardoning of Al Schwimmer,
    392; relationship with
    Yitzhak Rabin, 293–94; role
    in Israeli-Palestinian peace
    negotiations, 211, 216–18,
    222–24, 294
Clinton Parameters, 222–25,
    223, 226, 231
CNN television, 291
Cohen, Hermann, 77, 412
Cold War: Africa-Israeli relations
    during, 344; and Arab battle
    for West Bank, 192; effect in
    Middle East, 169, 196, 199,
    277, 286, 303; Egypt's
    alignment in, 186; Iran's
    influence in former Soviet
    republics after, 157; Israeli
    alignment in, 141–43, 148,
    292; Soviet-Israeli relations
    during, 306; U. S. demand
    for Israeli concessions after,
    299; U. S. politicians' views
    of, 192; Yasser Arafat's
    behavior after, 208; Zionism
    during, 125
Colombia, 131, 366
Commonwealth of England, 59.
    See also Great Britain
communism, 248, 268, 300,
    301, 309
Communists: in Afghanistan,
    308; attitude toward
    Zionism, 116, 118; in China,
    287, 306; conflict among,
    308; decisionmaking by,
    171; effect of Baghdad Pact
    on, 144; as enemy of Nazi
    Germany, 110; of Jewish

descent, 91; on Jewish political spectrum, 116; Jews accused of supporting, 92; in Latin America, 361, 362, 367; rejection of idea of Jewish nation, 90 – 91; revolution of in Russia, 300; Romanian break with voting bloc of, 307; takeover of Nicaragua, 194, 290; U. S. doctrine to deter, 168; in Vietnam War, 191
Congo-Brazzaville, 344, 351, 352
Congress of Berlin, 62
Congress Poland, 85
Coningsby(Disraeli), 63
Constantinople, 64
Contras, 155
Conversos, 57
Corbet, Thomas, 61
Corbyn, Jeremy, 252
Costa Rica, 130, 362
Côte d'Ivoire, 341, 342, 345, 346, 350
Coupland, Sir Reginald, 114
Craxi, Bettino, 264
Crémieux, Adolphe, xvi, 64
Crimea, 311
Crimean War, xvii, 63
Croatia, 264
Cromwell, Oliver, xvi, 59, 60, 240

Crusades, 57, 169
Cuba, 130, 266, 306, 361, 379
Cuban Missile Crisis, 306
Cyprus, 157, 161, 163, 253, 265 – 66, 288, 403, 404, 405
Cyrus, king of Persia, 38, 39, 46
Czech Communist Party, 305
Czechoslovakia: arms for Israel from, 135, 275, 302; Egyptian-Soviet military alliance through, 143, 282; German refugees from, 374; invasion of, 88 – 89, 110, 247; letter of credence for Israeli ambassador to, 134; on UNSCOP, 127, 128; vote on partition, 130
Czech Republic, 273, 276

Dachau concentration camp, 391 – 92
Damascus, xvii, 19, 44, 64, 67, 69, 170, 248
Dan, 23
Daniel, 34 – 37, 39
Daniel, Book of, 34 – 35, 39 – 40
Daniel Deronda (Eliot), 69
Dar al-Harab, 54
Dar al-Islam, 54
Darfur, 159
Darius, king of Babylon, 37
Darius, king of Persia, 39

Dassault-made jets, 285
David, king of Israel, 18, 19,
    24, 29, 31, 44, 45, 228
Davos Conference, 158, 226
Dayan, Moshe, 95, 167, 174,
    178, 182, 193, 199,
    363, 383
Declaration of Principles (DOP),
    208, 209, 213, 272, 294
Democratic Party, 291
Democratic Republic of Congo.
    See Zaïre
Deng Xiaoping, 309, 318
Denmark, 130
A Detailed History of Jerusalem
    (al-Araf), 228
Deuteronomy, Book of, 15, 27-
    28, 34
De Valera, Éamon, 119
dhimmis, 54, 74
d'Holbach, Baron, 61
Diaspora Jews: history of, 382-
    83; as Israeli citizens, 398;
    Jeremiah's advice to, 28; in
    military, 392; quest for
    statehood, 53, 56;
    relationship with American
    Jews, 388-95, 399, 414;
    treatment in Israel, 392-93.
    See also Jewish people
Diderot, Denis, 61
Dimona, 284

Dinah, 8
Din Ibn Taymiyya, Taqi al-, 227
Disraeli, Benjamin, xvii, 61-63
Dome of the Rock, 227
Dominican Republic, 130
Donskoy, Dmitry, 301
Dresden, Germany, 73
Dreyfus, Alfred, 70, 71, 73, 77,
    78, 413
Drumont, Édouard, 71
Dühring, Eugen, 72
Dulles, John Foster, 144, 282,
    283, 400
Durban Conference, 351, 379,
    381, 395
"Dutch disease," 408
Dutch settlements, 60

Eastern Europe, 59, 60, 81, 273-
    74, 307, 384. See also Europe
Eastern Mediterranean Gas
    Forum, 265, 405, 406, 409
East Germany, 261
East Jerusalem, 136, 272
Eban, Abba (Aubrey): on accep-
    tance of partition plan, 115,
    129; admiration of Chaim
    Weizmann, 82; on African
    relations, 346; on Arabs in
    UN, 370; on Britain's
    unsuccessful foreign policy,
    112; on British and U. S.

involvement in Jewish statehood, 279-80; diplomatic relationship with Germany, 261; and Egyptian peace negotia-tions, 188; on Egypt's willingness to go to war, 187; on Ernest Bevin's attitude, 249; on "four Great Powers," 257; on "framework for peace," 195; guerilla force under, 95; on Israeli borders, 140, 282; on Israeli-Latin American relations, 363; on Israeli national confidence, 168; on Israel's diplomatic isolation, 363, 372; and lack of Western support for war with Egypt, 173, 256; on likelihood of war with Syria, 170; meeting with Arab League official, 132; on peace agreements after Six-Day War, 178-80; on possible Egyptian attack on Israel, 184; on relations with Communist China, 316; request for U. S. weapons, 282-83; on Soviet role in Six-Day War, 177; on Suez War, 393; in Tokyo, 328; on Un response to Yasser Arafat, 372; on U. S. policy toward Israel, 283; on utopian societies, 102; on war (1956), 393; on Zionist supporters and opposers, 248

École militaire, 73

Ecuador, 130, 362, 365

Ecumene, 50-51

Eden, Anthony, 144

Edom, king of, 12

Edomites, 46, 54

Edward I, King, 57

Egeland, Jan, 208

Egypt: access to Red Sea through, 279; anti-Western zeal of, 144; attack of Judah, 20, 25; attacks on Israel, 136, 186; British pres-ence in, 303; declining power of, 44; defeat in Six-Day War, 175; energy needs and production in, 362, 367, 403, 405, 406, 408; German scientists in, 260, 276; Greek diaspora in, 265; Israel blamed for military coup in, 159; and Israeli-African relations, 349; Israel's enemies in, 19; Jewish refugees from, 137, 386; Jews' enslavement in, 9-10; Jews' escape from,

10–12; Joseph's position in government of, 35; Judah's diplomatic alliances with, 46; land bridge to Jordan, 144; merge with Syria, 151, 156, 169; military aid from U. S., 194, 197; military engagement with Israel, 135, 138, 148–49, 175–77, 184–87, 250, 254, 256, 261; military weakness of, 187–88; Moses as citizen of, 51; Muslim Brotherhood in, 352; Napoléon's forces in, 61; objection to Jordanian control of West Bank, 178; and peace with Israel, 18, 164, 165, 166, 168, 178, 181, 185–86, 194, 195, 197, 198, 287, 290, 356; redeployment agreement with Israel (1975), 190; rejection of UN resolution regarding Israeli territories, 179; remilitarization of Sinai Peninsula, 172, 174–75; return of Jews to Palestine from, 86; role in Israeli-Palestinian peace negotiations, 211; signing of Camp David Agreements, 271; Solomon's alliance with, 44; as Soviet ally, 151, 188–89, 193, 196, 197, 282–83, 285–88, 303, 306–8; Soviet weapons sent to, 143, 146, 285; territories of, 138, 139, 140, 238; as U. S. Gulf War ally, 292; U. S. involvement in Israel's relations with, 282, 283, 299, 308; vote on partition, 130; War of Attrition of, 183

Egyptian Third Army, 187, 188

Ehrenburg, Ilya, 304

Eichmann, Adolph, 260, 359–60

Eidels, Rabbi Samuel, 15

Eilat, 166, 225, 251

Eilat (Epstein), Eliahu, 136

Einstein, Albert, 144–46

Eisenhower, Dwight D., 143, 144, 146–50, 166–69, 281–84, 297, 299

Eisenhower Doctrine, 150, 168

Ekron, 22

Elah, king of Israel, 20

El Al Airlines, 153, 385

El Alamein, battle of, 248

Eldad, Israel, 119

Eliada, 19

Eliakim. *See* Jehoiakim, king of Judah

Elijah, 20–21, 22

Elimelech, 30

Eliot, George, 69
Elisha, 23
El Salvador, 131, 362
El Shazly, Saad, 187
Enderlin, Charles, 221
England. See Great Britain
English Civil War, Second, 59
Enlightenment, 60, 61, 70, 71
Entebbe, 344, 346, 387, 388, 399
Erdoğan, Recep Tayyip, 158 – 62, 403
Erekat, Saeb, 231, 238
Erez crossing, 225
Eritrea, 160, 350
Esau, xix, 3, 4, 7, 8, 12, 412
Esek, well of, 6
Eshkol, Levi, 169, 171, 172, 174, 178, 250, 285, 307, 383
L'Espresso (magazine), 264 – 65
Esther, 32 – 33, 39
Esther, Book of, 31, 39 – 40, 411
Estonia, 309
Ethiopia: Islamic threat in, 352; Israeli relations with, 340, 341, 350; Jewish emigration from, 293; Jewish kingdom in, 53, 56; as part of strategic triangle, 151, 152, 156, 160, 162; rescue of Jews in, 388, 389; as Soviet ally, 344, 351; vote on partition, 131. *See also* Abyssinia
Etzel. *See* Irgun
Etzion Bloc, 235
Europe: commemoration of Jews murdered in, 262; complexity of relations with Israel, 64, 67, 271, 275 – 76, 414; Crusades in, 57; debt to Jews, 63; energy needs of, 161, 251, 404; Jewish emigration to Palestine in, 87, 93; lack of Soviet influence in western, 306; Palestinian expats in, 203; participation in League of Nations, 107; political ideas in, 116, 117; treatment of Jews in, 57 – 60, 65, 67, 92, 240, 249, 391. *See also* Eastern Europe
European Coal and Steel Community, 270
European Commission, 273
European Economic Community, 251, 261 – 63, 270 – 72, 276
European Union, 211, 267, 270 – 76, 404
the *Exodus*, 128
Ezra, 40, 385

Fabregat, Enrique Rodríguez, 357

Faisal, Abdullah, 86, 106
Faisal, Emir, 86, 104 - 6
Faisal, king of Saudi Arabia, 345
Falklands War, 252, 363
Falouji, Imad, 220
farc, 366
Farouk, king of Egypt, 165
fedayeen, 166, 168
Federation of American
　Zionists, 390
Fidan, Hakim, 159
Final Solution, 72. See also
　Jewish people, genocide of
Finchley constituency, 251
First Anti-Jewish Congress, 73
Fischer, Maurice, 95
Foot, Hugh. See Caradon, Lord
Ford, Gerald, 189, 288
Foreign Policy (magazine), 207
Forrestal, James, 277 - 78
Fortis, Alessandro, 264
fracking, 401 - 2
"framework for peace," 195
Framework Programme,
　272, 433n64
France: control of Alexandretta
　province, 423n24; and
　Damas-cus Affair, 64;
　domination of European
　continent, xix; Egyptian
　defiance of, 166; Henry
　Kissinger's meeting with

Egyptian emissary in, 185;
influence in Africa, 306,
342, 386; interests in Middle
East, 121, 303; intervention
in Mali, 352; as Israeli ally,
126, 146 - 49, 151, 162,
169, 196, 254, 275, 283,
285; on Israeli membership in
NATO, 151; Jews' attitudes
toward, 413; Jews' power
in, 58, 65, 67; Jews'
support of during WWII,
94 - 95; Khomeini's residence
in, 154; in League of
Nations, 107; and military
action against Egypt, 167,
168, 173, 174, 255 - 58;
military embargo on Israel,
254, 256, 285 - 86; military
exports to Pretoria, 348;
National Rally in, 275; Nazi
defeat of, 248; Nazis'
rounding up of Jews in, 264;
nuclear technology of, 254,
256, 257; oil supply of, 166,
271; over-view of relations
with Israel, 253 - 59, 261,
275, 276; post-WWI
relations with Britain, 104;
recognition of Israel, 140;
referral to Cisjordanie in,
138; reporting of second

intifada, 221; resistance in, 94, 258; Soviet threats to, 306; Sykes-Picot Agreement by, 105, 106; *Tiers Monde* in, 313, 433n1; treatment of Jews in, xvi, 60–62, 67, 70, 71, 73, 75, 77, 78, 384; vote on partition, 130, 254; weapons from, 135; withdrawal from NATO military command, 171, 257, 307; World War I allies of, 81, 156

France 2, 221

La France juive (Drumont), 71

Franco, Francisco, 262, 263

Franco-Prussian War, 71

Frankfurt, 58

Frankfurter, Felix, 106, 280

Free French Forces, 94–95, 126, 253, 254

French Revolution, 60–62, 71, 204

French Socialist Party (sfio), 253

Friendship Bridge, 365

Gabriel anti-ship missiles, 252

Gaddafi, Muammar, 344–49, 355, 362, 373, 379

Galilee, 46, 136, 169, 175

Gandhi, 322, 323, 324

García Salazar, Arturo, 129

Garibaldi, Giuseppe, 119

Gaulle, Charles de: accusations against British, 126, 253; call for resistance, 94; on changing times and circumstances, 177; downgrade of cooperation with Israel, 151, 196, 254–57, 276, 286; Jews' role in Free French Forces of, 95; lack of support for war with Egypt, 173, 256

Gaylani, Rashid Ali al-, 96, 112, 248, 385

Gaza-Jericho Agreement, 209–10

Gaza Strip: Arab refugees in, 137, 140; arms shipped to Yasser Arafat in, 229; blockade of, 159, 423n40; confirmation of national covenant amendment in, 215; control of, 138, 139, 140, 165, 178, 182, 209, 289; "displaced persons" in, 377; economy of, 203; Ehud Olmert's negotiations over control of, 235; exclusion from EEC trade agreement, 272; in "framework for peace," 195; Hamas in, 160, 210; international presence in, 259; Israeli plan for elections in, 205; Israeli

withdrawal from, 168, 232,
240, 241, 243, 296;
Mamdouh Nofal's entry into,
210, 220; messianic claims
in, 59; Palestinian state in,
192, 222, 224; reporting of
second intifada in, 221;
terrorism encouraged in,
167; terrorists banned from,
210, 215; truck accident
killing Palestinians in, 203
Gedaliah, 26
Gehlen, Reinhard, 261
Gemayel, Bachir, 200, 270
Genesis, xix, 3
Geneva, Switzerland, 116, 128,
308,419n17
Geneva Initiative, 231
George, Lloyd, 91, 104,
107, 109
German culture, 72-73, 77
Germany: aggressions of leading
up to WWII,110; alliance in
WWI, 81, 82, 83; Arab
support of, 111-12, 131,
247; British appeasement of,
109; as British enemy in
WWII, 94, 100; defense
against in Palestine, 95;
effect of Nazis' rise to power
in, 114, 122; effect of war
with in Britain, 126; energy

transition of, 408; Holocaust
survivors ordered back to,
128; within international
system, 125; invasion of
Poland, 94; Italian alignment
with, 264; Jewish freedom
fighters' attempt to negotiate
with, 96-97; Jewish
immigrants from in U. S. ,
66; Jewish philosophers in,
412; Jews' allegiance to in
WWI, 81; Jews as perceived
threat to, 92-93; and
League of Nations, 107;
manipulation of by Benjamin
Disraeli, 62; military
cooperation with Israel, 261,
262; occupation of Greece,
265; overview of relations
with Israel, 259-62, 275,
276; political parties in, 275;
recognition of Israel, 262;
refugees to, 374; reparations
to Israel, 259, 260, 263,
276; Soviet Jews' immi-
gration to, 309; Swedish
relations with, 266; terrorist
attack at Olympics in, 210;
terrorists from, 388;
treatment of Jews in, 64-
65, 67, 71-73, 75-77, 79,
249; Zionist movement in,

74, 77
Ghana, 342, 343, 346, 354
Gheit, Ahmed Aboul, 218
Ghorbanifar, Manucher, 155
Giáp, Võ Nguyên, 191
Gibraltar, 263
Gidi Pass, 288
Gilead, Amos, 201
Giscard d'Estaing, Valéry, 258
goats, 54, 417n7
God, 13, 26 - 28, 32, 34 - 38, 68, 120
Golan Heights, 154, 175, 181, 186, 272, 291, 298, 299, 371
Goldberg, Arthur, 179
Goldstone Report, 241
Goliath, 18
Gonzáles, Felipe, 263
Gorbachev, Mikhail, 291, 309, 310, 312
Gordis, Daniel, 397
Gordon, Aharon David, 117
Granados, Jorge García, 357
Great Britain: alignment with U. S. , 196; anti-Soviet military alliance of, 143, 150; apology to Palestinians, 240; Benjamin Disraeli as citizen of, 63; Chaim Weizmann's professional life in, 82; charter for Jewish national self-determination, 300; diplomacy of appeasement, 106, 108 - 15, 247 - 49; and EU membership, 274; fighter aircraft developed by, 262; influence in Africa, 306; influence in Land of Israel, 80, 82 - 83, 100; influence in Middle East during Cold War period, 303; involvement in peace negotiations, 165 - 66; Irish expulsion of, 119; on Israeli borders, 144; on Israeli membership in NATO, 151; Jewish army of, 83, 85, 94, 95; Jewish power in, 62, 63, 65, 67, 82; Jewish revolt against, 96 - 100, 126; Jews' cooperation with in WWII, 94 - 96; Jews' immigrationto, 59 - 60, 67; lack of support for Israel against Egypt, 173, 174; in League of Nations, 107; military action against Egypt, 146 - 47, 149, 168, 250; military presence in Jordan, 283; oil supply of, 166; orders regarding Jewish soldiers' flag, 254; overview of relations with Israel, 247 -

53; planning of joint military operation against Egypt, 167; possible involvement in War of Independence, 136; post-WWII circumstances of, 125-27; presence in Yemen, 171, 250-51, 276; prohibition of immigration to Palestine, 93, 94, 109; promise of Jewish "national home," 63-64, 70, 80-84, 86, 88, 89, 92, 98, 100, 103-4, 121, 249, 275, 412; recognition of Jorda-nian annexation, 138; reference to Philistines in, 44; relations with Israel under MargaretThatcher, 251-52; religion of, 411; relinquishment of Mandate, 132-33; representation in Palestine, 83-88; request of Jewish Agency to abandon Negev, 279; Soviet relations with, 143, 302, 306, 312; and Sykes-Picot Agreement, 105; sympathy for Zionist movement, 74, 75, 79, 82, 103; trade relations with Israel, 252-53; treatment of Jews in, xvi-xvii, 57, 59; on Un Human Rights Council, 379-80; U.S. in favor of rule in Palestine, 278; version of Resolution 242 from, 180; vote on partition, 131, 148, 253; withdrawal from Yemen, 307; WWI allies of, 81, 83, 156; Zionist opposition to, 390. *See also* British Mandate; Common-wealth of England

Great Synagogue of Rome, 270

Grechko, Andrei, 177

Greece: Arab-Israeli armistice signed in, 138; desire for control of Cyprus, 157; economic and immigration policies in, 275; energy needs and production in, 265, 403, 405; lobby in Washington, 156; overview of relations with Israel, 265-66, 274, 276, 403-4; as part of Israel's periphery architecture,161, 163; refugees in, 374; vote on partition, 130

Greek Empire, xvi, 38, 46-51, 56, 413

Greek mythology, 5

green line, 138, 230, 231, 273, 293

Gromyko, Andrei, 179, 302
Group of 77, 157, 360
Gruenbaum, Yitzhak, 119
Grün, David. *See* Ben-
　Gurion, David
Guatemala, 127, 128, 130,
　357, 362
Guinea, 352
Gulf Emirates, 161, 163,
　203, 206
Gulf of Aqaba, 44
Gulf War, 155, 206, 208,
　242, 292
Guyana, 361

Hacohen, David, 95
Hadad the Edomite, 19
Hadassah Hospital, 141
Hadrian, Emperor, 51
Haganah, 89, 96, 99, 100, 341
Hagar, 3
Haifa, 94–95, 128, 137, 282
Haig, Alexander, 200
Haiti, 130
Halim Khaddam, Abd al-, 158
Ham, Carter F., 353
Haman, 31–35
Hamas: charter of, 198, 204; in
　elections (2006), 234;
　establish-ment of, 203–4; in
　Gaza Strip, 160; Israel's
　release of leader of, 211;
　Jeremy Corbyn's endorse-
　ment of, 252; leadership of,
　158; terrorist attacks by,
　210, 230; Turkey's support
　of, 161, 403
Hamath, 18
Hamburg, Germany, 64
Hamilton, Lee, 296
Hammer, Reuven, 397
Hamor, King, 8
Hananiah, 35
Hanassi, Yehuda, 8
Ha-Oved HaTzioni, 117
Ha-Po'el Ha Mizrachi, 117
Harel, Isser, 151, 260, 261
Hashemite dynasty, 104,
　153, 283
Ha-Shomer Ha Tza'ir, 116, 118.
　See also Mapam
Hasmonean Dynasty, xvi, 48,
　49, 51, 56
Hassan II, king of Morocco, 207
"Hatikvah," 311
Hawk missiles, 284
Hazael, king of Aram, 22,
　23, 24
Hebrew language, 91, 227, 254
Hebrews. *See* Jewish people
Hebrew University, 120
Hebron, 9, 18, 88, 136,
　178, 211
Hebron Protocol, 215

Heine, Heinrich, 65, 418n11
Helms, Richard, 174
Hentig, Werner Otto von, 96
Herod (son of Antipater), 50, 51, 56, 228
Herzfeld, Rabbi Shmuel, 394
Herzl, Theodor, xvii, 70–75, 79, 102–3, 268, 275
Herzliya Conference, 231, 234
Herzog, Chaim, Herzog, Yaakov, 310, 372, 393
Herzog, Rabbi Yitzhak, 372
Hess, Moses, 69
Hezbollah: Iran's support of, 161, 354; Israeli defense against in Latin America, 414; Jeremy Corbyn's endorsement of, 252; in Latin America, 364–67; in Lebanon, 155, 160, 216, 234, 242, 296; replacement of PLO in Lebanon, 201; support for in Africa, 352
Hezekiah, king of Judah, 24–25
High Representative for Foreign Affairs and Security Policy, 272, 273
Hiram, king of Tyre, 18, 44
Hirbet, 417n7
Hirschfeld, Yair, 207
Hitler, Adolf: Arab allies of, 111–12, 247–48; British appeasement of, 109–10; destruction of Heinrich Heine's grave, 418n11; as enemy of Jews, 89–90, 92–93; support of Palestinian mufti, 88; invasion of Czechoslovakia, 88, 89; and Jewish immigration, 96–97, 266; Joseph Stalin's pact with, 302; relations with Soviet Union, 110
Holland, 58, 271
Hollande, François, 259
Holocaust: Begin-Carter discussion about, 289; education about in Germany, 262; effect on German-Israeli relations, 259; effect on Zionism, 100, 101, 390; idea of partitioning Palestine after, 99; immigration to Palestine during and after, 96, 126, 127; Jewish refugees after, 367; Pope John Paul II's witness of, 269; Spain's policy toward Jews during, 262; treatment of survivors of by British, 128, 248
holy sites, 129, 141, 217, 222, 226, 234, 238, 269
Honduras, 131, 362

Horizon 2020 agreement, 273
Horthy, Miklós, 93
Hoshea, king of Israel, 24
Houphouët-Boigny, Félix, 342, 343, 345, 347
Hudaybiyyah Pact, 210
Hungary, 93, 166, 273, 275, 276, 374, 386
"Hunting Season," 98
Hurva Synagogue, 141
Hussein, king of Jordan: on control of West Bank, 182, 192; demand for Hamas leader's release, 211; fear of intifada in Jordan, 204; Golda Meir's helping in Syrian takeover attempt, 287; objection to autonomy of Hebron, 178; and Palestinian autonomy negotiations, 201, 202; relations with Egypt, 166, 169, 174, 175; war with PLO, 183–84
Hussein, Saddam: airplane donated by, 294; defeat of in Gulf War, 155; "linkage" proposal of, 252, 431n18; sale of nuclear plant to, 258; shah's reconciliation agreement with, 153; UN actions against, 378; U. S. coalition against, 295;

Yasser Arafat's sup-port of, 206, 209; in Yom Kippur War, 154
Husseini, Faisal, 214
Husseini, Hadj Amin al-: appoint-ment as mufti, 87; British appeasement of, 110, 111; chief bomb-maker of, 131; emphasis on Temple Mount, 227; historian associate of, 228; relationship with Adolf Hitler, 247–48, 390; response to partitioning propos-als, 114, 129; threat to refugees, 164; violence against Jews in Palestine, 87, 88, 111
Hyrcanus, Yohanan, 49

Ibn Saud, king of Saudi Arabia, 277
Iceland, 130
idolatry, 19–20, 23, 25, 36
IHH Islamic organization, 423n40
Ihud, 117, 120
imperialism, 90, 111, 316–17
India: British interests in, 86, 127; energy needs of, 407; Israeli relations with, 321–27, 338–39, 414; in League of Nations, 107; in UN,

127, 128, 370; vote on partition, 130; on wording of Resolution 242, 180
Indonesia, 335-36, 369
Indyk, Martin, 207
Inönü, Ismet, 156
Inquisition, 57-59, 67, 262, 263
International Renewable Energy Agency, 162
intifada: first, 203, 204, 270, 291, 393; incentive for, 216; second, 220, 221, 224, 229, 242, 258, 379, 395
Iran: access to Eastern Mediterranean, 406; anti-American attitude of, 194; in anti-Soviet military alliance, 143, 150, 156; EU sanctions on, 274; influence in Latin America, 364-67, 414; and Israeli-Palestinian peace negotiations, 243; nuclear pro-gram of, 155, 160-62, 242, 259, 274, 276, 294-95, 297-99, 310, 311, 366, 395, 401, 406; oil supply of, 153, 154, 362, 401, 402; as part of strategic triangle, 151-57, 160, 161, 162; radical Islam in, 347, 354-56; relations with Africa, 352, 354; relations with Azerbaijan, 161; relations with Israel, 154-55, 157, 159-63, 310, 311; rela-tions with Russia, 311; relations with Turkey, 157, 159; revolution in (1979), 203; shipment of arms to Gaza, 229; support of Hezbollah, 201; on UNSCOP, 127, 128; vote on partition, 130. *See also* Persia
Iran-Contra scandal, 155
Iran-Iraq War, 154, 155, 203
Iraq: airplanesfrom, 294; in anti-Soviet military alliance, 143, 150, 156; Arab independence in, 109; attack on Israel, 136; bombing of nuclear reactor of, 252; British-appointed king of, 106; British defense treaty with, 136; defeat of pro-Nazi rebellion in, 96; interests in first Arab-Israeli war (1948), 137; invasion of Kuwait, 206, 252, 292; Iran's support of Kurdish secessionism in, 152; Islamic State in, 297; Israeli allies against, 153-54; Jewish emigra-tion from, 137, 385, 386; Kurds as Israeli allies

in, 152, 161, 162, 163; location of, 53; loyalty to Britain, 303; military coup in, 151, 153, 156; pro-German revolt in, 112, 248; as Soviet ally, 196, 283, 285, 306; treatment of Arab refugees, 140-41; and UN human rights, 379, 381; U. S. invasion of, 158, 295, 310; vote on partition, 130

The Iraq Study Group Report, 296

Iraq War, 295

Ireland, 119

Irgun, 89, 96, 98-100, 117, 120, 130, 133, 135

Iron Dome missile defense system, 162

"The Iron Wall" (Jabotinsky), 85, 230

iron wall concept, 85, 89, 211-13, 230, 232, 242

Isaac, xix, 3-4, 6, 7, 13, 14, 411

Isaiah, Book of, 59

Ishmael, 3

isis, 275

Islam, 59, 158, 194, 297, 349, 350, 413. *See also* Muslims

Islam, radical, 243, 294, 352-56, 414, 423n40

Islamic Arc, 353-54

Islamic Jihad, 210

Islamic Movement in Nigeria, 354

Islamic revolution (1979), 154, 155, 162, 290, 367

Islamic State, 227, 297

Islamist resistance, 203-4

Ismail, Hafiz, 185

Israel: ambassador from in Paris, 95; Czech assistance to in war for independence of, 89; defeat of enemies, 10, 13, 15, 18, 19; effect of goats on landscape of, 54; Jacob as, xviii-xix, 9, 15, 411, 412; Jeremiah's prophecy regarding fate of, 27-28; map of destruction of independence, 47; names of land of, 43-44; post-independence wars with Arabs, 120; resilience of, 14-15; restoration from exile, 37-38; roots of, 56; submissiveness of, 8; ten tribes of, 19, 321. *See also* Jewish people

Israel, Kingdom of: conquering of, 24; diplomatic history of, xv, 29, 44; division of, 19, 20, 29, 44; efforts to reconstitute, 78; for-eign occupation of, 24; history of foreign policy of, xv; Jewish sovereignty under, xvi; kings' abuse of power in, 20; prophe-cies of suffering in, 20–21; war against Aram, 22–23

Israel, Land of: Benjamin Disrae-li's ideas about reclaiming, 63; British control of, 80, 100; competing nationalisms in, 78, 79; Crusades in, 57; David Ben-Gurion's immigration to, 85; Jeremiah's advice not to return to, 28; Menachem Begin's attitude toward, 194, 195, 289; Napoléon's interest in restoring Jewish state in, 61; foreign occu-pation of, 38, 40, 46, 54; pope's response to Jewish statehood in, 268, 269; request to purchase, 69; Russian Jews' immigration to, 70; Zionists' plans to occupy entire, 118. *See also* Palestine; Promised Land

Israel, State of: acceptance of Arab refugees following 1949 armistice, 140; adjective for, 134; allegiance in Korean War, 305; annexations by, 231, 235, 239, 240, 241, 291; anti-Stalin demonstrations in, 305; Argen-tinian Jews' immigration to, 363; banning of terrorists from Gaza, 210, 215; Barack Obama's criti-cism of, 297; borders of, 135–36, 138–40, 139, 144, 148, 164, 176, 178–80, 184, 192, 212, 214, 216,

Israel, State of (*cont.*) 219, 231, 232, 235–40, 236, 251, 267, 273, 276, 280, 282, 286, 289, 298; British recognition of, 249, 250; British royal family and government officials in, 251, 252, 253; citizens of killed in Pales-tinian terrorist attacks, 230; coa-lition government of, 201, 205; diplomacy and foreign policy of, xv–xvii, xix, 134, 141–43, 148, 151, 157–59, 261, 263, 266, 270, 271, 305, 307–10; as Egyptian target, 147; expectations of Oslo Agree-ments, 229; freeing of Palestin-ian prisoners, 225;

global power of, 413-14; and good relations with Lebanese, 199; government offices of in Jerusalem, 269; Harry Truman's recognition of, 299; independence of, xv, xvii, 85, 131, 133-36, 148, 280, 302, 304; intelligence operations of, 156-57; international recogni-tion of, 142, 143, 153, 156; within international system, 125-26, 144-51, 156, 160, 162; Iraqi Jews' immigration to, 154; Jewish population in, 395-96; military action against Egypt, 167, 174-75; military strength of, 185-87, 194, 196, 197, 250-51, 254, 261, 275, 284-87, 290-91, 298, 299, 302, 310, 348, 352, 354, 361-62, 364, 367; national anthem of, 311-12; nuclear program of, 254, 284, 286; control of West Bank, 182; Palestinians' denial of legiti-macy of, 240; peace agreement demands of, 178, 181-82, 184; peace negotiations with Egypt, 186, 193-95, 197; politics in, 230-31; pope's failure to recognize, 268-69; public image of, 291, 298, 409; redeployment agree-ment with Egypt (1975), 190; "red lines" of, 218; relations with Jor-dan and PLO, 192; relations with United States, 144-47, 167, 169, 191, 196, 281, 286, 291-93, 298, 299, 307, 312; research and devel-opment by, 271-73, 276, 414; right to exist, 179, 214, 215, 290; right to self-defense, 147, 167-68, 172, 173, 256; sale of weapons to Iran, 154-55; security issues of, 185, 398, 414; self-confidence of, 168, 183, 185, 187, 189-91, 197; settlements constructed by, 228, 232, 235, 237-39, 273, 290, 293, 390, 398; sovereignty of, 135, 141, 218, 220, 222, 225, 226, 240, 298, 299; Soviet Jews' enthu-siasm for, 303-4; Soviet Jews' immigration to, 203, 291, 309; Soviet recognition of, 126, 302; Soviet threats to, 306;

support of Jordan against PLO, 183; support of Lebanese Christians, 199 - 200; technological expertise of, 262, 273, 276, 310, 407, 409; trade relations of, 252 - 53, 270 - 73, 276, 414; unilateral withdrawal from Gaza, 216, 224, 231 - 34, 233, 240, 242 - 43, 296; United Nations deliberations regarding, 107; war refugees in, 137, 164; water conflict in, 281; Yasser Arafat's intent to divide, 213. See also War of Independence

Israel Aircraft Industries, 392

Israel Defense Forces (IDF): accused of organ harvesting, 267; aid to Kurds in Iraq, 154; blamed for violence of second intifada, 221; encouragement of Arab refugees, 137; interception of arms in Gaza, 229; interception of Turkish ship, 159; involvement in Lebanese war, 200, 201; Irgun's merging with, 135; Palestinian calls for violence against, 217; readiness for war with Egypt, 167, 172, 175; rescue of hostages, 388; victory over Arabs, 136; in War of Independence, 392; withdrawal from Jordan Valley, 224; withdrawal from Lebanon, 216; withdrawal from northern West Bank, 211; in Yom Kippur War, 186 - 89

Israel High Court of Justice, 230

Israeli Air Force, 170, 251, 286

The Israel Lobby and U. S. Foreign Pol-icy (Mersheimer and Walt), 296

Istanbul, 85

Itaipu Dam, 365

Italy: Arabs' threat toward, 110; British appeasement of Fascist, 109; conquest of Abyssinia, 110; economic and immigration policies in, 275; energy needs and production in, 265, 404, 405; as example for Jewish indepen-dence, 119; fighter aircraft devel-oped by, 262; Jewish Brigade in, 95; in League of Nations, 107; overview of relations with Israel, 264 - 65, 274;

refugees from, 374–75

Jødeland, 44

Jabotinsky, Vladimir: death of, 94; encouragement of emigration from Europe, 93–94; "iron wall" approach of, 85, 89, 230, 242; as leader of Revisionist Right, 118; pardoning of, 87; pen name of, 135; political realism of, 119; reaction to boundaries of British Palestine, 108; relations with British government, 83–84

Jackson, Andrew, 278

Jacob: Balaam's prediction about, 13; birthright of, 4, 7; death of, 9, 417n1; God's covenant with, 4, 13–15; as Israel, xviii–xix, 3, 4, 9, 15, 411, 412; Jewish identity tied to, 411; request to travel through Esau's land, 12; strength of, 4, 7–8, 411–12; submissiveness of, 8–9

Jacobson, Edward, 278

Jaffa, 112, 140

Jannaeus, Alexander, 49

Japan, 107, 327–30, 339, 400, 411

Jaradat, Hanadi, 267

Jarring, Gunnar, 184

Jason (hellenizer), 46–49, 56

Jayousi, Nihad, 210

Jehoahaz, king of Israel, 24

Jehoash, king of Judah, 23–24

Jehoiachin, king of Judah, 26

Jehoiada, 23

Jehoiakim, king of Judah, 25–26

Jehoshaphat, king of Judah, 22

Jehu, king of Israel, 23, 24

Jenin, 211

Jeremiah, 26–29, 53

Jericho, 136, 209, 210

Jeroboam, 19, 20, 23

Jerusalem: Anwar Sadat's visit to, 193; Arab isolation of, 134; Arab violence against Jews in, 88, 111; archaeological tunnel in, 213; Assyrian threat to, 25; Benjamin Disraeli in, 62; British vice-counsel in, 64; capital transferred to, 18; comparison with London, 82; destruction of, 25, 28, 68; embassies in, 273, 274, 276, 298, 299, 362; exclusion from proposed Jewish state, 122; government offices in, 141, 269; Greek structures in, 49; as holy land, 268;

and interna-tionalization, 129, 141, 268, 281, 357; within Israeli borders, 136; Israeli-Palestinian dispute over control of, 217, 218, 220, 222, 224, 226–27, 231, 234, 235, 238, 239, 281; Israel's reunification of (1967), 175; Jacques Chirac in, 258; Jewish immigrants confined to "Vilayet" in, 75; Muslim sacred sites in, 227; Pan-Islamic conference in (1931), 227; in partition plan (1947), 129, 148, 268, 269, 357; pro-German mufti in, 247; as religious center, 19; Roman attack in, 51; terrorist attacks in, 210, 211; weapons to Irgun fighters in, 135

Jerusalem, Sanjak of, 107

Jerusalem Temple: construction of, 38–40, 53, 61, 68; destruction of first, 26, 28–29, 34, 46; Greek structures in and near, 49; Herod's expansion of, 50; idol-atry in, 25; management under King Jehoash, 24; pillaged by Egyptians, 20; statue of Roman emperor in, 51; war reparations paid from treasury of, 25

Jesus, 57, 59, 269

Jewish Agency: acceptance of partitioning, 112, 130; claims on Negev desert, 279; Latin Ameri-can support of, 357, 366; leader-ship of, 85, 128; punishment of Jewish terrorists, 98; relations with British government, 96, 249

Jewish Brigade, 95, 368. *See also* Jewish people, army of

Jewish Commonwealth, 92

Jewish history: biblical interpreta-tion of, 15–16; complexity of, xv; sources of, 43

Jewish Legion, 83, 85, 94, 418n3

Jewish National Council (Jnc), 133–34

Jewish people: absolved of killing Jesus, 269; allegiance in WWI, 81; allegiance in WWII, 94–95, 100; army of, 83, 85, 94, 95, 392; assimilation of, 14, 67, 69, 70, 73–75, 79, 413; attitude toward return to Zion, 68–69; biblical influence on, xvii, 413; blessing and curse of, 15; Charles de Gaulle's comments about, 256-57; contractual obligations and rewards of, 4-5, 13-16, 18, 19, 23, 26-29, 53; creation of state for, xvii; cycle of subjugation and repentance, 17-18, 40, 49; diplomatic history of, 39, 44-46, 50, 64, 412; disunity among, 56, 116-20, 395, 396, 397; at Dome of the Rock, 227; enslavement of, 9-10; exile in Babylon, 24, 34; genocide of, 32-33, 72, 92-93, 412; hellenization of, 46-49, 51-53, 52; identity of, 15-16, 51, 57, 61, 70, 301, 411; immigration and self-determination of, 59-60, 83, 84, 86-88, 91, 92, 96, 100, 108, 109, 111, 112, 118, 127, 128, 255, 266, 281, 300, 302-5, 307, 309, 314, 317, 322, 382-87, 391; involvement in communism, 300-301; in Italian government, 264; land rights of, 5; marriages of, 30; as minority in Palestine, 115; Muslims' treatment of, 54; Oliver Cromwell's relocation of, 240; Pope John Paul II's respect for, 270; punished by God, 11-12, 28-29; as refugees, 137, 235, 238, 259, 374, 385-87; rejection of Nebuchadnezzar's gods, 35; request for partitioning in 1947, 128; resilience of, xvi, xviii, 29; return to Israel, 38-39, 46, 54; sovereignty of, 39, 47, 50, 53, 56, 61, 68, 70, 78, 102, 105, 108, 115, 128, 129, 130, 141; Spanish policy toward, 262, 263; statelessness of, xvi, xvii, 32, 53, 56, 74, 88, 99-101, 110, 120-22, 127, 132, 253, 255, 275, 277, 279, 302-3, 411; submission of, 8, 9, 12; as Swedish citizens, 267; treatment by Persians, 33-34; treatment in Europe, 57-58; treatment in North America, 60; treatment in Romania, 307. *See also* American Jews; Ashkenazic Jews; Diaspora Jews; Israel; Orthodox Jews; Pal-estinian Jews; Sephardic Jews

Jezebel, 20, 23

Johannesburg, 210

John Paul II, Pope, 269-70
Johnson, Lyndon B., 171, 173, 174, 180, 257, 284-86
John XXIII, Pope, 269
Joram, king of Israel, 22, 23
Jordan: ceasefire line in, 138; defeat in Six-Day War, 175; encour-agement of rebellion in, 283; energy needs and production in, 265, 403, 405; French pres-ident's observation of Israel from, 258; Hamas in, 211; land bridge to Egypt, 144; military of under Egyptian command, 174, 175; objection to autonomy of Hebron, 178; as part of triangle of peace, 198; and peace with Israel, 164, 165, 166, 178; prevention of monarchy overthrow in, 287, 299; refugee citizenship in, 377; relations with Britain, 136, 252, 303; relations with PLO, 183-84, 192, 199, 286; relinquishment of Jordan (*cont.*)
West Bank, 204; role in Israeli-Palestinian peace negotiations, 206, 207, 211; territories of, 138, 139, 140, 141, 148, 182, 195, 238, 242, 268, 282; in Un, 369; Yasser Arafat's televised message in, 213
Jordan Bromine, 403
Jordan River, 86, 106, 108, 138
Jordan Valley, 222, 224, 235
Joseph, 9, 35, 221
Josephus, Flavius, 50
Joshua, 11
Josiah, king of Judah, 25
J Street, 395
jubilee years, 5
Judah, Kingdom of: cycle of subju-gation and repentance, 19-20, 23-26, 29; demise of, 26, 34; destruction of independence in, 47; diplomatic history of, 44-46; famine in, 30; foreign policy of, 24; Jewish refugees from, 385; Jewish sovereignty under, xvi; renamed Judea, 43; Ruth's settling in, 30; violation of Sinai covenant, 23, 27, 28; war against Aram, 22-23
Judah, tribe of, 19
Judaism: conversions to, 30, 34, 49, 50, 53; effect on German culture, 72, 77; German Jews' refor-mation of, 64;

Greek hostility toward, 51;
and nationalism, 120; and
power, 412; as root of Christianity and Islam, 56;
symbolism of, 411; Zionism
as tenet of, 68. *See
also* religion
Judea, 43, 49 - 53, 56
*Die Judenfrage als Racen, Sitten
und Kulturefrage*
(Dühring), 72
Der Judenstaat (Herzl), 70,
73, 275
Judges, Book of, 17, 26
Justice and Development
Party, 158

Kœnig, Marie-Pierre, 254
Kaaba, 227
Kalischer, Zvi Hirsch, 69
Kampala, 345
Kanfani, Marwan, 215
Kano, 354
Kansas City MO, 278
Kant, Immanuel, 77
the *Karine A*, 229
Katyusha rockets, 229
Kazakhstan, 310
Kennedy, John F., 169, 250, 284, 299, 306
Kenya, 343, 346, 347, 350, 352, 355

Kerry, John, 237, 238
Khalil, Mustafa, 188
Khartoum, 178, 181 - 82
Khazar Jewish kingdom, 53, 56
Khomeini, Ayatollah, 154, 354
Khrushchev, Nikita, 306
Kibbutz Degania, 418n3
Kibbutz Ha-Me'uhad
movement, 118
kibbutzim, 127, 169, 175, 251, 371
Kimche, David, 346, 349
King David Hotel, 99
Kingdom of Beta Israel, 53
Kingdom of Semien, 53
Kings, Books of, 14, 24, 29
Kings 2, Book of, 23, 34
Kings I, Book of, 19, 20
Kirchner, Cristina Fernández de, 364, 366
Kirkbride, Sir Alec, 165
Kishinev pogrom, 77
Kissinger, Henry: contacts with
Chinese government, 308; on
control of West Bank, 182;
on establishment of
Palestinian state, 195; on
Israeli military performance
against Soviet Union, 187;
on Israeli security, 185;
Middle East strategy of,
308; political views of, 192;

role in Egyptian-Israeli peace,
188 – 89, 288; on Soviet
obstacle to Middle East
peace, 286, 287
Klieman, Aharon, 305
Klingenfuss, Karl, 360
Klinghoffer, Leon, 265
Knesset, 141, 142, 192, 194,
259, 264, 269, 395, 396
Kook, Rabbi Avraham Isaac, 120
Korah, 12
Korea, 331
Korean War, 142, 143, 148,
305, 312, 376
Kosygin, Alexei, 175 – 77, 180
Kristallnacht, 372
Krug, Heinz, 260, 261
Kuraish tribe, 210
Kurdistan, 154, 161, 163
Kurds, 152 – 54, 156, 162, 163
Kurile Islands, 309
Kutub, Fawzi al-, 131
Kuwait, 206, 252, 292,
369, 431n18

Laban, 4, 7
Labor Movement, 116
Labor Party, 193, 201, 204,
205, 207 – 8, 293
Labour Party (UK), 248 –
50, 252
Lagarde, Paul de, 72

Lake Tana, 53
Lake Tiberias, 140
land: for declaration of statehood,
133; Hebrew spies'
investigation of, 11; of
independent Jewishstate,
135 – 36; of Israel's enemies,
12; Jews' contractual right
to, 4 – 5, 13 – 15, 40, 120,
269; Jews' status in Muslim
controlled, 54; limitations of
Jewish under partition plan
(1947), 130; and
nationhood, 5; recovered by
Hasmonean kingdom, 49.
See also Promised Land
"land for peace" formula, 184
Lansdowne, Marquess of, 75
Laos, 333 – 34
Latin America: Israeli relations
with, 357, 362, 367, 414;
lack of Soviet influence in,
306; in League of Nations,
107; on partitioning, 360,
366; sympathy for Francisco
Franco in, 263; in UN, 370
Latvia, 309
Lausanne, Switzerland, 164
Lawrence of Arabia, 248
League of Antisemites, 73
League of Nations, 106 – 8, 108,
110, 121, 133, 247, 275,

412. *See also* United Nations
Leah, 31
Lebanon: accusation of British interference in, 126, 253; attack
Lebanon (*cont.*)
  on new Israeli state, 136, 138; French control of, 106, 303; Hezbollah in, 155, 160, 296; immigration to Paraguay from, 365; independence of, 253; and Iranian-African relations, 352; Israeli allies in, 152, 162; Israel's withdrawal from, 216, 234, 431n18; Jewish refugees from, 137; Jewish support of Free French in, 94; Margaret Thatcher's disapproval of Israeli invasion of, 252; PLO in, 184, 200, 201; prospective peace with Israel, 18, 198, 199; refusal to consider peace agreement, 164; territories of, 139; terrorist attacks on border with Israel, 169; violence against Christians in, 270, 283; vote on partition, 130; war in, 199–201, 203, 234, 242, 266, 269, 291, 362, 371, 393
Left Po'alei Zion, 116, 118
Lehi, 96, 97, 100, 117, 119, 266
Lenin, Vladimir, 91, 302
Le Pen, Marine, 275
Lesotho, 345
letter of credence, 134
Levant radio, 94–95
Levenson, Jon, xvii
Levi, 8, 12
Leviathan gas field, 403, 405
Liberia, 130, 137, 340, 342, 350
La libre parole, 71
Libya, 344–47, 355, 369, 379
Lichtenstein, 274
Likud party, 193, 201, 205, 220
Lisbon Treaty (2009), 272
Lithuania, 274, 276, 278, 309
Lloyd, Selwyn, 167
Lod (Lydda), 137, 140
London, 65, 75, 82, 132, 202, 203, 237
London Agreement, 202–3, 291
Long, Elgen, 385–86
Lot, 5
Lubenchik, Naftali, 96
Luftwaffe, 96
Luther, Martin, 58
Luxembourg, 130
Luzzatti, Luigi, 264
Lydda. *See* Lod (Lydda)

Ma'ale Adumim, 235
Ma'alot high school, 210
Ma'alot kibbutz, 371
Maccabees, 49, 56
Macri, Mauricio, 366
Macron, Emmanuel, 259
Madagascar, 72, 344
Madrid Peace Conference, 206 – 7, 270, 293, 310
Maghreb, 353
Magnes, Yehuda, 120 – 21
Maharsha. See Eidels, Rabbi Samuel
Mahler, Gustav, 77
Mahuza, 53
Maimonides, Moses, 59
Maki party, 142
Malawi, 345
Malaysia, 335 – 36, 369
Malaysians, 5
Mali, 352 – 54
Malmö, 267
Manasseh, king of Judah, 25
Manchuria, 308
Mandela, Nelson, 351
Manhattan Center, 94
Mani, Moshe, 153
Mao Zedong, 315, 317, 318
Mapai party, 112, 116, 118, 121, 141 – 42, 253
Mapam, 116, 142. See also Ha-Shomer Ha Tza'ir

Marcus, Mickey (David), 391 – 92
María Castiella, Fernando, 263
Maronite Phalange Party, 200
Maronites, 162, 199 – 201. See also Christians
Marr, Wilhelm, 72 – 73
Marshall, George, 278, 279, 280
Marx, Karl, 65
Marxism, 90 – 91, 117, 300, 301
Marxists: in Africa, 160, 162, 348, 355; in Argentina, 363; in Nicara-gua, 155; Zionists as, 84, 91, 110, 111, 116, 117
Mar Zutra II, 53
Masada, 51
Masaryk, Jan, 88, 89
Mashal, Khaled, 158
Matamoros, Santiago (Saint James), 263
Mattaniah. See Zedekiah, king of Judah
matzah, 57
Mauritania, 343, 345, 379
Mauritius, 345, 439n19
Mavi Marmara, 159, 403, 423n40
May, Theresa, 252
Mazen, Abu. See Abbas, Mahmoud McNamara, Robert, 174
Mecca, 210, 227

Medina, 54
Mediterranean Sea, 50, 137, 302, 404, 405
Meir, Golda, 185, 188, 218, 287, 303, 341, 342, 345
"Memorandum of Understanding on Strategic Cooperation," 290–91
Mendelssohn, Felix, 77
Menderes, Adnan, 156
Menelaus (hellenizer), 49, 56
Mengele, Joseph, 260, 359, 360
Mengistu Haile Mariam, 388, 389
Mearsheimer, John, 296
messianic beliefs, xvii, 53, 57, 59, 68–69, 71
Mexico, 131, 362, 366, 401
Micaiah, 22
Middle East: Benjamin Disraeli in, 62; Britain's lack of influence in, 79, 247, 306; British interests in, 99, 103–7, 121, 248–51, 303; British officials in, 97; CNN coverage of wars in, 291; European Eco-nomic Community policies on, 271–73; European competition for influence in, 64; "framework for peace in," 195; French policy in, 256, 258, 271; Israel as most powerful country in, 160; Israel's need for allies in, 161, 162; Jews' emigration from, 384; John Foster Dulles's tour of, 282; members in UN, 374; Napoléon's expedition in, 61; oil supply in, 400–401; Oliver Cromwell's alleged relocation of Jews to, 240; Pope John Paul II's policy in, 270; post-WWI conditions in,

Middle East (cont.)
108, 255; post-WWII conditions in, 125, 126; pre-WWI map of, 76; Russian policy in, 310; Soviet policy in, 143–46, 149, 150, 154, 169, 171, 196, 251, 281, 283, 286, 299, 302, 306, 307, 312; Swedish policy in, 267; UN envoy for peace in, 184; U.S. involvement in peace negotiations in, 165–66, 294; U.S. policy in, 143, 146–50, 162, 167–69, 171, 174, 189, 192–93, 250, 277–78, 281–98, 302, 308; U.S. reliance on oil from, 277
"Middle East Roadmap for Peace," 295

midrash, 8, 14
MiGs, 170
Milicia, 363
Milta Pass, 288
Mirage fighter jets, 170, 175
Misgav Am Kibbutz, 371
Mishael, 35
Mishnah, 8, 417n7
Mitterrand, François, 258
mixed multitude, 10-11
Mizrachi movement, 103, 117, 120
Moab, 22, 30
Moab, king of, 13
Moabites, 30, 31
Mobutu Sese Seko, 350
Mogadishu. See Somalia
Molcho, Solomon, 59
Molcho, Yitzhak, 237
Moledet party, 205
Mollet, Guy, 167, 254
Molon, Apollonius, 51
Mombasa, 354
Le Moniteur Universel, 61
Montagu, Edwin Samuel, 82
Montefiore, Sir Moses, 64
Montevideo Convention on the Rights and Duties of States (1933), 133
Montgomery, Bernard, 134, 248
Mordecai, 31-35, 39
Morocco, 137, 193, 263, 369, 386
Morris, Benny, 69, 137, 241
Moscow, 175, 303-4, 312
Moscow, Battle of, 92
Moscow Choral Synagogue, 304
Moses, 4, 10-13, 25, 51
Mossad: and arms trading and sales, 200, 229; consideration of killing Khomeini, 154; cooperation with German intelligence, 261; on development of fighter air-craft, 262; on Israeli interest in West Bank, 175; meetings with strategic triangle members, 153; objection to German scientists in Egypt, 260; periphery strat-egy of, 151, 152, 156; preparation for war with Egypt, 174
Mosul, 137
Mount Carmel, 20
Mount of Olives, 141
Mount Scopus Hebrew University, 141
Moyne, Lord, 97-98
Moynihan, Daniel Patrick, 372
Mozambique, 344, 351
Mubarak, Hosni, 210
Muhammad, 54, 210, 227
Munich, 210

Murville, Maurice Couve de, 258
Muslim Brotherhood, 203, 204, 227, 228, 352, 406
Muslims: in Afghanistan, 308; in Azerbaijan, 161; in Chad, 355; direction of prayers of, 227; in Egypt, 405; in Eritrea, 160; as European citizens, 275; as French subjects in North Africa, 253; holy sites of, 104, 227; hostility to Jews, 74; Israeli relations with countries of, 156, 310; Jewish emigration from countries of, 385; in Lebanon, 199; Palestinian sovereignty over quarters of, 222; position on Cyprus, 266; support of Turkish government, 158; as Swedish citizens, 267; Turkey's compliance with demands of, 156; in UN, 369, 370; view of Jews' fate, 53,54. *See also* Islam
Muslim Student Society, 354
Mussolini, Benito, 88, 109, 110, 264
Myanmar, 313, 330-31
Mystère fighter jets, 170, 175, 254

Nablus, 107, 211, 216, 217, 221
Nachmanides (Ramban), 8
Nadab, king of Israel, 20
Nairobi, 353, 354
Naomi, 30
Napoleonic Wars, 64
Nasser, Gamal Abdel: anti-Western zeal of, 144, 168-69, 285; block-ade of Straits of Tiran, 171, 173-75; death of, 183; Israeli-British operation against, 250-51; Israeli periphery strategy against, 152; nationalism of, 156; overthrow of monarchy, 165, 196; in peace negotiations, 166; remilitariza-tion of Sinai Peninsula, 172; as Soviet ally, 250, 283, 307; support of Algerian nationalists, 254, 276; support of Ethiopian Marx-ists, 160; territorial demands of, 282; threat to Israel, 167; war against Jews, 146, 147, 149, 183
nation: connection to land, 5, 14; Jews as, 51, 61, 62, 70, 74, 79, 91, 117, 301, 411; preservation of Jew-ish through statehood, 129-30; renaissance of Jewish, 69-71

nationalism: of Arabs, 85, 117,
121; of Iraqis, 153; of Jews,
49-50, 116, 120, 121; of
Joseph Stalin, 301-2; in
Land of Israel, 78, 79;
Marxist view of, 111, 117,
300, 304; of Menachem
Begin, 193; of Palestinians,
227; threat of Egyptian, 156
National Rally (France), 275
National Religious Party, 192
natural gas: in Africa, 354; as
alter-native to oil and
electricity, 407; China's need
for, 401; exports to Europe,
161, 265, 274; in former
Soviet-controlled areas, 310;
Israel as supplier of, 159-
60, 265, 266, 274, 276,
402-6, 408, 409; U. S.
production of, 401
Naval War College, 365
Nazis: Arabs as possible allies
against, 88; Arabs'
association with, 131, 247-
49; in Argentina, 359-60,
367; British appeasement of,
109; British war against, 89,
96, 126; compared to Jews,
248, 266; effect of defeat
on international
Nazis (cont.)

system, 125; genocide
under, 92, 110, 412; hatred
of Jews, 93; invasion of
Russia, 302; Italian
alignment with, 264; Jewish
opposition to, 390; Jews'
attempt to negotiate with,
96, 97, 100; killing and
harassment of German
scientists, 260; motto of,
72; and need for Jewish
state, 122, 249; pact with
Soviet Union, 112; rise to
power, 87, 114; Walter
Rath-enau in hands of, 77;
war crimes of, 391-92
N'Djamena, 346
Neauphle-le-Château, 154
Nebat, 19
Nebuchadnezzar, king of Babylon,
26, 28-29, 34-36
Neeman Commission, 397
Negev: Arab and Egyptian
isolation of, 134, 135;
control of, 139, 140, 165,
166, 279, 280, 282; Jewish
settlement in, 390; as part of
proposed Jewish state,
97, 129
Nehemiah, 40, 385
Nehru, Jawaharlal, 322,
323, 324

Nero, Emperor, 51
Netanya, 210, 230
Netanyahu, Benjamin: criticism of U. S.-Iran nuclear deal, 297-98; and Diaspora Jews, 396; in Eastern Europe, 273-74; as guest of Vladimir Putin, 311; relations with Bush administration, 293; role in Israeli-Palestinian peace negotiations, 211, 215, 237, 238; visits to Africa, 355; visit to Azer-baijan and Kazakhstan, 310; visit to Brazil, 366
Netanyahu, Yonatan, 388
Netherlands, 127, 128, 130
Neue Freie Presse (newspaper), 70, 74
Nevsky, Alexander, 301
New Testament, 53-54, 268
New York, 60, 92
New York Federation of Zionist Societies, 391
New York Times (newspaper), 284, 396
New Zealand, 130, 338
New Zionist Organization (nzo), 117
Nicaragua, 130, 155, 194, 290, 361, 362, 365, 440n8
Nieuw Amsterdam, 60. *See also* New York
Niger, 345, 352, 353
Nigeria, 342, 349, 350, 353, 354, 401
Niles, David, 277
Nisman, Alberto, 364
Nixon, Richard, 184, 185, 186, 187, 286-87, 288, 308
Noah's ark, 14
Nobel Prize, 77
Noble Energy, 402, 403
Nofal, Mamdouh, 210, 220
North Africa, 254, 263, 286, 384, 400-401
North Atlantic Treaty Organization (nato), 151, 158, 171, 257, 261-62, 306, 307, 363
North Vietnam, 191, 197, 288
Norway, 130, 207-8, 211, 266, 272, 274, 294
Norwich, England, 57
Nostra Aetate (Pope Paul VI) 269
Novoye Vremya (newspaper), 305
Numbers, Book of, xviii-xix
Nuremberg Trials, 391

Obama, Barack, 237-39, 297-99, 366, 395
Oceania, 338
Odessa, 66, 77
Og, king of Bashan, 13

oil supply: in Africa, 346, 354;
Arab control of, 183, 185,
249, 409; effect of Yom
Kippur War on, 287, 406,
409; from Egypt, 166; in
former Soviet-controlled
areas, 310; in Israel, 153,
154, 161, 252, 310, 400-
402, 408, 441n13; and
Israeli-European relations,
271, 272, 276; in Latin
America, 360, 362, 367;
from Oman to Europe, 251;
in U. S. , 170, 277, 299. See
also petroleum alternatives

Olmert, Ehud, 232-37, 236, 296

Olympic games (1972), 210

Oman, 251, 276

Omri, king of Israel, 20

"On Eagles' Wings," 385

On the Jews and Their Lies (Luther), 58

OPEC (Organization of Petroleum Exporting Countries), 400, 406

Operation Defensive Shield, 230

Operation Ezra and Nehemiah, 385

Operation Litani, 199

Operation Magic Carpet, 385, 386

Operation Moses, 388

Operation Solomon, 389

Operation Yonatan, 388

La Opinion (newspaper), 363

Oren, Michael, 171

Organization of African Unity, 342-43, 346, 349

Orthodox Jews: attitude toward Zionism, 69, 71, 74, 75, 79, 116, 120; on conversions, 397; on Jewish political spectrum, 117; in United States, 396; as U. S. immi-grants, 66; at Western Wall, 394-95. *See also* Jewish people

Oslo, Norway, 207-9

Oslo Agreements: architects of, 225; effect on African-Israeli rela-tions, 351; effect on EU-Israeli relations, 272; failure of, 216, 218, 226, 228-29, 240; signing of, 211, 213-15, 242, 294

L'Osservatore Romano (newspaper), 268

Ostjuden, 81, 83

Ottoman Empire: alliance in WWI, 81, 83, 86, 109; Arabs blamed for breakup of, 156; Arabs' fighting against in WWI, 121; British and French interests in post-

WWI, 104, 106; construction and repair of Western Wall, 227, 228; con-trol of Middle East, 103; Greater Syria as part of former, 104; Jewish diplomacy with, 64, 67, 74; Jewish immigration under, 74 – 75; map of, 76; ouster from Land of Israel post-WWI, 80, 82, 100; provinces and divisions of, 107 – 8; request to purchase Land of Israel from, 69; Russian claims against, 62; Young Turks' revolution in, 78. *See also* Turkey

Pakistan, 130, 138, 143, 150, 156, 324 – 27, 335 – 37, 339
Palais des Nations, 128
Pale of Settlement, 65
Palestine: Arab nationalism in, 78, 79, 85; autonomy talks after Six-Day War, 178; British appease-ment of Arabs in, 90, 111; British military in, 99, 127; British refusal of Holocaust refugees in, 126; British support for Jewish resettlement in, 64, 89, 103 – 4, 121, 275; British withdrawal from, 134, 143; cause of pogrom in (1929), 227; control of, 75, 82 – 84, 86 – 88, 104, 132, 133; Crusaders' expulsion from, 169; Greek accusation against Jews in, 266; incorporation of Balfour Declaration in, 80, 81, 100, 264; Jewish war effort in, 94 – 95; Jews living in, 55; 289; Marxist Zion-ists in, 91; Menachem Begin's life in, 95 – 96; origin of name of, 44; partitioning of, 97 – 99, 101, 106 – 9, 112 – 16, 128 – 30, 156, 253 – 54, 265, 278 – 79, 302; proclamation of State of, 204; prohibition of immigration to, 93 – 97, 248 – 49; refugees from, 164, 166, 168, 222, 225, 229, 231, 234 – 38, 268, 281, 282, 291, 374 – 78; "right" of return to, 225; Saddam Hussein's demand for Israeli withdrawal from, 431n18; Syrian claims in, 105, 106; UN position on, 371 – 73; UNSCOP'S visit to, 127; Zionist goals in, 92, 110,

248. *See also* British Mandate; Israel, Land of Palestine, State of: "A" and "B" areas of, 211, 212; American Jews' attitudes toward, 395; annexations by, 241; authority under Oslo II Agreements, 211; Barack Obama's commitment to creation of, 297; Benjamin Netanyahu's recognition of, 237; border negotiations of, 214, 216, 219, 231, 235 – 39, 236, 289; commitment to fight terrorism in, 295, 296; EU recognition of, 267; G. W. Bush administration's conditions for creation of, 295 – 96; Israeli concessions to, 224; Israel's unilateral separation from, 231 – 32; proclamation of, 204; right to live in peace, 205, 398; sovereignty of, 206, 218, 222, 226, 240; Trump adminis-tration plan for, 241
Palestine Communist Party, 116. *See also* Communists
Palestine Conciliation Commission, 164
Palestine Liberation Organization (PLO): on amendment of national covenant, 215; Anwar Sadat's attitude toward, 195; Ariel Sha-ron's failure to reach agreement with, 243; assault on Jordan, 183 – 84, 286; authority of, 182, 192, 201; British policy on nego-tiations with Israel, 251; creation and control of, 169; Ehud Barak's commitment to peace with, 215 – 16; exclusion from Camp David Agreements, 271, 276; in Greece, 266; influence at Madrid Peace Conference, 206 – 7; Israeli nego-tiation with, 203; Jimmy Carter's call for Israeli negotiations with, 289; Latin American opposition of, 362; in Lebanon, 199, 242, 269; objection to Jordanian control of West Bank, 178; "Phased Plan" of, 191 – 92, 197, 202, 213; recognition of Israel, 240; response to IDF withdrawal from Lebanon, 216; Ronald Reagan's negotiations with, 205, 290, 291; secret peace negotiations of, 207 – 11; shelling of

northern Israeli towns, 252; Swedish support of, 267; terror-ist attacks by, 230, 371; threat of violence by, 214; in Tunisia, 201; UN agencies for, 378-79; UN endorsement of Charter of, 373; U.S. peace talks with, 242, 272; Yasser Arafat false testimony about Italian funds to, 264

Palestine Mandate. See British Mandate

Palestinian Authority: anti-Israel incitement in territories of, 217; on Arabs' failure to declare independence, 133; Bill Clinton's negotiations with, 294; Ehud Olmert's negotiations with, 234, 296; energy needs and produc-tion of, 265, 405; human rights record of, 380; Mossad accused of framing, 229; peace negotia-tions with Israel, 210-11, 239-40; planning of second intifada, 220; control of Gaza Strip and Jericho, 210; non-protection of holy sites, 214; rejection of Trump administration's territo-rial proposal, 241; terrorist safe havens under, 230

Palestinian Jews, 389-91. *See also* Jewish people

Palestinian National Council, 214-15

Palestinian National Covenant, 214, 215

Palestinians: American sympathy for, 291; approval of Jacques Chirac's treatment of Israeli soldiers, 258; autonomy negoti-ations of, 201-2; as Caananites, 240; as citizens of West Bank, 204, 240; economy of, 203; Egyptian support of, 194; estab-lishment of state, 191-92, 195-96; extremist government of, 234; in "framework for peace," 195; G. W. Bush administration's approach to Israeli peace with, 294-95; homelessness of, 291; intifada of, 203, 221; Islamist resistance movement of, 203-4; massacre of in retaliation for Gemayel assassination, 200; participation of pro-German revolt in Iraq, 248; rejection of Israeli border negotiations,

239; rejection of Israeli plan for elections, 205; representation of, 182; strategy of violence, 224–25; Swedish support of, 267; terrorist attacks by, 230

Palme, Olof, 266–67

Palmerston, Lord, 63–64

Panama, 130

Pan-Arab nationalists, 153

Pan-Islamic conference, 227

Pan-Islamic foreign policy, 161

Papandreou, Andreas, 266

Paraguay, 130, 364, 365

Paris: Arab nationalist society in, 78; German Jewish émigrés in, 65; hijacking of plane to, 388; Israeli ambassador in, 95; Israeli-Palestinian peace negotiations in, 238, 258; planning of joint military operation against Egypt in, 167; Theodor Herzl in, 74, 275; Vladimir Jabotinsky in, 108

Paris Agreement (2015), 402, 408

Paris Peace Accords (1973), 191

Paris Peace Conference, 106, 107, 264. *See also* Treaty of Versailles

Park Hotel, 230

Parsons, Sir Anthony, 184

partitioning: in 1921, 106; 1937 plan for, 99, 101; 1947 plan for, 126–33, 135, 138, 140, 144, 148, 152, 156, 164, 281; Arab reaction to, 112, 115; effect on Zionism, 109, 412; French support of, 253–54; Latin American support for, 357, 360, 366; Peel recommendation for, 112–16, 113, 122; Soviet support for, 126, 302; U. S. and Soviet positions on, 142, 277–79, 299; Zionists' attitude toward, 117–20, 122, 413

Pasha, Azzam, 132

Pashhur, High Priest, 27

Passover, 25, 68, 230

Patterson, John, 94

Peach, Sir Stuart, 253

Peel, William, 112–15, 113

Peel Commission, 113, 114–15, 122, 128, 129, 130

Pentagon, 186, 277, 285

Pentateuch, 4. *See also* Torah

Peres, Shimon: cooperation with German government, 261; in elections (1992), 293; on emigra-tion of Soviet Jews, 384; leader-ship of, 201, 202, 214; planning of joint

military operation against Egypt, 167; rejection of PLO phased plan, 202; relations with Iran under, 155; role in Israeli-Palestinian peace talks, 207, 208, 211, 215; and signing of Oslo Agreements, 294; as socialist, 263; Turkish leader's humiliation of, 158
Perez, 31
periphery strategy, 151 - 52, 160 - 62
Perizzites, 8
Perón, Isabel, 363
Perón, Juan, 359
Persia, 31 - 34, 38 - 40, 46, 129. *See also* Iran
Persian Gulf, 161, 162, 163, 302, 401
Peru, 127, 128, 130, 357
Petah Tikvah, 70
Pétain, Philippe, 94
petroleum alternatives, 406 - 7
Phantom fighter jets, 285, 344
Pharaoh, 9 - 10, 18, 19, 35, 44
Pharaoh Neco, 25
Pharisees, 49
Philippines, 130, 334 - 35
Philistines, 6, 17 - 18, 24, 43 - 44
Pickering, Thomas, 202
Pineau, Christian, 167, 254
Pinsker, Leon, 69
Pius X, Pope, 268
Plato, 102
Po'alei Agudat Israel, 117
Po'alei Zion, 85
pogroms: of 1648, 58; in British Palestine, 111, 117, 121, 227; by Greeks in Caesarea, 51; Iraqi Jews killed in, 385; against Rus-sian Jews, 66 - 69, 75, 77 - 78, 103. *See also* Arabs, violence against Jews in Palestine
Poincaré, Raymond, 91
Poland: David Ben-Gurion from, 85; economic and immigration policies in, 275; German inva-sion of, 94; German refugees in, 374; Israeli relations with, 273, 276; Jewish emigration to Palestine in, 93, 95; Pope John Paul II from, 269; refugees from, 374; religion of, 411; Solidarność movement in, 371; Soviet-German pact to share, 110; treatment of Jews in, 58; vote on partition, 130
popes, 74, 91, 129, 268 - 70
Popular Front of the Liberation of Palestine, 388
Portugal, xvi

Posidonius, 51
Powell, Colin, 226, 294
power: balance with diplomacy, 29; balance with faith, xix; balance with idealism, 15; of British Jews, 62, 63, 67; fear of Jews', 66; of German Jews, 79; Jacob's dis-comfort with, 8 - 9; Jewish peo-ple's need for, 412; Jews' building and use of, 39 - 40, 58, 67; kings' abuse of, 20; symbolism of, 411
Prague, 88
Pravda (newspaper), 304
Pretoria, 348, 351
The Prime Ministers (Avner), 285
Promised Land, 12 - 14, 28, 248. *See also* Israel, Land of; land
prophets, 20, 22
Protestants, xix, 58, 64, 65
The Protocols of the Elders of Zion, 65 - 66, 204
Prussia, 64 - 65
Pundak, Ron, 207
Putin, Vladimir, 311

Qalqilya, 211
Qatar, 370
Qawuqji, Fawzi al-, 131
Quai d'Orsay, 254
Qur'an, 227

Rabin, Leah, 218
Rabin, Yitzhak: assassination of, 211, 218 - 20, 294; on defense against intifada, 204; as defense official, 201; and Egyptian peace negoti-ations, 189, 288; on EU's help in peace negotiations, 272; funeral of, 337; on Geneva conference, 308; hosting of South African prime minister, 348; on Israel's readiness for war with Egypt,
Rabin, Yitzhak (*cont.*)
172, 184 - 85; negotiations with PLO, 205; refusal to relinquish entire West Bank, 192; relation-ship with Bill Clinton, 293 - 94; relationship with Jimmy Carter, 289; relations with Europe, 271; role in Israeli-Palestinian peace negotiations, 207 - 9, 213 - 15, 217; sale of weapons to Maronites, 200; signing of Gaza-Jericho Agreement, 210; in War of Inde-pendence, 118
Rachel, 31
Rachel's Tomb, 159

Radio Cairo, 146, 172
Rafael, Gideon, 271
Rahman, Sir Abdul, 127
Rajoub, Jibril, 220
Ramadier, Paul, 253
Ramallah, 136, 211, 221
Ramat Gan, 210
Ramlawi, Nabil, 379
Ramle, 140
Ramoth, 22
Rand Corporation, 365
Rashi, rabbi, 38
Rathenau, Walter, 77
Ratosh, Yonatan, 120
Raziel, David, 96
Reagan, Ronald, 155, 196, 204–5, 290–91, 309
Rebekah, 7
Reconquista, xvi, 263
Red Sea, 147, 160, 172–73, 279
Red Square, 312
Reformation, 58
Reform Jews, 64–66, 398
Rehoboam, 19, 20
Reichstag, 73, 92
religion: and Jewish politics, 117, 120, 275; Jews' identity linked to, 51, 61, 73, 74, 120, 268, 270, 411; Jews' practice of in England, 60; Jews' practice of in U. S., 66; Jews' seclusion because of, 69; pro-motion of German national, 72; replacement by socialism, 304
"Religion und Kunst" (Wagner), 72
Renan, Ernest, 411
renewable energy, 408
Renzi, Matteo, 264
Republic (Plato), 102
Republican Party, 291
Reubeni, David, 59
Le réveil de la nation arabe (Azouri), 78
Revisionist Party, 117, 120, 121
Revisionist Right, 116, 117, 118, 119
Reykjavik, 291
Rezon, 19
Rhineland, 110
Rhodes, 138, 148, 267
Ribbentrop-Molotov Pact, 110, 112, 116, 412
Rice, Condoleezza, 229, 234, 235, 237, 295, 296
Rice, Susan, 238
Richelieu, Cardinal, xix
Richmond, Ernest, 87
Rishon Le-Zion, 70
Rogers, William, 286
Rogers Plan, 286
Roman Empire, xvi, xix, 8, 38, 43–44, 49–53, 59, 68, 413

Romania, 93, 188, 193, 273, 307
Rome, xvi
Rome and Jerusalem (Hess), 69
Rommel, Erwin, 97, 248
Roosevelt, Eleanor, 373
Roosevelt, Franklin D., 94, 255, 277, 440n8
Rosenne, Shabtai, 180
Rosenzweig, Franz, 412
Rosh Hashanah, 304
Rosh Pina, 70
Ross, Charlie, 279
Ross, Dennis, 209, 216, 217, 224, 225, 226, 228–29, 237
Rothschild, James, 64
Rothschild, Lionel de, 63
Rothschild, Lord, 75
Rothschild, Nathaniel, 64
Rothschild, Solomon, 64
Rothschilds, xvi–xvii, 63, 64, 69
Rousseau, Charles, 181
Rousseau, Jean-Jacques, xv
Royal Air Force, 95, 249, 253
Ruhr, 247
Rumsfeld, Donald, 294–95
Rusk, Dean, 174
Russia: advice to Yasser Arafat on Camp David Agreements, 195; Benjamin Disraeli's manipulation of, 62; British manipulation of during WWI, 104, 121; celebration of victory in WWII, 311; energy resources in, 159, 401, 403, 404, 405; Israeli relations with, 300, 310, 312, 414; Jewish emigration from, 66, 67, 71, 74, 77–78, 86; "Jewish problem" in, 391; Jews blamed for revolution in, 204; Jews in army of, 418n3; Jews' opposition to in WWI, 81; Joseph Stalin's reverence for, 301–2; and League of Nations, 107; Mid-dle East policy of, 310; nuclear program of, 311; pope's assump-tions about Jews from, 268; role in Israeli-Palestinian peacenegotiations, 211; Theodor Herzl's diplomacy in, 74; trade relations of, 274; treatment of Jews in, 65–70, 75, 78, 103; on Un Human Rights Council, 379; Vladimir Putin's restoration of power of, 311; Zionist movement in, 77–78, 301–2. *See also* Soviet Union
Russian Orthodox Church, 301–2
Russian Poland, 85

Russo-Japanese War, 418n3
Ruth, Book of, 30
Rwanda, 378, 381

sabbatical years, 5
Sabra refugee camp, 200
Sacks, Jonathan, 252
Sadat, Anwar, 184–89, 192–94, 196–97, 287, 288, 290, 345
Safed, 88
Sahel, 353
Said, Edward, 208, 209
Salazar, Arturo García, 357
Samaria, 232
Samaritans, 46, 54
Samson, 17–18
Samuel, 18
Samuel, Herbert, 82, 86–87
Sandinistas, 155, 362
Sanhedrin, 61, 384
Sarah, 3, 9
Sarkozy, Nicolas, 259
Sasson, Moshe, 165
Saudi Arabia: access to Red Sea through, 279; aircraft sold to, 252, 291; attack on new Israeli state, 136; and Israeli-African relations, 355; loan to Ugandan government, 345; oil supply of, 400, 401–2; tacit alliance with Israel, 162, 163; on UN Human Rights Council, 379; as U.S. Gulf War ally, 292; vote on partition, 130; Yasser Arafat's relations with, 206
Saul, king of Israel, 18, 29
Sauvy, Alfred, 313
Savak, 153, 154
Saxony, 58
scepter. *See* star and scepter
Schechem. *See* Nablus
Schechem, Prince, 8
Schengen area, 275
Schindler, Rabbi Alexander M., 393
Schuman, Robert, 268
Schwimmer, Al, 392
Scud missiles, 206, 292
Second Aliyah, 78
Second Vatican Council, 269
Selassie, Haile, 160, 341
Semites, 117
Semitic Revolution movement, 120
Senegal, 342, 345, 352
Sephardic Jews, 60, 64, 117, 119. *See also* Jewish people
Servan-Schreiber, Jean-Claude, 95
Sessions, Jeff, 366
Sèvres, 167
Shaath, Nabil, 214
Shaftesbury, Lord, 63–64

Shamir, Yitzhak, 201–3, 205–7, 292, 293, 389
Sharansky, Anatoly (Natan), 309, 387
Sharett, Moshe, 128, 134, 142, 241, 280, 368
Sharm el-Sheikh, 306
Sharon, Ariel: admission of Israel-Iran military relationship, 155; on African relations, 349; crossing of Suez Canal, 187; election of, 228–31, 242; illness and death of, 232; on Israeli security, 185; on peace agreement terms with Egypt, 194; promise not to kill Yasser Arafat, 230; relationship with G. W. Bush, 232, 239, 295; role in Israeli-Palestinian peace negotiations, 225, 231–32, 242–43; support of attack on PLO in Lebanon, 200–201; "triangle of peace" idea of, 198–99; unilateral withdrawal from Gaza, 296; visit to Temple Mount, 220–21
Shatila refugee camp, 200
Sher, Gilead, 225
Shiites, 157, 161, 201, 352, 354, 365, 418n3
Shilo, 17
Shiloah, Reuven, 151
Shin Bet, 210
Shinto, 411
Shlaim, Avi, 211–13
Shuckburgh, Sir John, 115
Shultz, George, 203
Sidonites, 20
Simeon, 8
Simon Wiesenthal Center, 267
Sinai 2 agreement, 189, 288
Sinai Peninsula: demilitarization of, 168; Egyptian attack on, 186; Egyptian remilitarization of, 172, 174–75; Egypt's desire to regain, 188, 194, 197, 287; exclusion from EEC trade agreement, 272; Islamic State branch on, 227; Israeli withdrawal from, 147, 149, 177, 181, 184, 186, 189, 193, 282, 288, 290, 306; Latin American oil supply from, 367; results of Israeli campaign in, 153, 156
Singapore, 332
Singer, Joel, 209
Sino-Soviet Split, 308
Sisi, Abdel-Fattah al-, 405, 406
Sitnah, well of, 6
Six Days of War (Oren), 171

Six-Day War: conclusion of, 175; effect on Diaspora, 386–87; effect on French-Israeli relationship, 256–58, 276; Egyptian recovery from, 185; Israeli-African relations after, 344; peace agreements after, 178; Soviet role in, 172, 175–77, 312; Turkey's pro-Arab stance after, 157; U. S.-Israeli relations at time of, 285

Skorzeny, Otto, 260

Slánský, Rudolf, 305

Slovakia, 273, 276

Smyrna, 59

Sneh, Moshe, 99

snst, 153

socialism: of ideal Jewish state, 102; Jews opposed to, 119; Margaret Thatcher's comment about, 251; and nationalism, 111, 121; pope's rejection of, 268; Russian Jews' attitudes toward, 69, 304; Stalin-Trotsky disagreement about, 301

Socialist International, 263

Socialist Party (Italian), 264

Socialist party (PSOE), 263

Socialist Zionists, 84, 90, 116–19

Society for the Support of Jewish Farmers and Artisans in Syria and Palestine, 69

Society of the Young Arab Nation, 78

SOE (Subversive Operations Execu-tive), 95

Sofer, Sasson, 118

Solidarność movement, 371

Solomon, Judgment of, 128

Solomon, king of Israel, 18–19, 29, 44, 45, 49, 50, 217, 228

Solomonic Dynasty, 160

Somalia, 343, 346, 352, 353, 354

Somoza García, Anastasio, 357, 362, 440n8

Sonnino, Sidney, 264

South Africa, 130, 217, 347–48, 351, 354

South America, 365, 366

South Asia, 281

South Sudan, 159, 161. *See also* Sudan

South Vietnam, 191, 288

Soviet Union: acquisition of territory by war, 309; African allies of, 355; Cold War allies of, 141–42, 144, 147, 192, 199, 287–88, 299, 303, 306, 344; collapse of,

159, 206, 242, 310, 311; conflict with China, 308; demand for Israeli withdrawal from territories, 177; as dominant world power, 148; effect of Arab-Israeli peace

Soviet Union (*cont.*)
on, 251; Egypt's relations with, 166 - 68, 171, 175, 183, 186 - 89, 193, 194, 196, 197, 250, 282 - 83, 285; first ambassador to Israel, 134; intelligence operations against, 157; within international system, 125; invasion of Afghanistan, 194, 290, 308; Iraq as ally of, 252; Israeli periphery strategyagainst, 152, 154, 162; Jewish doctors in, 305; Jewish emigration from, 206, 281, 291, 293, 304, 309, 383 - 84, 387, 395, 398 - 99, 418n3; Jimmy Carter's engagement with, 192 - 93, 288 - 89; at Madrid Peace Conference, 293; Middle East policy of, 143 - 46, 149, 150, 154, 169, 171, 196, 251, 281, 283, 286, 299, 302, 306, 307, 312; mil-itary equipment of, 170, 186 - 88; oil sales to Israel, 153; opposition to Zionism, 90 - 91, 117; per-ception of Western weakness, 171 - 72; pope's assumptions about communism from, 268; relations with Arabs, 118, 183, 281; relations with Israel, 170, 263, 268, 305 - 10, 312; relations with Syria, 150 - 51, 170, 184, 286, 287; resolution regarding Israeli territories, 179, 180; response to Hungarian revolt, 166; role in Six-Day War, 172, 175 - 78; Ronald Reagan's deterrence of, 290 - 91; Socialist Zionists' hopes in, 110, 112, 412; support of Ethio-pian Marxists, 160; support of Zionist cause, 126, 268;Turkey threatened by expansion of, 156; U. S. arms control agreements with, 287; Vladimir Jabotinsky's opposition to alignment with, 84; vote on partition, 130, 142. *See also* Russia

Spaak, Paul-Henri, 151

Spain, xvi, 57–59, 67, 88, 262–63
SS, 131
Stalin, Joseph, 91, 301–4, 305, 312
Stanley, Edward, 63
Stanley, Oliver, 97–98
star and scepter, xix, 13, 411, 412
Star of David, xix, 95, 254, 411
statehood, declaration of, 133
Stern, Avraham, 96–97, 119, 130
Stockholm, 216, 267
Stone, Michael. *See* Marcus, Mickey (David)
Straits of Tiran, 147, 149, 153, 167, 171–75, 196, 256
Strauss, Franz-Josef, 261
Stroessner, Alfredo, 365
Der Stürmer, 72
submarines, 262
Sudan, 152, 159, 161, 162, 178, 181–82, 342, 347, 355, 388
Suez Canal: aftermath of crisis at, 281–82; Egypt's nationalization of, 146, 153, 166, 196, 250; finan-cial support for, xvii, 63; Israeli access to under Alpha Plan, 282; Israeli army at, 186, 187, 188, 231, 288; Italian warships in, 110; joint military operation against Egypt at, 167, 250, 254–57
Suez War (1956), 196, 283, 306, 393
Suleiman the Magnificent, Ottoman sultan, 228
Sunni states, 163
Supreme Muslim Council, 228
Swaziland, 345
Sweden, 127, 128, 130, 216, 266–67
Swedish History Museum, 267
Switzerland, 73, 81, 103, 116, 128, 164, 274, 390, 419n17
Sykes-Picot Agreement, 104–6, 105, 107
Syria: accusation of British inter-ference in, 126, 253; advice to Yasser Arafat on Camp David Agreements, 195, 196; Arab independence in, 109, 253; Communist party in, 171; con-trol of Alexandretta province, 423n24; French control of, 106, 303; invasion of Lebanon, 199, 201; Islamic State in, 297; Israeli and Russian moves in, 311, 312; Jewish refugees from, 137; Jewish support of Free

French in, 94; "king of
Greater," 104 – 6; merge
with Egypt, 151, 156, 169;
military cooperation with
Soviet Union, 150 – 51, 187;
military engagement with
Israel, 136, 138, 169 – 70,
175, 186, 187, 200; on
partitioning, 130, 131; as
part of British Palestine,
108; and peace with Israel,
164, 178, 181; rela-tions
with Turkey, 156 – 58, 160;
Saddam Hussein's demand for
Israeli withdrawal from,
431n18; as Soviet ally, 189,
196, 283, 286, 287, 299,
306, 307; support of PLO
assault on Jordan, 183, 184;
territories of, 139, 140; in
UN, 378, 379, 380; as U.
S. Gulf War ally, 292; water
conflict in, 281. See also
Aram, Kingdom of
Syria, Greater, 104 – 6
Syrkin, Nachman, 117

Taba, 225, 226, 228, 230
Tabenkin, Yitzhak, 118
Taiwan, 315, 317, 318, 320,
332 – 33
Talmud, Babylonian, 14 – 15,
30 – 31, 34, 38
Tamar, 31
Tamar field, 402, 405
Tancred (Disraeli), 63
Tanzania, 343, 344, 350, 351
Tanzim, 217
Tariah Al-Quds (al-Araf), 228
Tătăarescu, Gheorghe, 93
Tehran, 153, 290
Tel Aviv: anti-Stalin
demonstrations in, 305;
Egyptian military action near,
135; government offices and
embassies in, 134, 141, 269,
298, 307, 362; hijacking of
plane from, 388; as "Israeli
Saigon," 191; Soviet
ambassador's report from,
172; terrorist attacks in,
210, 211
Tel Hai, 418n3
Temple Mount, 213 – 14, 218,
220 – 22, 225 – 28, 235
temples, Reform, 64
Tenet, George, 217
Ten Plagues, 10
Texas, 285, 402
Thailand, 334 – 35
Thatcher, Margaret, 251
Third World Congress of
Betar, 119
Third World countries, 170, 177,

306, 360-61
Thirty Years' War, xix, 58, 59
"ThreeNo's," 182
Tiers État, 436n1
Tiers monde, 313
Timerman, Jacobo, 363, 364
Tito, Josip Broz, 157
Toi, king of Hamath, 18
Torah, 15, 24, 32, 34, 394. *See also* Pentateuch
Tornado fighter aircraft, 262
Toynbee, Arnold, xvi, 81
Transjordan, 46, 86, 106, 108, 109, 118, 136, 138, 279
Treaty of Versailles, 110, 247. *See also* Paris Peace Conference
Treaty of Westphalia, 58
Treitscke, Heinrich von, 72
triangle, strategic, 150-57, 160-62
triangle of peace, 198
Tri-Border Area, 364-66
"Trident," 156-57
Tripoli, 344, 346
Trotsky, Leon, 91, 301, 302
Truman, Harry, 136, 143, 255, 278, 280, 299
Trump, Donald, 239, 241, 298, 299, 396-97
Trumpeldor, Joseph, 418n3
Tsarapkin, Semyon, 302

Tuhami, Hassan, 193
Tulkarm, 211
Tunis, 200, 203, 206, 208, 209, 213
Tunisia, 137, 200, 201, 265, 369, 386
Turkey: annexations by, 423n24; in anti-Soviet military alliance, 143, 150, 156; diplomatic relationship with Israel, 157-59, 163, 266, 403; energy needs and production in, 161, 403, 405, 408; as German ally, 79, 82; invasion of Northern Cyprus, 288; Islamic militants from in Gaza, 423n40; land of, 63; messianic claims in, 59; and occupation of Cyprus, 266; as part of strategic triangle, 151-53, 156-62; position in UN, 374; ref-ugees in, 374; treatment of Jews in, xvii; vote on partition, 130. *See also* Ottoman Empire
Turkmenistan, 157
Tuscany, 58
Tyre, 18, 44
Uganda, 343, 345, 349-52, 379, 388
Uganda proposal (1903), 75, 79,

82, 103, 114, 122, 412, 413
Ukraine, 58, 130, 374
Union for Reform Judaism and Central Conference of American Rabbis, 398
Union of American Hebrew Congre-gations, 393
Union of Revisionist Zionists, 108
Union Temple of Brooklyn, 392
United Arab Command, 169
United Arab Emirates (UAE), 162, 370
United Arab Republic (UAR), 151, 169
United Monarchy, xvi
United Nations: Arab representation in, 183; Ariel Sharon's address to, 232; Azerbaijan's position on Israel in, 161; budget of, 373; buffer zone between Egypt and Israel established by, 288; com-ment about Israeli-Palestinian peace negotiations at, 218; on control of Jerusalem, 141; Egypt's attempt to regain land through, 188; founding of, 368; Greece's claim of Cyprus in, 265–66; Group of 77 in, 157; guarantee of self-defense, 147, 168; human rights issues in, 379–81; inter-national territory under, 129; Israeli borders recommended by, 135, 136, 138, 140, 144; on Israeli military operations in Gaza, 241; Israeli position in, 282, 374, 380–81, 414; Israel's castigation of Soviet Union in, 177; Latin Amer-ican representation in, 357–59, 362; mediation of Arab-Israeli disputes, 138, 164; organization of member states, 373–74, 381; original support for Israel, 368–69; oversight of arms embargo in Somalia, 354; partition plan in, 126, 127, 130–33, 148, 249, 255, 265–68, 277, 278, 281, 283, 380; peace-keeping functionof, 174, 184; predecessor of, 107; recog-nition of Arab and Israeli rights in Palestine, 302–3; on refugee problem, 374–78; representative on Soviet territorial acquisitions, 309; resolutions regarding Israeli territories, 178–79; response to remilitarization of Sinai, 172; Romanian break

索 引

499

with Communist voting bloc in, 307; sanctions against Spain, 263; on solution to Palestinian conflict, 99, 101; Spain's allies in, 263; Swedish royal representative of, 266; trusteeship in Palestine, 278, 279; vote on alignment in Korean War, 142, 143; vote on Israel's admission to, 269; on Zionism as racism, 71, 269, 307, 325, 362, 370, 372, 378, 379, 381, 387, 399. *See also* League of Nations

United Nations Charter, 181

United Nations Emergency Force, 147, 168, 172

United Nations Security Council: alleged establishment by Jews, 204; on Arab-Israeli conflict, 371; binding decisions made in, 131, 148; history of, 368, 369; invitation to PLO, 267; on Israeli-Syrian water conflict, 281; lack of response to Syrian terrorism, 169-70; Resolution 242 of, 179-81; role in Six-Day War and aftermath, 177; Soviet veto used against Israel in, 306; on U. S. -led coalition's invasion of Iraq, 310; vote on Iran sanctions in, 159

United Nations Security Council Resolution 242: British position on, 251; as condition for Palestinian state recognition, 205; flexibility of, 298; Israeli acceptance of, 182-83; PLO's rejection of, 202, 289; on refugees, 181; territorial modifications to, 184, 238, 239; wording of, 179-80, 181

United Nations Security Council Resolution 338, 289

United Nations Security Council Resolution 2334, 238-39, 298, 299

United Nations Special Committee on Palestine (UnscoP), 127-32, 138-40, 152, 199, 357

United States: arms sales to Latin America, 360-61; attack on Nairobi embassy of, 354; banning of Iraqi airplanes from, 294; blamed for attacks on Israel, 170; blocking of Soviet influence in Latin America, 306; books about relationship with

Israel, xv; British influence on during WWI, 104, 121; Cold War allies of, 141, 142, 192, 197, 199, 287–88, 292; demand of release of Soviet Jews, 309; demands regarding Israeli territorial claims, 280–82; deterrence of Soviet threat, 290–91; effect of Vietnam War in, 171–72, 191, 196, 307; and Egypt-Israel peace negotia-tions, 165–66, 185–89; embassy in Jerusalem, 273, 274, 299; energy needs and production in, 400–402, 405; failure to support Israel during Cold War, 144–46; first Israeli ambassador to, 136; Germany's declaration of war on, 92; hostages from, 154, 155; immigration and emigration in, 60, 66–68, 94, 237, 309, 387; interest in Arab-Israeli conflict, 127, 187, 192; within interna-tional system, 125; invasion of Iraq, 295, 310; as Israeli ally, 178, 196, 257, 274, 283–84, 285, 288, 291, 298, 299, 305, 307, 312, 413; on Israeli membership in nato, 151; on Israeli withdrawal from Sinai, 177, 282; lack of support for Israel against Egypt, 173, 174; and League of Nations, 107; at Madrid Peace Conference, 293; Middle East policy of, 143, 146–50, 162, 167–69, 171, 174, 189, 192, 250, 277–78, 281–98, 302, 308; and military aid to Israel, 186, 187, 280, 282, 284, 298, 299, 302; power of, 64, 148; recognition of Israel and borders, 143, 232; relations with China, 287, 308, 309; relations with Egypt, 166, 194, 308; relations with Rus-sia, 311; relations with Turkey, 156, 158; request for airlift to Israel, 271; resolution regarding Israeli territories, 179, 180; role in Egyptian-Israeli peace agreement, 290; role in Israeli-Palestinian peace negotiations, 205–7, 210–11, 216–24, 228, 229, 237–39, 241, 242, 258, 259, 271, 289–90, 292; as source of Lon-don

Agreement, 202; support of Diaspora Jews, 388, 390-91; support of Jordan and King Hus-sein against PLO, 183; Un budget from, 373; vote on partition, 130. *See also* American Jews

University of Manchester, 82

Upper Galilee, 169, 175

Uruguay, 127, 128, 130, 357

U. S. Bill of Rights, 60

U. S. Congress, 155, 173, 297-98

U. S. Constitution, 60

U. S. House of Representatives, 292

U. S. Neutrality Acts, 392

U. S. State Department: Alpha Plan under, 282; Benjamin Netanya-hu's banning from, 293; opposi-tion to expanded Israeli borders, 280-81; opposition to Jewish state, 255, 279, 299; opposi-tion to partitioning, 277, 278; pro-Arab tendencies of, 295; statement on Israeli-Palestinian peace agreement, 237; warning to about alienating Arabs, 281

U. S. Supreme Court, 390

U Thant, 172

utopian society, 102, 117

"Uzi" rifles, 153

Vancouver, 269

Vatican, 129, 268-70. *See also* Catho-lic Church

Venetian Republic, xvi

Venezuela, 130, 362, 365, 367, 379, 401

Venice, 58, 59, 271

Venice Declaration, 251, 271

Versailles peace conference. *See* Paris Peace Conference

Vichy regime, 95, 253, 258

Victoria, Queen, 62

Videla, Jorge Rafael, 364

Vietnam, 333-34

Vietnam War: Charles de Gaulle's criticism of U. S. involvement in, 257; collapse of peace accords for, 288; effect on U. S. Middle East policy, 171, 196; end of, 191; protests against in U. S., 171-72, 307; U. S.-Chinese rapproche-ment after, 308; U. S. preoccupa-tion with, 173, 174, 287

Vigier, Henri, 128

Visegrád Group, 273, 274

Voltaire, 61

Vorster, John, 348

Wagner, Richard, 72
Wakf, 213
Waldheim, Kurt, 371
Wallström, Margot, 267
Walt, Stephen, 296
Wannsee Conference, 92
War of Attrition, 183
War of Independence, 118, 134 – 35, 280, 282, 392
Warsaw, Poland, 93
Warsaw Pact, 307
Washington DC, 185, 207, 208, 211, 294
Wasserstein, Bernard, 98
Weber, Max, 130
Der Weg zum Siege des Germanenthums über das Judenthum (Marr), 72
Weimar Republic, 77
Weisman, Jonathan, 396 – 97
Weizmann, Chaim: assessment of Walter Rathenau, 77; background of, 81 – 82; at Biltmore congress, 91; on British noncompliance with of Balfour Declaration, 80 – 81; on British policy, 110, 248 – 49; on composition of UNSCOP, 127; diplomacy of, 82, 83, 103 – 5, 278 – 79; on invasion of Czechoslova-kia, 89; on Jewish

Weizmann, Chaim (*cont.*)
immigration to Palestine, 87, 93; Leon Trotsky's attacks on, 301; objection to minority status, 115; promise of Jewish statehood to, 143; promotion of Jewish army, 95; response to Arab violence against Jews in Palestine, 109; on Theodor Herzl, 73, 74, 75; threat to reveal bombing plan, 99; on Uganda proposal, 103; on unreal-istic political expectations, 119; on Zionist movement, 94, 97 – 98, 390

Weizmann, Michael, 95

West Bank: under Alpha Plan, 282; annexations of, 225, 230, 235, 240 – 41; control of after 1949 armistice, 139; control of Area C in, 240, 241; David Ben-Gurion's proposal to fight for, 136; "displaced persons" in, 377; economy of, 203; in Egypt-Israel peace negotiations, 194; Ehud Olmert's negotiations over con-trol of, 234, 235; exclusion from EEC trade agreement, 272;

first intifada in, 203; in "framework for peace," 195; international presence in, 259; Israeli interest in, 175, 178, 182, 183; Israeli military involvement in, 241; Israeli plan for elections in, 205; Israeli security fence at, 230, 240; Israeli withdrawal from, 232, 240, 243, 296; Jimmy Carter's plan for control of, 289, 290; Jordanian option in, 178, 182, 204, 242; Palestinian chief of security in, 220; Palestinian control of, 192, 201, 211, 217, 218, 222, 224, 238, 240; Peres-Hussein meeting about, 202; plan to expand, 165; under Rogers Plan, 286

Western Sahara, 263

Western Wall, 141, 222, 224, 225, 227, 228, 394–96

West Germany, 259, 261–62, 271, 276

West Point Cemetery, 392

White House, 278, 285, 289

White Paper (1939), 84, 88, 89, 95, 98–100, 109, 110, 111, 372

Wiedergutmachung, 260

Wilhelm, emperor of Germany, 74

William, Prince, 253

Wilson, Harold, 173, 179, 250, 256

Wilson, Woodrow, 107, 110, 390, 391

Wise, Stephen, 390, 391

Wisse, Ruth, xvi

Wojtyła, Karol Józef. *See* John Paul II, Pope

World Bank, 166

World War I: effect on Zionism, 80, 82, 86, 100, 104, 121; Harry Truman in, 278; Jewish soldiers in, 83, 85, 94; Jews in Italian government during, 264; League of Nations after, 107; mandates established after, 108, 255; Ottoman Empire in, 81, 156; pacifism during, 121; Spain's allegiance in, 262; Walter Rathenau's role in, 77

World War II: Arab activities during, 131, 247–48; British-French relations during, 253; effect on international system, 125; effect on Jews in Palestine, 84, 89, 100, 147; Jewish orphans from, 269; Jews' role in, 92, 94–95, 392;

Russian view of, 302;
Swedish position in, 266;
United Nations after, 107
World Zionist Congress: at
Biltmore Hotel, 91–92;
convention of, 70, 73, 390;
diplomacy of, 79; German
spoken by, 81; last prior to
WWII, 419n17; news of
Ribbentrop-Molotov Pact at,
116; rejection of Uganda
proposal, 75, 79, 82, 102–
3; Stephen Wise at, 391
World Zionist Organization,
84, 93
Württemberg, 65
Wye Plantation summit, 211

Yassin, Sheikh, 158, 211
Yehud (Judea) Province, xvi
Yemen: al-Shabab in, 354; British
withdrawal from, 171;
Egypt's relations with, 169,
175, 285, 307; Israeli-British
operations in, 250–51;
Jewish refugees from, 137,
385–86; in UN, 369; vote
on partition, 130
Yishuv: allies of, 90; divisions
within, 89, 97, 112, 116–
17, 119, 120, 122; dominant
political par-ties in, 112,
121; hopes for Soviet defense
against Nazi Germany, 110;
Moshe Sharett's position in,
280; political representation
of, 133; punishment of
Jewish militants, 98; reaction
to 1947 partition plan, 130,
131; reaction to Iraqi
pogrom, 385; relations with
Great Britain, 247, 248
Yom Kippur, 304
Yom Kippur War (1973): effect
in Africa, 345, 356; effect in
UN, 381; effect on Israeli-
European relations, 271,
276; effect on Israeli-Latin
American relations, 360,
361; effect on Israel's inter-
national standing, 400; effect
on oil supply, 287, 406, 409;
effect on U. S. Middle East
policy, 287; Egypt's goal in,
186; Kurds' refusal to
participate in, 154; results
of, 187–91, 299; Soviet role
in, 308; Swedish support of
PLO after, 267; Turkey's
pro-Arab stance after, 157
Young Turks, 78
Yousef, Mosab Hassan, 380
Yugoslavia, 127, 128, 131,
157, 272, 375, 381

Zaidan, Muhammad, 265
Zaïre, 343, 350
Zakzaky, Ibrahim, 354
Zambia, 347, 350
Zedekiah, king of Judah, 26–28
Zeira, General, 184
Zeus, 49
Zevi, Sabbatai, 59, 68–69, 413
Zikhron Ya'akov, 70
Ziklag, 18
Zimri, king of Israel, 20
Zionist Congress. *See* World Zionist Congress
Zionist movement: Benjamin Disraeli's activity in, 62–63; diplo-macy and foreign policy of, 82, 83, 96, 102, 112, 125, 412; effect on

Zionist movement (*cont.*)
Arab nationalism, 78, 111; effect on British Jews, 83; encourage-ment of immigration to Pales-tine, 93; French attitude toward, 255, 259; goals of, 92, 102–3, 117–18; Harry Truman's position on, 278, 280; incompatibility with Marxism, 90–91, 117, 300, 301, 309; Islamist opposition to, 204; Joseph Stalin's attitude toward, 302, 304, 305; Maronites' role in, 199; origins and establishment of, xvii, 68, 70–71, 78; paramili-tary organization of, 96; political differences within, 116–20; reaction to boundaries of British Palestine, 108; response to par-titioning proposals, 114–16, 122, 129; social and political position in Palestine, 85; support and opposition of, 69, 73–79, 82–83, 89, 91, 97–98, 110, 112, 116, 121, 126, 129–30, 144, 147–48, 248, 249, 264, 268, 323, 357, 390, 412, 413; Temple Mount as symbol of struggle against, 227; tensions with British government, 126, 303; Turkish leader's denigration of, 159; U.S. view of, 389–91; during WWII, 94, 100
Zionist Organization of America, 391
Zohr gas field, 405

致谢

本书选书及翻译还得到了总部位于以色列的中以学术交流促进协会（SIGNAL，Sino-Israel Global Network & Academic Leadership）的大力支持和赞助，在此一并感谢。中以学术交流促进协会专注于中国、中国—以色列和中国—中东事务研究，将数十年的专业知识积累和实地考察应用于学术研究和项目中，致力于让中国更加了解以色列和中东，同时也加深以色列对中国的认知，通过学术规划、政策研究、战略分析、出版图书和召集会议等形式开展工作。

此外还感谢中国石油大学（北京）2019届翻译硕士胡秋忆、李家秀、吴泽清、张琦玥、吴丛、王梓莹、刘海萍、刘佳文、张啸、韩兴营、操玲玲、权永杰、胡庆睿、刘佳樱子、潘笑笑、徐梦瑶、张婷婷、刘倩、张兆悦、杨粉、张霜、白晓蒙对本书翻译初稿的志愿翻译。